普通高等院校“十三五”规划教材

管理信息系统教程

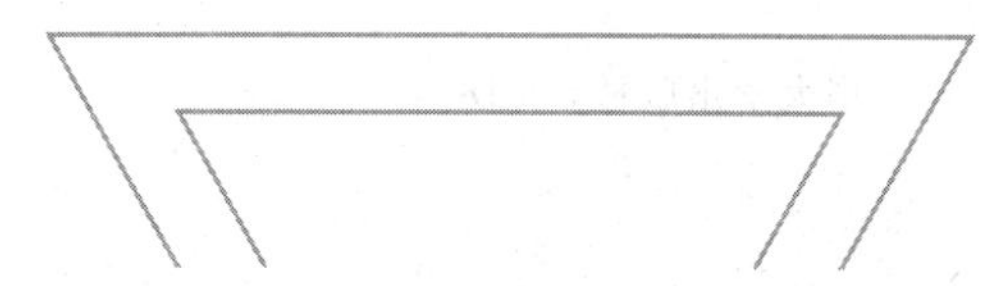

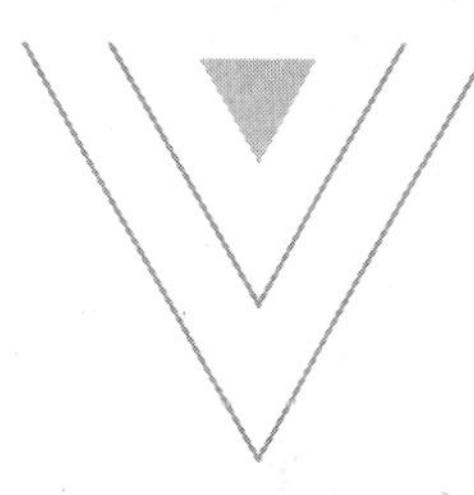

赵天唯　甘　霖　周　丹◎主　编
国　琳　龚　芳　崔敏杰　段小力　杨　帆◎副主编

清华大学出版社
北　京

内容简介

本书从全新的角度对管理信息系统的开发与应用进行阐述，从启发学生思考出发，通过教师的引导，使学生循序渐进地掌握管理信息系统的理论，达到学以致用的目的。第1章～第3章系统地介绍企业管理和信息系统，明确管理信息系统的学科体系与研究方法，研究组织如何利用信息技术获得竞争优势；第4章～第6章跟踪技术发展前沿，介绍管理信息系统的技术基础；第7章～第10章从事务处理系统、决策支持系统、虚拟组织与信息化基础设施、电子商务等不同层次介绍管理信息系统的应用模式；第11章～第15章划分信息系统的建设模式，分为软件供应商总承包建设模式、协同分析模式、联合设计模式和自主开发模式；第16章系统介绍面向对象的设计方法。

本书适合普通高等院校管理类专业的学生使用，也适合其他跨专业的学生选修使用。

图书在版编目(CIP)数据

管理信息系统教程 / 赵天唯，甘霖，周丹主编. —北京：清华大学出版社，2018
(普通高等院校“十三五”规划教材)
ISBN 978-7-302-51220-2

Ⅰ.①管… Ⅱ.①赵… ②甘… ③周… Ⅲ.①管理信息系统-高等学校-教材 Ⅳ.①C931.6

中国版本图书馆 CIP 数据核字(2018)第 211485 号

责任编辑：刘志彬
封面设计：汉风唐韵
责任校对：宋玉莲
责任印制：刘海龙

出版发行：清华大学出版社
网　　址：http：//www.tup.com.cn，http：//www.wqbook.com
地　　址：北京清华大学学研大厦A座　　**邮　　编**：100084
社 总 机：010-62770175　　**邮　　购**：010-62786544
投稿与读者服务：010-62776969，c-service@tup.tsinghua.edu.cn
质量反馈：010-62772015，zhiliang@tup.tsinghua.edu.cn
印 装 者：三河市龙大印装有限公司
经　　销：全国新华书店
开　　本：185mm×260mm　　**印　　张**：18　　**字　　数**：429千字
版　　次：2018年9月第1版　　**印　　次**：2018年9月第1次印刷
定　　价：51.50元

产品编号：077915-01

前　言

哈佛大学荣誉校长陆登庭(Neil Rudenstine)教授曾经说过:“(大学)不仅赋予我们较强的专业技能,而且还使我们善于观察、勤于思考、勇于探索,塑造健全、完善的人格,特别是通过不同学科知识的渗透,使从事科学研究的人开始懂得鉴赏艺术,使从事艺术创造的人逐渐了解科学,使我们每个人的生活更加丰富多彩。”从人才培养模式转变及教学方法改革角度来理解这句话,大学的根本任务就是培养人才。

本书主要的特色是立足于转变教学模式:从传统的以教师为中心的模式转化为参与式学习模式,即主动学习模式和自我引导学习模式。本书每章开始都有一个导入案例,通过导入案例,启发学生积极思考,教师与学生的关系得以转变。管理学大师彼得·德鲁克曾经说过:“如果我不能从学生那里学到什么,我也就不能教给学生什么!”让学生自己分析案例,教师更能开阔思路并且从中受到启发,教师以自己是学生的心态看待课堂教学,就更懂得怎么教才会更有效。

本书从全新的角度对管理信息系统的开发与应用进行阐述,从促进学生思考出发,通过教师的引导,循序渐进地掌握管理信息系统的理论,达到学以致用的目的。第1章~第3章系统地介绍企业管理和信息系统,明确管理信息系统的学科体系与研究方法,研究组织如何利用信息技术获得竞争优势;第4章~第6章跟踪技术发展前沿,介绍管理信息系统的技术基础;第7章~第10章从事务处理系统、决策支持系统、虚拟组织与信息化基础设施、电子商务等不同层次介绍管理信息系统的应用模式;第11章~第15章划分信息系统的建设模式,分为软件供应商总承包建设模式、协同分析模式、联合设计模式和自主开发模式;第16章系统介绍面向对象的设计方法。本书还增加了大数据、云计算等新技术的介绍,并在各章节中增加了相关知识或案例的链接,使内容更加丰富,让学生更全面地了解企业如何运用新技术来管理和组织各项业务,有助于学生更好地理解和掌握知识点,建立新的思维模式,即学会思考、学会提问、参与贡献。学生通过参与式课堂学习和实战型学习相互分享,在快乐、有趣的学习过程中构建起知识体系。

由于编者水平所限,书中难免存在不足之处,我们希望得到各位读者的宝贵意见,以便再版修正,使教材得到不断的改进和完善。

编　者

目 录

第1章 企业管理与信息系统

教学目标

☞ 了解当前商务环境的变化趋势，以及商务环境变化给企业带来的挑战；

☞ 了解各类组织在建立和应用信息系统过程中面临的问题。

教学要求

知识要点	能力要求	相关知识
企业面临的挑战	了解经济全球化、知识经济、信息化体系的概念	经济学理论
信息系统面临的挑战	了解商务环境变化带给信息系统的挑战	管理学理论

导入案例

希尔顿酒店集团借助管理信息系统获取竞争优势

想象一下以下情境：一位商人明天将前往芝加哥出差，他登录希尔顿酒店集团的网站，决定入住该酒店旗下的家森套房酒店。接下来，他浏览家森套房酒店的数字化楼层平面图，看看还有哪些空房。他选了一间位于顶层的房间，远离游泳池而靠近电梯。打定主意后，他直接在网站上办理了入住登记手续。第二天，当这位商人抵达酒店时，房间钥匙已在前台静候他的到来，前台接待员也亲切地叫出他的名字并欢迎他光临。当他走进房间后，发现自己喜欢的鹅毛枕和芝加哥当地的报纸也已在房间内恭候他了。希尔顿酒店集团在经营方面的过人之处，就在于它利用IT技术来辅助客户服务。从功能齐全的客户信息系统，到酒店大堂里的自助式服务亭，再到内容丰富的交互式网站，该集团的唯一目标就是让客户满意，成为回头客。

希尔顿酒店集团CIO蒂姆·哈维(Tim Harvey)表示，虽然希尔顿酒店的收费比竞争对手高，但总是宾客如云，成功的秘诀之一就是其采用强大的高科技组合。希尔顿酒店每间客房的收入要比业界平均水平高7%，而旗下汉普顿旅店每间客房的收入甚至比业界平均水平高28%。哈维说："客户宁愿花更多的钱也要住在希尔顿酒店里，IT技术就是我们的幕后功臣。"

希尔顿酒店集团的标志性IT项目是OnQ(on-demend cue)平台。该平台主要由企业内部人员开发，包括物业管理、客房预订、电子商务、客户关系管理、人力资源、电子学习，以及商业智能等功能模块。它混合使用了现有技术和企业专门开发的技术，开发时间长达6年，于2003年正式投入使用。客房选择功能于2006年推出，客人可以利用该系统从楼层平面图中选择房间、浏览照片，并预订房间。在接受希尔顿酒店集团调查的受访者中，超过一半的人表示客房选择功能改善了他们的旅行体验。顾名思义，OnQ代表这个科技平台可以在服务团队需要的时候，提供充分的提示，成为顾客的个人助理，并提供个性化服务，从而取悦顾客，提升顾客对集团的忠诚度。同时对于管理层，系统也能在需要的时候，通过分析数据，提供对修正经营策略的提示，从而更好地适应高度竞争的市场环境。

希尔顿酒店还推出其他面向客户的IT系统服务项目，包括室内自助服务亭(提供打印登机牌和呼叫客房服务)、连接iPod和数码相机的接口，以及供客人观看的电视录像节目。当然，也有些面向消费者的技术由于太过别出心裁，可能永远不会从实验室走进现实。希尔顿酒店集团每年在IT研发上的投入为500万美元，眼下，它正考虑把微软公司的多点触摸屏桌面终端设置在大厅，供客人玩游戏和点餐。此外，客人利用带无线射频识别(RFID)功能的信用卡，不需要与前台人员打交道就可直接入住。

无论未来怎样变化，希尔顿酒店集团相信，IT技术在服务客户和提高客户忠诚度方面必将发挥核心作用。

资料来源：IT时代周刊，百度百科.

现代信息技术的突飞猛进标志着信息时代和知识经济时代已经来临，随着全球经济一体化和我国市场经济体制的建立，企业生存和竞争的内外环境发生了根本的变化，企业管理的信息化也要和国际接轨。企业管理信息化是全方位的，不只是信息技术的延伸，更重要的是企业管理和组织的延伸。企业管理信息化的实质就是在信息技术的支持下，管理者及时利用信息资源，把握市场机会，及时进行决策。因此，企业管理信息化不但要重视技术研究，更要重视信息资源的集成管理，避免信息资源的重复、分散、浪费和综合效率低下，从而实现资源的共享。企业信息资源的开发和利用是企业信息化建设的核心，也是企业管理信息化的出发点和归宿。

认识到信息和信息技术的真正价值的企业，正在利用这种价值迅速取得竞争优势。信息技术的广泛应用已深入组织的基本活动中，信息系统的作用也日益显著，已成为企业经营必不可少的基础设施。信息技术不仅使企业拥有更丰富的信息资源、更先进的技术、更多的商业机会和更广阔的市场空间，同时也给企业带来了更多的问题和挑战。面对复杂多变和竞争日益激烈的经营环境，企业必须尽快适应环境变化，积极应对环境变化带来的问题与挑战，并及时做出调整。信息技术，尤其是信息系统将帮助企业进行自我调整以适应环境变化，它是企业实现经营和管理创新的有效手段。

1.1 企业经营环境的变化

新一代的消费者是在信息技术环境下成长起来的，信息技术的应用广泛存在于社会各个领域。随着“00后”逐渐步入青年时期，社会的消费结构正面临巨大的调整，特别是信息技术背景的推动，将消费结构调整的影响力在无形中放大，企业必须研究信息时代环境下青年消费群体的消费模式。以营销学的研究领域为例，对“00后”群体的消费模式及消费特征的准确把握是建立在对研究对象自身生活现状全面解析的基础之上的。消费者的自我概念与生活方式导致消费者需求与欲望的产生，而生活方式同时又是单个个体自我概念的外在表述。同样，对“00后”群体的消费模式研究也应建立在对“00后”的生活方式做出全面解析的基础上，还要结合信息时代的社会背景。因此，企业为了保持自身竞争力，就必须适应包括消费环境在内的整体经营环境的变化，积极寻求应对挑战的方案。经济全球化、工业经济向基于知识和信息服务的经济转变，以及企业自身的转变，这3种世界范围内的巨变改变了企业所处的经营环境，经营环境的变化给企业带来的挑战如表1.1所示。

表1.1 经营环境变化给企业带来的挑战

经营环境的变化	给企业带来的挑战
经济全球化	全球市场的管理与控制、国际市场的竞争、组织的全球性工作群体、全球性供应系统
工业经济向基于知识和信息服务的经济转变	基于知识、信息的经济，生产效率提高，新产品或服务，知识成为核心生产要素和战略资源，以时间为主的竞争，产品生命周期缩短，环境不断变化，员工知识面有限
企业自身的转变	扁平化、分权化、灵活性、与地理位置无关、交易成本和代理成本降低、员工被赋予更多的自主权、合作和团队工作

1.1.1 经济全球化

经济全球化(economic globalization)是指地理上分散于全球的经济活动开始综合和一体化的现象，其主体一般认为是跨国公司，具体表现为资本、技术、产品等跨国快速流动或扩散，以及跨国公司垄断势力的强化。尽管经济全球化受到部分人士的强烈反对，但已是目前世界经济发展的潮流，成为世界经济发展的重要特征。

经济全球化的过程早已开始，特别是进入20世纪90年代，经济全球化的进程大大加快。经济全球化有利于资源和生产要素在全球的合理配置，有利于资本和产品在全球的流动，有利于科技在全球的扩张，有利于促进不发达地区经济的发展，是人类发展进步的表现，也是世界经济发展的必然结果。但是，经济全球化对每个国家来说都是一把“双刃剑”，特别是经济实力薄弱和科学技术相对落后的发展中国家，面对全球性的激烈竞争，所面临的风险、挑战将更加严峻。目前，经济全球化中亟须解决的问题是建立公平、合理的新的经济秩序，以保证竞争的公平性和有效性。经济全球化涉及贸易、投资、金融、生产等活动的全球化，即生存要素在全球范围内的最佳配置。从根源上来说，经济全球化是生产力和国际分工高度发展，要求进一步跨越民族和国家疆界的产物。进入 21 世纪以来，经济全球化与跨国公司的高速发展，既给世界贸易带来了重大的推动力，也给各国经贸带来了诸多不确定因素，使其出现许多新的特点和矛盾。

经济全球化导致全球竞争的加剧，对企业尤其是跨国公司来说，其成功在很大程度上取决于全球环境下的运营能力和对全球资源的高效利用。而现代社会物质资源、资金、人力资源等经济资源的配置和流动，都离不开信息的传递，经济全球化极大地提升了信息对企业的价值。如果企业能够有效地获取信息、传递信息、利用信息，就能够更有效地获取和占有与这些信息相关的经济资源，在某种程度上可以说，企业应用信息技术的优劣程度决定了企业的命运。

随着信息技术的迅速发展，信息资源已成为国家建设和企业发展的重要战略性资源。企业所处的环境作为信息资源的重要载体也发生着巨大的变化，包括经济的全球化、网络技术与数据库技术的飞速发展、知识经济的形成，这些变化将对企业的管理提出新的要求。

经济全球化不仅使信息资源的价值提高，也给企业带来了更多新的经营机遇。信息技术发展的结果是缩短了地域的距离，提高了时间的利用效率。信息技术对经济全球化起到了加速器的作用，经济全球化又进一步推动了信息技术的应用，即全球信息化。企业要想顺利地进行全球范围内的运作，克服地理位置分散、信息共享和资源协调方面的困难，要以最高的效率、最好的效益、最佳的服务，在全球范围内进行贸易，在世界市场中进行采购，与分布在全球的供应商、分销商进行业务往来，有效地向世界各地的用户提供各种服务等，并以此应对国际市场的竞争与挑战，这一切都需要功能强大的信息系统的支持。

1.1.2 工业经济向信息和知识经济转变

工业经济也叫资源经济，其发展主要取决于自然资源的占有和配置。经过农业经济发展阶段后，由于科学技术及教育的不断进步，人类开发和利用自然资源的能力不断增强，使大多数自然资源都出现了短缺。在国家独立自主的条件下，有了资源就能发展经济。19 世纪以来，世界发达国家陆续完成了工业革命，科学技术取得了巨大发展，拖拉机、机床等代替了手工生产工具，汽车、货车、轮船和飞机代替了落后的交通工具，生产效率有了很大的提高。但是在这一时期，知识对于经济尚未起到决定性作用，铁矿石、煤、石油等发展机器生产的主要资源很快成为短缺资源，并开始制约经济发展。因此，这一阶段的经济发展速度主要取决于自然资源的占有程度。

在工业经济阶段，生产的分配主要按对自然资源(包括通过劳动形成的生产资料)的占有率来进行。所以，虽然生产效率大大提高了，物质财富大大增加了，但广大人民生活水平的提高与此不成正比。西方主要国家大约花了 100 年的时间解决温饱问题，又用了约 50 年的时间达到小康，以后才逐步走向富裕。在这期间，这些国家基本普及了中等教育，开始了人才的自由流动，比较成功地开发了智力资源。

知识经济理论形成于 20 世纪 80 年代初期。1983 年，美国加州大学教授保罗·罗默提出了新经济增长理论，认为知识是一个重要的生产要素，它可以提高投资的收益。新经济增长理论的提出标志着知识经济理论的初步形成。但是，知识经济作为一种经济产业形态的确立是近年来的事，其主要标志是以美国微软公司总裁比尔·盖茨为代表的软件知识产业的兴起。微软公司初期的主要产品是软盘及软盘中包含的知识，正是这些知识的广泛应用打开了计算机应用的大门。近年来，美国经济增长的主要源泉就是 5 000 家软件公司，它们对世界经济的贡献不亚于名列前茅的 500 家世界大公司。所有这些数据表明，在现代社会生产中，知识已成为生产要素中一个最重要的组成部分，以此为标志的知识经济将成为 21 世纪的主导型经济形态。

知识链接：
知识经济

1.1.3 企业自身的转变

信息技术的应用改变了企业的组织和管理方式，也使企业创造价值的方式发生了改变，如表 1.2 所示。

表 1.2 信息技术造成的组织变化

信息技术	组织变化
全球性网络	国际劳动分工：①企业的经营不再由地理位置决定；②企业在国际上的触角延伸；③全球性协调成本、交易成本下降
企业网络	合作和团队工作：①可以实现跨部门协调工作；②面向客户和产品的经营原则；③广泛分布的任务组成为主流工作群体；④管理成本(代理成本)下降；⑤业务过程改变
分布式计算	授权：①个人和工作群体掌握信息和知识，可以采取行动；②业务过程被重新设计并改进；③组织的等级减少，集中程度降低
便携式计算	虚拟型组织：①工作不再固定地理位置；②知识和信息在任何时间都可被送到所需要的地方；③工作成为可携带的；④由于房地产对经营的关键性减弱，使组织的成本下降
图形化用户界面	易访问性：①组织内各层次的人员均能访问信息和知识；②可以在异地使工作流程自动执行；③由于工作流程从纸面上转向数字化影像、文档和语音，使组织的成本下降

传统的企业是等级的、集权的、结构化的、具有明确专业分工的金字塔形组织结构，按照一系列固定的标准工作程序进行产品生产或提供服务。这种组织结构的特点是大部分决策来自组织的顶层，实施由底层来完成，而中层管理者是顶层决策者联系底层实施者的桥梁，他们既是决策的执行者，又是实施决策的领导者，负责指导、监督和控制底层下属人员的工作。

现代信息技术的迅猛发展促进了企业管理方式的变革，企业内部的协作与分工、业务流程、工作方式和决策方式都因此发生变化，同时加强了企业间的沟通。信息系统所具有的数据处理和分析功能可以代替部分中层管理人员，使组织管理层次减少，形成扁平化结构。计算机网络技术可以将不同地域相互独立的企业按照共同的目标组成虚拟企业，实现社会资源的充分共享。新型组织更多地依赖统一协调机制——与正式定义的权责并存的沟通机制和信息流，以任务组的工作方式灵活地安排个人和集体，以顾客为导向协调员工活动，借助专业技能和知识，而不是依赖正式计划、僵化的分工、正式的规章和借助忠诚来保证企业正常运转。

信息技术的发展促进了管理理论的发展和管理模式的创新。目前备受关注的企业资源计划(enterprise resource planning，ERP)就是在物料需求计划(material requirement planning，MRP)、制造资源计划(manufacture resource plan，MRP)、准时制生产方式(just in time，JIT)的基础上发展而来的。ERP可以对企业内外的物流、资金流和信息流等进行全面的计划和控制，使企业内部的管理高度集成，是用先进信息技术来实现先进管理思想和管理方法的信息系统。另外，学习型组织、精益生产、敏捷生产、柔性生产等先进的管理模式和制造技术在企业中的应用越来越广泛，它们也需要信息技术的支持。20世纪90年代以来，供应链管理(supply chain management，SCM)成为理论界和实业界的研究热点，它给企业带来了全方位、革命性的影响。SCM使企业可以充分利用外部资源，快速响应市场需求，将精力集中于提高自身的核心竞争力上，将非核心的业务外包给具有特定专长的企业，形成一条由供应商、制造商、分销商组成的企业链。国际上已有许多先进企业与全球范围内最杰出的供应商和销售商建立了最佳的合作伙伴关系，在双赢的基础上获取最大的竞争优势。而信息技术的飞速发展是供应链管理模式产生的基础，信息系统是实施供应链管理的前提。

总之，企业自身的转变离不开信息技术的支持，这种转变使企业比过去更加依赖员工的个人知识和学习，需要企业不断提高自身的学习能力。信息技术在企业形态转变中所起的作用是至关重要的，它使企业以新的模式组织人员和进行管理，以新的渠道获取和传播信息，以新的形式与其他企业合作，以新的方式参与竞争，并且在竞争中获取和保持竞争优势。

知识链接：
企业面临的问题与挑战

1.1.4 大数据产业发展

2014年，全球大数据解决方案不断成熟，各领域大数据应用全面展开，为大数据产业的发展带来强劲动力。2014年，全球大数据市场规模达到285亿美元，同比增长53.2%，大数据逐渐成为全球IT支出新的增长点。2014年，数据中心系统支出达1 430亿美元，比2013年增长2.3%。中投顾问发布的《2016—2020年中国大数据行业投资分析及前景预测报告》从市场结构角度进行分析，2014年全球大数据市场结构从垄断竞争向完全竞争格局演化。企业数量迅速增多，产品和服务的差异度增大，技术门槛逐步降低，市场竞争越发激烈。

2015年，我国政府大数据应用份额占比最高，达到11.38%；其次是电信和金融行业，占比分别为9.35%和8.90%；电商、医疗和能源行业紧随其后，三者占比分别为7.92%、7.63%和7.50%；其余行业占比均低于7%。从全球发展趋势来看，未来企业的占比将有所提高，而政府的占比将有所减少。根据数据统计，中国大数据产业市场在未来五年内，仍将保持高速增长。预计到2020年，中国大数据产业规模可能达到13 626亿元的高点。

电信运营商拥有丰富的数据资源优势。就国内运营商而言，目前移动用户数已经突破11亿。在大数据的应用模式上，运营商可以基于用户行为分析、行为理解、行为预测进行深度洞察，将数据封装为服务，形成对外开放、可商业化的核心能力，带来商业模式的创新。此外，运营商还可以借助数据分析改善用户产品体验，优化网络质量，助力市场决策，刺激业务创新。2014年，中国电信行业IT投资为639.63亿元，同比增长25%。在电信行业，大数据成为智能管道转型的有效途径。中国移动广东公司构建新一代详细账单查询系统，可为用户提供详细账单的实时查询，使客户满意度大大提高。对电信行业来讲，实时营销、线路监控、新业务挖掘等是未来电信行业比较有潜力的大数据应用的场景。

大数据主要是大客户的行为数据。企业可以利用大数据提升管道智能化水平，更加精准地发现客户需求，提升行业信息化服务的能力。随着智能手机的不断普及，用户的行为信息日益丰富和完善，深度分析与挖掘这些数据，让其产生价值，将给企业带来新机遇。

1.2 信息系统面临的挑战

企业利用信息技术和信息系统水平的高低决定了企业能否以低成本、高质量、高效率和对市场的快速反应能力进行生产和运作。信息系统不仅给企业带来了更多的机会，也是打造企业核心竞争力的利器，而且信息系统的建设和使用也给企业管理人员带来了一系列的问题与挑战。企业要想走向成功就必须迎接和应对信息系统的挑战。

计算机技术和通信技术的迅速发展，为企业信息系统的建立提供了良好的技术基础和环境。信息系统越来越多地引起企业经营目标的改变、企业与客户和供应厂商关系的改变，以及企业内部运作方式的改变。由于企业所处的经营环境瞬息万变，企业之间也存在差异，所以，信息系统的建设和应用是一项复杂的工程，企业在建立一个可用的信息系统上并无捷径和公式可循。企业信息系统不仅仅是一个硬件系统，还包括科学的生产和管理，其中隐含的技术和知识需要在实践中不断摸索和积累。因此，信息系统的开发、运行和维护都是极富挑战性的工作。

1.2.1 战略经营的挑战：企业如何有效地利用信息技术提升竞争力

信息和知识经济时代，企业的成功取决于其产品或服务开发及生产的速度，以及对市场的反应能力，而这些方面的优势主要取决于信息技术的应用程度。信息技术在支持企业的业务活动、生产活动，增强营销和生产的灵活性，以及提高企业的竞争力方面发挥着极其重要的战略作用。信息技术已经融入企业的神经中枢里，企业的业务流程、管理流程等方方面面都有信息化的痕迹。企业利用信息技术可以整合内、外部资源，协调运作，降低成本，增强对市场的反应能力，为企业创造成本优势或差异化优势。正因为信息技术和信息系统有如此重要的作用，如何在企业中有效地利用信息技术，就成为企业必须认真思考和亟待解决的问题。

虽然大多数服务行业的公司中对信息系统的投资已占每年资本性支出的一半以上，但很多企业并没有从巨大的投资中获得理想的收益。美国麻省理工学院的诺贝尔奖获得者罗伯特·索洛(Robert Solow)曾评说，随处可见计算机，唯独在生产力的统计数字中得不到体现。企业如何借助信息技术才能使其保持和提升竞争优势，这个问题应该引起学术界和企业界的关注。

计算机硬件和软件技术发展的速度远远高于组织应用和使用这些技术能力提高的速度。为了从信息技术的应用中赢得企业的竞争优势或真正获得生产率的提高，许多组织都需要重新设计，需要利用信息技术来简化沟通和协调，消除不必要的工作，需要从根本上改变低效、过时的组织结构和组织行为，设计新的经营模式。如果企业只是在原有已僵化的流程基础上进行自动化，将无法发挥信息技术的应用潜力和作用，所以企业信息系统的建设过程往往伴随着业务流程的再造或优化。为了充分发挥信息技术的作用，使企业从信息系统的应用中获取最大收益，企业往往要重新考虑和优化其产品或服务的设计、生产、运输和维护等流程。

企业不应只将信息技术视为一个工具，而应将其作为企业生产力的要素，作为改变企业商业模式的一项战略要素和资源。信息系统建设的步伐、重点、方向应与企业的发展战略保持一致，企业拥有充分驾驭信息技术的能力，才能提升企业的核心竞争力。例如，墨西哥的水泥厂虽位于墨西哥的一个小镇上，但却已经发展成为全球同行业的前三位。它有这样的成就得益于两个关键的因素，即投资组合策略和应用了信息技术。该厂在总部和工厂部署了 ERP 系统，并且在每一辆卡车上安装了移动终端，通过通用分组无线服务(general packet radio service，GPRS)和总部的 ERP 系统相连接。结果对订单的响应时间从 3 个小时缩短到 20 分钟，卡车的使用量减少 35%，由此构建了一个独特的商业模式，即客户可以随时改变订单，如果没有按时送达，客户可以享受 15%的折扣。通过这个例子可以看出，信息技术已经成为改变企业商业模式的一个极其重要的战略要素。

1.2.2 全球化的挑战：在全球化的经济环境下，应如何理解企业的经营需求和系统需求

对处于全球化背景下的企业来说，由于企业趋于国际化，为了响应越来越多的跨国业务的要求，需要其所运用的信息系统能够兼顾对跨国的产品研发、生产、销售、服务，以及其他利益相关活动进行协调与控制。以往，由于各个国家和地区的语言、文化和政治存在差异，跨国公司在全球各地的分支机构在开发和使用信息系统时基本上是各自为政的，只着重解决各自负责区域的信息问题，经常造成跨国公司中央管理控制的混乱。为避免这种局面，跨国公司要认真地在地区的独特性与全球的一致性之间进行权衡，在满足国际化的需要并为之提供一体化服务的同时，又要满足各地区市场的特定需求，这必然要求跨国公司具备处理大量结构化和非结构化的、日益复杂的业务及相关信息的能力，要求跨国公司建立与其战略和组织结构相适应的信息系统。

在全球化的环境下，由于企业尤其是跨国公司的研发、生产、销售等分布在世界上不同的国家或地区，而这些国家或地区的经济条件、技术条件、人力资源等条件各不相同，所以跨国公司信息系统的建设与国内经营公司信息系统的建设有很大的区别。在信息系统的建设过程中，企业必须建立全球适用的硬件、软件和通信标准，如建立全球通用的会计和报表体系，结合自身战略的需求来开发集成统一、高效协作的信息系统。

1.2.3 信息化体系的挑战：企业如何建立支持其经营目标的信息化体系

信息化体系是指为达到既定目标或功能，企业应用信息技术的特定方式，包括服务于组织中各个功能领域、各个管理层次的应用系统的设计及各个组织使用这些系统的特定方式。信息化体系包含数据和处理能力的集中和分散程度。图 1.1 描述了构成信息化体系的主要元素。

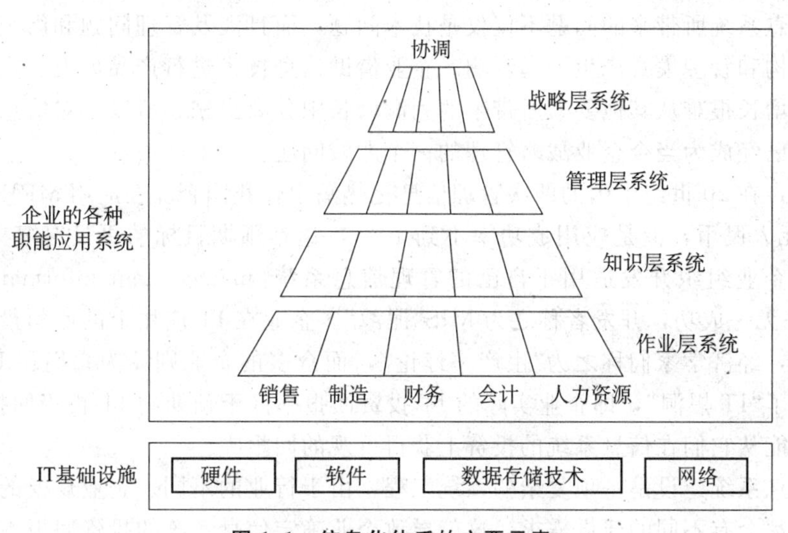

图 1.1 信息化体系的主要元素

企业信息化体系结构主要由企业的 IT 基础设施和各种职能应用系统构成。IT 基础设施是服务于组织特定信息体系结构的技术平台，是企业信息化体系的基础。IT 基础设施包括计算机硬件、软件、数据存储技术、网络及运行设备所需要的人力，它们组成了企业共享的信息技术资源，服务于企业中所有的应用系统。虽然企业的 IT 基础设施主要由技术人员运作，但是企业的管理人员必须参与硬件、软件、网络通信等资源的配置，从管理的角度有效地进行信息技术的投资。IT 基础设施的上面是主要的业务应用系统或主要的单项业务的应用系统。企业的管理人员和员工们直接接触这些业务应用系统，而且这些系统使企业具有独特的竞争优势，所以这些系统可以满足企业目前和未来的业务职能需求，对企业的成功起关键作用。这些系统开发的失败极有可能导致企业的失败。

在企业的信息化体系方面，企业管理人员所面临的主要问题有：企业的销售数据和应用系统是分散到全球各地的分支机构，还是集中在公司总部管理？企业是开发整个企业范围的信息系统，还是开发特定功能领域的应用系统？是只购买一些自成体系的微型计算机，还是建设统一的计算机网络环境？是建立企业自己的数据通信设施，还是依靠外部服务机构？这些问题虽然没有标准答案，但是企业管理人员应该具备处理这些问题的知识和能力。而且企业的需求是不断变化的，企业应结合自身的战略不断评价和调整 IT 基础设施，以满足企业的信息化体系的需要。

对于企业来说，如何将信息系统有效地融合到企业中，利用信息系统有效地支持企业的经营目标，是一项很艰难的任务。许多企业不能达到其建立管理信息系统的目标，是因为企业的信息化体系结构难以满足其经营目标的要求，企业被支离破碎的、互不兼容的计算机硬件、软件、网络等拖累。所以，企业仍然需要努力把“信息孤岛”集成到一个完整的体系结构中，通过对信息资源进行统一规划，实现资源充分共享和协同工作，以满足企业业务发展的需求。

1.2.4 信息系统投资的挑战：企业如何能够确定信息系统的经营价值

企业信息系统建设的过程是信息技术的应用、推广和实施，更是管理的革命。由于投资、建设信息系统所带来的问题不仅仅是技术问题，而且涉及管理问题和组织问题，会对企业组织结构和管理模式产生深远影响。企业借助信息技术进行产品研发、生产、销售所带来的利润增长很难从其他要素所带来的利润增长中分离出来，所以，对信息系统投资有效性的评估已经成为当今企业战略管理的一个严峻问题。

据调查，在 20 世纪中国的两次管理信息化热潮中，我国企业在应用 MRP Ⅱ系统方面投资 80 亿元人民币，但是应用成功率不到 10%，达到预期目标的更是寥寥无几。此外，还有一大批企业组织开发适用于自己的管理信息系统（management information system，MIS），几乎无一成功，开发者称之为 MIS“泥潭”。企业在 IT 应用上的巨额投资并没有达到预期目标，经济学家们称之为“生产率悖论”，而众多的企业则认为它们在 IT 应用方面的投资掉进了“IT 黑洞”，即企业实际的 IT 投资回报率低于预期的 IT 投资回报率。那么，企业如何才能从它们在信息系统的投资上获得可观的回报呢？

企业信息系统建设是一项复杂的系统工程，由于行业的不同、企业规模的不同、建设阶段的不同都会有不同的建设需求，这就导致企业确定信息系统的投资回报率和评估信息系统价值的方法也变得相对复杂。在这方面，高级管理人员面临的问题主要有：企业如何在战略计划的制订与实施过程中对信息系统进行定位？如何衡量系统的收益？企业从系统的应用中是否得到了预期的投资回报？系统对企业目标的贡献有多大？竞争对手从系统的应用中是否得到了更多收益？经营环境的不断变化导致信息系统项目开发的技术风险增大，同时信息系统的无形价值和战略价值增加，且难以量化，这些因素使信息系统价值的确定呈现出复杂性。企业在信息系统建设上动辄耗资几千万、历时若干年，管理人员必须通盘考虑整个企业信息化体系的改变，审慎确定和评价信息系统的价值。企业管理人员可以首先确认组织的核心价值，如知识产权、客户的信赖度、与商业伙伴的合作机会、信息体系结构、员工的创造潜力和技能，然后再根据企业所建立的信息系统价值评估指标来评价信息系统对提升企业价值的作用。

1.2.5 责任和控制的挑战：企业如何设计出能够理解和控制的信息系统

企业如何设计出能够理解和控制的信息系统？如何能保证在其系统的使用中遵守信息系统的道德规范和伦理标准？

由于信息系统在企业的日常运作中越来越重要，企业对信息系统的依赖程度与日俱增，因此，企业必须采取专门的措施来确保信息系统的可靠性、安全性和准确性。计算机软硬件的故障、人为的错误、通信的混乱、管理不善及越权使用信息系统等是企业信息系统最常受到的威胁，它们可能导致信息系统运行不正常或根本不能运行。企业若不能及时摆脱这些威胁，将会给企业带来严重的后果，最终使企业蒙受巨大的经济损失。企业如何才能保证用户理性地使用信息系统，并在信息系统使用中保持社会责任感呢？

为应对来自管理、技术和外界环境等方面对信息系统带来的挑战，防止系统发生故障，使信息系统发生错误、灾难，以及计算机犯罪或安全受到破坏的可能性最小，企业必须在信息系统的建设过程中对信息系统实施控制。信息系统渗透到企业运作的各个层面，不正当地使用系统可能造成危害，所以企业也必须对信息系统的伦理建设引起重视。

在建设和使用信息系统的过程中，企业必须在考虑其目标的同时关注健康、安全、工作保障和社会福利等诸多方面的问题。管理人员应该考虑的问题有：企业所使用的信息系统的质量如何，是否像其提供的产品、服务一样质量过硬？系统能否在追求和实现企业目标的同时又尊重个人的隐私权？是否应该使用系统来监督员工？当使用信息系统后由于提高了效率和生产率而需要裁员时，如何处理被裁的员工及裁员会给企业带来什么问题？

1.2.6 数据整合能力的挑战：企业如何加强新型数据的获取和来源管控

大数据时代，企业的核心竞争力逐渐受其所拥有的经营数据所影响。为把握竞争主动权，企业可以选择通过自行搭建大数据平台，成立数据中心，掌握行业大数据，进一步巩固和提升自身竞争优势。同时，新建大数据系统应充分考虑系统功耗，认真核算使用老旧设备的成本效益，在采用新型低功耗硬件、高速硬件和系统建设成本间寻找综合平衡点。

在积极竞争数据控制的主动权以外，机构间也需要加强合作互利。完整而综合的大数据必然是难以被某一机构单独掌控的，垄断大数据的想法也是不可行的，各个主体之间博弈的最终结果必然是通过分享数据走向合作共赢。政府、企业、银行、运营商、电商、社交网络等大数据平台间在认同大数据价值的共识下，通过共享和利用平台数据，推进数据交叉整合将为参与整合的各个节点提供强大的前进驱动力。

大数据时代，企业应以积极的姿态与其他组织和机构进行数据交换，掌握的数据越完整，所发掘的价值也越大。除此之外，企业还应注重数据分析。

（1）大数据时代不同以往，处理的数据以半结构化和非结构化数据为主，很多现有数据处理方法已经不能满足需求。数据量的增大通常也意味着其中错误数据和不完整数据的增多，开发针对半结构化和非结构化数据清洗的高效算法能有效提高对大数据的利用效率。

（2）大数据应用非常注重数据分析的时效性，因此算法的应用指标将在准确率和时效性中寻找平衡。

（3）云计算是进行大数据处理的有效工具，应对一些可用的算法进行调整以适应云计算的框架。

（4）用户越来越关心数据分析结果的展示。大数据时代数据量大，分析更复杂，得到的结果也更加多样化，在结果展示中增加更多的可视化界面和人机交互，可以改善用户体验，使大数据应用变得更加易见、易学和易用。

为应对大数据环境带来的挑战，企业需要进行几点改变：首先，要充分认识大数据的价值，形成价值共识，以大数据指导商业运营和企业管理；其次，企业应以外部招聘和内部培养相结合的方式，迅速储备数据管理和数据分析相关人才，为自身发展大数据积累力量；再次，在新建大数据应用系统时，应充分考虑大数据下数据的存储、管理、分析和共享，系统的设计不仅要满足当前的使用需求，还应重视大数据的增长对系统扩展性方面的要求；最后，在理想条件下，企业可以根据自身战略决策，对内部组织体系、权力配置、人员架构、资源分配等进行调整，给予大数据部门相应的决策权力比重。

本章小结

世界范围内的巨变改变了企业所处的经营环境，即经济全球化导致的工业经济向基于知识和信息服务的经济转变，以及企业自身的转变。

经营环境的变化使企业面临各种各样的挑战，主要包括：①企业面对动态变化的全球竞争市场；②企业面临更大的竞争压力；③企业面对越来越"挑剔"的客户；④企业面对大数据时代的挑战。

企业建立和使用信息系统对管理有五个方面的挑战：①企业如何有效地利用信息技术提升竞争力；②如何理解全球化环境下的经营需求和系统需求；③如何建立支持组织经营目标的信息化体系；④如何确定信息系统的经营价值；⑤如何设计出能够理解和控制的信息系统；⑥企业如何加强对新型数据的获取和来源的管控。

关键术语

经济全球化　　信息化　　知识经济

思考与讨论

一、判断题

1. 企业信息化和信息管理可以摸索出一条与其他所有国家完全不同的自主创新之路。（　）

2. 企业信息化的实质就是在信息技术的支持下，管理者及时利用信息资源，把握市场机会，及时进行决策。（　）

3. 企业信息资源开发和利用是企业信息化建设的核心，是企业信息化的出发点和归宿。（　）

4. 经营环境发生的巨大变化只会给企业及其管理带来更多的机遇。（　）

5. 信息系统将帮助企业进行自我调整以适应环境变化，它是实现企业经营和管理创新的有效手段，是企业强有力的竞争手段。（　）

二、选择题

1. 以下各项中，（　）是经济全球化的基本特征。

A. 全球市场的管理与控制　　B. 国际市场的竞争
C. 组织的全球性工作群体　　D. 企业日益分权化

2. 经济全球化的主体一般认为是跨国公司，具体表现为（　）。

A. 资本跨国快速流动或扩散　　B. 技术跨国快速流动或扩散
C. 产品跨国快速流动或扩散　　D. 跨国公司垄断势力的弱化

3. 知识经济的特点是（　）。

A. 促进人与自然协调、持续发展　　B. 普及了中等教育
C. 开始了人才的自由流动　　D. 比较成功地开发了智力资源

4. 企业发展大数据所面临的挑战有（　　）。

A. 数据量持续性的爆炸式增长　　B. 数据隐私的保护

C. 数据处理的时效性要求　　D. 跨平台数据的关联与整合

E. 数据驱动的战略决策

三、填空题

1. 知识经济是以知识为基础的经济，是与________、________相对应的一个概念，是一种富有生命力的新型经济形态。

2. 知识经济是以________投入为主的经济。

3. 管理信息系统的英文全称是________，缩写是________、________。

四、思考题

1. 知识经济与工业经济的差异主要表现在哪几点？

2. 企业中建立和使用信息系统对管理者的主要挑战是什么？

3. 传统企业组织结构的特点是什么？

4. 经营环境的变化给企业带来的挑战有哪些？

5. 大数据环境下，企业面临的挑战有哪些？

6. 虚拟组织有哪些特点？

7. 谈一谈你对“信息孤岛”的认识。

案例分析：春发公司借助信息技术发展企业

第2章 管理信息系统概述

教学目标

- ☞ 掌握管理信息系统的基本概念；
- ☞ 熟悉管理信息系统的发展过程；
- ☞ 了解管理信息系统的学科体系构成及研究方法。

教学要求

知识要点	能力要求	相关知识
管理信息系统的基本概念	理解信息、管理信息系统的基本概念	管理信息系统的概念
管理信息系统的发展过程	了解 MRP、MRPⅡ和 ERP	管理信息系统的发展
管理信息系统的学科体系构成与研究方法	了解管理信息系统的学科体系由诸多学科构成，属于综合性、边缘性的交叉领域，是一门理论性和实践性都很强的学科	管理科学和技术科学的发展趋势

导入案例

如新集团的管理信息系统

1984 年，如新集团在美国犹他州普罗沃市成立，是目前全球最大且发展最迅速的直销公司之一，业务遍及亚洲、美洲、欧洲、非洲及太平洋地区等 48 个市场，全球年营业额达 13 亿美元，活跃销售人员超过 80 万人。如新耗资超过 2 000 万美元购置计算机系统设备，为全球的销售人员提供即时支持。此外，通过如新集团网站，销售人员还可实时获取如新的最新信息、创业良机等。

当一位如新的分销商向全美洲千百位分销商做现场卫星讲演时，他的位于中国台湾地区的同事能够通过高速线路用语音信函向位于犹他州 Provo 市的如新集团总部传送订单。新技术和信息系统已使各种购物模式成为可能。

公司成立之初，由于没有大型化妆品公司的资源或资金，隆尼、蒂洛森和其他合作创建人决定建立以佣金方式推销如新产品的分销商网络，分销商下面又可以建立下一级的分销商。为保持分销商心情愉快，保证销售工作和分销网络的不断发展，如新集团的经理们认为，让分销商及时收到佣金是“重中之重”。如新集团建立了完善的报酬系统，不论有多少人或多少不同国家的人纳入某分销商的分销网络，如新集团每月一次地支付给该分销商一张支票，而大多数其他直销公司是给每一个市场支付一张支票。

当公司每年以两位数的速度增长时，如新集团不断地升级信息系统，以确保系统能够处理直线上升的销售交易数量和佣金支票的数量。公司使用价值350万美元的Sequioa大型机，该机器能够保存过去14个月的每一笔销售交易记录，并计算出25万个开展活动的分销商的佣金，每个分销商应得的佣金根据6个档次的销售额计算，信息系统及时处理数据并把结果返回给如新集团的每个市场。系统可以用美元、澳元、日元、墨西哥比索等币种开支票。

如新集团还开发了把计算机提示性语句翻译成各国语言的应用系统。如果位于东京或墨西哥城的某分销商需要查阅个人或团体的销量，只需向当地的办事处打电话，办事处的代理用相应的语言查阅计算机，再把分销商需要的信息直接转达给分销商，不需要做任何翻译工作。

如新集团开发的语音信息程序可以把分销商与他的下级分销商联系起来，有些分销商每月使用语音信息程序提交他们的订单。

管理信息系统的基础设施已经到位，依靠四通八达的信息系统，如新集团能够在90天之内开辟一个新市场。

资料来源：如新集团官方网站.

如新集团的管理信息系统比较典型，从中可以看到管理信息系统的发展过程。下面进一步介绍管理信息系统的学科体系构成及研究方法。

2.1 信息与信息管理

2.1.1 信息的概念

信息在不同的学科中有不同的定义。在管理学科中，通常认为“数据经过加工处理就成了信息”。为了理解信息的这一定义，需要对信息和数据加以比较。

信息系统要处理的是组织或其环境中关于人物、事务等的信息。所谓信息，是指数据经处理后形成对特定的使用者有价值、有意义的数据形式。信息是经过加工的数据，它能对接收者的行为产生影响，并能影响接收者的决策。而数据是事物或事实的属性及其相互关系等的抽象表示，是一组表示数量、行为和目标的可识别的符号，即数据是承载信息的物理符号。

信息和数据是两个既有密切联系又有重要区别的概念。数据是记录客观事物的性质、形态和数量特征的抽象符号，如文字、数字、图形和曲线等。数据不能直接为管理者所用，因为其确切含义往往不明显。信息由数据生成，是数据经过加工处理后得到的，如报表、账册和图纸等。信息用来反映客观事物的规律，从而为管理工作提供依据。

为了更好地理解信息和数据之间的联系和区别，下面通过一个实例来进行说明。企业在做账时，要有各种发票和单据，这些发票和单据就是原始数据，对这些数据进行分类、登录、汇总等处理后生成的账册、报表和分析资料等，就是对管理者有用的信息。

信息的生成过程如图 2.1 所示，数据经过加工处理后，得到的就是信息。

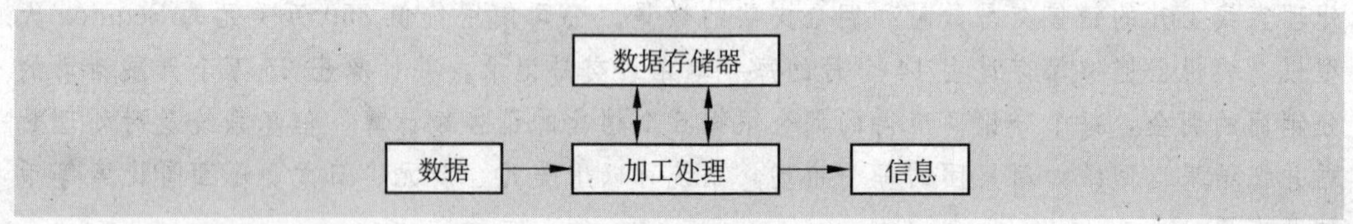

图 2.1　数据转化为信息的过程

需要注意的是，信息和数据的区别不是绝对的。有时，同样的东西对一个人来说是信息，而对另一个人来说则是数据。例如，某零售企业在某地区开设了若干家连锁店，顾客在连锁店购货时，连锁店的存货就会发生变化，由顾客购货产生的交易数据对连锁店负责人至关重要。从这些原始数据中，负责人可以得到连锁店的销售额、需要补充的存货量等方面的信息。而这些连锁店的地区负责人则对每笔交易的细枝末节不感兴趣，他们关心的是较宽泛的问题，例如，所有这些连锁店作为一个整体，其经营情况如何，其中一家连锁店的业绩是否比另一家好，不同的货物陈列是否会对销售量产生影响等。由于地区负责人感兴趣的是这些连锁店作为一个整体的情况，而不是单个连锁店或单个顾客的情况，所以他们对信息的需要是不同的。总之，以上信息对连锁店负责人来说是信息，在地区负责人那里只是数据。

知识链接：
信息的属性和有用信息的特征

2.1.2　信息管理工作

1. 信息的采集

信息的采集是指管理者根据一定的目的，通过各种不同的方式搜寻并占有各类信息的过程。信息的采集是信息管理工作的第一步，是做好信息管理工作的基础与前提。信息的加工、存储、传播、利用和反馈都是信息采集的后续工作。信息采集工作的好坏将直接决定信息管理工作的成败。

衡量信息采集工作质量的唯一标准是所采集的信息是否对组织及其管理者有用，而判断信息是否有用则要判断信息是否具有有用信息的各种特征。

为了使信息的采集富有成效，管理者必须做好以下各项工作。

1）明确采集的目的

在任何情况下，信息的采集都是为了实现组织特定时期的特定目标，也就是说，信息的采集具有目的性。漫无目的的信息采集活动将会使管理陷入混乱。由于不同的目的通常需要不同的信息，明确的目的便于管理者了解组织需要什么样的信息，从而有针对性、有选择地采集信息。

2）界定采集的范围

采集范围与以下 3 个问题有关：①需要什么样的信息；②用多长时间采集这些信息；③从哪里采集这些信息。

第一个问题涉及采集的对象范围，能够成为采集对象的信息应是对当前管理者有用的信息；第二个问题涉及采集的时间范围，信息的时效性决定采集活动不能拖得太久，但有时为了掌握较全面的信息，需要花费一定的时间，特别是对于一些问题的性质的认识是随着事态的发展而不断深化的；第三个问题涉及采集的空间范围，如果采集信息是为了解决发生于组织内部且与外界关系不大的某个问题，那么采集工作应主要立足于组织内部，而不要把战线拉得过长。

3）选择信息源

根据信息载体的不同，可将信息源划分为 4 大类：①文献性信息源，包括书籍、报刊、政府出版物、专利文献、标准文献、会议文献、产品样本、学位论文、档案文献、公文、报表等；②口头性信息源，包括电话、交谈、咨询、调查等；③电子性信息源，包括广播、电视、数据库、互联网、局域网等；④实物性信息源，包括展销会、博览会、销售地点、公共场所及事件发生、发展的现场等。

信息源的选择对信息的采集至关重要，不同的信息源具有不同的特征，所提供的信息的种类与质量也不同。管理者要根据采集目的、自身掌握的信息源状况及时间的紧迫性等选择合适的信息源。信息采集工作的成效取决于信息源是否可靠，这意味着组织应在平时注重信息基础设施建设，为管理者的信息采集活动提供更多、更好的信息源。

▶ 2. 信息的加工

信息的加工是指对采集来的通常显得杂乱无章的大量信息进行鉴别和筛选，使信息条理化、规范化、准确化的过程。加工过的信息便于存储、传播和利用，只有经过加工，信息的价值才能真正得以体现。信息的加工步骤如下。

1）鉴别

鉴别是指确认信息可靠性的活动。信息可靠性的鉴别标准有：信息本身是否真实；信息内容是否正确；信息的表述是否准确；数据是否正确无误；有无遗漏、失真、冗余等情况。

鉴别主要包括以下方法。

（1）查证法，是指通过查找、阅读相关文献来验证信息是否可靠的方法。

（2）比较法，是指通过比较来自不同渠道的同类信息来验证信息的可靠程度的方法。

（3）佐证法，是指通过寻找物证、人证来验证信息的可靠程度的方法。

（4）逻辑法，是指通过对信息的内容进行逻辑分析，以判别是否存在前后矛盾、夸大其词、违背情理等现象的方法。

通常，在进行信息鉴别时，需要同时使用这些方法。

2）筛选

筛选是指在鉴别的基础上，对采集来的信息进行取舍的活动。筛选与鉴别是两种不同的活动。鉴别旨在解决信息的可靠性问题，依据的是与信息有关的客观事实；而筛选旨在解决信息的适用性问题，依据的是管理者的主观判断。鉴别中被确认为可靠的信息未必都被保留，而鉴别中被确认为可疑的信息未必都被剔除。

筛选的依据是信息的适用性、精约性与先进性。适用性是指信息的内容是否符合信息采集的目的，符合者即为适用，可留下；不符合者则被剔除。精约性是指信息的表述是否精练、简约。筛选时将烦琐、臃肿的信息剔除，而将精练、简约的信息保留，以降低信息的冗余程度。先进性是指信息的内容是否先进，筛选时将相对落后的信息剔除。被筛选出的信息将同时满足适用性、精约性和先进性的要求。

筛选通常分以下 4 步进行。

(1) 真实性筛选。根据鉴别的结果，保留真实的信息，剔除虚假的信息，对可疑信息则在进一步调查取证的基础上再进行判断、取舍。

(2) 适用性筛选。以适用性为依据，将那些与采集目的不相关、过时无用、重复雷同、没有实际内容或用处不大的信息从真实信息中剔除出去。

(3) 精约性筛选。以精约性为依据，将那些虽然真实、有用但表述烦琐的信息剔除出去。

(4) 先进性筛选。以先进性为依据，将那些虽然真实、有用、精约但内容落后的信息剔除出去。

3) 排序

排序是指对筛选后的信息进行归类整理，按照管理者所偏好的某一特征对信息进行等级、层次的划分的活动。

4) 初步激活

初步激活是指对排序后的信息进行开发、分析和转换，实现信息的活化以便进一步使用。

5) 编写

编写是信息加工过程的产出环节，是指对加工后的信息进行编写，便于人们认识的活动。通常，一条信息应该只有一个主题，结构要简洁、清晰、严谨，标题要突出、鲜明，文字表述要精练准确、深入浅出。

3. 信息的存储

信息的存储是指对加工后的信息进行记录、存放、保管以便使用的过程。信息存储具有 3 层含义：第一，用文字、声音、图像等形式将加工后的信息记录在相应的载体上；第二，对这些载体进行归类，形成便于人们检索的数据库；第三，对数据库进行日常维护，使信息得到及时更新。

信息的存储工作由归档、录入、编目、编码、排架等环节构成，在这些环节中应注意以下问题。

(1) 准确性问题。在对信息进行记载、录入时，要做到内容准确、表述清楚、结构有序。

(2) 安全性问题。要保证信息在存储期间不会丢失与毁坏。对于文献信息，在财力允许的情况下，应采取先进的保存技术，争取做到防潮湿、防虫咬、防火灾、防腐蚀；对于电子信息，不仅要注意计算机和网络的安全，还要对重要信息进行备份，防止丢失。

(3) 费用问题。信息的存储应尽量节约空间，以节省费用。另外，空间的节约也便于保存和检索。

（4）方便性问题。方便性有两层含义：第一层含义是指使用方便，信息的存储要便于人们检索。具体来说，在编码、排序上要有统一的标准。选择标准时，要结合组织自身的情况慎重考虑，并且一旦选定标准，就不要轻易改变。在信息存放处，放置计算机及卡片等检索工具，便于信息使用人员检索。第二层含义是指更新方便。由于外部环境与组织自身情况的瞬息万变，陈旧的信息有时不仅无益，甚至有害。在对信息存储时，要充分考虑是否便于将来增添新的信息、删除无用的信息或修改有变化的信息。

4. 信息的传播

信息的传播是指信息在不同主体之间的传递。信息的传播具有与大众传播不同的特点，具体内容如下。

（1）目的更加具体。大众传播的目的是向社会公众传播各类信息。组织中的信息传播是管理者为了完成具体的工作任务而进行的有意行为，信息接收者必须按信息的内容去行为或不行为，以保证传播目的的实现。

（2）控制更加严密。大众传播只对传播过程进行控制，对受传者的控制是间接的，其主要的控制工作体现在提高传播信号的质量，分析受传者的心理，按受传者的心理与需求进行信息编码等。组织中的信息传播除进行以上控制之外，还要直接、严密地控制受传者的行为，以保证传播目的的实现。

（3）时效更加显著。大众传播虽然强调传播时效，但如果传播不及时，传播者所受的负面影响是有限的。对组织中的信息传播来说，如果在被管理者需要按某种信息去行为或不行为时，或者在决策过程中需要某种信息时，该信息没有传播到位，就会造成直接损失。

管理者在传播信息时，要注意防止信息畸变或信息失真，以提高信息传播的有效性。信息传播的有效性是指信息经过传播到达受传者时仍然真实可靠，而且传播速度快、数量大、投入小。为了防止信息畸变，需要分析导致信息畸变的原因并在此基础上采取相应的对策。具体来说，导致信息畸变的原因有以下几个方面。

（1）传播主体的干扰。在组织中，传播主体可能为了私利故意歪曲、扣压信息，报喜不报忧；或者受自身理解与表达能力、心理状态的影响，无法正确把握信息的内涵，无意中造成信息的失真；或者由于其工作能力低下、人浮于事、办事拖沓，一方面不能及时处理信息，造成严重积压，另一方面又不善于识别、判断信息的价值，可能把一些无关紧要的信息投入传播，而把有价值的信息丢在一边。

（2）传播渠道的干扰。组织的信息传播渠道有外部的，也有内部的。外部的传播渠道包括邮政、电信、广播、电视、报刊、文件专递、网络、电子邮件等。内部的传播渠道有两种：一种是正式传播渠道，即正式信息系统；另一种是非正式传播渠道，即非正式信息系统。对于内部的正式传播渠道，如果机构庞杂、层次繁多，上层管理者的信息往下传播时，每经过一个层次，信息就要受到该层次管理者的一次综合，并根据自己的理解再传播出去，这样不仅导致传播速度慢，而且每一次综合和理解都不可能保证信息完全不变。

组织的信息传播系统不健全、分工不明确、责任不清、办事推诿等，也会影响信息传播的速度，甚至造成信息传播中断。

（3）传播的客观障碍的存在。客观障碍主要有自然语言的障碍、学科专业知识的障碍、传播技术迅速更新造成的障碍等。自然语言的障碍包括外国语言、方言的障碍；学科专业知识的障碍是指对学科专业的不熟悉可能会妨碍有关主体对信息的真实含义的理解，因为有些信息在表述中不可避免地会用到某些学科专业知识；传播技术迅速更新造成的障碍是指现代传播技术更新很快，来不及学习与掌握也会造成障碍。

▶ 5. 信息的利用

信息的利用是指有意识地运用存储的信息去解决管理中具体问题的过程，是信息采集、加工、存储和传播的最终目的。信息的利用程度与效果是衡量一个组织信息管理水平的重要尺度。

1）信息的利用过程

信息的利用过程通常包括以下步骤。

（1）管理者在认清问题性质的前提下，判断什么样的信息有助于问题的解决。

（2）对组织目前拥有的信息资源进行梳理，在此基础上，判断所需的信息是否存在。

（3）如果组织中存在所需的信息，则可直接利用。如果不存在，则要考虑是否能够通过对现有信息进行开发、整合来满足管理者对信息的需要。如果不能，则要考虑重新采集信息，回到信息管理的源头。

2）利用信息的过程中需要注意的事项

为了更好地利用信息，管理者应努力做到以下几点。

（1）善于开发信息。信息开发包括外延式开发和内涵式开发。外延式开发是指对信息源和信息渠道的开拓与发掘，以便获取更多的信息。内涵式开发是指对已经掌握的信息进行深度加工、重组、激活，以产生新的信息或更有价值的信息。只有开发出更多、更有价值的信息，组织的信息管理工作才能提高。

（2）为信息价值的充分发挥提供组织上的保证。信息被正确地传递到正确的人手中并被正确地使用，需要经过多道环节，并消耗一定的资源，这意味着管理者应该在组织结构设计、资源分配、人员安排等方面为信息的利用创造条件。

（3）用发展的眼光看待信息的价值。管理者应认识到一些信息可能随着时间的推移和事物本身的变化而变得不再有用，而另一些信息可能随着客观形势的发展而变得更有价值。

3）利用信息的过程中应避免的现象

同样，为了更好地利用信息，管理者应尽力避免以下现象的发生。

（1）信息孤岛。由于部门利益的存在或技术上的原因，组织中的信息有时不能被共享，从而出现信息孤岛。信息孤岛的存在会造成组织资源的浪费，同时也是组织结构不健康的表现。

（2）信息过载。在信息爆炸的年代，一些管理者在日常的工作中可能会被大量的信息困扰，感到无所适从。为了避免这种现象，管理者应鼓励下属提供精练的信息，同时在组织设计时适当地分权与授权。

▶ 6. 信息的反馈

信息的反馈是指对信息利用的实际效果与预期效果进行比较，找出发生偏差的原因，采取相应的控制措施以保证信息的利用符合预期效果的过程。信息的反馈是信息管理工作的重要环节，其目的是提高信息的利用效果，使信息按照管理者的意愿被使用。

作为一个过程，信息的反馈包括反馈信息的获取、传递和控制措施的制定与实施 3 个环节。从这3个环节来看，信息反馈需要满足以下各项要求。

(1) 反馈信息真实、准确。良好的反馈不仅要求信息是真实的，还要求管理者正确地理解反馈信息，不能把其他系统的被控制信息当作本控制环路的反馈信息，不能把失真信息当作反馈信息，也不能把反馈渠道中产生的一切信息都当作反馈信息。

(2) 信息传递迅速、及时。反馈信息传递迟缓会影响控制措施的及时实施，使管理工作中的问题得不到及时解决。为了避免这种现象，管理者应设法缩短反馈信息的传输通道，准确把握控制环路中的信息反馈途径，并明确反馈信息源。

(3) 控制措施适当、有效。在较快地得到质量较高的反馈信息的前提下，管理者就有可能采取切实有效的控制措施，确保信息管理工作卓有成效。但良好的反馈信息并不等于良好的控制，从良好的反馈信息到良好的控制还需要管理者发挥自己和别人的聪明才智。

2.2 管理信息系统

2.2.1 管理信息系统的定义

管理信息系统的概念起源很早。早在20世纪30年代，柏德就强调决策在组织管理中的作用。20世纪50年代，西蒙提出管理依赖于信息和决策的观点。20世纪50年代，计算机用于会计工作。

管理信息系统的定义出现在1970年，瓦尔特·肯尼万(Walter T. Kennevan)把管理信息系统定义为“以书面或口头的形式，在合适的时间向经理、职员及外界人员提供过去的、现在的、预测未来的有关企业内部及其环境的信息，以帮助他们进行决策”。显然，这个定义是从管理的角度来定义的，没有强调一定要用计算机。

20世纪60年代，美国运营管理协会及其事业部第一次提出建立管理信息系统的设想，使各级管理部门都能了解本单位的一切相关的经营活动，为各级决策人员提供所需要的信息。但是由于当时软、硬件条件的限制和开发方法的局限性，信息系统没有发挥应有的效果，直到20世纪80年代，管理信息系统才有了明确的定义。1985年，管理信息系统的创始人——明尼苏达大学卡尔森管理学院的著名教授戈登·戴维斯(Gordon B. Davis)给出一个比较完整的定义，“管理信息系统是一个利用计算机硬件和软件进行分析、计划、控制和决策的模型及数据库。它能提供信息，支持企业或组织的运行、管理和决策功能。”

20世纪70年代末80年代初，“管理信息系统”一词传入我国，我国很多学者从不同的角度定义了管理信息系统。《中国企业管理百科全书》的定义是：“管理信息系统是一个由人、计算机等组成的能进行信息的收集、传输、储存、加工、维护和使用的系统。管理信息系统能实测企业的各种运行情况；利用过去的数据预测未来；从企业全局出发辅助企业进行决策；利用信息控制企业的行为；帮助企业实现其规划目标。”

目前，信息系统代替管理信息系统已经成为一种趋势。在美国，信息系统和管理信息系统是没有分别的，信息系统即管理信息系统。而实际上，信息系统和管理信息系统是有一定区别的，信息系统的研究范畴比管理信息系统更广一些，本书中不再区别这两个定义。

▶ 1. 从技术角度定义信息系统

从技术的角度来看，信息系统是为了支持组织决策和管理，由人和信息技术共同进行信息收集、处理、储存和传递的一组相互关联的系统。除了支持决策、协调和管理，信息系统还可以帮助管理者和员工分析问题，观察复杂的事情和创造新产品。信息系统的定义强调以下几点。

(1) 信息系统是人造的。

(2) 信息系统能够收集信息、存储信息、传递信息。

(3) 信息系统具有由人和设备共同执行信息处理任务的功能。

(4) 信息系统与组织特定的任务或职能有关。

信息系统的基本活动是产生组织所需要的信息，组织利用信息系统提供的信息进行决策、管理日常活动、分析问题，以及创造新产品和服务等。信息系统的基本活动是由输入、处理过程和输出构成的，如图 2.2 所示。因此，信息系统是技术系统。

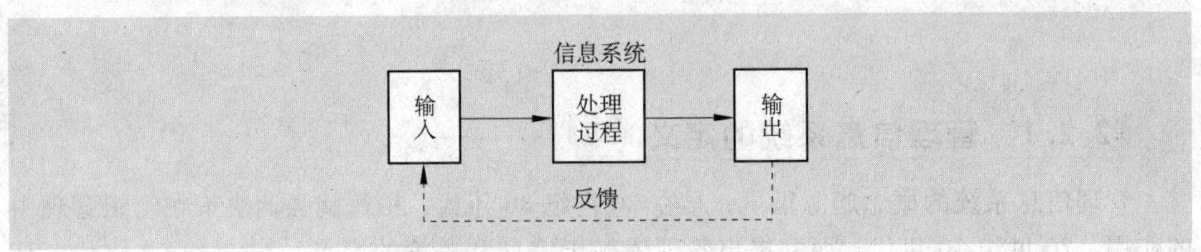

图 2.2　信息系统的基本活动

尽管信息系统利用计算机技术把原始数据加工成有意义的信息，但计算机和计算机程序与信息系统之间还是有显著区别的。计算机和计算机程序软件是现代信息系统的技术基础。计算机是存储和处理信息的设备，计算机程序或软件是指挥和控制计算机处理过程的操作指令的集合。在设计组织的信息系统解决方案时，了解计算机如何支持组织的工作很重要。但是，计算机仅仅是信息系统的一个组成部分。要理解信息系统，就必须理解信息系统所能解决的问题，理解关于系统体系结构和设计方面的问题。

▶ 2. 从经营管理角度定义信息系统

从经营管理的角度来看，信息系统总是在一个特定的环境中运行的。因此，信息系统可以看成是组织和管理上针对环境带来的挑战而做出的基于信息技术的解决方案。这个定义强调信息系统的组织和管理特性，针对经营环境变化给组织带来的挑战和由此引发的问题，信息系统的解决方案和其他解决方案的目的是一样的。可见，信息系统也是社会系统，在这个系统中，信息技术和组织管理都不是单独存在的。图 2.3 描述了信息系统中的管理、技术和组织融合，形成新的信息系统的解决方案的过程。

图 2.3 也描述了信息系统的社会系统的属性。因此，为了理解信息系统，管理者必须了解系统所处的组织、管理环境和信息技术等方面的知识，这是当代管理者所必须具备的，而且还要研究系统解决的问题、组织的业务过程，以及系统建设的方案、新系统的体系结构。信息时代的管理者不仅应该做好日常管理工作，还应该积极地发现组织的问题，因此，要学会借助信息系统，寻求信息和理解信息，并发现机遇。

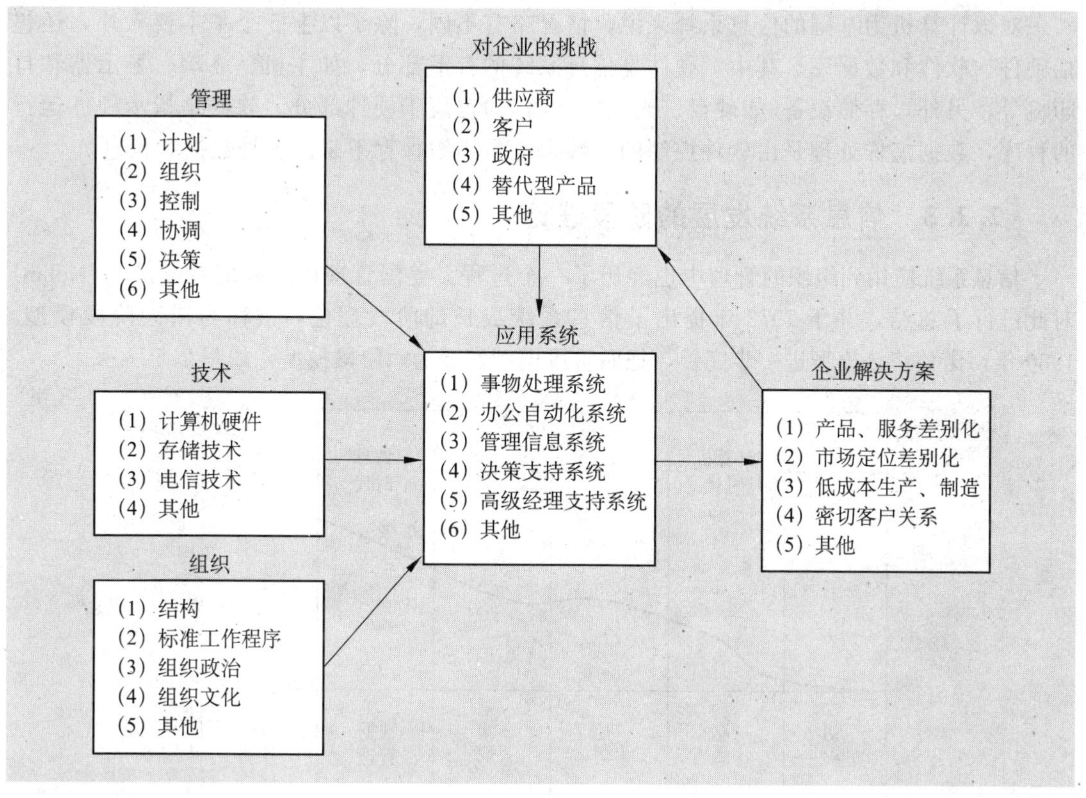

图 2.3 信息系统的解决方案的形成过程

作为信息系统开发人员，为了有效地设计和使用信息系统，必须先了解组织的环境、结构、功能和政策，以及管理和决策的制定过程，以便研究信息技术为这些问题提供解决方案的能力和机会。

2.2.2 信息系统的要素

一般信息系统包括5个基本要素：输入、处理、输出、反馈和控制。其中，输入是系统所要处理的原始数据(或提供原始数据的设备)；处理是把原始数据加工或转换成有意义和有用的信息的过程；输出是系统处理后的结果，即有意义和有用的信息；反馈是指当管理者对输出的结果不太满意或希望得到更好的结果时，对输入进行调整；控制是对输入、处理、输出和反馈等过程进行监督，使这些过程保持正常。这5个要素之间的关系如图2.4所示。

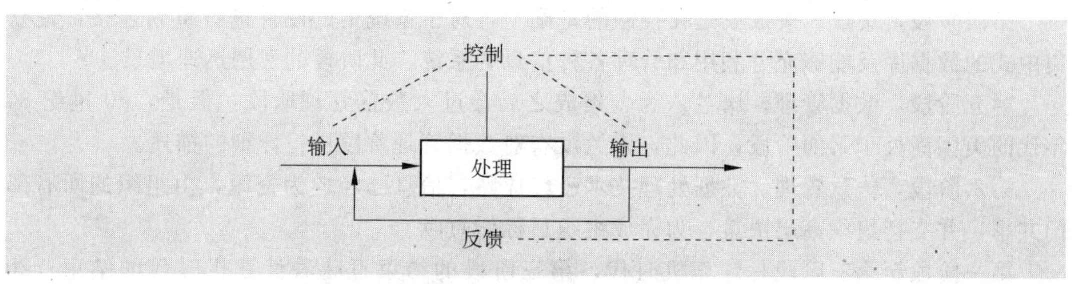

图 2.4 信息系统5个基本要素之间的关系

对以计算机为基础的信息系统来说，情况略有不同，除了以上 5 个基本要素外，还包括硬件、软件和数据库。其中，硬件是信息系统的有形部分，如主机、终端、显示器和打印机等，另外，存储设备(如硬盘、光盘驱动器等)也属于硬件部分。软件是指示硬件运行的程序，数据怎样处理是由软件控制的。数据库是组织保存下来的各种数据和信息。

2.2.3 信息系统发展的阶段理论

信息系统应用到组织的管理中也经历了一个过程。美国管理信息系统专家诺兰(Nolan)对此进行了总结，并于 1973 年提出了信息系统成长的阶段理论，被称为诺兰阶段模型。1980 年，诺兰将该模型进一步完善，把四阶段模型发展为六阶段模型，如图 2.5 所示。

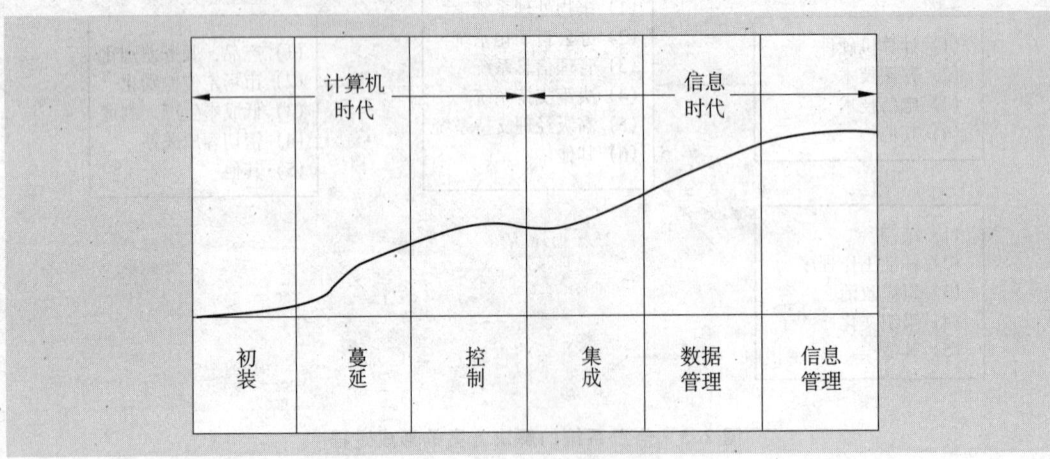

图 2.5 信息系统六阶段模型

第一阶段，初装。初装阶段是指组织购置第一台计算机并初步运行管理应用程序。在该阶段，计算机在管理中的作用被初步认识到，只有少数人具有初步使用计算机的能力，初装阶段大多发生在财务部门。

第二阶段，蔓延。随着计算机的应用初见成效，信息系统的应用从少数的几个部门扩展到更多的部门，组织的事务处理能力得到迅速发展。但是，同时出现了许多亟待解决的问题，如数据冗余、不一致、难以共享等。

第三阶段，控制。应用于管理的计算机数量不断增加，使用经验逐渐丰富，使用的部门越来越多，客观上需要加强组织协调，出现了由企业领导和职能部门负责人组成的领导小组。领导小组对整个企业的系统建设进行统筹规划，特别是利用数据库技术解决数据共享问题。诺兰认为，第三阶段将实现从以计算机管理为主到以数据管理为主的转换。

第四阶段，集成。集成就是在控制的基础上，对子系统中的硬件进行重新连接，建立集中式的数据库及能够充分利用和管理各种信息的系统。此阶段的费用迅速增长。

第五阶段，数据管理。诺兰认为，集成之后会进入数据管理阶段，但是，20 世纪 80 年代的美国尚处于第四阶段，因此，诺兰没有对数据管理阶段进行详细的描述。

第六阶段，信息管理。数据处理技术已经成熟，信息已经成为资源，由组织的所有部门共享，并支持组织高层决策，为完成组织目标做贡献。

第一阶段至第三阶段是计算机时代，第三阶段的结束意味着计算机时代的结束。20 世纪 80 年代，第四阶段开始，意味着信息时代的到来。

2.3 管理信息系统的发展过程

信息系统是企业信息化管理的基础。信息系统为管理者提供了一种在组织内收集、处理、维持和分配信息的系统方法。早在计算机出现之前，信息系统就存在了。随着计算机的普及与网络的高速发展，企业信息系统越来越电子化、网络化，企业管理也越来越信息化。从20世纪40—60年代物料需求计划(material requirement planning，MRP)的提出和实现，经过70年代的发展完善成为制造资源计划(manufacturing resource planning，MRPⅡ)，到90年代提出企业资源计划(enterprise resource planning，ERP)，反映了人们对资源管理的认识不断深化，说明企业管理利用信息技术进步的一切成果适应时代进步和市场竞争。

2.3.1 20世纪60年代的开环物料需求计划

根据需求的来源不同，企业内部的物料可分为独立需求和相关需求两种类型。独立需求是指需求量和需求时间由企业外部的需求来决定，如客户订购的产品、科研试制需要的样品、售后维修需要的备品备件等；相关需求是指根据物料之间的结构组成关系由独立需求的物料所产生的需求，如半成品、零部件、原材料等的需求。MRP的基本任务是：①从最终产品的生产计划(独立需求)导出相关物料(原材料、零部件等)的需求量和需求时间(相关需求)；②根据物料的需求时间和生产(订货)周期来确定其开始生产(订货)的时间。

MRP的基本内容是编制零件的生产计划和采购计划。然而，要正确编制零件计划，首先必须落实最终产品(在MRP中称为成品)的生产进度计划，即主生产计划(master production schedule，MPS)，这是开展MRP的依据；其次需要知道产品的零件结构，即物料清单(bill of material，BOM)，把主生产计划展开成零件计划，同时需要知道库存数量才能准确计算出零件的采购数量。因此，基本MRP的依据是主生产计划、物料清单和库存信息，它们之间的逻辑流程关系如图2.6所示。

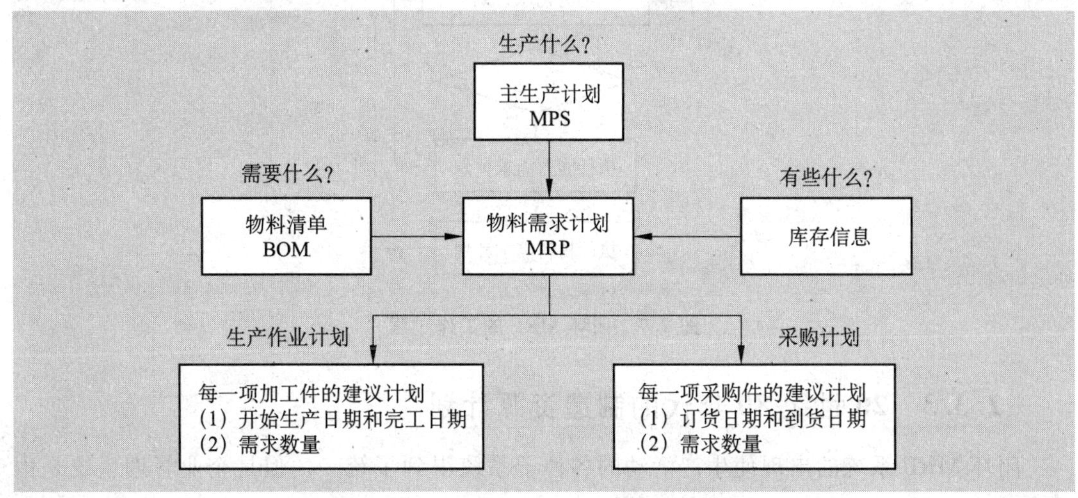

图2.6 MRP的基本构成及逻辑关系

2.3.2 20世纪70年代的闭环物料需求计划

20世纪60年代的开环MRP能根据有关数据计算出相关物料需求的准确时间与数量，但没有考虑生产企业现有的生产能力和采购能力的有关约束条件。因此，计算出来的物料需求的数量和日期有可能因设备和工时的不足而无法满足，或者因原料不足而无法满足，而且缺少计划实施情况的反馈信息对计划进行调整的功能。为解决以上问题，MRP系统在20世纪70年代发展为闭环MRP系统。闭环MRP系统除了物料需求计划外，还将能力需求计划、车间作业计划和采购作业计划纳入MRP，形成一个封闭的系统。

MRP系统的正常运行需要有一个现实可行的主生产计划，该主生产计划除了要反映市场需求和合同订单外，还必须满足企业生产能力的约束条件。因此，除了要编制资源需求计划，还要制订能力需求计划(capacity requirement planning，CRP)，与各个工作中心的能力进行平衡。只有在采取了措施做到能力与资源均满足负荷需求时，才能开始执行计划。在能力需求计划中，生产通知单是按照它们对设备产生的负荷进行编制的，采购通知单的编制过程与之类似，需要检查它们对分包商和经销商所产生的工作量。执行MRP时，要用生产通知单来控制加工的优先级，用采购通知单来控制采购的优先级。这样，基本MRP系统得到进一步发展，把能力需求计划和执行及控制计划的功能也包括进来，形成一个环形回路，称为闭环MRP，如图2.7所示。闭环MRP成为一个完整的生产计划与控制系统。

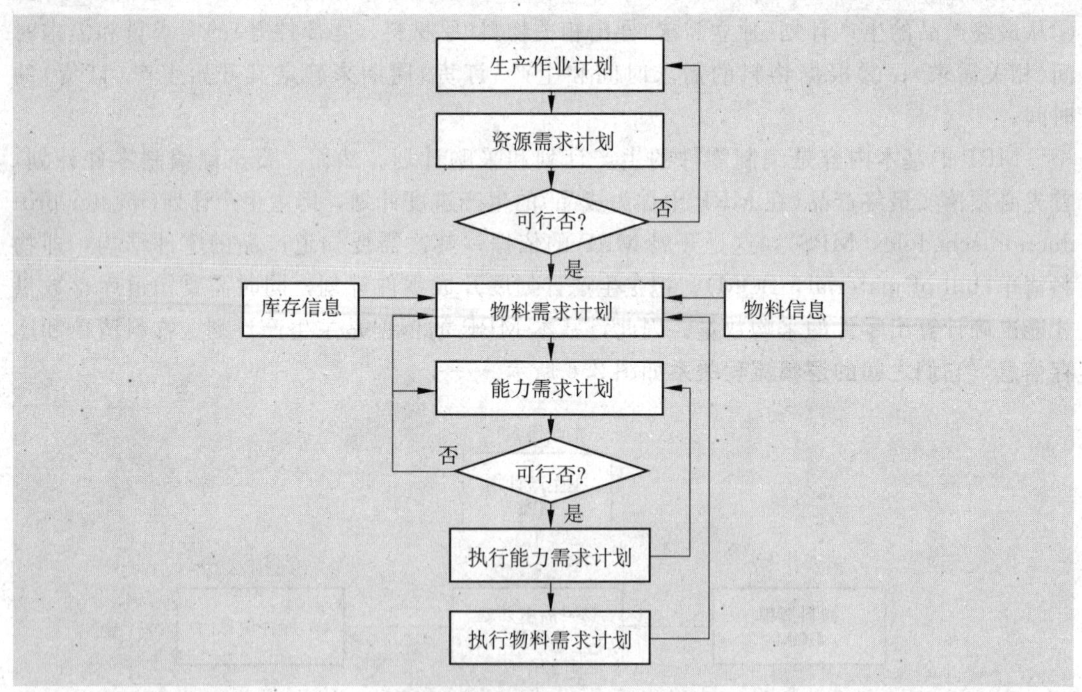

图2.7 闭环MRP的工作过程

2.3.3 20世纪80年代的制造资源计划

闭环MRP系统的出现使生产活动的各种子系统得到了统一。但是企业管理系统是由人、财、物、产、供、销和信息等子系统组成的综合系统，生产管理只是其中一个方面，它所涉及的仅仅是物流，而与物流密切相关的还有资金流和信息流。于是，在 20 世纪 80 年代，人们把销售、采购、生产、财务、工程技术、信息等各个子系统进行集成，并称该集成系统为制造资源计划系统，英文缩写还是 MRP，记为 MRPⅡ，如图 2.8 所示。

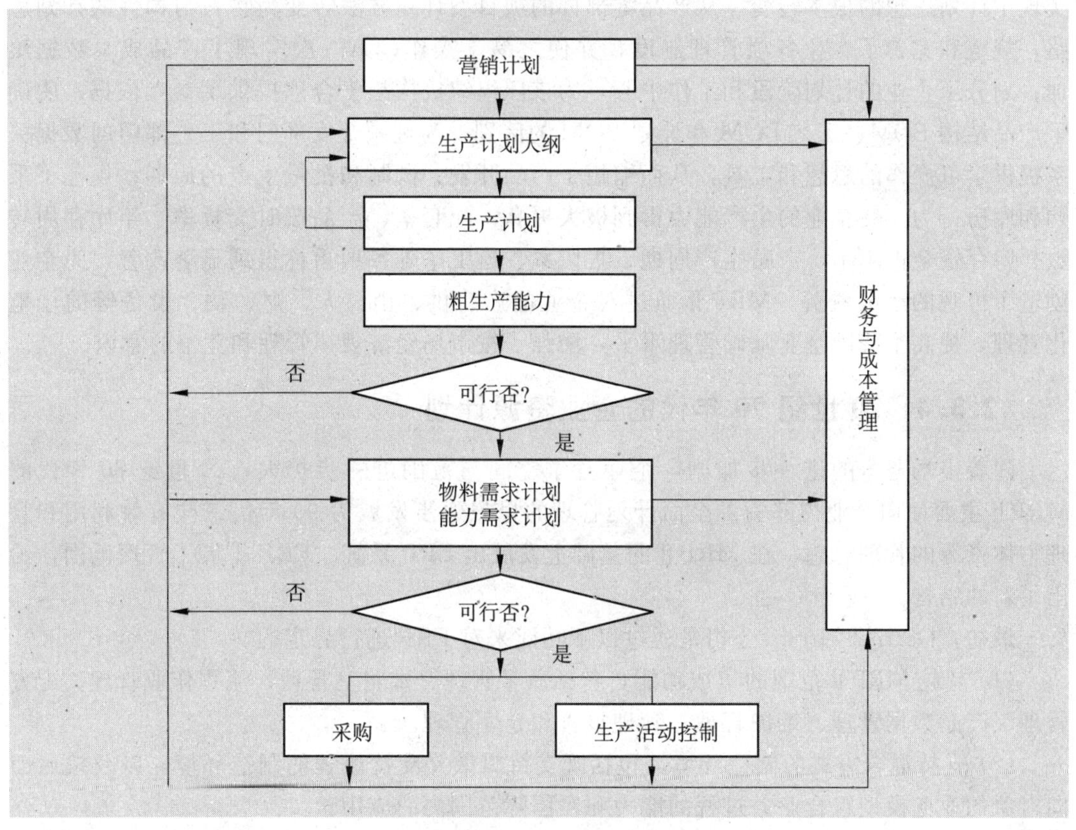

图 2.8 MRPⅡ的工作过程

由于信息技术的发展，计算机强大的信息存储和处理能力使人们对生产经营的管理能力加强了，企业由原来以产品为对象的管理转为以零部件为对象的管理。MRPⅡ最大的成就在于把企业经营的主要信息进行集成。其一，在物料需求计划的基础上向物料管理延伸，实施对物料的采购管理，包括采购计划、进货计划、供应商账务和档案管理、库存账务管理等；其二，由于系统已经记录了大量的制造信息，包括物料消耗、加工工时等，可在此基础上扩展到产品成本核算、成本分析；其三，主要生产计划和生产计划大纲的依据是客户订单，系统集成的信息又可以向前扩展到销售管理业务。因此，已不能从字面意义上来理解制造资源计划的含义。

MRPⅡ的应用在企业实践中取得了显著的效果。根据对美国成功实施 MRPⅡ的企业的调查，有以下统计结果：库存减少 25%～30%；库存周转率提高 50%；准时交货率提高 55%；装配车间劳动生产率提高 20%～40%；采购资金节约 5%；降低成品库存30%～40%；缩短生产周期 10%～15%；提高生产率 10%～15%；突击加工减少 25%。在我国，成功实施 MRPⅡ的企业成果也很显著，例如，徐州工程机械制造厂于 1996 年选择美国四班公司 MSS for Objects 管理系统作为“863”CIMS 一期工程的 MRPⅡ系统软件，并在工厂全面实施。从1996年8月开始，该厂先后成立项目指导委员会和项目小组，在美国四班公司MRPⅡ实施顾问的支持下，开展了紧张、有序的实施工作，历经系统定义、原型测试、模拟试点和系统试运行等实施过程，系统于1997年1月1日正式运行。系统运行后，大大提高了该厂的企业管理水平，如实现了该厂历史上从未有过的企业统一的数据环境；实现了计划思想的根本转变，从产品零部件的项目型计划方法转变为物料与构件的计划思路；规范和完善了企业各项管理制度，并使之易于操作；第一次实现了产品成本数据滚加；划分了企业的计划阶段和工作中心，为该厂组织机构趋于合理提供了参考依据；明确了产品结构BOM、工艺BOM和计划BOM的区别，为理顺开发部门和工艺部门的数据关系提供了可操作的思想和工具，从而缩短了产品开发、试制和批量生产的周期；规范了采购和库房行为，使企业的生产能力得到极大提高，配套率、产品按时交货率、年库存周转数、库存资金占用率、产品生产周期、报废率、返工率等各项指标得到显著改善，为企业创造了可观的经济效益。MRPⅡ通过对企业的产、供、销、人、财、物、设备等的规范化管理，提高了我国企业基础管理水平，增强了按市场经济规律管理和竞争的意识。

2.3.4 20世纪90年代的企业资源计划

随着市场竞争的进一步加剧，企业竞争空间与范围进一步扩大，20世纪80年代的MRPⅡ主要面向企业内部资源全面计划管理的思想逐步发展为90年代怎样有效利用和管理整体资源的管理思想，在MRPⅡ的基础上发展出ERP系统。ERP扩展了管理范围，给出了新的结构。

最初，Gartner Group公司是通过以下功能来对ERP进行界定的。

(1) 超越MRPⅡ范围的集成功能，包括质量管理、试验室管理、流程作业管理、配方管理、产品数据管理、维护管理、管理报告和仓库管理。

(2) 支持混合方式的制造环境，包括既支持离散又支持流程的制造环境，以及按照面向对象的业务模型组合业务过程的能力和在国际范围内的应用。

(3) 支持能动的监控能力，提高业务绩效，包括在整个企业内采用控制和工程方法、模拟功能、决策支持和用于生产及分析的图形能力。

(4) 支持开放的客户机/服务器计算环境，包括客户机/服务器体系结构、图形用户界面(graphical user interface，GUI)、计算机辅助设计工程(computer aided design engineering，CADE)、面向对象设计技术(object-oriented design，OOD)、结构化查询语言(structured query language，SQL)、对关系数据库查询，以及内部集成的工程系统、商业系统、数据采集和外部集成(electronic data interchange，EDI)。

上述4个方面分别从软件功能范围、软件应用环境、软件功能增强和软件支持技术角度对ERP进行评价。下面从管理思想、软件产品和管理系统3个层次理解ERP。

(1) ERP是一整套企业管理系统体系标准，其实质是在MRPⅡ的基础上进一步发展而成的面向供应链(supply chain)的管理思想。

(2) ERP综合应用了客户机/服务器体系、关系数据库结构、面向对象技术、图形用户界面、第四代语言(4GL)、网络通信等信息产业成果，是以管理企业整体资源的管理思想为灵魂的软件产品。

(3) ERP是集整合企业管理理念、业务流程、基础数据、人力物力、计算机硬件和软件于一体的企业资源管理系统。

从开环 MRP 经过闭环 MRP 发展为 MRPⅡ，其发展过程基本沿着两个方面延伸：一是资源概念内涵的不断扩大；二是计划闭环的形成。但这种发展均没有突破两个局限：第一，尽管从物料资源扩展到制造资源，资源均局限于企业内部的资源；第二，功能上以优先级为基础，以需求和能力平衡计划为核心，基本上是结构化决策。

ERP 是将企业所有资源进行整合集成管理，简单来说，就是将企业的三大流——物流、资金流、信息流进行全面一体化管理的管理信息系统。ERP 的功能模块不同于以往的 MRP 或 MRPⅡ的模块，它不仅可用于生产企业的管理，而且在许多其他类型的企业中，如一些非生产、公益事业的企业也可导入 ERP 系统进行资源计划和管理。这里以典型的生产企业为例子来介绍 ERP 的功能模块。

在企业中，一般的管理主要包括三方面的内容：生产控制(计划、制造)、物流管理(分销、采购、库存管理)和财务管理(会计核算、财务管理)。这三大方面本身就是集成体，它们之间有相应的接口，能够很好地整合在一起对企业进行管理。另外，随着企业对人力资源管理越来越重视，越来越多的 ERP 厂商将人力资源管理作为 ERP 系统的一个重要组成部分。

知识链接：ERP系统的组成

2.4 管理信息系统的学科体系与研究方法

2.4.1 管理信息系统的学科体系

信息系统研究和应用领域是指西方的管理信息系统的研究和应用领域。管理信息系统是引用了管理科学、信息科学、系统科学、行为科学、计算机科学和通信技术等诸多学科的概念和方法的综合性、边缘性的交叉领域，也是一门理论性和实践性都很强的学科，它是依赖于管理科学和技术科学的发展而形成的。信息系统学科于 20 世纪 60 年代诞生于美国，主要研究组织如何有效地应用信息技术，其应用目的是使企业管理人员理解信息技术和信息系统在管理变革中的作用，使技术人员理解组织行为对技术应用的影响。

管理信息系统包含 3 大要素，即系统的观点、数学的方法和计算机应用，与一般的计算机应用不同，它面向管理，具有计划、控制、预测和辅助决策等功能。

(1) 管理信息系统是一个演变和发展的概念，其内涵是随着信息技术应用历史的发展和管理理论的发展而演变的。最初信息系统是以技术应用和技术支持的技术导向为主要特征，随着信息技术的推广和应用，信息技术逐渐与组织、管理相结合，信息系统更多地用于支持组织决策和管理控制。

(2) 管理信息系统本身是组织、技术、管理的融合。管理与技术是管理信息系统发展的两大支柱，管理的不断创新对管理信息系统提出了越来越多的要求。而技术的创新，尤其是计算机网络技术的创新为管理创新提供了广泛的实践舞台。技术的发展、管理思想的变革不断驱动管理信息系统向前发展。

(3) 管理信息系统不再只是一项技术，更是一种先进的管理思想，是企业管理变革的手段，它为企业的管理创新提供了平台。

作为一个学科，管理信息系统研究的是组织如何有效地应用信息技术，它是一门应用学科。组织应用管理信息系统必须做到管理人员理解信息化在管理变革中的作用，技术人员理解组织行为对技术应用的影响。因此，管理信息系统的教育或培训是以管理为主题，研究组织如何有效地建立信息系统。管理信息系统体现的是管理思想，同时，信息系统建设工作也必然遵循软件工程开发的准则。管理信息系统的建设不仅是对信息技术的投资，更主要的是管理模式的改变、发展和建立。因此，管理信息系统是一个涉及多学科的综合学科，图 2.9 描述了管理信息系统涉及的主要学科。

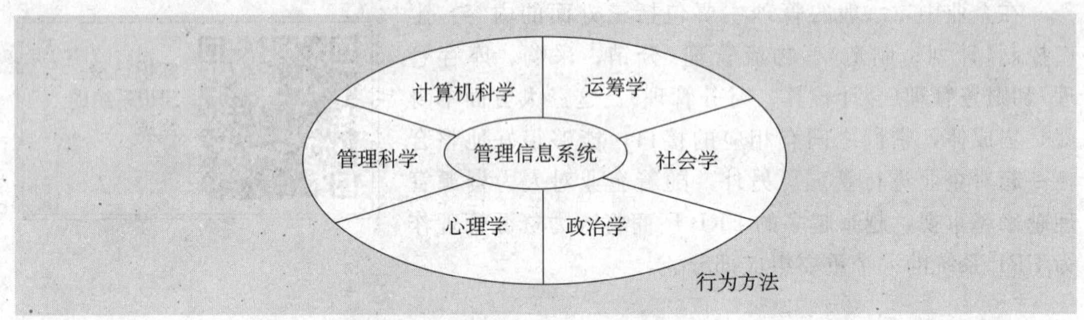

图 2.9　管理信息系统的学科体系

2.4.2　管理信息系统的研究方法

从管理信息系统的学科体系来看，研究管理信息系统的方法概括起来包括技术方法和行为方法。

技术方法的学科有计算机科学、管理科学和运筹学。计算机科学涉及计算理论、计算方法和高效的数据存储和访问方法。管理科学着重管理方法和决策过程模型的建立。运筹学侧重于优化组织的某些参数，是数学方法在管理过程中的运用。

组织的问题很多是行为的问题，支持组织的相应信息系统的成长自然也离不开行为科学，如系统的利用程度、实施和创造性的设计，还有信息系统与组织的协调、信息系统建设过程中对人的行为等的考虑，因此，在信息系统的建设中，不可避免地应用到行为科学。社会学家重视信息系统对群体、组织或者社会的作用。政治学家研究信息系统对组织权力分配的影响及运用。心理学家关注个人对信息系统的反应和人类推理认知模型，而这种人类的推理认知模型也是信息系统解决决策问题所依据的模型。

行为方法不能脱离技术方法来实现，但是，行为方法不关注技术的解决方案，而关注解决问题的态度，以及管理和组织的政策、行为等。信息系统尽管有机器、设备等硬件和软件，但是仍然需要大量的与人相关的工作，这是组织和智力的投资，做好这些，信息系统才能够发挥其在组织中应有的作用。因此，管理信息系统的研究方法是技术方法和行为方法的综合，这种研究方法叫作社会技术方法，如图 2.10 所示。

对于管理信息系统的研究是从 20 世纪 60 年代开始的。管理信息系统把计算机科学、管理科学和运筹学的理论与建立系统的应用实践相结合，尤其重视信息系统建立过程中的

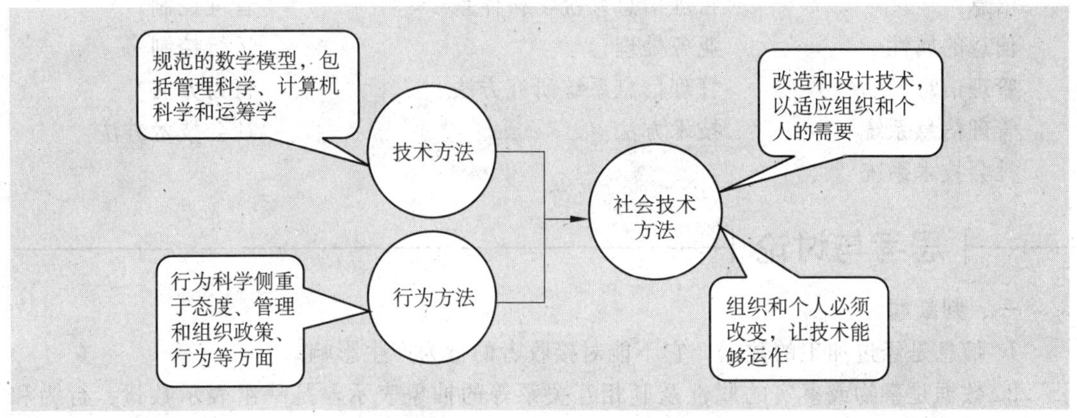

图 2.10 管理信息系统研究方法

人与由人构成的组织的行为问题。技术部分是指系统的硬件、软件、方法和技术等；社会部分是指工作在组织中的人及人与人之间的关系，这种关系是由固定的组织分工及组织模式决定的。因此，管理信息系统不是单纯的技术系统，同时还是社会系统，称为社会技术系统。社会技术系统是指管理信息系统的目标要做到两方面的优化：一方面是系统本身，即技术解决方案的优化；另一方面是组织的优化。社会系统和技术系统必须做到协调一致，组织才能取得最大的收益，这意味着在建设信息系统的时候，必须考虑组织的需要，对技术进行改造和设计，以适应组织和人的需要。同时，组织的改造和设计也必须以技术上的优化和可行为前提，在这个过程中，技术也许需要退而求其次。为了建设信息系统，培训、学习和组织发生变化，个人也必须做出改变，让技术能够运用并产生预期的效果。为做到技术与组织的适应，技术和组织有时不得不彼此妥协。

知识链接：
SAP助力良品铺子跨越数字鸿沟实现全渠道布局

本章小结

信息是指数据经处理后形成对特定的使用者有价值、有意义的数据形式。信息是经过加工的数据，它能对接收者的行为产生影响，对接收者的决策是有意义的。信息具有事实性、等级性、可压缩性、扩散性、传输性、分享性、时效性和转换性。数据是事物或事实的属性及其相互关系等的抽象表示，是一组表示数量、行为和目标的可识别的符号，即数据是载荷信息的物理符号。

管理信息系统由管理科学、信息科学、系统科学、行为科学、计算机科学和通信技术等诸多学科构成，属于综合性、边缘性的交叉学科，是一门理论性和实践性都很强的学科，它是依赖于管理科学和技术科学的发展而形成的学科体系。

关键术语

数据　　管理信息系统的结构　　战略管理

信息	管理信息系统学科体系	管理控制
信息的属性	业务处理	运行控制
管理信息	管理信息系统研究方法	行为方法
管理信息系统	技术方法	社会技术方法
社会技术系统		

思考与讨论

一、判断题

1. 信息是经过加工的数据，它不能对接收者的行为产生影响。（　　）

2. 数据是事物或事实的属性及其相互关系等的抽象表示，是一组表示数量、行为和目标的可识别的符号，即数据是载荷信息的物理符号。（　　）

3. 同样的东西对一个人来说是信息，而对另一个人来说则是数据。（　　）

4. 管理者在决定获取信息前不必对所要获取的信息进行评估，因为获取信息是值得的。（　　）

5. 对管理者有用的信息必须是质量较高的。（　　）

二、选择题

1. 无形成本包括(　　)。

A. 因组织业绩下降而使信誉受损

B. 员工士气不振及因工作程序变动而造成的工作瘫痪

C. 系统维护和升级成本

D. 折旧成本及系统运行和监督成本

2. 有形收益包括(　　)。

A. 销售额的上升

B. 存货成本的下降以及可度量的劳动生产率的提高

C. 信息获取能力的提高

D. 士气大振及更好的客户服务

3. 根据信息载体的不同，可将信息源划分为(　　)。

A. 文献性信息源　　B. 口头性信息源

C. 电子性信息源　　D. 实物性信息源

4. 信息系统包括的基本要素有(　　)。

A. 输入　　B. 处理　　C. 输出

D. 反馈　　E. 控制

三、填空题

1. 鉴别是指确认信息________性的活动。

2. 筛选是指在________的基础上，对采集来的信息进行取舍的活动。

3. 排序是指对________后的信息进行归类整理，按照管理者所偏好的某一特征对信息进行等级、层次的划分的活动。

4. 管理信息系统的发展经过________、________、________及________四个阶段。

四、思考题

1. 信息存储应注意哪些问题？
2. 信息的传播与大众传播不同的特点是什么？
3. 信息反馈需要满足哪些要求？
4. 信息系统包括哪些基本要素？
5. 企业信息系统的代表性应用有哪几个主要发展阶段？
6. 什么是管理信息系统的定义？你是怎样理解的？
7. 画出信息系统 5 个要素之间的关系。

案例分析：
零售之王——沃尔玛信息管理成功经验

第3章 信息系统对当代管理的影响

教学目标

- ☞ 理解组织将信息作为战略资源的意义及信息系统的战略作用；
- ☞ 掌握组织的定义，了解组织具有的特征；
- ☞ 理解信息系统与组织如何相互影响，了解组织建设信息系统的动因，了解在建设信息系统的过程中要考虑的组织因素；
- ☞ 了解战略信息系统的内涵；
- ☞ 了解组织如何利用信息系统获得竞争优势。

教学要求

知识要点	能力要求	相关知识
组织的概念与特征	理解组织、科层制、组织文化、组织政治、标准工作程序的概念	管理理论
组织和信息系统	理解组织和信息系统的相互影响、相互作用的双向关系	经济理论
战略信息系统	理解战略信息系统的概念	

导入案例

美国新一轮信息技术革命和产业变革的主要特点

20世纪80年代至90年代初期，美国积极推动计算机和互联网技术的发展，实施“信息高速公路”战略、“互联网Ⅱ”和“下一代互联网”计划等国家战略计划，通过信息技术革命引领了“二战”以来持续时间最长的经济繁荣。随着21世纪初“互联网泡沫”的破灭，人们对信息技术革命的热潮有所降温，但信息技术创新仍沿着其内在规律不断演进发展。经过十多年的曲折发展，以移动互联网、云计算、大数据、物联网为代表的新一轮信息技术革命蓬勃兴起，对美国经济社会结构、生产体系组织带来深刻影响。

（一）演进阶段划分

美国是全球网络信息技术的发源地，近半个世纪以来，美国企业、政府和科研机构携手主导全球网络信息技术的发展进程。关于新一轮信息技术革命演进的时间阶段划分，可以从信息技术对劳动生产率的贡献、重大技术集群式创新等不同视角出发，因此得出的结论也有所不同。2012年，经济合作与发展组织（OECD）将《信息技术与通信产业展望》年度报告更名为《互联网经济展望》，认为“移动互联网、物联网、云计算、大数据等理念正在引领第二次互联网革命”。

我们从支撑技术创新和产业变革的资本市场视角出发，大致划分美国新一轮信息技术革命的演进阶段。从Bloomberg互联网指数来看，美国新一轮信息技术革命发展的第一阶段截至美国“互联网泡沫”破灭期。据统计，1999—2001年全球共有964亿美元风险投资进入互联网创业领域，其中80%投向美国，推动美国信息技术产业达到顶峰。“互联网泡沫”破灭以来，仅2001年美国申请破产的公司就达到257家，资产总额达2 585亿美元，2002年申请破产的公司有119家，资产总额达到3 788亿美元，破产清算额上升了147%，申请破产的公司数量超出1986—2000年的平均数113家，到2004年只有50%的互联网公司存活下来。

自2002年年底互联网指数触底反弹以来，美国进入新一轮信息技术和产业变革期，即从2002年年底到2008年金融危机引发的调整阶段。经过2008—2013年的短暂调整，伴随信息技术企业的盈利模式不断成熟，互联网指数增长加速，2014年以来已接近“互联网泡沫”时期的最高点，新一轮信息技术革命进入高速发展阶段。

（二）技术创新路径

从技术创新演进路径来看，新一轮信息技术革命经历了三个阶段，分别以计算机和互联网技术不断深化、移动和社交、云计算和大数据为主要特征。

从互联功能的演化来看，计算机和互联网技术驱动的第一轮信息技术革命持续深化，计算和存储能力的持续提升及网络基础设施的进一步完善，促使存储价格快速下降，网络带宽持续增加，推动移动终端的广泛使用和移动互联网的爆发式普及，突破了网络的时空限制，网络接入更加快捷方便，人与人之间时时互联成为现实，IT进入普适大众阶段。2009年，全球无线网络的接入用户首次超过有线用户。同时，受益于智能感应和识别技术的发展，物联网的理念逐渐兴起，促使人与人、人与物、物与物之间实现信息互联，互联网的应用范围出现飞跃。美国占据移动互联网、物联网的主导优势，据IDC数据显示，2014年年底，以苹果iOS和谷歌Android生态体系为代表的智能手机操作系统已经占据全球96.3%的市场份额，几乎处于完全垄断态势。从技术角度来看，互联能力全面推广到Web2.0，开始过渡到Web3.0，并将全面进入移动互联时代。

从计算功能的演化来看，2006年8月，谷歌首席执行官埃里克·施密特在搜索引擎大会上首次提出“云计算”的概念，人类从并行计算进入云计算的时代。云计算是继20世纪80年代由大型计算机到客户机/服务器的大转变之后的又一次巨变，突破了硬件资源对计算能力的约束，改变了信息化发展模式，满足人类在信息社会里随时随地利用数据、软件、资源和服务的各种需求。同时，云计算催生了大数据理念，使数据挖掘分析实现从传统的结构化数据向视频、图像、文本等非结构化数据的跨越，推动数据价值出现从量变到质变的飞跃。云计算、大数据中心正成为最具代表性的新型商业基础设施，其角色正如工业时代的水、电、气等基础设施，为超大规模、超低成本使用计算资源打开方便之门。IBM、谷歌、亚马逊等美国公司已经成为云计算领域的巨头。IBM是云计算技术的主要倡导者，其云计算战略是研发和并购双管齐下，迄今已投入超过30多亿美元，收购了多家云计算相关企业。谷歌则是大数据技术的主要推动者和创新力量。2011年，谷歌以7亿美元收购数据算法分析公司ITA Software，重视将大数据分析技术用于解决社会问题，运用集体智慧涉足环境保护等科学技术问题。亚马逊云服务的互联网流量已经占到全美互联网流量的1%，有约1/3的互联网用户每天至少使用一项亚马逊云服务功能。

(三)产业变革路径

新一轮信息技术革命推动美国产业深度变革。在全球互联网经济中，美国在技术开发、商业创新和收益比重上都位居领先地位。中国信息化百人会提供的数据显示，2016年，美国数字经济增速高达6.8%，总量达到11万亿美元，远超中国(3.8万亿美元)、日本(2.3万亿美元)、英国(1.43万亿美元)等主要国家。

从产业变革演进路径来看，新一轮信息技术革命经历了从消费互联网向产业互联网的跨越。首先，新一轮信息技术革命促使基于互联网的支付、信用体系等新型基础设施走向成熟。基于互联网的支付体系的建立和发展，以及基于此的用户付费模式和消费习惯是互联网模式大规模商用化的基础。在纳斯达克互联网泡沫发展的顶峰时期，基于互联网的支付体系刚刚萌芽。2016年，美国PayPal公司全球活跃用户数达到1.97亿，全年总支付量达到3 450亿美元。其次，以互联网为代表的信息通信技术的辐射效应显现，并加速向各行业横向渗透，基于互联网的商业模式创新不断涌现，推动产业颠覆式变革。主要分为以下两个阶段。

第一阶段：消费互联网阶段。互联网由独自创造价值向消费领域扩散，互联网改变了消费者的行为，基于应用需求的创新模式层出不穷。消费互联网从以提供资讯为主的门户网站发端，随着移动终端的多样化和智能终端的普及，目前已经可以满足人们绝大多数的消费需求，包括电子商务、社交网络、在线旅行等行业获得极大发展。

第二阶段：产业互联网阶段。互联网在产业领域的拓展尚属于初步阶段，2012年美国通用电气公司率先提出了工业互联网的概念，推动生产制造的数字化、智能化，标志着互联网创新从消费领域向生产领域的全面进军。未来，互联网将对各产业的生产、交易、融资、流通等各个环节进行颠覆式改造，将具有更高的生产、资源配置和交易效率。

资料来源：中国经济网 .2017-06-05.

信息技术深远地影响了人们生活的方方面面。管理信息系统是用信息技术来进行管理变革的，也可以说是进行管理革命的。正像革命对社会所带来的影响那样，管理信息系统对管理所带来的影响也是根本性的、彻底的、深远的，可以说已经和正在彻底改变管理的理念、架构和运作规则。

3.1 信息系统在组织中的作用

人类社会由工业经济向知识经济转变，信息技术已日益广泛和深入地应用于组织中。

越来越多的组织把信息与劳动力、资本一起视为可以起到增强组织竞争力作用的重要资源。对信息系统的战略性应用日益增多，其深层次的原因是组织内对信息与信息系统的认识发生了变化。在企业内外经营环境瞬息万变的时代，一个企业是否具有竞争力，关键在于它能否及时获取和利用信息资源，企业的竞争能力首先表现在信息的竞争能力上。对信息的高效利用成为增强企业竞争能力和提高企业经济效益的重要手段和途径，企业纷纷尽可能地利用一切可利用的信息，并通过对信息的处理和分析来获得高层决策所需要的数据支持，以便及时调整企业的经营战略，从而使企业获得更大的经济效益。

信息是一个不断发展和变化的概念，其内涵和外延不断扩展，并且信息及信息系统在组织内所发挥的作用也是不断变化的。正确认识信息及信息技术在企业战略中的地位和对企业战略的影响至关重要。对于信息和信息系统的作用的认识是由表及里的，在经历了一个较长的认识过程之后，企业才逐渐认识到信息已经成为企业的重要战略资源，信息技术也已经成为企业的战略工具。表 3.1 描述了人们对信息在组织内发挥的作用及相应时期对信息系统的作用认识的发展过程。

表 3.1　信息内涵认识的发展和信息系统作用的变化

时　期	信息的内涵	应用的信息系统	信息系统的作用
1950—1960 年	不得不处理的纸上数据流	EDPS、TPS	实现数据处理的自动化
1961—1970 年	一般管理上的支持	MIS	支持生成阶段性报表和管理信息报告
1971—1984 年	可用于管理控制，信息为管理服务	DSS、EIS	改进和加快经理与高级主管的决策过程，改善决策的有效性
1985 年至今	成为战略资源	SIS、ERP	组织参与市场竞争的工具、组织生存和发展的有效支持工具

20 世纪 50 年代，大量的纸上信息可能使企业窒息并妨碍企业做事，西方人甚至把信息比作“纸龙”。20 世纪 50 年代中期，计算机开始在企业管理中用于处理工资数据，这个时期的信息系统的表现形式是具有有限功能的、孤立的“电子记账机器”，目的是加快数据处理速度和提高处理的精确度。这个阶段的应用被称为电子数据处理系统(electronic data processing systems，EDPS)。而后，计算机用于处理重复性、数据量庞大的工作，这时的应用被称为事务处理系统(transaction processing systems，TPS)。总之，这一时期的信息系统主要用于实现数据处理的自动化，从而提高工作效率。

20 世纪 60 年代，在组织内，信息用于对一般管理工作的综合性支持。这个时期出现的信息系统被称为管理信息系统，此时的管理信息系统是指狭义的管理信息系统。信息处理的目的是及时得到组织状态的综合报告。

20 世纪 70—80 年代中期，在组织内，信息用于管理控制，为组织内部管理服务，这时出现的信息系统被称为决策支持系统(decision support systems，DSS)和主管信息系统(executive information systems，EIS)，这一时期的信息系统可以为整个组织提供精确的、特殊用途的管理控制，其作用是改善和加快经理和高级主管们的决策过程。

20 世纪 80 年代中期之后，在组织内，信息被看作与劳动力、资本同等重要的战略资源，是组织获得竞争优势的来源，也是击败和威慑竞争者的战略武器。人们逐渐认识到信息技术在组织中的应用不仅能够提高工作效率，带来经济效益，更重要的是改变了产品或服务的性质，改变了组织参与竞争的方式，为企业提供了新的参与市场竞争的手段，从而大大提高了组织的竞争能力。从这种信息概念出发所建立的系统叫作战略信息系统，它的作用是保障组织可持续发展。20 世纪 90 年代中后期，出现了企业资源计划，它是独特的战略信息系统，集成组织的各项职能，整合企业内外资源，以此来改善业务流程、支持企业决策。

3.2 组织的定义和特征

管理信息系统是服务于组织及其管理的。任何组织都需要管理，一个组织的计划、组织、控制、协调等管理职能的实现离不开信息系统的支持。管理信息系统的应用涉及组织的环境、结构和行为等，所以在建设和研究管理信息系统时，有必要先了解有关组织的概念与特征。

3.2.1 组织的定义

组织是由人构成的具有系统性结构的社会实体，是为了完成特定的使命和目标而设立的，它通过专业分工和协调来实现其目标，并与外部环境保持密切联系。美国著名管理学者斯蒂芬·P. 罗宾斯的《管理学》中指出，组织是对完成特定使命的人们的系统性安排。很多学者从不同角度、不同侧面对组织下过定义，现介绍如下。

1. 从技术角度定义组织

从技术的角度来看，组织是一个稳定、正规的社会结构，它从环境中汲取资源，如资本、劳动力等，然后对资源进行加工处理后产出产品或服务。该定义强调组织的三大要素，如图 3.1 所示。

(1) 资本和劳动力是外部环境输入的主要生产要素。

(2) 组织(企业)通过生产过程将资本和劳动力转化为产品或服务。

(3) 产品或服务输出到外部环境中，由消费者消费后再反向提供更多的资本和劳动力作为输入。

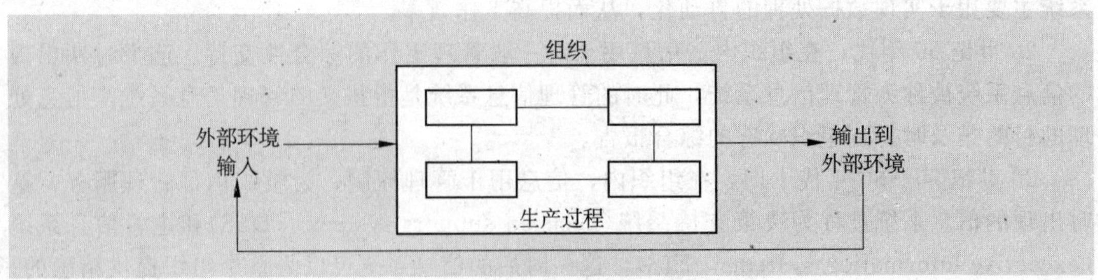

图 3.1 从技术角度定义组织

组织的技术性定义将组织看作一种变换功能或处理过程，是依托外部环境而求生存的“输入—输出”的转换系统。组织的输出结果是由外部环境的输入和变换功能决定的。因此，从技术角度定义的组织应积极引进新技术，改进组织将输入转变为输出的方式，提高组织输出的效果。

2. 从行为角度定义组织

组织的技术定义简单而明确，但它对现实中的组织缺少描述性和预测性，现实中更多采用的是组织的行为定义。从行为角度来看，组织是权力、义务和责任的集合，通过冲突和冲突的解决而在一段时期形成微妙的平衡状态，如图 3.2 所示。

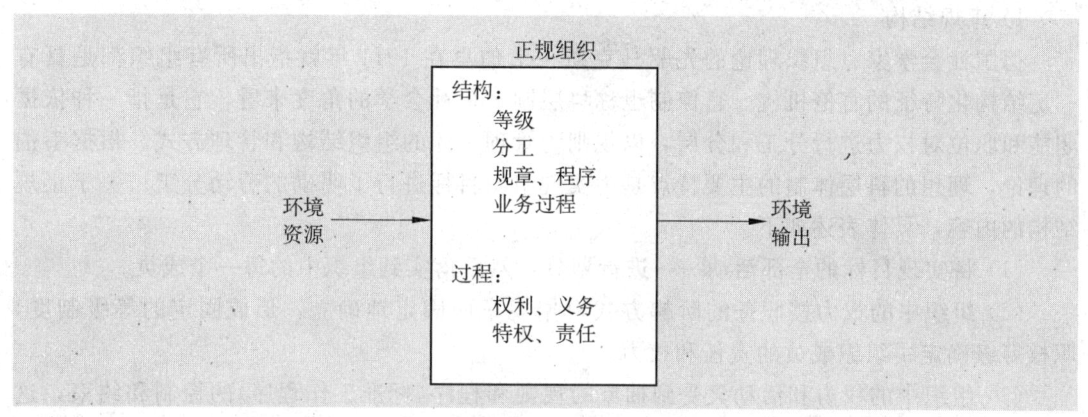

图 3.2 组织的行为理论描述

行为学理论的观点促使人们关注工作本身和为了结果而采用过程。根据行为学对组织的看法，组织成员形成一套约定俗成的工作方式，成员间通过上、下级关系而相互关联，每个成员与下属和上司商定和安排如何工作、工作量是多少、工作条件是什么。而大多数这样的安排和感受在正式书面规定中是没有体现的。

组织的技术定义和行为定义并不矛盾，它们实际上是互补的。技术定义说明竞争环境中众多企业是如何将资本、劳力及信息技术结合在一起的。而行为定义强调应该深入特别的企业中，审视组织是如何利用资本和劳动力提供产品或服务的。

对于信息系统在组织中的应用，从技术角度和行为角度出发会有不同的理解。从技术角度来看，组织引进新技术会改变输入与输出之间的结合方式或处理过程。组织有较好的灵活性，资本和劳动力之间的互换很容易实现，新技术可以不受限制地在组织中得到应用；从组织的行为定义出发，组织建立新信息系统或改进旧系统绝不仅仅是对机器和员工在技术上的改变。信息系统的应用可能对传统的组织行为造成显著影响。信息系统应用甚至会改变组织长期以来在权力、特权、义务、责任和情感之间建立的均衡状态。技术变化的同时还要求组织对信息的所有权、控制权、获取权、改变权及决策权等方面做出改变，这意味着管理人员如果不了解组织的含义和特征，就无法正确地觉察组织发展中对信息系统的需求，无法准确表达需要建立什么样的管理信息系统来聚集和提升组织的功能和竞争力。因此，组织管理人员必须认真分析信息技术对组织工作方式和程序等多方面的影响，在新信息系统给组织带来冲突和阻力时，管理者能够采取积极的措施调解冲突，减小阻力，使组织在新的信息系统下达到新平衡。

3.2.2 组织的特征

组织具有共同的特征和独有的特征。

▶ 1. 共同特征

IBM 公司、美国联合航空公司和上海市公安局等组织没有多少共同之处，但实际上，它们都是组织，因此具有某些相似的方面，如明确的劳动分工，清晰的等级制度，明确的规章和程序，公正的判断、决策，书面的沟通和文件记录，根据技术资格决定职位任用，追求最高的组织效率。

1）正规结构

德国社会学家、组织理论的先驱马克斯·韦伯早在 1911 年就指出所有组织都是具有一定结构化特征的官僚机构。官僚制也称科层制，从社会学的角度来看，它是指一种依据职能和职位对权力进行分工和分层，以规则为管理主体的组织结构和管理方式。根据韦伯的理论，理想的科层体制的主要特点是为实现组织目标进行了明确的劳动分工。关于正规结构的内容，具体表述如下。

(1) 将实现目标的全部活动一一进行划分，然后落实到组织中的每一个成员。

(2) 组织中的权力按职务的阶梯方式根据规章而固定地确立，形成固定的等级制度，职权等级确定了组织成员的责任和权力。

(3) 组织中的权力和活动又受到抽象的规则和程序(标准工作程序)的控制和约束，这些规则和程序在特定的情况下有相应的解释和应用，组织成员职务的运作受这些规则的约束，所有组织成员都要遵守这些规章制度。这些规则和程序造就了公正、通用的决策系统，使组织中的每个成员都受到平等对待。

(4) 组织记录和保存关于决策、业务活动和规章的文件。

(5) 组织雇用和培训具备专长和技能的人员，并把专业人员安置在相应等级中，员工雇用和提升的根据是其技术能力和职业素质。

(6) 组织本身遵从效率原则，用有限的输入产生最大的输出。

(7) 科层体制是最有效率的、理性的组织模式，它不仅解决了组织成员个人的生产效率问题，还解决了组织成员如何最大限度地进行合作与控制的问题。

其他学者对韦伯的理论做了补充，列出了组织的其他共同特征，即所有组织都要形成标准作业程序、组织政治和组织文化。

2）标准作业程序

经过一段时间的运营，所有能够生存下来的组织都能够高效地按相对固定的程序生产产品或提供服务。标准作业程序(standard operation procedure，SOP)就是以统一的格式描述作业的标准操作步骤和要求，用来指导和规范日常的工作。标准作业程序是企业经过不断实践所创建和总结出来的一套较为详尽的规章制度、工作程序和方法，它主要包含企业内部标准的工作流程和运作规范。标准作业程序是非人治的管理控制制度，它指导组织的业务活动以可预测的、例行的方式进行。

标准作业程序可以用来提高现代组织的运行效率。以汽车的装配为例，为产出一辆汽车，必须精确地设计和执行大量的工艺动作过程。如果工人需要思考如何装配每辆车，或者管理人员每天都要思考如何生产产品，效率势必大大下降。通过建立一套标准化的作业程序来处理日常事务，可以大大提高组织中的重复性工作，尤其是常规业务的效率。标准作业程序是对每个作业程序的控制点操作的优化，可以保护组织日常工作的连续性和相关知识的积累。然而，组织要改变原有的标准工作程序往往需要付出巨大的努力，组织也许要停止整个生产过程，或者建立一个新的昂贵的并行系统，在废弃旧的标准作业程序之前，新系统必须经过严格、充分的试验和检测。

3）组织政治

在组织内，由于员工身处岗位的不同、专业的不同、关心的事情不同，自然地会对组织中资源的分配、奖惩等方面有不同的见解和观点。由于这些差异，在组织内部必然会产生竞争、矛盾和冲突。当一些人或利益团体试图支配和协调这些矛盾和冲突时，就有可能产生政治斗争。所谓组织政治，是指通过运用权力来使个人或群体获得、维护或扩大在组织中的利益。不确定性和冲突在任何组织内都是存在并不可避免的，政治是使各方达成一致的机制。政治是组织生活的主要内容，组织成员利用政治获取工作中一切值得得到的事物，如职位、薪酬、特权、工作条件等。理解组织政治和权力是对管理者的基本要求，而且作为一个管理者，在组织内回避政治的想法是很天真的。

4）组织文化

组织文化(企业文化)概念的提出和研究源于20世纪七八十年代日本企业的崛起，即日本经济实力的日益强大对美国乃至西欧经济形成威胁和挑战的时候，人们注意到了日本和美国企业管理模式及文化的不同对企业管理和经营业绩的影响，进而发现了组织文化。1982年，美国出版的《公司文化》首先提出了组织文化的概念。组织文化是为组织所有成员共享，并作为公理传授给组织新成员的价值观、行为规范、信念、共同意识和思维方式的总和，是组织在自身发展过程中形成的以价值为核心的独特的文化管理模式。

雪恩认为，组织文化是通过两个过程发展和形成的，即组织适应外部环境的过程和组织内部的整合过程。组织为了生存和发展，一方面必须适应外部环境；另一方面必须维持内部整合。在这一过程中，通过组织成员之间的相互作用，发现和学习那些对组织的生存和发展有意义的文化因素，而这些因素被组织成员逐渐接受为惯例和生活方式，从而得到组织成员的认同，这就是组织文化的形成过程。

组织文化主要具有以下6个方面的特征。

(1) 意识性。组织文化是组织内一种群体的意识现象，是一种意念性的行为和精神观念。

(2) 系统性。组织文化是由共享价值观、团队精神、行为规范等一系列内容构成的一个系统，各要素之间相互依存和联系。

(3) 凝聚性。组织文化能够影响组织成员的处世哲学、世界观及思维方式，在组织内起到“黏合剂”的作用，能够激发组织成员的士气，增强群体凝聚力。

(4) 导向性。组织文化规定了组织成员行为的准则与价值取向，它对组织成员行为的产生有最持久、最深刻的影响力。

(5) 可塑性。组织文化不是与生俱来的，而是通过组织生存和发展过程中逐渐总结、积累和培育而形成的。它可以随着组织内外环境的变化而不断调整，可以通过人为的后天努力加以培育和塑造。

(6) 长期性。组织文化的形成需要相当长的时间，而且是一个极其复杂的过程。

组织文化是组织生存与发展的基础和动力，是稳定和持续的，它的建立和不断升华可以使组织久盛不衰。组织文化是组织管理的灵魂和最高目标，它具有强大的激励作用，可以使组织成员看到组织的优势，认清工作的意义，产生热爱自身组织的荣誉感、自豪感，激发出更多的工作热情。例如，强生、西南航空公司一直以创新性的文化而备受赞誉，海尔公司的创新文化对海尔品牌的成长具有巨大作用。

组织文化对于组织变化则是一种强大的制约力，特别是对技术的变化。任何威胁到组织原有文化的变革都会遇到巨大的阻力，原因是组织成员对原有的组织文化已经产生很大的依赖性，而且成员的共享价值观、潜意识假定已经根深蒂固，并形成了较为固定的行为模式。当组织引入信息系统时，信息系统本身固有的文化、工作规范不可避免地威胁到组织成员现有的行为模式、价值观等，不可避免地使组织成员产生抵制心理，从而给企业信息系统的建设带来阻力。

▶ 2. 独有特征

尽管组织具有一些共同的特征，但是两个完全相同的组织是不存在的。不同的组织有不同的结构、目标、服务对象、领导风格、权力分配、任务和环境等。下面重点介绍不同的组织结构和不同的环境。

1）不同的组织结构

组织之间的一个重要的不同之处是它们的结构与形式。组织结构是指为了实现组织目标，对组织中的工作进行分工协作，由职责、权限和相互关系所形成的结构体系。组织结构千差万别，下面介绍几种主要的组织结构形式。

(1) U形组织结构。U形组织结构又称一元结构或职能型组织结构，其特点是权力集中于管理层中的高层，管理层和职能部门构成U形结构的基础，属于集权式管理结构。常见的U形组织结构有3种形式，即直线制组织结构(见图3.3)、职能制组织结构(见图3.4)和直线—职能制组织结构(见图3.5)，表3.2将这3种结构进行了对比。

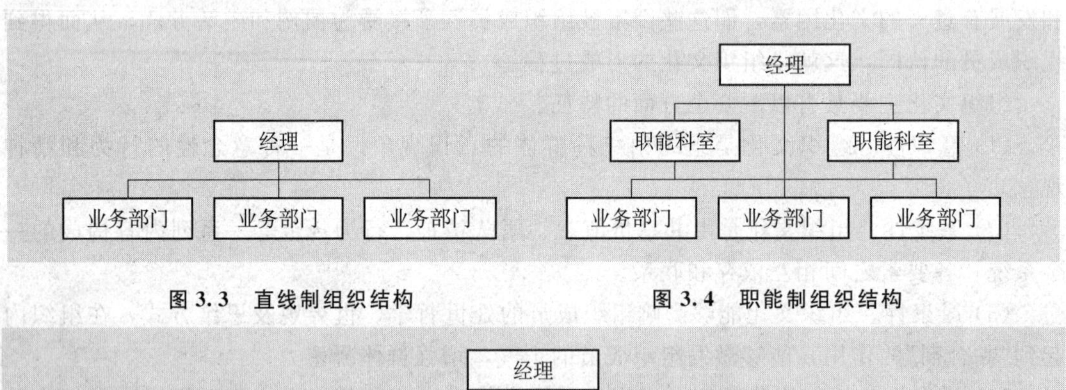

图3.3　直线制组织结构　　**图3.4　职能制组织结构**

图3.5　直线—职能制组织结构

表 3.2 U 形组织结构的对比

类 型	说 明	优 点	缺 点
直线制组织结构	最早、最简单的集权式组织结构形式。组织中的各种职位按垂直系统直线排列，下属部门只接受一个上级的指令，各级主管负责人对所属单位的一切问题负责。指挥与管理职能基本由主管领导自己执行，不设职能机构	结构比较简单，权力集中，责任分明，信息传递快，联系便捷，指挥统一，有利于指挥和控制	随着组织规模扩大，高层管理人员的管理幅度过宽，易出现决策失误。要求领导者通晓多种知识与技能，亲自处理各种业务。无专业化分工，不易提高专业管理水平
职能制组织结构	组织中各级单位不仅有主管负责人，还设立了相应的职能机构，分管职能管理的业务。职能部门在职能范围内有权直接指挥下级单位	每个管理者只负责一方面的工作，有利于充分发挥专业人才的作用。可以解决主管要指挥所有专业工作的困难，借助职能部门可进行专业的管理	形成多头领导，削弱统一指挥。各职能部门的要求可能相互矛盾，造成下级人员无所适从
直线—职能制组织结构	吸取了直线制组织结构和职能制组织结构的优点。在直线制组织结构的基础上增加职能管理人员，作为管理方面的参谋，他们只对下级机构的工作提出建议和进行指导，无决策权，也不能进行直接指挥和命令	有利于各部门工作的专业化和高效化；管理权力高度集中，便于高层管理者对整个组织进行控制；既保证了企业管理体系的集中统一，又可以在各级主管负责人的领导下，充分发挥专业管理机构的作用	高度的分工使各职能部门更多关注本部门工作，造成部门间摩擦，横向部门间协调差；各部门专业分工，不利于培养素质全面、熟悉全面情况的管理人员

(2) M 形组织结构。M 形组织结构又称事业部制组织结构，是一种实行分权式的多分支的组织结构形式，如图 3.6 所示。M 形组织结构最早由美国通用汽车公司总裁斯隆于 1924 年提出，故有“斯隆模型”之称。M 形组织结构是一种集中指导下的分权管理形式，这种结构的组织可以按地区、市场或产品设事业部，各事业部有相对独立的责任和自主权。

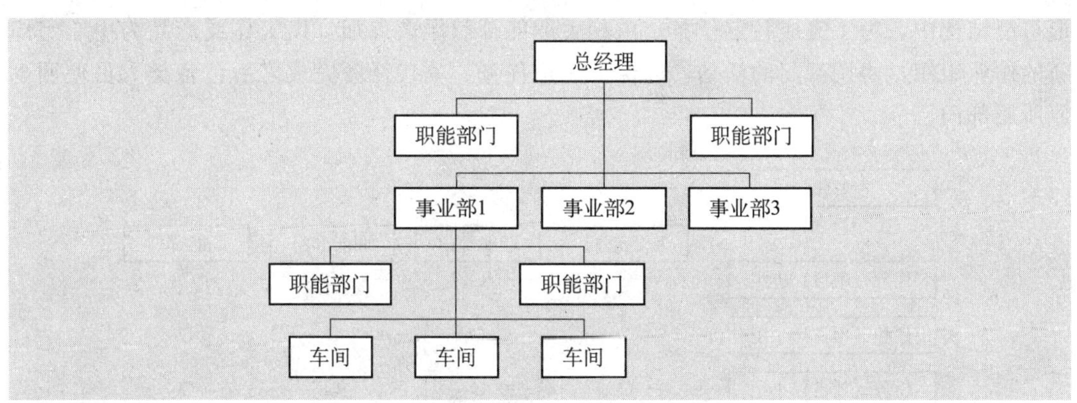

图 3.6 M 形组织结构

M 形组织结构的优点：各事业部都有各自的经营范围，并拥有较大的自主经营权，可根据市场情况快速做出反应；某一产品或服务的责任全部由事业部承担，明确了责任；按产品划分事业部，便于组织专业化生产，形成规模经济，可以节约经营和生产成本；事业部经理要从事业部整体来考虑问题，有利于培养和训练全面发展的人才。

M 形组织结构的缺点：公司与事业部的职能机构重叠，造成管理人员浪费，管理费用高；各事业部自主经营、独立核算，考虑问题往往只考虑自身利益，却忽视整个企业的利益；各事业部之间缺乏有效沟通，甚至激发矛盾；对事业部负责人要求高；要处理总部与事业部之间集权过度或分权不足的问题。

(3) H 形组织结构。H 形组织结构又称控股型组织结构，是一种分权治理的结构形式，如图 3.7 所示。它的特点是母公司与子公司之间不是行政上的隶属关系，而是产权管理关系。母公司一般通过派遣产权代表、董事、监事等人员来控制和影响子公司的经营决策；子公司具有独立的法人资格，是相对独立的利润中心，其一切事务产品或服务、市场、财务等均由自己独立决定。

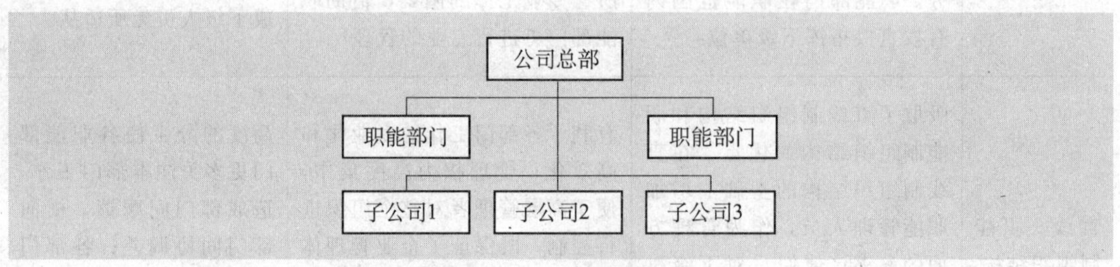

图 3.7　H 形组织结构

H 形组织结构的优点：母公司与子公司在法律上彼此独立，相对降低了经营风险，子公司有较强的责任感和经营积极性。

H 形组织结构的缺点：由于母公司对子公司不能直接行使行政指挥权，对子公司的影响效果不明显且速度缓慢。

(4) 矩阵形组织结构。矩阵形组织结构又称矩阵制，是由按职能划分的部门和按项目划分的小组结合组成的矩阵形结构，如图 3.8 所示。它的纵向是直线职能系统，横向是为完成某一特定的项目而组成的系统，是一种纵横交叉的双重指挥链的组织结构形式。矩阵形组织结构中，为了完成特定任务，由相关职能部门派人参加，以工作或产品为中心组织新的作业组织，协调部门的活动，以保证完成任务。项目任务完成之后，各类人员便回到原所属部门。

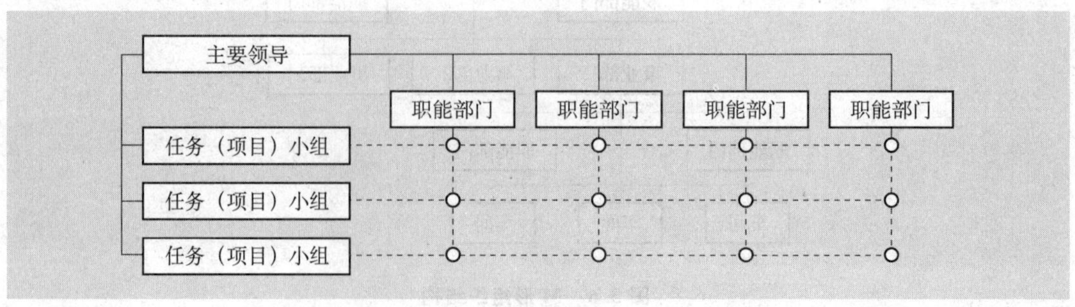

图 3.8　矩阵形组织结构

矩阵形组织结构的优点：有利于职能部门的横向联系和协调；有利于针对特定任务配置资源，可以提高资源的利用率、组织的灵活性和应变能力；利于各部门人员之间互相学习和提高专业管理水平。

矩阵形组织结构的缺点：导致员工面临双重职权关系，容易责任不清，产生无所适从和混乱感；组织缺乏稳定性；不利于树立专业人员的责任心；意味着员工要有良好的人际关系并接受高强度的训练。

(5) 动态网络结构。动态网络结构又称虚拟组织，是以市场模式组合代替纵向层级组织，以契约关系的建立和维持为基础，依靠其他组织进行制造、销售或其他重要业务经营活动的一种组织结构形式。动态网络结构是为了抓住稍纵即逝的市场机会而快速组合起来的，是临时性的企业网络，是迅速聚集一系列核心能力以利用市场机会的独立企业的动态联盟。其特点是组织决策集中化程度很高，但部门化程度很低。

动态网络结构的优点：组织灵活性强，能对顾客的需求变化做出快速反应；能够实现企业间的优势互补，实现资源的优化配置；促使每个成员组织都发展其核心竞争力；促进员工注重团队工作和合作。

动态网络结构的缺点：由于合作伙伴之间的协调和控制是通过市场机制和合同来进行的，因此对经营活动失去控制的可能性大为增加；企业之间的相互冲突的目标和组织文化，使它们之间的关系难以协调；成员组织的专业领域狭窄，相互依存性增强，信用问题成为企业合作的主要问题。

2) 不同的环境

组织环境是指影响组织生存和发展的一切要素的总和。组织要从外部环境中选择并获取资源，并不断改善和优化外部环境。组织环境由产业、原材料、人力资源、财务资源、市场、技术、经济环境、政府、社会文化和国际环境等部分组成。组织与环境密不可分，任何组织都不是独立存在的，都处于一定的环境中，不同的环境对组织影响也不相同。组织与环境之间是相互影响的关系，组织受环境的影响，并反过来影响环境。环境是组织生存的土壤，它既为组织活动提供条件，同时也对组织的活动起决定和制约作用。组织不仅要适应环境的变化，环境的需要也决定了组织的产生，而且制约组织的目标、规模、结构与行为方式等。

组织失败的一个主要原因是组织无法适应快速变化的环境。当组织环境发生变化而需要组织进行变革时，组织标准工作程序的惯性、变革而引发的政治冲突及与现有组织文化的抵触，都会对变革造成较大的阻力，它们抑制了组织对环境的适应能力。若组织不能及时采取积极的措施减少这些阻力，可能会导致组织不能适应环境而被淘汰。

3) 组织的其他不同特征

除了上述的不同特征之外，组织间的差异还体现在组织最终达成的目标以及达成目标所使用方式上的不同。由于组织目标的不同，组织可以分为强制性组织(如监狱)、功利性组织(如商业银行)、规范性组织(如宗教团体、大学)等；组织的服务对象不同，有些组织让其成员受益，有些让其客户、股东或公众受益；不同的组织有不同的领导方式，如民主式、集权式、官僚式等；组织的区别还表现在执行的任务及使用的技术不同，有些组织执行的任务主要是常规任务，而另一些组织主要执行非常规任务。

总而言之，组织的共同特征和独有特征极大地影响组织如何建设和使用信息系统。由于组织间存在差异性，不能认为信息系统对一切组织的作用是确定的和相同的。在信息系统的建设过程中存在众多的非技术因素，在建立或提出新信息系统方案时，组织管理人员应尽量把这些因素考虑在内。因此，建立信息系统的时候，需要研究组织的共同特征和具体组织的独有特征。

3.3 组织与信息系统之间的相互影响

3.3.1 组织和信息系统之间的关系

组织与信息技术或信息系统之间是间接的、双向的制约关系，如图 3.9 所示。它们之间的这种互动关系是非常复杂的，通过许多中介因素的影响，如组织所处的环境、组织文化、组织结构、标准作业程序、组织政治、管理决策及机遇等，组织影响信息系统的建设；反过来，信息系统的建设也通过对这些因素的改变来影响组织。一方面，组织为适应环境的变化需要使用信息系统，信息系统通过向组织的各级决策者提供他们所需的信息，来支持组织的管理和决策；另一方面，信息系统通过影响组织的方方面面对组织施加影响，最终推动组织创新和变革。

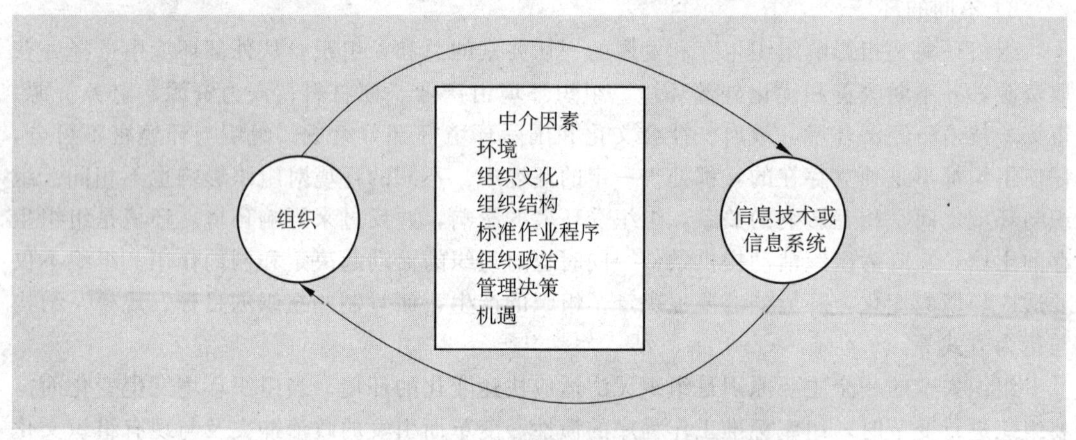

图 3.9 组织与信息技术或信息系统之间的关系

知识经济时代，技术的发展使组织所处的环境变化更加频繁，因此，组织需要不断地为适应这种变化而努力，这给组织带来了巨大压力。信息系统可以帮助组织快速应对环境变化带给组织的挑战，不断创新，使组织得以生存。组织战略是组织发展的目标和行动方向，信息系统的战略应该与组织的战略紧密相连。信息系统的工作方式是由组织结构和标准工作程序决定的；反过来，信息系统往往使组织采用新的工作方式，甚至改变现存的组织结构。另外，组织的文化和政治权利影响信息系统的采纳；反过来，信息系统的建立也可能导致新的组织文化诞生，甚至影响某些利益群体。可见，信息系统的建设会越来越多地涉及组织的行为内容，信息系统建设过程体现的是与先进的管理理念相结合。

由于信息系统具有社会属性，因此，不同的信息系统对不同组织的作用是不确定的。

在建设信息系统的时候，研究组织与信息系统之间相互作用、相互影响的关系是必要的。一方面，信息系统的引进不可避免地影响组织结构、目标、组织文化、工作设计、决策制定和组织政治；另一方面，信息系统必须满足组织的需求。

3.3.2 组织对信息系统的影响

组织对信息系统的影响主要体现在组织能够影响信息技术的采纳和信息系统的建设。在研究组织对信息系统的影响时，应考虑的主要问题有：组织中的哪些因素对组织是否采用信息技术有影响？组织采用信息系统的原因是什么？信息系统由谁开发和使用？组织的特征如何影响信息系统设计？

▶ 1. 组织因素对信息技术采用的影响

信息技术采用是指组织做出对信息技术进行投资的决策。组织的经济类型、组织的规模与范围、组织现有的信息技术基础设施等的不同对组织信息技术采用会有不同的影响：政府等公共部门比非公共部门更倾向于采用信息技术；规模相对大的企业比相对小的企业更倾向于采用信息技术；组织跨越的地域范围越大，则越倾向于采用信息技术；对于现有的信息技术基础设施的不满意会对组织采用新的技术产生很强的激励作用；组织成员的信息技术知识的丰富程度对组织信息技术采用也有显著影响；组织运行所处的市场竞争程度、政府政策等外部环境也与组织是否采用信息技术密切相关，政府可以通过政策、补贴、税收等手段影响信息技术的采用。各国的文化环境的差异会不可避免地影响组织尤其是跨国公司信息系统的采用。另外，企业高层人员的态度和行为对于信息技术的采用也有重要影响。信息技术的引入过程是一个技术与组织相互调整的变革过程，可能会对组织甚至市场竞争环境造成冲击。在进行信息技术引入和采用决策时，应将组织和环境的考察作为重点。

▶ 2. 组织采用信息系统的原因

组织最初采用信息系统的目的是提高效率、节省金钱、减少劳力，随着信息技术的普及和利用水平的提升，人们对信息和信息系统作用的认识已逐渐发生转变，该原因已不再是组织采用信息系统的唯一或主要的原因。对于越来越多的组织来说，不仅将信息系统作为提高效率和增加效益的工具，而且已经将其视为生存的必要手段，甚至将其作为获取竞争优势的战略武器。当组织面对市场竞争压力的时候，就会有强烈的欲望利用信息技术减少市场的不确定性。

实际上，组织采用信息系统并不是由于单方面的原因，而是相当复杂的原因，如改善决策、提高客户期望值、响应环境变化、进行组织创新、协调组织中分散的群体、解决组织中的政治冲突、遵从政府的报表规定、更严格地控制人事和费用等。

图 3.10 是组织采用信息系统的主要因素模型，该模型中包含除经济因素以外的其他因素。模型将组织采用信息系统的原因归纳为两类，即外部环境因素和内部文化因素。

外部环境因素是指组织外部影响信息系统的选择、设计、开发和使用的因素。外部环境因素可以是劳动力成本或其他资源成本的不断上升、竞争对于使用信息系统、产业竞争的加剧、政府政策法规的变化等，组织为适应环境的不确定性而采纳信息技术并建设信息系统。另外，环境中的一些机会因素也可能导致组织采用信息系统，如新技术的出现、新的资本来源、新生产过程的开发、竞争对手的消亡或政府对某产品需求的增加等。内部文

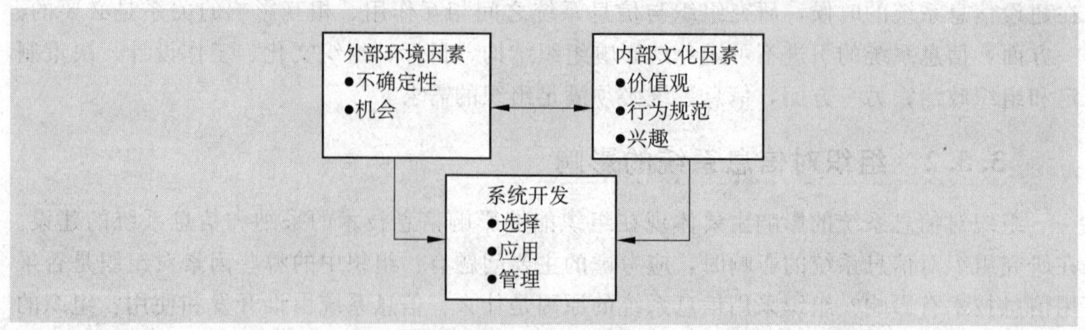

图 3.10　影响组织采用信息系统的因素

化因素是指组织内部影响信息系统的选择、设计、开发和使用的因素，包括价值观、行为准则和兴趣等。例如，有些企业采用信息系统是由于组织文化中蕴含的不断利用新技术、新知识适应环境变化和进行组织创新的观念；又如，企业引进信息系统改善员工的办公环境。由此而导致的信息系统的立项、开发和运作就是组织内部文化因素。

▶ 3. 组织决定信息技术服务的方式

组织影响信息技术的方式还体现在组织要决定由谁设计、建立、管理和运行组织中的信息系统，而这些决策直接决定了信息技术服务的实现方式。

组织中信息系统功能的实现要求有专门的组织、信息专家和其他支持群体。信息系统的功能主要是通过 3 个基本实体的共同作用实现的，如图 3.11 所示。第一个基本实体是信息系统部门，它是组织中负责信息技术服务的正式组织单位或职能部门，负责软硬件维护、数据存储及网络等各项信息技术基础建设。第二个基本实体是信息系统专家，包括首席信息官(CIO)、管理人员、系统分析和设计人员等，但不包括组织外部的专家，如硬件销售厂商和制造厂商、软件公司和咨询专家等。第三个基本实体是技术本身，包括硬件、软件、数据存储和网络。

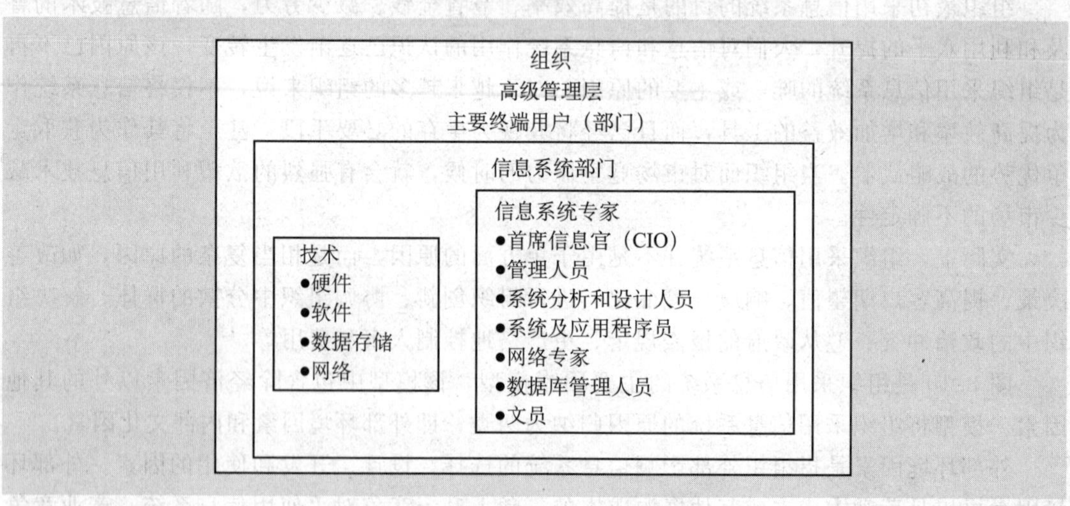

图 3.11　信息系统功能实现的基本要素

信息系统部门的规模主要取决于信息系统在组织中的作用和组织自身的规模。在服务性组织中，信息系统部门的规模和用于计算机及信息系统的费用往往都是最大的，尤其是销售信息产品的企业，它们在信息系统上的花费占企业总收入的40%。

在计算机发展和应用的早期，信息系统的作用是有限的。信息系统部门主要由程序员组成，他们是经过训练的技术人员，负责编写程序。而现今的信息系统部门已经成为组织变革的强力催化剂，信息系统部门成员提出新的经营战略、新的基于信息技术的产品和服务，并协调组织的变化和技术的发展。今天，信息系统部门中系统分析人员的数量在不断增加，系统分析人员作为信息系统部门与其他部门之间的桥梁和纽带，其主要工作是将企业业务问题和需求转化为信息需求和信息系统应具备的能力。在许多组织中，信息系统部门是由CIO领导的，CIO是总管组织内的信息技术使用的高层领导。信息系统部门可能包含若干个工作组或项目组，信息系统管理人员负责领导信息系统部门中的各种专业人员，其主要工作是管理和控制这些项目组。项目组成员包括程序员、系统分析员、项目经理、设备经理、通信经理、办公自动化负责人、数据管理人员等。

终端用户是指使用信息系统或使用信息系统的信息产品的人，企业中大多数终端用户都是知识工作者。信息应用系统主要是为终端用户而开发的，它们在信息系统的设计和开发中的作用日益重要。

关于信息系统的建设策略，过去大多数的企业自己开发软件和管理自身的计算机设备，而现在越来越多的企业通过企业外部的厂商来提供这些服务，并利用组织内部的信息部门来管理这些服务提供商。

▶ 4. 组织特征对信息系统的影响

组织的特征会影响信息系统的建设。

1）组织结构对信息系统的影响

不同组织的结构对信息技术和信息系统的要求不同。与管理幅度较宽、层次较少的科层体制相比，幅度较窄、层次较多的组织更依赖正式的管理控制，因此更多地要求正式的管理信息；职能化结构突出或专业化程度较高的组织，信息系统的主要作用是满足职能的需求；具有严格层次关系、固定的职责、高度的规范程序化、正式的沟通渠道和集权的决策等特点的组织，从信息技术角度来讲，宜采用集中式的管理，如集中式主机、集中式数据库、固定的管理流程和刚性的数据流程图；具有纵横合作、变更职责、低度正规化、分权决策和非正式的沟通等特点的组织，它的信息系统要求分布式的硬件方案和分布式数据库技术等。信息系统体系反映组织结构类型，例如，事业部型组织应有分布式体系，信息系统应能够协调总部与事业部之间及各事业部之间的活动，这就需要某种程度的系统集成。系统可以做到功能调整以适应不同的领导方式。

信息系统的建立往往使组织采用新的工作方式，现存的组织结构对信息系统的设计、引进能否成功等会产生直接的影响，而且信息技术的使用往往使组织结构发生变化，如虚拟企业的出现使企业间的界限模糊。

2）领导方式对信息系统的影响

信息系统是支持集权的组织还是支持分权的组织是由组织的领导方式决定的。企业领导者的领导方式不是单一的，也不是固定不变的。具有不同领导方式的组织对信息和信息系统的需求、控制和使用有所不同。例如，与集权的领导相比，民主的领导希望组织中的信息和信息系统的功能能够更多地满足下级的需求，支持下级的决策，希望使数据和计算能力更贴近下属单位。

3）组织权力与政治对信息系统的影响

信息系统会受到组织政治与权力的影响。组织变革的困难之一就是政治阻力。组织内建设和使用信息系统时，往往要在资源分配、目标、程序及生产效率等方面做出重大改变。信息系统的使用对组织中某些利益群体或个人可能是有利的，而对其他人或群体则是不利的，不能指望信息系统会满足所有群体的要求。所以，在建设信息系统的时候，不可避免地会引发政治冲突和斗争。任何重大的组织变化都会招致政治阻力，政治阻力是组织在信息系统建设和使用中需要重点解决的问题之一。因此，需要事先估计所采用的信息系统对哪些群体是不利的，以及应采取什么措施。

4）组织文化对信息系统的影响

组织文化理论认为，信息技术必须适合组织文化，否则很难被采用。信息技术的使用既可以威胁组织文化，又可以对其起支持作用。当由信息技术引发的变革威胁到组织原有文化时，组织成员就会排斥甚至拒绝接受使用信息系统，这样，组织文化就成为信息技术在组织内推广的阻力。

组织信息系统的建设并不是简单地引进一个新系统或采用一项新技术，而是包括从组织开始引入和采用信息系统，到它被组织成员所接受并在整个组织内扩散的整个过程。组织文化对信息系统的开发和设计也有较大的影响。组织的传统习惯不仅会影响信息需求和信息系统需求，而且会影响组织成员对新信息系统的接受程度。组织文化能够对信息技术在组织内的引入、渗透产生推动或阻碍作用。因此，组织在设计信息系统的过程中需考虑组织文化的影响。

3.3.3 信息系统对组织的影响

信息技术和信息系统的飞速发展对组织产生了深远影响，使组织的结构和管理模式发生了巨大的变化。社会技术系统学派从9个方面总结了信息系统的引入对组织产生的影响。

(1) 阶层化，精简组织层次，扩大控制幅度。

(2) 专业化，减少专业人员，增加多面手。

(3) 规范化，规范化增强。

(4) 集中化，减少权力集中。

(5) 组织文化，组织文化影响信息系统的行为，信息系统的引入会对现有的组织文化造成冲击，并导致组织文化的变革。

(6) 组织权力，信息系统会影响组织权力。

(7) 组织的生命周期，信息系统要配合组织的生长阶段。

(8) 目标的转移，要防止组织目标的转移。

(9) 组织学习，信息系统可以为组织学习提供偏差报告。

国内外学者已经从不同层面和角度研究了信息技术和信息系统对组织的影响，并提出了诸多理论模型、观点和学说。

▶ 1. 经济学说

1）微观经济学理论

微观经济学理论认为，信息技术是一个生产要素，它可以代替资本和劳动力，如

图 3.12所示。当信息系统技术的成本不断下降，而劳动力成本却在不断上升时，可以用信息技术来实现手工操作的自动化，改进或重新设计工作方式，这样，信息技术可以代替组织中部分员工的劳动，减少部分劳动力。信息系统的应用改变了企业的生产函数，使整个生产函数向内平移，即对于一定的输出所需的资本和劳动力变少，企业扩展更多地依赖资本，对劳动力的依赖越来越少。

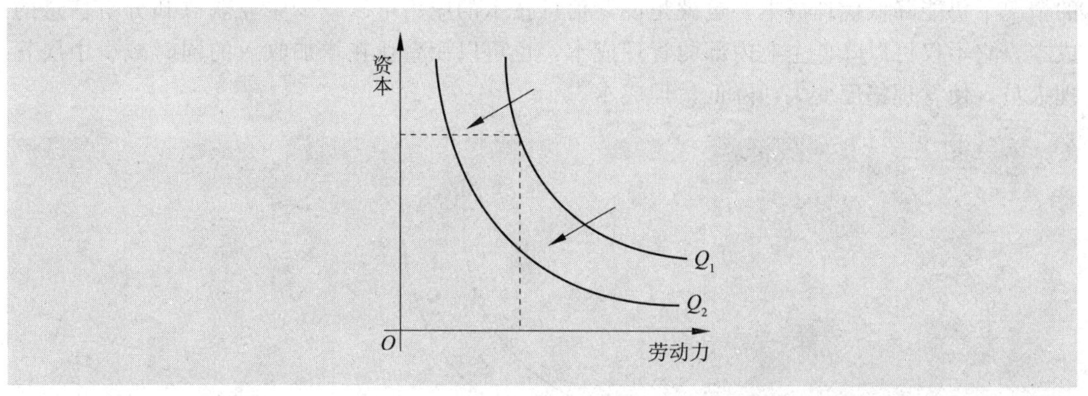

图 3.12 利用微观经济学理论解释信息技术对组织的影响

2）交易成本理论

交易成本是指企业从市场上购买自己所需要的产品时所需支付的成本。交易成本理论认为，信息技术可以改变企业过去通过扩大规模减少交易成本的方法，使企业在维持规模不变的情况下，通过利用外部供应商的资源，而不是企业内部的资源，来降低企业的交易成本，甚至可以在增加收入的同时减小企业的规模。如图 3.13 所示，信息技术尤其是网络的使用，使企业从市场上购买的产品或提供的服务要比企业内部自己生产的产品或提供的服务更易获得、更便宜。信息技术可以在固定规模的组织中减少交易成本，使交易成本曲线向内移动，使企业在不增加规模甚至减少人员的情况下也可以提升收益。

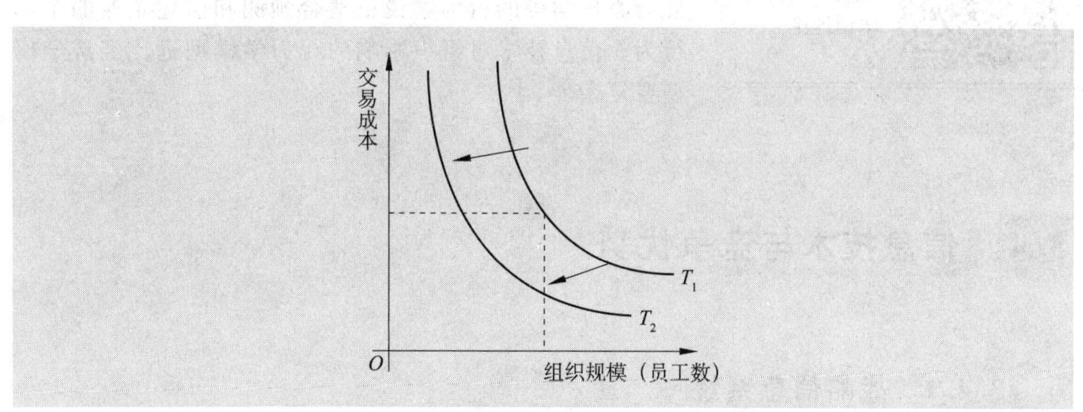

图 3.13 利用交易成本理论解释信息技术对组织的影响

3）代理成本理论

代理成本理论认为，企业是由许多不同利益个体之间的契约关系连接而成的，而不是将追求利润最大化作为所有人的共同目标。负责人（雇主）雇用代理人（雇员），并将企业的一些决策权授予代理人，由代理人代表其完成企业的各项工作。然而，代理人必须接受监督与管理，否则他们可能为了追求个人的利益而忽视甚至损害雇主的利益。而且随着组织规模和经营范围的不断扩大，雇主需要投入更多的精力监控代理人，这样管理成本势必增加。与此同时，雇主又必须授予代理人更多的决策权，以便代理人展开工作、顺利完成各项任务，这也就意味着代理成本会随之增加。如图 3.14 所示，组织规模的扩张通常会导致代理成本的增加，而受信息技术影响，代理成本曲线向右下方移动，可以使组织在扩张的情况下仍能降低代理成本。也就是说，信息技术的应用可以减少企业获取和分析信息的成本，它不仅可以降低企业内部的管理成本，也可以使企业在增加收入的同时减少中层管理人员，使管理幅度变大，降低代理成本。

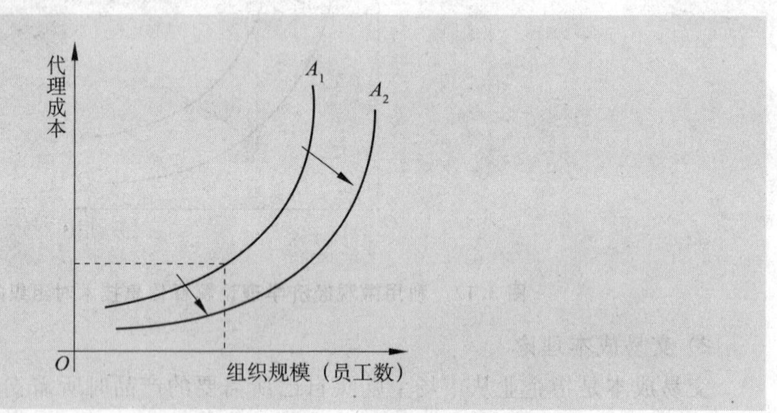

图 3.14　利用代理成本理论解释信息技术对组织的影响

▶ 2. 行为学说

知识链接：
信息系统对组织影响的行为学说理论

尽管经济学说可以解释信息技术和信息系统对大多数企业影响的共性，但是却不能充分解释单个企业的行为。与经济学说相比，综合了心理学、社会学、政治学、社会心理学等的行为学说更适合预测和描述企业的个体行为。信息技术对组织影响的行为学模型远比经济学模型要复杂。

3.4 信息技术与竞争优势

3.4.1 战略信息系统

随着信息系统的发展和市场竞争的加剧，信息系统在企业战略管理中的重要性日益凸显。信息系统不再仅仅是支持企业有效运作与决策、支持工作组及企业协作的一系列技术，它还可以改变企业的竞争模式。信息系统已经成为企业竞争优势的源泉，成为企业必不可少的技术投资，它可以帮助企业实施战略与变革，使企业在动态的商业环境中生存并取得成功。因此，应该从战略的高度来看待和研究信息系统。

▶ 1. 战略信息系统的概念

对战略信息系统(strategic information system，SIS)的研究始于20世纪80年代初。所谓战略信息系统，是指能够改变组织的目标、经营管理、产品、服务或组织与环境的关系，支持企业竞争战略和企业计划，帮助企业赢得或维持竞争优势，或削弱对手的竞争优势的计算机系统，是具有战略性功能和作用的信息系统。只要能够帮助组织获取竞争优势和减少竞争的不利因素或者与企业其他战略目标相吻合，这种类型的信息系统(如TPS、MIS、DSS等)就可以称为战略信息系统。战略信息系统概念的出现，实质上是企业战略理念与信息技术的结合，企业经营战略被信息技术赋予了新的含义。

可以被称为战略信息系统的信息系统需要满足以下两个条件。

(1) 信息系统与企业经营战略直接联系在一起，或者信息系统的应用通过给企业带来经营战略实施的新方案以致影响企业的经营战略，或者信息系统的应用直接支持企业经营战略的实施。

(2) 信息系统的应用直接给企业带来了竞争优势或削弱了竞争对手的竞争优势。

战略信息系统可以供组织任何阶层使用，它常会改变企业的经营和运作方式，甚至改变企业本身的业务，能够显著提升企业绩效，帮助组织实现目标。战略信息系统与高层主管使用的战略层信息系统有着本质的区别，战略层信息系统主要服务于组织的高层管理人员，着重帮助他们解决长期的决策问题。

▶ 2. 战略信息系统对组织的作用

组织的运作越来越依赖信息系统，信息系统尤其是战略信息系统，对组织的作用日益重要。通常战略信息系统主要通过抬高竞争者进入市场的成本来帮助企业赢得短暂的市场优势，尽管这种优势主要是短期的时间优势，但若企业能够充分认识到信息的战略重要性，员工支持信息系统的应用，那么企业就可以维持这种优势，在保持竞争领先的情况下实现企业滚动发展。

在组织间建立战略联盟和信息伙伴关系时，战略信息系统发挥了重要的作用。通过组织间的信息系统，可以在组织间共赢、互利的基础上实现资源与服务的共享。这样，企业不仅可以利用外部资源的优势来弥补自身的不足，还增加了企业接触新的顾客群的机会，为企业创造交叉销售和产品定位的新机会。由于战略联盟的互利性，企业甚至能够将传统的竞争对手变为自己的合作伙伴。

战略信息系统的应用能够给组织带来战略性转变，即能够带来组织经营目标、内部运作、信息体系、与客户及供应商的关系的变化。战略性转变是指影响组织的社会构成和技术构成的变化。当组织将信息系统作为经营战略的一部分时，通常会使组织的内部结构发生变化，组织需要重新设计各种运作过程，甚至可能需要重新构造组织结构。战略信息系统也会打破组织限制，改变组织内、外部工作群体之间的关系。尤其对基于电子商务技术的战略系统来说，供应商和客户必须密切联系，并彼此分担责任。比较典型的系统是供应链管理信息系统，要形成供应链上下游企业联手为顾客提供服务的联盟，彼此充分共享相关的信息，实现统一定价、促销、追踪服务，在供应链上下游企业间倡导相互合作的组织文化，共同规划经营策略，协调各方面的信息需求等。

3.4.2 利用信息系统获取竞争优势

▶ 1. 利用信息技术实现竞争战略

要研究信息系统在哪些方面能给企业带来竞争优势，首先应该了解企业所处的行业环境。迈克尔·波特在经典的竞争力模型(见图 3.15)里提出，一个行业的竞争环境由 5 种竞争压力决定，即本行业及其市场中新的市场竞争者的威胁、可能会抢占市场份额的替代性产品和服务的威胁、客户的议价实力、供应商的议价实力、本行业中原有竞争对手的对抗。企业要想生存和发展就必须有效构建和实施应对这 5 种竞争力的战略。企业可以利用以下 5 种基本竞争战略来应对所面临的竞争压力与威胁。

(1) 成本领先战略。企业在不牺牲质量和服务水平的同时，以较低的成本生产产品和提供服务，或者帮助自己的供应商和客户降低成本，或设法增加竞争对手的成本。

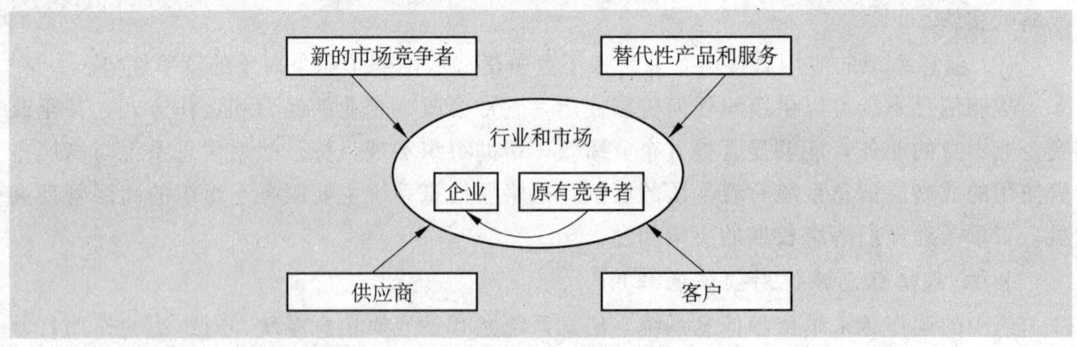

图 3.15 波特竞争力模型

(2) 差别化战略。企业尽力使自己的产品和服务具有独有的优势，不易被竞争对手仿制或模仿，以此培养客户对企业及其品牌的忠诚度。

(3) 创新战略。勇于创新，努力发现新的经营之道，包括开发独特的产品和服务，进入独一无二的市场领域；变革生产企业、分销企业的业务流程，从而改变所处行业的基本结构。

(4) 成长战略。迅速扩大企业生产产品和提供服务的能力，使产品和服务多样化，实现全球性的商业扩张。

(5) 联盟战略。与客户、供应商、竞争对手等建立新的企业链接和联盟，以提高跳槽成本(客户转向竞争对手的产品和服务而发生的成本)和削弱客户及供应商的议价实力。

表 3.3 概述了企业如何应用信息技术来实现上述 5 种竞争战略，并给出了实例。

表 3.3 利用信息技术实现竞争战略

战　　略	措　　施	实　　例
成本领先战略	应用信息技术大幅削减业务流程的成本	戴尔计算机公司的在线订单，使其成为同行业中价格最低的制造商
	应用信息技术降低客户或供应商的成本	

续表

战　　略	措　　施	实　　例
差异化战略	利用信息技术，开发新的产品和服务，使其与众不同	宝马公司的在线客户设计，为 Mini 品牌增加了市场份额
	利用信息技术，减少竞争对手的独有优势	
	利用信息技术，使企业产品和服务在特定的市场环境中成为被关注的焦点	
创新战略	开发具有信息技术要素的新产品和服务	联邦快递公司的在线包裹快递和航程管理，使其保持市场领先地位
	利用信息技术开发独一无二的新市场	
	应用信息技术变革业务流程，以大幅削减成本，提高质量和效率，改进服务，缩短进入市场的时间	
成长战略	应用信息技术管理区域性及全球性的商业扩张	沃尔玛通过全球卫星网络进行商品订购，使其业绩在全球市场上获得快速增长
	应用信息技术使产品和服务多样化，并与其他产品和服务整合起来	
联盟战略	应用信息技术创建虚拟组织	宝洁的供应商自动存货补充系统，起到了降低库存成本、增加销售的作用
	应用互联网开发跨企业信息系统，使其支持企业与客户、供应商等相关企业间的战略伙伴关系	
其他	开发跨企业信息系统，设法建立转换成本，锁定客户和供应商	
	投资先进的信息技术应用，建立市场进入壁垒，阻挠行业竞争者和试图进入市场的企业	
	开发那些没有强大的信息技术能力就无法生产、开发的新产品和服务，发挥信息系统的杠杆效应，使人员、硬件、软件、网络等资源由常规使用转变为战略性应用	

2. 信息技术的主要战略性应用

随着信息技术在企业中的普及与深入应用，企业越来越多地将信息技术作为战胜竞争对手的主要武器。信息技术在企业中的战略应用范围越来越广泛。

1）信息技术在业务流程再造中的应用

业务流程再造是从根本上考虑和彻底重新设计企业的流程，使其在成本、质量、服务和速度等关键指标上取得大幅度的提高，从而使企业最大限度地适应以顾客、竞争、变化为特征的现代企业经营环境。业务流程再造(business process reengineering，BPR)是促进企业创新、转变企业管理模式、保持企业持续竞争力的重要手段。信息技术在大多数企业的 BPR 过程中扮演着重要的角色。信息处理能力、网络技术等信息技术不仅可以改善企业各层人员的沟通与协作，同时以全局的视角来审视整个业务流程的价值创造，去掉那些创造价值小或根本不产生价值的流程，合理安排创造价值高的流程，使企业在资源有限的情况下获取最大收益。例如，企业可以使用 ERP 系统实现生产、销售、财务和人力资源管理等业务流程的整合。

2）利用信息技术提高企业的敏捷性

企业的敏捷性是指在迅速变化的全球市场环境中，企业具备抓住稍纵即逝的机会向客户及时提供高质量、个性化的产品和服务的能力，从而使企业获得不断发展。敏捷企业可以在拓展产品范围、缩短产品生产周期、按任意批量安排订单的生产、维持高产量的同时提供个性化的产品。敏捷企业需要依赖信息技术所具有的强大的信息处理能力来整合、管理企业的业务流程和处理客户的大规模定制。例如，通过协作平台及基于 Web 的供应链系统，信息技术可以使企业与供应商、分销商等结成合作伙伴，实时获取供应和销售数据，以最快的速度响应市场需求，从而使企业及时抓住商业机会，显著提高企业的敏捷性。

3）利用信息技术创建虚拟企业

虚拟企业可以突破组织的有形界限，充分利用信息技术与网络技术。在企业发现商机并且利用自身的资源和技术很难在短期内满足需求的时候，可以考虑与其他有竞争优势的企业组成虚拟企业，利用整体的资源技术及时地响应市场需求，获得收益。当这种需求不复存在的时候，这种虚拟企业可以很方便地解散，恢复到原来的状态。虚拟企业可以整合企业内外部资源，强化外部协作，通过协作最大限度地使用各联盟企业的资源。例如，世界知名的飞机制造公司——波音公司，其本身只生产座舱和翼尖，其他都是靠虚拟经营来完成的。构建虚拟企业可以使企业与联盟伙伴共享资源和分担风险、互补企业间的竞争优势、增加市场覆盖面等。虚拟企业的运作需要企业信息系统的支持。在变幻莫测的全球商业环境中，建立虚拟企业是信息技术的一项重要战略性应用。

4）利用信息技术建立知识创造型企业

现在，市场变幻莫测，技术发展日新月异，市场竞争日益加剧，处于这样的商业环境中，企业需要不断创造和传播新知识，迅速将新知识应用于新技术、新产品中，才能使企业拥有持久的竞争优势。知识创造型企业或学习型企业是指不断创造新知识，在整个公司中广泛传播新知识，并将新知识迅速用于新产品和新服务中的企业。而知识管理是信息技术的一项重要战略性应用。企业可以通过知识管理系统来管理组织的知识创造和学习活动。随着组织的不断学习和知识库的不断扩展，学习型企业可以整合其知识、业务流程、产品及服务，加强企业的创新性，提高企业的敏捷性，使企业具有更强的竞争优势。

本章小结

信息技术的采用受组织的经济类型、组织的规模与范围、组织现有的信息技术基础设施等因素的影响，组织采用信息系统既有外部环境的原因也有内部文化的原因。

信息系统和组织的影响是相互的。信息系统能够对组织的各个方面施加影响，如组织结构、组织文化、组织政治、目标、工作设计、价值观、利益群体之间的竞争、决策制定和日常行为；反之，组织也会影响信息系统的建设。信息系统的设计必须满足组织群体的需要。

战略信息系统与组织经营战略直接联系在一起，或者信息系统的应用通过给企业带来经营战略实施的新方案以致影响企业的经营战略，或者信息系统的应用直接支持企业经营战略的实施。战略信息系统可以改变组织的目标、经营管理、产品、服务或组织与环境的关系，以帮助企业战胜竞争对手。

竞争威胁模型描述企业面临的外部威胁和机会，企业必须用竞争战略来战胜它们。企业可以利用信息技术实现竞争战略来对付新入市者的威胁、来自替代型产品的压力、买卖各方的议价能力和原有的行业竞争者。

信息技术的战略应用包括应用于企业的业务流程再造、提高企业的敏捷性、创建虚拟企业和建立知识创造型企业。

关键术语

组织文化	终端用户	价值链
组织政治	微观经济理论	基本活动
职能制组织结构	代理成本理论	战略性转变
M形组织结构	决策和控制理论	业务流程再造
矩阵形组织结构	组织文化理论	虚拟企业

思考与讨论

一、判断题

1. 组织是由部门构成的具有系统性结构的社会实体。 ( )

2. 计算机用于处理重复性、数据量庞大的工作，这时的应用被称为事务处理系统。( )

3. 20世纪90年代中期出现的信息系统由决策支持系统和主管信息系统组成。( )

4. 20世纪初，出现了企业资源计划。 ( )

5. 从技术角度来看，组织是权利、义务和责任的集合，通过冲突和冲突的解决而在一段时期内形成的微妙的平衡状态。 ( )

二、选择题

1. 组织具有某些相似的特征，包括( )。

A. 明确的劳动分工、清晰的等级制度

B. 明确的规章和程序，公正的判断、决策

C. 根据技术资格决定职位任用

D. 追求最高的组织效率

2. 只要能够帮助组织获取竞争优势和减少竞争的不利因素或者与企业其他战略目标相吻合，( )类型的信息系统就可以称为战略信息系统。

A. TPS　　B. MIS

C. DSS　　D. 手工非计算机系统

3. 信息系统专家包括( )。

A. 首席信息官(CIO)

B. 系统分析和设计人员

C. 项目管理工作人员和信息系统管理人员

D. 咨询专家

三、填空题

1. 所谓________成本，是指企业从市场上购买自己所需要的产品时所需支付的成本。

2. ________理论认为，企业是由许多不同利益个体之间的契约关系连接而成的，而不是将追求利润最大化作为所有人的共同目标。

四、思考题

1. 组织文化的特征包括哪些内容？
2. U形组织结构的定义和基本类型是什么？
3. M形组织结构的优缺点是什么？
4. 动态网络结构的优缺点是什么？
5. 信息系统能帮助企业实行哪些基本竞争策略？
6. 领导方式对信息系统的影响是什么？

案例分析：管理答疑：集成管理与企业级信息系统

第4章 计算机系统

教学目标

- ☞ 理解和识别主要的计算机硬件设备；
- ☞ 掌握计算机软件的主要分类；
- ☞ 了解计算机硬件和软件是管理信息系统的技术基础。

教学要求

知识要点	能力要求	相关知识
计算机硬件	了解计算机硬件设备的构成及工作原理	计算机的硬件知识
计算机软件	了解计算机软件的构成	计算机的软件知识
管理信息系统对计算机系统的要求	掌握管理信息系统对计算机硬件和软件的要求	管理信息系统的特点

导入案例

谷歌上线人工智能算法

谷歌日前上线了基于人工智能和神经网络技术的先进搜索算法，能够更智能地回答用户输入的一些问题。虽然貌似简单，但这却是几十名语言学家利用大量数据对人工神经网络进行培训的结果。

据国外科技网站Futurism报道，谷歌这一算法上线后，用户如果在搜索框中输入问题“银河到底有多大?”谷歌不再仅仅给出许多相关网页的链接，而是直接给出问题的答案——10万光年。

虽然回答用户的问题看上去是一个十分简单的过程，但这背后却有着相当复杂的人工智能开发技术。

谷歌在回答问题时使用了深度神经网络技术，这是人工智能的一种形式，主要目的是模仿人类大脑的运行，试图在碎片信息之间进行关联，从而理解数据，另外能够对一些规律进行预测。

谷歌的深度神经网络使用了“句子压缩算法”从大量文本中提取相关信息。实际上，这个人工智能系统是通过反复观察人类的方式学会了回答问题。这个系统实际上学习的是来自全世界的100多名语言学博士，学习的过程称为“监督学习”(supervised learning)。

经过培训后，人工智能系统能够对海量的信息进行处理，提取出有价值的信息，系统回答问题的答案也正是来自这些信息。

这样的人工智能培训系统不仅在技术上极具挑战性，而且耗资不菲。谷歌要提供海量的学习数据，此外还要请来神经网络所能学习的人类专家。

据悉，谷歌、Facebook及马斯克旗下的OpenAI等公司，都在开发更先进、更加自动化的神经网络，它们都能够进行监督学习。这些神经网络不需要人类对数据进行标注，它们能够自主学习，自己琢磨出问题的答案。

如果这些公司的研发项目获得成功，人类将会迎来许多全新商机和技术能力。更先进的人工智能系统能够快速理解语言，并且提供多语言翻译服务，它们可以让互联网更加安全，或是推出更好的医疗方案等。

换句话说，这些神经网络将成为一台台性能强大的“数据机器”，它们能永久改变这个世界。

当然，目前距离开发出完全自动化的人工智能系统还需要很多年的时间，但是能够自动回答网民问题的搜索系统，表明科技的研发已经取得了重要进展。

资料来源：中国计算机学会，2017-03-27.

随着谷歌助手的推出、苹果Siri的广泛使用，以及亚马逊Alexa产品线的升级，我们看到科技巨头都希望能在AI领域占得先机。可以预想到的是，未来科技巨头都将在AI领域拥有自己独特的优势。另外，大数据越来越制度化，很多企业获得了收集和利用数据的新方法，但这同时也造成了公司的成本激增。为了抵消这些成本，获得新的收入流，我们将看到数据即服务(DaaS)战略的突破。DaaS有巨大优势：大数据量、数据类型多样化，以及简化的分析界面。随着物联网逐渐成为主流，企业将把焦点转向感知工具，感知工具能感知上下文和周围环境，并能够进行社交互动。随着人工智能云技术，机器人协作和复杂的机器学习算法等技术开始融合，我们将看到这些技术在智能汽车、智能家居和制造业中的广泛应用。科技的发展给当今社会带来了翻天覆地的变化，这些变化将如何影响管理信息系统？下面一步一步地解开这个谜底。

4.1 计算机的硬件

1. 计算机硬件的基本结构

计算机硬件是指组成一台计算机的各种物理装置，是计算机进行工作的物质基础。计算机系统的硬件一般是由运算器、控制器、存储器、输入设备和输出设备5部分组成的，称为冯·诺依曼体系结构。计算机硬件的发展历经了4个时代。

(1) 20世纪50年代的电子管计算机。

(2) 20世纪50年代末至60年代中期的晶体管计算机。

(3) 20世纪70年代中期至70年代末的集成电路计算机。

(4) 20世纪70末至今的大规模和超大规模集成电路计算机。

▶ 2. 微型计算机关键部件

微型计算机通常简称微型机或微机。微型计算机的硬件系统主要包括中央处理器(CPU)、存储器、输入设备、输出设备和通信设备等，如图4.1所示。

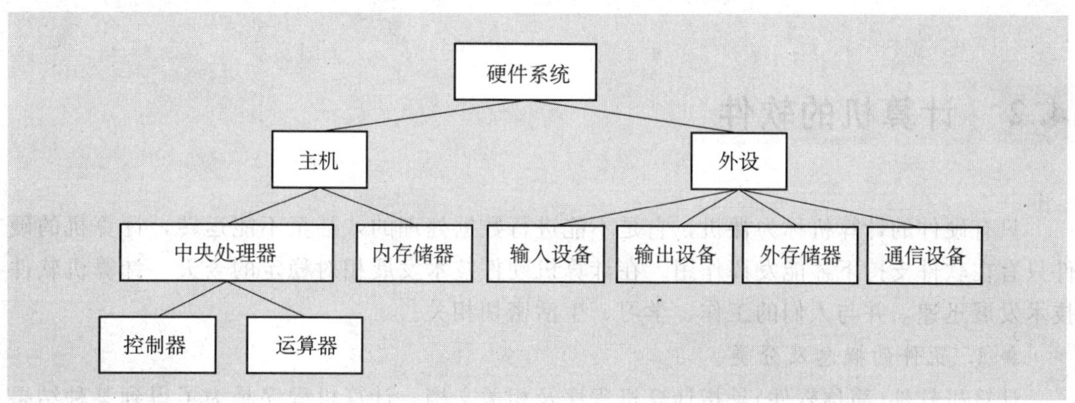

图 4.1 计算机的硬件系统

现在的微型计算机系统多采用总线结构。总线是指连接微机系统中各部件的一簇公共信号线，这些信号线构成了微机各部件之间传送信息的公共通道。在微机系统中采用总线结构可以减少机器中信号传输线的数量，大大提高系统的可靠性，还可以提高内存容量及外部设备数量的灵活性。

1) 中央处理器

中央处理器(central processing unit，CPU)是计算机系统最主要的部件，它由运算器和控制器两个主要部分组成。运算器是计算机的运算单元，主要用于完成算术运算和逻辑运算；控制器是计算机的神经中枢，它按照主频的节拍发出各种控制信息，指挥整个计算机工作。

CPU的运算速度是决定计算机系统性能的重要指标。

2) 存储器

存储器是计算机必备的主要部件，主要分为主存储器和辅助存储器两类。

(1) 主存储器(read only memory，ROM)是计算机运行过程中用来存储数据和程序指令的，简称内存。计算机的主存储器主要由半导体存储器组成。主存储器的容量是决定计算机处理速度和处理能力的重要指标。

(2) 辅助存储器又称外部存储器，简称外存，用于对数据和程序的长久保存。常用的辅助存储器有磁盘(带)、光盘、移动硬盘、闪存存储器(又称优盘和闪盘)。

存储器的速度、容量及成本是几个相互制约的因素。例如，与外存相比，内存运算速度快，但容量较大，成本相对较高。

3）输入设备

常见的输入设备有计算机键盘、鼠标、图文扫描仪、条形码阅读器、触摸屏、语音输入设备、手写体输入设备、磁盘(带)、A/D和D/A模块等。

4）输出设备

常见的输出设备有显示器、打印机(针式/激光/喷墨)、绘图仪、语音合成与输出设备、磁盘(带)、A/D和D/A模块等。

5）通信设备

常见的通信设备有主板、系统功能扩展卡(声卡、显卡、网卡等)、光驱等。

4.2 计算机的软件

只有硬件的计算机称为裸机，它是不能进行数据处理的，甚至不能运转，计算机的硬件只有在软件支持下才能发挥作用。在计算机硬件技术发展相对稳定的今天，计算机软件技术发展迅速，并与人们的工作、学习、生活密切相关。

▶ 1. 软件的概念及分类

计算机软件(简称软件)是指计算机程序及相关文档。计算机程序是为了得到某种结果而可以由计算机等具有信息处理能力的装置执行的代码化指令序列，或者可被自动转换成代码化指令序列的符号化指令序列或符号化语句序列，计算机程序包括源程序和目标程序；文档是用自然语言或者形式化语言编写的文字资料和图表，用来描述程序的内容、组成、设计、功能规格、开发情况、测试结果及使用方法，如程序设计说明书、流程图、用户手册等。

计算机的软件系统一般分为系统软件和应用软件两大部分，如图4.2所示。

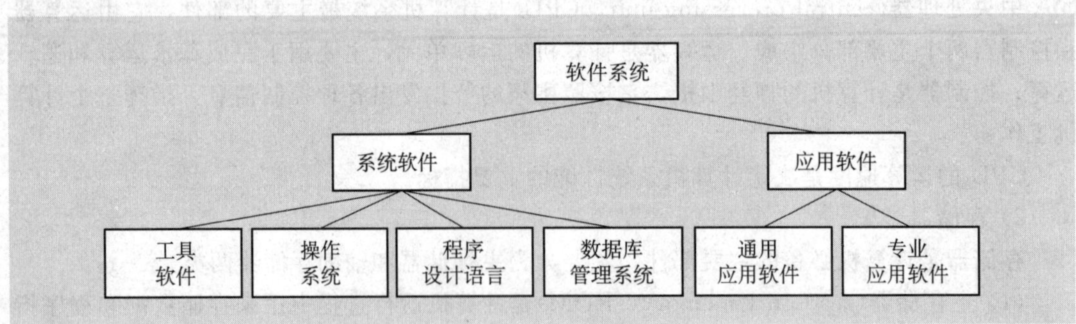

图4.2　计算机的软件系统

1）系统软件

系统软件是用于管理计算机中的CPU、存储器、通信连接，以及各种外部设备等所有系统资源的程序，其主要作用是管理控制计算机系统的各个部分，使之协调运行，并为各种数据处理提供基础功能。系统软件主要包括操作系统、程序设计语言及其处理程序(如汇编程序、编译程序、解释程序等)、数据库管理系统、系统服务程序，以及故障诊断程序、调试程序和编辑程序等工具软件等。

2）应用软件

应用软件是指利用计算机和系统软件为解决各种实际问题而编制的程序，这些程序能满足用户的特殊需要。常见的应用软件有科学计算程序、图形与图像处理软件、自动控制程序、情报检索系统、工资管理程序、人事管理程序、财务管理程序、计算机辅助设计与制造软件，以及辅助教学软件等。

2. 操作系统

操作系统是一种系统软件，它负责控制和管理计算机系统的各种硬件和软件资源，合理地组织计算机系统的工作流程，提供用户与操作系统之间的软件接口。操作系统具有下列主要功能。

(1) 进程管理(即处理机管理)。在多用户、多任务的环境下，主要对 CPU 进行资源的分配调度，有效地组织多个作业同时运行。

(2) 存储管理。主要是管理内存资源，合理地为程序的运行分配内存空间。

(3) 文件管理。有效地支持文件的存储、检索和修改等操作，解决文件的共享、保密与保护。

(4) 设备管理。负责外部设备的分配、启动和故障处理，让用户方便地使用外设。

(5) 作业管理。提供使用系统的良好环境，使用户能有效地组织自己的工作流程。

操作系统可以分为单用户操作系统、批处理操作系统、分时操作系统、实时操作系统、网络操作系统和分布式操作系统 6 种类型。

3. 程序设计语言

程序设计语言一般分为机器语言、汇编语言和高级语言。

1）机器语言

机器语言的每一条指令都是由 0 和 1 组成的二进制代码序列。机器语言是最底层的面向机器硬件的计算机语言，用机器语言编写的程序不需要任何翻译和解释就能被计算机直接执行。因此，机器语言程序执行的速度快、效率高。

机器语言的缺点：二进制形式的指令代码记忆困难；编写和阅读程序的难度大；机器语言的通用性和可移植性较差。

2）汇编语言

将二进制形式的机器指令代码序列用符号(或称助记符)来表示的计算机语言称为汇编语言。用汇编语言编写的程序(称为汇编语言源程序)不能被计算机直接执行，必须由机器中配置的汇编程序将其翻译成机器语言目标程序后，计算机才能执行。将汇编语言源程序翻译成机器语言目标程序的过程称为汇编。

3）高级语言

机器语言和汇编语言都是面向机器的语言，而高级语言则是面向问题的语言。高级语言与具体的计算机硬件无关，其表达方式接近人们对求解过程或问题的描述方法，容易理解、掌握和记忆。用高级语言编写的程序通用性和移植性较好。

4.3 管理信息系统对计算机系统的要求

管理信息的特点是信息量大、数据结构复杂、信息变化频繁、多目标检索等，因此，管理信息系统要求计算机具有较大容量的内、外存，较强的逻辑功能，较多的通信通道，网络、分布处理能力，中文处理能力(我国信息系统的要求)和现场数据采集的能力等。

4.3.1 选择管理信息系统设备考虑的因素

选择管理信息系统设备要考虑以下因素。

(1) 技术上是否可靠。

(2) 维护是否方便。

(3) 纵向，新老系统是否兼容；横向，本系统与外系统是否兼容。

(4) 非标准的系列不宜选用。

(5) 尽量选择用户对软件、硬件都熟悉的产品。

(6) 使用是否方便。

(7) 可扩充性，今后扩充系统或升级是否方便。

(8) 对工作环境要求(如温度、湿度、防尘度等)是否很高。

(9) 性能价格比越大越好。

4.3.2 选择计算机硬件考虑的因素

选择计算机硬件要考虑以下因素。

(1) 主机是一般结构，还是优化自身处理命令的 RISC 体系结构。

(2) 主机的处理速度(million instructions per second，MIPS)，如果是微机，则看主频速度即可。

(3) 内存大小。

(4) I/O(输入/输出)通道数。

(5) 系统的读写/存储周期。

(6) 外设的速度，目前计算机技术的发展使主机速度提高很快，而外设速度提高较慢，常常不配套。

(7) 高速缓存器的大小。

(8) 升级是否方便。

(9) 计算机设备对工作环境的要求。

4.3.3 选择计算机软件考虑的因素

选择计算机软件要考虑以下因素。

(1) 能否直接使用汉字，操作系统是否代表了主流发展方向。

(2) 是否支持关系型数据库，市场上常用的微机数据库有 FoxPro、Access，大型的关系数据库则有 Oracle 等。

(3) 程序设计语言。

(4) 工具，如测试工具、需求分析工具等。

(5) 应用系统开发环境，这是未来软件工程的发展方向，在此环境下，用户可以很方便地完成系统分析、系统设计、系统实施和系统运行管理的全过程。

(6) 图形软件。

(7) 各种应用软件包，如统计分析软件包、多元分析软件包、数据规划软件包、运筹学软件包、预测分析软件包(如 SAS 和 Excel)等。

4.4 计算机硬件的发展方向及其对管理信息系统的影响

随着科技发展的日新月异，计算机硬件和软件也不断地进行着变革，计算机科学家们正在逐步把理想变为现实。

4.4.1 计算机硬件的发展方向

计算机硬件将使用新材料、新技术，突破现有硬件制造的物理限制，实现性能的跨越，同时又有超低能耗。一般认为，计算机硬件会向两个方向发展：一是具有超级计算和服务能力甚至智能的计算机，这种超级计算机可能是采用不同技术实现的计算机，如生物计算机；二是高度集成的低级计算机，这种计算机作为用户终端通过高速互联网络联入超级计算机，实现云计算。

关于未来计算机的发展方向，人们已经做了很多设想，下面介绍第五代计算机和第六代计算机。

1. 第五代计算机

第五代计算机是一种更接近人的人工智能计算机，由超大规模集成电路和其他新型物理元件组成，具有推论、联想、智能会话等功能，并能直接处理声音、文字、图像等信息。它能理解人的语言，文字和图形，人无须编写程序，靠讲话就能对计算机下达命令，驱使它工作。它能作为在某一知识领域具有渊博知识的专家系统，成为人们从事某方面工作的得力助手和参谋。

第五代计算机还是能“思考”的计算机，能帮助人们进行推理、判断，具有逻辑思维能力。它可以通过语言、文字、图形等形式直接进行人机通信。它们还拥有大量的知识和一定的学习推理能力，可以提供咨询服务。第五代计算机系统将被广泛地应用于机器翻译、问题查询、自然语言理解、图片理解、问题求解等众多领域。由于这种系统的主要功能已不再是进行数的计算，而是进行知识信息处理，因此也称为知识信息处理系统。

以下几种计算机都可称为第五代计算机。

(1) 可识别自然语言的计算机。未来的计算机将在模式识别、语言处理、句式分析和语义分析的综合处理能力上获得重大突破。它可以识别孤立单词、连续单词、连续语言和特定或非特定对象的自然语言(包括口语)。今后，人类将越来越多地同机器对话，可以向个人计算机“口授”信件，与洗衣机“讨论”保护衣物的程序，或者用语言“制服”不听话的录音机。键盘和鼠标的时代将渐渐结束。

(2) 高速超导计算机。高速超导计算机的耗电仅为半导体器件计算机的几千分之一，它执行一条指令只需十亿分之一秒，比半导体元件快几十倍。以目前的技术制造出的超导计算机的集成电路芯片只有 3～5 平方毫米大小。

(3) 激光计算机。激光计算机是利用激光作为载体进行信息处理的计算机，又叫光脑，其运算速度将比普通的电子计算机至少快 1 000 倍。它依靠激光束进入由反射镜和透镜组成的阵列中来对信息进行处理。

与电子计算机的相似之处是，激光计算机也靠一系列逻辑操作来处理和解决问题。光束在一般条件下的互不干扰的特性，使激光计算机能够在极小的空间内开辟很多平行的信息通道，密度大得惊人。一块截面为 5 分硬币大小的棱镜，其通过能力超过全球现有全部电缆的许多倍。

(4) 分子计算机。美国惠普公司和加州大学于 1999 年 7 月 16 日宣布，已成功地研制出分子计算机中的逻辑门电路，其线宽只有几个原子直径之和，分子计算机的运算速度是目前计算机的 1 000 亿倍，最终将取代硅芯片计算机。

(5) 量子计算机。顾名思义，量子计算机利用了量子物理世界的超常特性，是一类遵循量子力学规律进行高速数学和逻辑运算、存储及处理量子信息的物理装置。当某个装置处理和计算的是量子信息，运行的是量子算法时，它就是量子计算机。一旦能够制造出量子计算机，那么它在速度上的提升将令一般计算机难以望其项背。这种涉及密码学和量子物理模拟的下一代计算机，已经不是仅仅停留在构想阶段。

2010 年 9 月，英国布里斯托尔大学等机构的研究人员在美国《科学》杂志上报告了量子计算机研究领域的新进展，这个重大突破意味着可以根据量子物理的反直觉规则处理数据，量子物理的反直觉规则指的是单个亚原子粒子可以同时出现在多个地方。领导研究的杰里米·奥布赖恩教授认为，这一进展可能使量子计算机面世的时间提前到 10 年之内。

(6) DNA 计算机。科学家研究发现，脱氧核糖核酸(DNA)有一种特性，能够携带生物体的大量基因物质。数学家、生物学家、化学家及计算机专家从中得到启迪，正在合作研究制造未来的液体 DNA 计算机。这种 DNA 计算机的工作原理是以瞬间发生的化学反应为基础，通过和酶的相互作用，将发生过程进行分子编码，把二进制数翻译成遗传密码的片段，每一个片段就是著名的双螺旋的一个链，然后对问题以新的 DNA 编码形式加以解答。

▶ 2. 第六代计算机

第六代计算机又称生物计算机，其主要原材料是借助生物工程技术(特别是蛋白质工程)生产的蛋白质分子，以此作为生物集成电路——生物芯片。在生物芯片中，信息以波的形式传递。当波沿着蛋白质分子链传播时，会引起蛋白质分子链子单键、双键结构顺序的改变。它模仿人的大脑判断能力和适应能力，是具有可并行处理多种数据功能的神经网络计算机。与以逻辑处理为主的第五代计算机不同，它本身可以判断对象的性质与状态，并能采取相应的行动，而且可同时并行处理实时变化的大量数据，并引出结论。以往的信息处理系统只能处理条理清晰、经络分明的数据，而人的大脑活动具有能处理零碎、模糊信息的灵活性，第六代电子计算机将具有类似人脑的智慧和灵活性。

以下几种计算机都可称为第六代计算机。

(1) 神经元计算机。人脑约有 1 000 亿神经元及 1 000 万亿多神经键，每个神经元都与数千个神经元交叉相连，它的作用都相当于一台微型计算机。人脑总体运行速度相当于每秒1 000万亿次的计算机功能。神经元计算机用许多微处理机模仿人脑的神经元结构，采用大量的并行分布式网络构成了神经元计算机。神经元计算机除了有许多处理器外，还有类似神经的节点，每个节点与许多点相连，若把每一步运算分配给每台微处理器，它们同时运算，其信息处理速度和智能会大大提高。

(2) 生物计算机。生物计算机(biological computer)又称仿生计算机(bionic computer)，是以生物界处理问题的方式为模型的计算机，它以生物芯片取代在半导体硅片上集成数以万计的晶体管制成。科学家正在研究有关大脑和神经元网络结构的信息处理、加工原理，以及建立全新的生物计算机原理，探讨适合制作芯片的生物大分子的结构和功能，以及如何通过生物工程来组装这些生物分子功能元件，涉及计算机科学、脑科学、神经生物学、分子生物学、生物物理、生物工程、电子工程、物理学和化学等有关学科。

生物计算机有很多优点。首先，它体积小，功效高。在1平方毫米的面积上，可容纳几亿个电路，比目前的集成电路小得多。而且生物计算机已经不像现在计算机的形状了，可以隐藏在桌角、墙壁或地板等地方。其次，生物计算机有自我修复功能，具有永久性和很高的可靠性。最后，生物计算机的元件是由有机分子组成的生物化学元件，它们是利用化学反应工作的，所以只需要很少的能量就可以工作，不会像电子计算机那样，工作一段时间就发热，而且它的电路间也没有信号干扰。

1983年，美国公布了研制生物计算机的设想之后，立即激起了发达国家的研制热潮。当前，美国、日本、德国和俄罗斯的科学家正在积极开展生物芯片的开发研究。从1984年开始，日本每年用于研制生物计算机的科研投资为86亿日元。

目前，生物芯片仍处于研制阶段，但在生物元件，特别是在生物传感器的研制方面已取得不少实际成果。这将促使计算机、电子工程和生物工程这3个学科的专家通力合作，加快研究开发生物芯片。生物计算机一旦研制成功，可能会在计算机领域内引起一场划时代的革命。

4.4.2 计算机硬件的发展对管理信息系统的影响

随着计算机硬件及网络的发展和计算机软件工程的日趋成熟，计算机软件正在逐渐向规模化、网络化方向发展。计算机软件能更灵活地应对改变，并且将在计算机网络高度繁荣的基础上，进一步提供更多的服务。

知识链接：英特尔发布3D XPoint，速度是闪存的千倍

计算机硬件和网络的发展将解决管理信息系统中用于检索和决策支持的计算速度问题，为管理信息系统提供更多的新思路和更广阔的发展空间。

本章小结

计算机硬件由控制器、运算器、存储器、输入设备和输出设备组成。

计算机软件由系统软件和应用软件组成，操作系统是最主要的系统软件。

管理信息系统要求计算机系统具有较大容量的内、外存，较强的逻辑功能，较多的通信通道，网络、分布处理能力，中文处理能力和现场数据采集能力。

关键术语

计算机系统	CPU	硬件系统
存储器	软件系统	操作系统

思考与讨论

一、判断题

1. 计算机有了硬件，即使没有软件，一样可以进行数据处理工作。（　）
2. 计算机的处理速度和处理能力取决于计算机主存储器，即计算机内存的性能。（　）
3. 操作系统不是计算机软件。（　）
4. 为适应管理信息系统的应用而选择计算机硬件时，主要考虑外观是否时尚。（　）
5. 为管理信息系统编写程序时，软件工程师们通常使用的是汇编语言。（　）

二、选择题

1. CPU 主要包括（　）两部分。

A. 运算器　　B. 存储器
C. 控制器　　D. 输出设备

2. 为管理信息系统选择硬件要考虑（　）因素。

A. 内存大小　　B. CPU 处理速度
C. 硬盘大小　　D. 外设质量

3. 为实现管理信息系统，一般需要选择的软件是（　）。

A. 操作系统　　B. 数据库软件
C. 程序设计软件　　D. 统计分析软件

三、填空题

1. 计算机系统的硬件一般由______、______、______、______和______ 5部分组成的。

2. 操作系统的主要功能包括______、______、______和______。

四、思考题

1. 什么是计算机系统？
2. 计算机硬件包括哪些部分？
3. 计算机软件是如何分类的？
4. 试举例说明哪些是系统软件，哪些是应用软件。
5. 结合当前市场情况，谈谈 CPU 的发展趋势。
6. 结合管理业务，谈谈作为终端用户需要什么样的软件？它们对终端用户的工作会有哪些影响？

案例分析：
软件能省钱，
甚至能救命

第5章 数据库与数据资源管理

教学目标

☞ 掌握数据库设计的主要内容；
☞ 熟悉数据库和数据库管理系统的概念、数据库的发展阶段；
☞ 了解数据仓库与数据挖掘技术。

教学要求

知识要点	能力要求	相关知识
文件组织	了解各种数据文件组织的方式	文件组织
数据库的概念和数据库设计	理解数据库和数据库管理系统的概念	数据库技术
	了解数据库发展的过程	
	掌握数据库设计的方法	
数据仓库与数据挖掘技术	了解数据仓库和数据挖掘技术的概念和特点	数据仓库与数据挖掘技术

导入案例

Gartner：商业智能与分析平台魔力象限

Gartner认为，商业智能和分析平台市场的主流已经从信息技术主导分析转向商业主导分析。数据和分析提供商面临多种选择：从传统的、功能封闭的商业智能供应商，到作为行业颠覆者的新型商业智能供应商。2017年，传统的商业智能提供商缓慢调整，希望在市场转型中保持优势，而现有商业智能突破者面临创新困境。

商业智能和分析平台市场开始从信息技术导向向现代商业导向方向转变，并成为主流。数据和分析领先的提供商有不计其数的选择——从传统的存在性能和创新差距、封闭的商业智能提供商，到不断创新的行业颠覆者。

(一)战略规划目标设定

战略规划目标设定主要分以下几个阶段。

(1)到2020年，智能、企业管理级、Hadoop/Spark、基于搜索和可视化的数据探索发现能力将融合成为下一代商业智能和分析平台的功能组成。

(2)到2021年，具有现代商业智能和分析能力的数据探索平台的用户数，将以两倍于非智能数据发现能力平台用户数的速度增长，商业价值也是其两倍。

(3)到2020年，自然语言生成和人工智能将占现代商业智能平台标准特性的90%。

(4)到2020年，50%的分析排队查询来自搜索、自然语言处理或话音发起，或自动生成。

(5)到2020年，为用户提供内部和外部数据查询服务的企业产生的商业价值，将是没有投资数据分析企业的两倍多。

(6)到2020年，公民数据科学家(citizen data scientist)的数量将比数据科学家的数量增长快5倍。

(二)市场定义与描述

数据发现的可视化作为现代商业智能平台的标志性特性，起步于2004年，开启了市场转型，从以信息技术为中心的系统记录报告，向以商业为中心、灵活分析的现代商业智能和分析平台转变，现代商业智能和分析平台具有使用方便的工具，有预定义的数据模型作为前期分析的先决条件(包括企业规模部署)，支持全工作流程的各种分析能力，无须过多的信息技术参与。

考虑到10多年来的演变，2016年Gartner对商业智能和分析平台魔力象限进行了重新设计。有充分证据显示，经过多年的向现代智能企业领导的分析平台转型，2017年商业智能和分析平台已成为市场主流。

随着大量市场经营者功能的差异化，购买者大企业部署需求和定价压力的减少，证明现有市场日趋成熟。购买者想扩大现代商业智能使用，包括为企业内外每个人提供自助服务。他们期望用户与过去相比(使用相同的数据处理工具)，能分析更多样化和更复杂的数据源。

在现代商业智能爆发的初期，从信息技术转向商业智能的购买点是新工具，这些工具的价值得以验证。购买这些平台的企业一直在增长，购买者除了关注企业的准备度、管理和价格外，对灵活和易用的关注成为市场主流。

扩大购买模式对于展示价值和推动扩张来说仍然很重要，但是企业经济的规模部署机制也越来越重要。拥挤的商业智能和分析市场包罗万象，巨额的风险投资支持大的技术企业，还有初创企业。2017年，传统的商业智能提供商缓慢调整，例如IBM、SAP、Oracle和Micro Strategy，希望在市场转型中保持优势，最终走向成熟，为企业提供报告平台标准，实现企业特有价值与投资数据模型和内容分析能力潜力间的平衡。

此外，新一波的创新基于可视数据发现的突破，特别是与传统的基于语义层的商业智能和分析平台相比，基于可视的探索模式已成为主流。现有的基于可视数据发现的方法加速了数据的协同、数据模式的可视认证，这与以信息技术为中心的、基于语义层的方法相反(通过手工操作建立观察，容易产生偏差)。

2016年，IBM Watson和BeyondCore引入智能数据发现，实现了机器学习与工作流程自动分析的均衡。用于基于文本和话音交互的自然语言处理(NLP)、自然语言查询(NLQ)和自然语言生成(NLG)，阐述了最重要的统计发现：用户内容是智能数据发现的关键能力。

与传统创新者的两难处境一样，许多传统的商业智能提供商(如IBM和SAP)放慢了向现代商业智能过渡的步伐。现有商业智能的突破者，如Tableau、Qlik和TIBCO Spotfire等面临创新困境，包括面对下一波智能数据发现的投资。

对部署的选择观点的变化也会影响市场。在过去3年中，企业对在云上部署商业智能和分析平台的兴趣提升了45%，最感兴趣的是营业种类，2017年调查显示，云商业智能部署规划列首位，超过了51%，这种转变来自信息技术方面的反馈。多数商业智能和分析平台提供商认为，各种云部署和使用定价模式选择是重要的方式，可不同程度地支持购买者完成内部部署投资。

资料来源：搜狐科技.2017-05-11.

一个经典的案例是沃尔玛公司在美国的店面中发现一种现象：每周啤酒和尿布的销量都会有一次同比攀升，但一时搞不清是什么原因。后来，沃尔玛运用商业智能(business intelligence，BI)技术发现，购买这两种产品的顾客几乎都是25～35岁、家有婴儿的男性，每次购买时间均在周末。沃尔玛在对相关数据分析后得出，这些人习惯晚上边看球赛边喝啤酒，对于要照顾的孩子，为了图省事就用一次性尿布。得出结论后，沃尔玛决定，把这两种商品集中摆在一起，结果两种商品的销量都有了显著增加。商业智能给沃尔玛的管理活动带来了巨大变化，你身边有建立了商业智能的企业吗？它们是如何建立的呢？其实，数据库与数据资源管理才是商业智能的基础。

知识链接：
文件组织

5.1 数据库概述

5.1.1 数据库的概念

1. 数据库

数据库(data base，DB)是按一定的组织形式存储在一起的相互关联的数据集合。实际上，数据库就是一个存放大量业务数据的场所，其中的数据具有特定的组织结构。所谓组织结构，是指数据库中的数据不是分散的、孤立的，而是按照某种数据模型组织起来的，不仅数据记录内的数据之间是彼此相关的，数据记录之间在结构上也是有机地联系在一起的。数据库具有数据的结构化、独立性、共享性、冗余量小、安全性、完整性和并发控制等基本特点。

数据库是数据组织的高级形式，它是一种对组织中的各种主要数据资源进行系统化的组织与管理的新技术，以求得高效、共享和安全。

数据库好比一个“魔方”，通过对基本数据的“组织”与“移动”逻辑，就可以由基本的数据单元形成人们所需的各种数据“图案”。

可以把数据库定义为存储在一起的相关数据的集合，为多种应用服务。数据的存储独立于使用它的程序。对数据库插入新数据、修改和检索原有数据均能按一种公用的和可控制的方法进行。数据被结构化，为今后的应用研究提供基础。

例如，企业或事业单位的人事部门常常要把本单位职工的基本情况(职工号、姓名、年龄、性别、籍贯、工资、简历等)存放在表中，这张表就可以看成是一个“数据仓库”。有了这个“数据仓库”，我们就可以根据需要随时查询某职工的基本情况，也可以查询在某个工资范围内的职工人数等。这些工作如果都能在计算机上自动进行，那我们的人事管理就可以达到极高的水平。此外，在财务管理、仓库管理、生产管理中也需要建立众多的这种“数据仓库”，使其可以利用计算机实现财务、仓库、生产的自动化管理。

▶ 2. 数据库系统

数据库系统(data base system，DBS)通常由软件、数据库和数据管理员组成。其中，软件主要包括操作系统、各种宿主语言、实用程序，以及数据库管理系统。数据库由数据库管理系统统一管理，数据的插入、修改和检索均要通过数据库管理系统进行。数据管理员负责创建、监控和维护整个数据库，使数据能被任何有权使用的人有效使用。数据库管理员一般是由业务水平较高、资历较深的人员担任。

数据库系统的个体含义是指一个具体的数据库管理系统软件和用它建立起来的数据库；它的学科含义是指研究、开发、建立、维护和应用数据库系统所涉及的理论、方法、技术所构成的学科。在这一含义下，数据库系统是软件研究领域的一个重要分支，常称为数据库领域。

数据库系统是为适应数据处理的需要而发展起来的一种较为理想的数据处理的核心机构。计算机的高速处理能力和大容量存储器提供了实现数据管理自动化的条件。

数据库研究跨越计算机应用、系统软件和理论三个领域，其中，计算机应用促进系统软件的研制开发，系统软件带来新的理论研究，而理论研究又对前两个领域起着指导性作用。数据库系统的出现是计算机应用的一个里程碑，它使计算机应用从以科学计算为主转向以数据处理为主，并使计算机得以在各行各业乃至家庭普遍使用。在它之前的文件系统虽然也能处理持久数据，但是文件系统不提供对任意部分数据的快速访问，而这对数据量不断增大的应用来说是至关重要的。为了实现对任意部分数据的快速访问，就要研究许多优化技术，这些优化技术往往很复杂，是普通用户难以实现的，所以就由系统软件(数据库管理系统)来完成，而提供给用户的是简单易用的数据库语言。由于对数据库的操作都由数据库管理系统完成，所以数据库就可以独立于具体的应用程序而存在，从而数据库又可以为多个用户所共享，因此，数据的独立性和共享性是数据库系统的重要特征。数据共享节省了大量人力物力，为数据库系统的广泛应用奠定了基础。数据库系统的出现使普通用户能够方便地将日常数据存入计算机并在需要的时候快速访问它们，从而使计算机走出科研机构进入各行各业乃至家庭。

数据库系统有大小之分，大型数据库系统有 SQL Server、Oracle、DB2 等，中小型数据库系统有 Foxpro、Access、MySQL。

3. 数据库系统的体系结构

从数据库管理系统角度来看，数据库系统是一个三级模式结构；从最终用户角度来看，数据库系统分为单用户结构、主从式结构、分布式结构和客户机/服务器结构。

1）单用户结构的数据库系统

单用户数据库系统是一种早期的最简单的数据库系统。在单用户系统中，整个数据库系统包括应用程序、DBMS、数据，都装在一台计算机上，由一个用户独占，不同计算机之间不能共享数据。

2）主从式结构的数据库系统

主从式结构是指一个主机带有多个终端的多用户结构。在这种结构中，数据库系统，包括应用程序、DBMS、数据等都集中存放在主机上，所有处理任务都由主机来完成。各个用户通过主机的终端并发地存取数据，共享数据库中的数据资源。

3）分布式结构的数据库系统

分布式结构是指数据库中的数据在逻辑上是一个整体，但物理上分布在计算机网络的不同节点上。网络中的每个节点都可以独立处理本地数据库中的数据，执行局部应用，也可以同时存取和处理多个异地数据库中的数据，执行全局应用。

4）客户机/服务器结构的数据库系统

在客户机/服务器结构中，把DBMS功能与应用分开，网络某个节点上的计算机专门用于执行DBMS功能，称为数据库服务器，简称服务器，而其他节点上的计算机则安装DBMS的外围应用开发工具，支持用户的应用，称为客户机。

5.1.2 数据库的发展

数据处理的核心问题是数据管理。所谓数据管理，是指对数据进行组织、编码、分类、存储、检索与维护等操作，数据管理技术随着计算机硬件和软件的发展而发展。数据库技术萌芽于20世纪60年代中期，60年代到70年代初日益成熟。从数据管理的角度来看，到目前为止，数据管理技术主要经历了人工管理阶段、文件系统阶段和数据库系统阶段。

1. 人工管理阶段

人工管理阶段是指计算机诞生的初期(1946—1950年中期)，这个阶段的计算机主要用于科学计算。这个阶段数据管理的特点是：使用的数据不保存，用完就拿走；没有软件系统对数据进行管理，而是由人工规定数据逻辑结构和存取方法；没有文件概念，用户负责数据的组织方式时，必须考虑数据存取细节；数据和程序一一对应，不同的应用程序之间不能共享数据。

2. 文件系统阶段

随着计算机技术的发展，计算机的应用范围逐渐扩大，计算机不仅用于科学计算，而且已大量用于数据处理、事务管理、工业控制等领域。这个时期(1950年中期—1960年中期)数据管理的特点是：数据可长期保存在外存设备上，文件可以被反复多次地进行查询、添加、删除和修改等操作；有统一的文件管理系统。用户按照统一的方式建立和存取文件，不用考虑数据的物理存储位置和具体外部设备的物理特性。用户只需集中精力于算法和数据的逻辑组织结构，从而大大提高了数据管理的效率和准确性。

3. 数据库系统阶段

数据库系统阶段是从 20 世纪 60 年代后期开始的。20 世纪 60 年代中期，有 3 件事标志数据库技术的产生：①IBM 公司研制开发了基于层次结构的数据库管理系统(information management system，IMS)；②美国数据系统语言协会的数据库任务组(Data Base Task Group)提出的 DBTG 报告，是数据库网状模型的基础和代表；③1970 年，IBM 公司 San Jose 实验室的研究员发表“大型共享数据库数据的关系模型”论文，为关系数据库的发展奠定了理论基础。

在这个阶段，计算机用于管理的规模更加庞大，应用越来越广泛，文件系统的数据管理方法已无法适应开发应用系统的需要。为解决数据的独立性问题，实现数据的统一管理和共享，于是发展了一种新的数据管理技术——数据库技术。数据库技术的基本特征之一是相互关联的数据的集合，它用综合的方法组织数据，具有较小的数据冗余，可供多个用户共享。它具有较高的数据独立性和安全控制机制，能够保证数据的安全性、可靠性、一致性和完整性，且允许并发地使用数据库，及时、有效地处理数据。数据库技术的主要目的是有效地管理和存取数据，把数据集中存放在一个或多个数据库中，用户通过数据库管理系统来使用数据库中的数据。

数据库技术作为数据管理的最有效手段，它的出现极大地促进了计算机应用的发展，目前基于数据库技术的计算机应用已成为计算机应用的主流。数据库系统的出现使信息系统的研制从以加工数据的程序为中心转向围绕共享的数据库来进行。

数据库技术发展到今天已经比较成熟。到目前为止，数据库技术已从第一代的网状和层次数据库系统、第二代的关系数据库系统，发展到第三代以面向对象模型为主要特征的数据库系统。数据库技术与网络通信技术、人工智能技术、面向对象程序设计技术、并行计算技术等互相渗透，互相结合，成为当前数据库技术发展的主要特征。数据库技术与其他技术相结合而产生的各种新型数据库如图 5.1 所示。

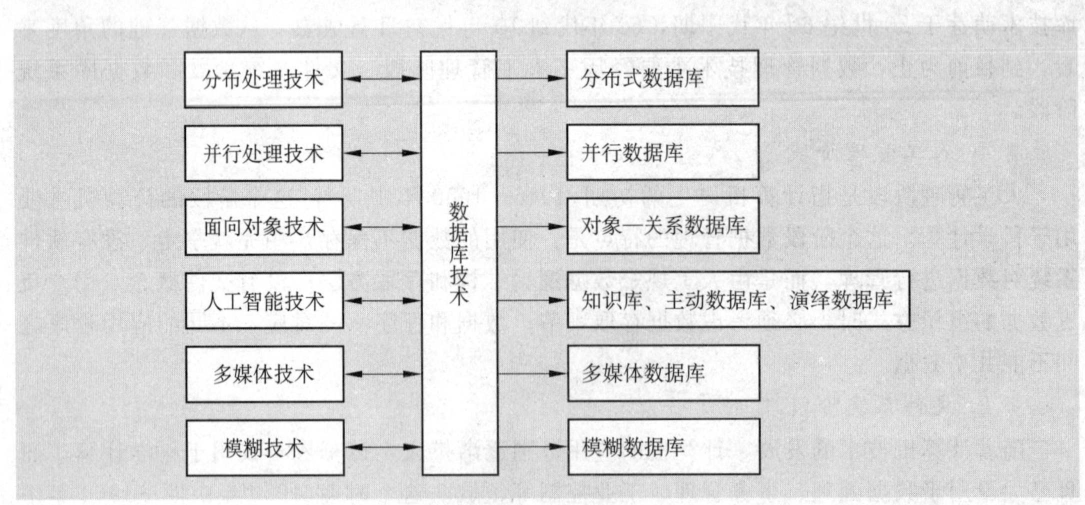

图 5.1 数据库技术与其他计算机技术的相互渗透

第一代数据库系统包括网状和层次数据库系统，因为它们的数据模型虽然分别为网状和层次模型，但实质上层次模型只是网状模型的特例而已。这两者都是格式化数据模型，都是在 20 世纪 60 年代后期研究和开发的，不论是体系结构、数据库语言，还是数据的存储管理，都具有共同特征，所以它们应该划分为同一代。

第二代数据库系统支持关系数据模型。关系模型不仅具有简单、清晰的优点，而且有关系代数作为语言模型，有关系数据理论作为理论基础。因此关系数据库具有形式基础好、数据独立性强、数据库语言非过程化等特点，这些特点是数据库技术发展到了第二代的显著标志。虽然关系数据模型描述了现实世界数据的结构和一些重要的相互联系，但是仍然不足以抓住和表达数据对象所具有的丰富而重要的语义，因此它属于语法模型。

第三代数据库系统的特征是数据模型更加丰富，数据管理功能更为强大，能够支持传统数据库难以支持的新的应用需求。

20 世纪 80 年代以来，关系数据库逐渐占统治地位，基于微机平台的数据库系统越来越多，性能越来越高，功能越来越强。新技术和新型数据库已经出现，例如，面向对象数据库(object-oriented data base，OODB)、多维数据库、数据仓库(data warehouse)与其他数据的综合集成技术，如公共网关界面(CGI)、动态服务器页面(ASP)等。

5.1.3 数据库管理系统

数据库管理系统(data base management systems，DBMS)是一个对数据库进行管理的软件系统，通常包括数据定义语言、编译程序、数据操纵语言、数据管理例行程序。它是在特定操作系统的支持下帮助用户建立、使用和管理数据库的一种计算机软件。DBMS 提供了许多命令、函数和语句让用户对数据库中的数据进行管理操作，如数据库文件的建立、数据的输入/输出、增加、删除、浏览、查询、修改、统计、分类、连接等。总之，数据库的一切操作都是通过数据库管理系统来实现的。

1. 数据库管理系统的功能

数据库管理系统具有很多功能，其中最基本的有以下 3 种。

(1) 数据定义。数据库管理系统提供定义数据类型和数据存储形式的功能。每个记录中每个字段的信息为一个数据。记录的信息不同，其数据类型也不同。通过定义数据类型，可以在一定程度上保证数据的完整性。最简单的要求是，完整性规则应保证不能在定义为数字的字段中存放文本类型的数据。

(2) 数据操作。数据库管理系统提供多种处理数据的方式。例如，在一张表中查找信息或者在几个相关的表或文件中进行复杂的查找；使用相应的命令更新一个字段或多个记录的内容；用一个命令对数据进行统计，甚至可以使用数据库管理系统工具进行编程，以实现更加复杂的功能。

(3) 数据控制。数据库管理系统对数据提供一定的保护措施，从而保证在多个用户共享数据时，只有被授权的用户才能查看或修改数据。

2. 数据库管理系统的组成

数据库管理系统由下列 3 类软件组成。

(1) 数据定义语言。数据定义语言用于定义数据库的各级数据结构及它们之间的映像，还包括各种完整性约束和安全性措施。根据描述的对象不同，数据定义语言可分为模式数据描述语言、子模式数据描述语言和物理数据描述语言。

模式数据描述语言描述全局的数据逻辑结构，给出各种记录类型的名字和特征，以及它们之间的关系；子模式数据描述语言描述局部的，即用户的数据逻辑结构。物理数据描述语言是将数据库模式映像到物理存储模式的语言，描述数据的物理存储方式。

(2) 数据操纵语言。数据操纵语言为用户或应用程序访问数据库提供接口，根据数据库系统的使用方式不同，一般可分为独立式查询语言和嵌入式查询语言两大类。

独立式查询语言可以独立使用，交互地对数据库进行操纵。它的特点是命令简单，使用方便，便于非程序员用户使用，但功能有限，需要专门的编译程序。嵌入式查询语言不可以独立使用，而是嵌入某种高级语言中使用。

(3) 数据库运行控制系统。数据库运行控制系统是数据库管理系统的核心，它包含各种例行程序，主要有：①存储控制例行程序，支持各种环境下数据库管理系统或用户提出的对数据的存取请求；②安全性控制例行程序，用于授权机制的管理控制；③完整性控制例行程序，用于各种完整性校验与控制；④事务管理例行程序，用于事务完整性控制与并发控制。此外，还有恢复例行程序、监控例行程序、系统总控例行程序和通信控制例行程序等。

▶ 3. 结构化查询语言

结构化查询语言 SQL 的理论是 1974 年提出的，并在 IBM 公司的 System R 上实现。由于它具有功能丰富、使用方式灵活、语言简洁易学等优点，在计算机工业界和用户中备受青睐，很快得以推广，后来 SQL 成为关系数据库的标准语言，关系数据库系统一般都支持标准 SQL 语言。所以，尽管当今不同的关系数据库有这样或那样的差异，但人们都可以通过标准 SQL 语言对数据库进行操作，这就大大减轻了用户的负担。SQL 有以下几个比较突出的优点。

(1) 完备性。SQL 的功能不仅是查询，还包括数据定义、数据操纵和控制 3 个方面，是一个综合、通用、功能强大的关系数据库语言。SQL 可以完成包括数据库定义、修改、删除、数据更新、数据查询等数据库生命周期中的全部活动，给用户使用带来很多方便。

(2) 灵活性。SQL 有两种使用方式：一种是联机交互使用；另一种是嵌入某种高级程序设计语言的程序中。这两种方式的语法结构是统一的，这样既给用户带来了灵活的选择余地，又不会带来不一致的困扰。

(3) 简洁、易学易用。与高级编程语言相比，SQL 在数据库操作方面是非常有优势的。使用 SQL 的用户只需提出“做什么”，不用了解实现的细节，复杂的过程均由系统自动完成。

SQL 的功能可以分成以下 3 类。

(1) 数据定义。用于定义和修改数据库对象，如 CREATE TABLE(创建表)、DROP TABLE(删除表)等。

(2) 数据操纵。对数据的增、删、改和查询操作，如 SELECT(查询数据)、INSERT(插入数据)、DELETE(删除数据)、UPDATE(修改数据)等。

(3) 数据库和事务控制。控制用户对数据库的访问权限，如 GRANT(授予权限)、REVOKE(取消权限)、COMMIT(事务提交)、ROLLBACK(事务撤销)等。

▶ 4. 数据库管理系统的工作方式

数据库管理系统的工作方式有以下几种。

(1) 终端用户工作方式。在这种方式下，用户使用键盘输入某一带有参数的命令，向数据库存取数据。发出的命令经过远程处理后，由数据库管理系统做进一步加工，并给出命令执行结果。这种工作方式一般称为单命令工作方式或问答式工作方式。

(2) 批处理工作方式。批处理工作方式也称为程序方式，用户应用数据库操纵语言编出完整的程序后运行，计算机根据应用程序的指示，完成所需的一系列工作。

(3) 在线用户工作方式。在线用户工作方式又称联机用户工作方式，也是用数据操纵语言工作的，这一点和批处理工作方式一样。但因为其程序是通过键盘输入的，要经过远程处理程序，这一点又和终端用户工作方式相似。

▶ 5. 数据库管理系统的特点

数据库管理系统将具有一定结构的数据组成一个集合，它主要具有以下几个特点。

(1) 数据的结构化。数据库中的数据并不是杂乱无章、毫不相干的，它们具有一定的组织结构，属于同一集合的数据具有相似的特征。

(2) 数据的共享性。在一个单位的各个部门之间，存在大量的重复信息。使用数据库的目的就是要统一管理这些信息，减少冗余度，使各个部门共同享有相同的数据。

(3) 数据的独立性。数据的独立性是指数据记录和数据管理软件之间的独立。数据及其结构应具有独立性，而不应该去改变应用程序。

(4) 数据的完整性。数据的完整性是指保证数据库中数据的正确性。可能造成数据不正确的原因很多，数据库管理系统通过对数据性质进行检查而管理它们。

(5) 数据的灵活性。数据库管理系统不是把数据简单堆积，它在记录数据信息的基础上具有很多的管理功能，如输入、输出、查询、编辑修改等。

(6) 数据的安全性。根据用户的职责，不同级别的人对数据库具有不同的权限，数据库管理系统应该确保数据的安全性。

5.2 数据库设计

5.2.1 人类认识事物的过程模型

信息是人们对客观世界各种客观事物的反映，而数据则是表示信息的一种符号。从客观事物到信息，再到数据，是人们对现实世界的认识和描述的一个认识过程，在这个过程中，经历了 3 个世界或领域。

(1) 现实世界，指人们头脑之外的客观世界，包含客观事物及其相互联系。

(2) 观念世界，指客观世界在人们头脑中的反映，客观事物在观念世界中称为实体。

(3) 数据世界，指信息世界中信息的数据化。客观世界中的事物及其联系，在数据世界中用数据模型描述。

5.2.2 数据模型

▶ 1. 数据模型

数据模型是对客观事物及其联系的数据化描述，是数据库系统设计中用于提供信息表示和操作手段的形式结构，是 DBMS 实现的数学基础。目前，数据模型主要有 3 种，层次模型(hierarchical model)、网状模型(network model)和关系模型(relational model)。其中，关系模型是3种数据模型中最重要的模型。20世纪80年代以来，计算机系统推出的数据库管理系统几乎全部是支持关系模型的，因此本书仅介绍关系模型。

数据模型所描述的内容包括3部分：数据结构、数据操作和数据约束。

(1) 数据结构，主要描述数据的类型、内容、性质及数据间的联系等，是目标类型的集合。目标类型是数据库的组成成分，一般可分为两类：数据类型和数据类型之间的联系。数据类型如DBTG(数据库任务组)网状模型中的记录型、数据项，关系模型中的关系、域等。数据类型之间的联系有DBTG网状模型中的关系模型等。数据结构是数据模型的基础，数据操作和约束都基本建立在数据结构的基础上。不同的数据结构具有不同的操作和约束。

(2) 数据操作，主要描述相应的数据结构上的操作类型和操作方式。它是操作运算符的集合，包括若干操作和推理规则，用于对目标类型的有效实例所组成的数据库进行操作。

(3) 数据约束，主要描述数据结构内数据间的语法、词义联系、它们之间的制约和依存关系，以及数据动态变化的规则，以保证数据的正确、有效和相容。数据约束是完整性规则的集合，用于限定符合数据模型的数据库状态，以及状态的变化。约束条件可以按不同的原则划分为数据值的约束和数据间联系的约束、静态约束和动态约束、实体约束和实体间的参照约束等。

▶ 2. 关系模型

关系实际上就是关系模式在某一时刻的状态或内容，也就是说，关系模式是型，关系是它的值。关系模式是静态的、稳定的，而关系是动态的、随时间不断变化的，因为关系操作在不断地更新着数据库中的数据。但在实际中，常常把关系模式和关系统称为关系，读者可以从上下文中加以区别。

关系模型是建立在数学概念的基础上，应用关系代数和关系演算等数学理论处理数据库系统的方法。实体是客观存在的事物，属性是实体某一方面的特性，关系是客观存在的事物之间的联系。实体—联系方法(E-R方法)是由P. P. S. Chen于1976年提出的，是用于数据库设计的方法。关系模型有3种基本操作，即投影、筛选和连接。

从用户的角度来看，在关系模型下，数据的逻辑结构是一张二维表。每一个关系为一张二维表，相当于一个文件。实体间的联系均通过关系进行描述。

关系模型中的主要术语如下。

(1) 关系：一个关系对应一张二维表。

(2) 元组：表中一行称为一个元组。

(3) 属性：表中一列称为一个属性，给每列起一个名即为属性名。

(4) 主关键字：表中的某个属性组，它的值唯一地标识一个元组。

(5) 域：属性的取值范围。

(6) 分量：元组中的一个属性值。

(7) 关系模式：对关系的描述，用关系名(属性1，属性2，…，属性n)来表示。

对于关系模型来说，其数据模型就是一系列用二维表表示的关系。

5.2.3 数据库的设计步骤

从现实世界到观念世界的形成，以及最终数据世界的建立，是数据库建立的思维过程。这个过程具体由5个步骤构成，即用户需求分析、概念结构设计、逻辑结构设计、物理结构设计，以及数据库的实施和维护。

数据库设计是指在一个给定的应用环境下，确定一个最优数据模型和处理模式，构筑既能满足多个用户的数据需求与处理要求，又能被某个数据库管理系统所接受，还能安全、有效、可靠地存取数据的数据库。

▶ 1. 用户需求分析

用户对数据库的使用要求主要包括对数据及其处理的要求，对数据的安全性和完整性的要求。在需求分析阶段主要通过调查掌握每一个用户对数据库的要求，提供以后设计阶段需要的一些内容，主要包括应用环境分析、数据流程分析及绘制数据流程图、数据需求的收集及分析、编制数据字典等。

▶ 2. 概念结构设计

概念结构设计是根据用户的需求设计数据库模型，称为概念模型，是数据库建立的关键环节。概念结构是层次模型、网状模型及关系模型等各种数据模型的共同基础，它比数据模型更独立于计算机，也独立于特定的数据库管理系统，独立于数据库逻辑结构，是系统中各个用户共同关心的数据结构。

在数据需求分析的基础上，可以决定概念结构中的实体和实体之间的联系，也就是可以着手设计概念结构了。概念结构设计中普遍采用的一种工具是实体—联系方法。它采用现实世界是由实体和关系(联系)组成的这一自然观点，并结合现实世界中一些重要的语义信息，把E-R模型视为现有数据的统一基础。可用E-R图表示现实世界的实体和关系，这种用E-R图所描述的模式叫组织模式，它是面向问题的概念性的模型，与具体的数据库管理系统无关。那些与具体的数据库管理系统有关的模式(层次的、网状的、关系的)称为逻辑模式或用户模式。

概念设计与数据的存储组织、存取方法、效率等无关，即它并不考虑这些数据在数据库管理系统如何实现。这种数据库设计工具使不熟悉计算机技术的用户也能接受。所以它是数据库设计过程中，数据库设计人员、数据库管理人员及用户之间讨论交流数据库设计方案的一种很有效的工具。

知识链接：
概念结构设计的步骤

▶ 3. 逻辑结构设计

逻辑结构设计的任务是将概念结构(即E-R图)转换为与选用的数据库管理系统所支持的数据模型相符的逻辑数据模型。现行的DBMS一般只支持层次、网状或关系3种模型中的某一种，而且对同一种数据模型，不同的计算机系统又有许多不同的限制，提供不同的环境与工具。因此，一般转换过程分两步进行，首先把概念结构向一般的数据模型转换，然后向特定的DBMS支持下的数据模型转换。

数据库逻辑结构设计步骤如下：

(1) 将概念结构转换为一般的关系、网状、层次模型；

(2) 将转换来的关系、网状、层次模型向特定 DBMS 支持下的数据模型转换；

(3) 对数据模型进行优化。

4. 物理结构设计

数据库的物理结构设计主要指对数据库在物理设备上的存储结构和存取方法的设计。物理结构设计以逻辑结构设计结果作为输入，结合具体的 DBMS 功能、数据库管理系统所提供的物理环境和工具、应用环境和数据存储设备，进行数据的存储组织和方法的设计。

将一个给定逻辑结构实施到具体的环境中时，逻辑数据模型要选取一个具体的工作环境，这个工作环境提供了数据存储结构与存取方法，这个过程就是数据库的物理结构设计。

物理结构依赖于给定的 DBMS 和硬件系统，因此设计人员必须充分了解所用 RDBMS 的内部特征、存储结构、存取方法。数据库的物理设计通常分为两步：第一，确定数据库的物理结构；第二，评价实施空间效率和时间效率。

确定数据库的物理结构包含以下 4 个方面的内容：

(1) 确定数据的存储结构；

(2) 设计数据的存取路径；

(3) 确定数据的存放位置；

(4) 确定系统配置。

5. 数据库的实施和维护

对数据库的物理结构设计进行评价，如符合用户要求则可转向物理实施阶段，着手建立数据库，将逻辑设计和物理设计结果用数据定义语言严格地描述出来，生成数据库管理系统可接受的源代码。经过调试产生目标模式，然后组织数据入库。

数据库建立之后，对数据库试运行，继续进行测试评价，如实际运行结果不符合设计目标，则返回物理结构设计阶段，调整物理结构，改变某些参数，甚至返回逻辑结构设计阶段，调整逻辑结构。如果运行实际结果达到设计目标，就可投入运行和维护阶段，在运行过程中不断地进行评价、调整、修改。

维护阶段的主要工作有：对数据库的安全性、完整性的控制；系统的转储和恢复，性能的监督、分析和改进；数据库的再组织和再构造等。

5.3 数据仓库技术与数据挖掘技术

随着市场竞争的加剧和信息社会需求的发展，从大量数据中提取(检索、查询等)用于制定市场策略的信息就显得越来越重要了。这种需求既要求联机服务，又涉及大量用于决策的数据，而传统的数据库系统已无法满足这种需求。因此，数据仓库等新技术便应运而生。

5.3.1 数据仓库技术

“数据仓库”(data warehouse)一词最早出现于 20 世纪 90 年代初，目前已经逐渐成熟。

数据仓库是在数据库的基础上发展而来的，是为了满足人们在高度数据积累的基础上进行数据分析的需要而产生的。数据仓库是面向主题的、集成的、稳定的、随时间变化的数据集合，它是管理科学、计算机科学、网络技术和分析手段的大融合。

数据仓库并不是一个新的平台，它仍然建立在DBMS的基础上。数据仓库是存储数据的一种组织形式。数据的抽取是数据进入仓库的入口，数据抽取在技术上主要涉及互联、复制、增量、转换、调度和监控等方面。数据仓库处理过程主要包括数据准备、数据展现和过程管理。数据准备包括充分了解决策需求，按数据仓库方法设计数据库结构、业务统计数据向数据仓库结构中转移(包括复制、抽取和清洗等)，以及数据仓库数据向小规模数据即时复制。

从用户的角度来看，数据仓库是一些数据、过程、工具和设施，它能够管理完备的、及时的、准确的和可理解的业务信息。数据仓库是体系化环境的核心，是建立决策支持系统的基础。数据仓库作为决策支持系统的一种有效、可行和体系化解决方案，通常包括数据仓库、在线分析处理和数据挖掘技术3个方面的内容。在线分析侧重于对所有事物进行多角度的展现，而数据挖掘则侧重于探求事物中蕴含的未知规律。可以说，数据仓库技术使人们从全新的视角认识了数据的价值。

在线分析技术和数据挖掘技术的不断成熟，为数据仓库应用市场的开拓打下了良好的基础。近年来，随着互联网和电子商务的发展，世界上各大数据仓库产品供应商纷纷把注意力投向电子商务领域，并且通过数据仓库技术来构造商业智能平台。可以相信，随着现代商业模式变革的进一步深入，数据仓库应用技术将成为企业获得竞争优势的有力武器。

5.3.2 数据挖掘技术

▶ 1. 数据挖掘技术的定义及特点

数据挖掘技术是人们对数据库技术不断研究和开发的结果。所谓数据挖掘(data mining)，就是从大量的、不完全的、有噪声的、模糊的、随机的实际应用数据中，抽取隐含在其中的、人们事先不知道的，但又是潜在有用的信息和知识的过程。数据挖掘就是在一些事实或观察数据的集合中寻找特定的模式、关联规则、变化规律等的决策支持过程，是一种在大量数据库中发现隐藏的新知识的计算技术方法。

数据挖掘过程可粗略地分为问题定义、数据准备和预处理、数据挖掘，以及结果的解释和评估等阶段。在数据挖掘阶段，首先要根据对问题的定义明确挖掘的任务或目的，如分类、聚类、关联规则发现或序列模式发现等，然后决定使用什么样的算法。选择实现算法要考虑两个因素：一是不同的数据有不同的特点，因此，需要用与之相关的算法来挖掘；二是考虑用户或实际运行系统的要求，有的用户可能希望获取描述型的、容易理解的知识，而有的用户只是希望获取预测准确度尽可能高的预测型知识。

▶ 2. 网络数据挖掘

数据挖掘的对象不仅是数据库，还可以是任何组织在一起的数据集合，例如，在网络上进行数据挖掘。目前，随着互联网的快速发展，网上的信息资源越来越丰富，但是，网络提供给用户的只是信息素材或粗加工过的信息，不能立即应用于实际，而且为了得到这类原始信息或数据，通常要经过一连串的网上操作，查询效率低，即信息的利用低，导致互联网上本来可以利用的大量信息资源得不到充分利用。于是，网络信息中的数据挖掘技术便应运而生。

根据网络数据挖掘对象的不同，人们将网络数据挖掘分为网络内容挖掘、网络结构挖掘及网络用法挖掘。网络信息内容是由文本、图形、图像、音频、视频，以及 WWW 信息资源等半结构或非结构的数据组成的。网络内容挖掘就是一个从网络信息内容中发现有用信息的过程；网络结构挖掘是挖掘 Web 潜在的链接结构模式；网络内容挖掘和网络结构挖掘的挖掘对象是网上的原始数据，而网络用法挖掘面对的则是在用户和网络交互的过程中抽取出来的第二手数据。通过网络用法挖掘，可以了解用户的网络行为数据所具有的意义。

▶ 3. 数据挖掘技术的发展

数据挖掘领域充分体现了各种方法论的相互交叉、渗透和协作。图 5.2 粗略地展示了一些数据挖掘方法与相关领域。

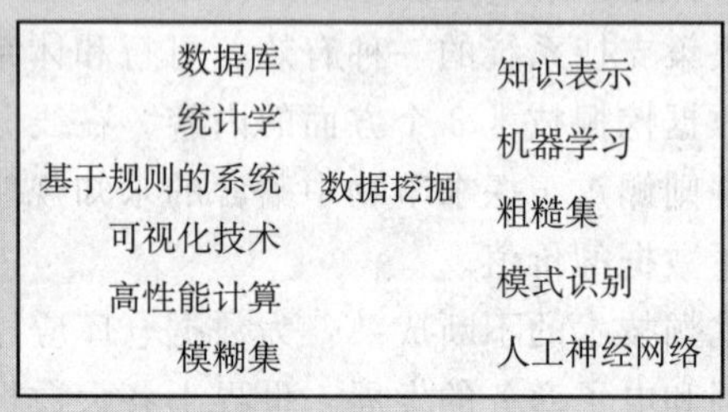

图 5.2　数据挖掘方法与相关领域

与数据挖掘相关的理论和技术可以分别按挖掘任务、挖掘对象和挖掘方法来分类。

(1) 按挖掘任务分类，包括分类或预测模型知识发现、数据总结、数据聚类、关联规则发现、时序模式发现、依赖关系或依赖模型发现、异常和趋势发现等。

(2) 按挖掘对象分类，包括关系数据库、面向对象数据库、空间数据库、时态数据库、文本数据库、多媒体数据库、异构数据库、数据仓库、演绎数据库和 Web 数据库等。

(3) 按挖掘方法分类，包括统计方法、机器学习方法、神经网络方法和数据库方法。统计方法又可细分为回归分析(多元回归、自回归等)、判别分析(贝叶斯判别、费歇尔判别、非参数判别等)、聚类分析(系统聚类、动态聚类等)、探索性分析(主成分分析、相关分析等)等。机器学习方法可以细分为归纳学习方法(决策树、规则归纳等)、基于范例学习、遗传算法等。神经网络方法可以进一步分为前向神经网络(BP 算法等)、自组织神经网络(自组织特征映射、竞争学习等)。

数据挖掘的应用非常广泛，只要该产业有分析价值与需求的数据库，就可利用数据挖掘工具进行有目的的发掘分析。常见的应用案例多发生在零售业、制造业、财务金融保险、通信及医疗服务领域。

(1) 商场从顾客购买的商品中发现一定的关联规则，提供打折、购物券等促销手段，提高销售额。

(2) 保险公司通过数据挖掘建立预测模型，辨别可能的欺诈行为，避免道德风险，减少成本，提高利润。

(3) 在制造业中，半导体的生产和测试中都产生大量的数据，可对这些数据进行分析，找出存在的问题，提高质量。

(4) 电子商务的作用越来越大，可以用数据挖掘对网站数据进行分析，识别用户的行为模式，保留客户，提供个性化服务，优化网站设计。

已经有很多关于公司成功运用数据挖掘技术的案例，这显示了数据挖掘技术的强大生命力。

5.3.3 数据挖掘研究热点

目前来看，将来的几个热点包括网站的数据挖掘、生物信息或基因的数据挖掘，以及文本的数据挖掘。

1. 网站的数据挖掘

随着Web技术的发展，各类电子商务网站风起云涌。如何让你的电子商务网站有效益，就必须吸引客户，提高能带来效益的客户的忠诚度。电子商务业务的竞争比传统业务的竞争更加激烈，原因有很多方面，其中一个因素是客户从一个电子商务网站转换到竞争对手那边，只需点击几下鼠标即可。网站的内容和层次、用词、标题、奖励方案、服务等任何一个地方都有可能成为吸引客户的因素，同时也可能成为失去客户的因素。电子商务网站每天都可能有上百万次的在线交易，生成大量的记录文件和登记表，如何对这些数据进行分析和挖掘，充分了解客户的喜好、购买模式，甚至是客户一时的冲动，设计满足不同客户群体需求的个性化网站，进而增加其竞争力，几乎变得势在必行。若想在竞争中生存进而获胜，就要比竞争对手更了解客户。

在对网站进行数据挖掘时，所需要的数据主要来自两个方面：一方面是客户的背景信息，此部分信息主要来自客户的登记表；另一方面主要来自浏览者的点击流，此部分数据主要用于考察客户的行为表现。但有的时候，客户不肯把背景信息填写在登记表上，这就会给数据分析和挖掘带来不便。在这种情况之下，就不得不从浏览者的表现数据中推测客户的背景信息，进而加以利用。

就分析和建立模型的技术和算法而言，网站的数据挖掘和原来的数据挖掘差别并不是特别大，很多方法和分析思想都可以运用。所不同的是网站的数据格式有很大一部分来自点击流，和传统的数据库格式有区别，因此对电子商务网站进行数据挖掘所做的主要工作是数据准备。目前，有很多厂商正在开发专门用于网站挖掘的软件。

2. 生物信息或基因的数据挖掘

生物信息或基因数据挖掘则完全属于另外一个领域，很难讲在商业上有多大的价值，但对于人类却受益匪浅。例如，基因的组合千变万化，得某种病的人的基因和正常人的基因到底差别多大？能否找出其中不同的地方，进而对其不同之处加以改变，使之成为正常基因？这都需要数据挖掘技术的支持。

生物信息或基因的数据挖掘和通常的数据挖掘相比，无论在数据的复杂程度、数据量还是在分析和建立模型的算法方面，都要复杂得多。从分析算法角度来讲，更需要一些新的和好的算法。现在很多厂商正在致力于这方面的研究，但就技术和软件而言，还远没有达到成熟的程度。

3. 文本的数据挖掘

人们很关心的另外一个话题是文本数据挖掘。例如，在客户服务中心，把与客户的谈话转化为文本数据，再对这些数据进行挖掘，进而了解客户对服务的满意程度和客户的需求，以及客户之间的相互关系等信息。从这个例子可以看出，无论是在数据结构还是在分析处理方法方面，文本数据挖掘和前面谈到的数据挖掘相差很大。文本数据挖掘并不是一件容易的事情，尤其是在分析方法方面，还有很多需要研究的专题。目前市场上有一些类似的软件，但大部分方法只是把文本移来移去，或简单地计算一下某些词汇的出现频率，并没有真正的分析功能。

随着计算机计算能力的发展和业务复杂性的提高，数据的类型会越来越多、越来越复杂，数据挖掘技术将发挥越来越大的作用。

本章小结

文件是属于操作系统范畴的概念，操作系统将一组相关的字符序列看成一个整体，给它唯一的命名以区别于其他的数据集；文件组织的方式有顺序文件、索引文件、计算存取文件和倒排文件；文件系统的功能是决定文件存放位置、存放形式及存取权限等，按名存取，建立从文件名到文件地址之间的映射关系，实施对文件的建立、删除、打开、关闭、读、写、修改、复制及各种控制操作，以及管理与文件存取有关的存储空间。

数据库定义为存储在一起的相关数据的集合，这些数据无有害的或有必要的冗余，为多种应用服务。数据的存储独立于使用它的程序。对数据库插入新数据、修改和检索原有数据均能按一种公用的和可控制的方法进行。数据被结构化，为今后的应用研究提供了基础。

数据库管理系统是一个对数据库进行管理的软件系统，通常包括数据定义语言、编译程序、数据操纵语言、数据管理例行程序。

人类认识事物的过程是从现实世界、观念世界到数据世界。数据库设计的主要步骤是用户需求分析、概念结构设计、逻辑结构设计、物理结构设计，以及数据库的实施和维护。其中，概念结构设计是数据库设计的关键环节，可运用E-R图的方法和规范化的理论。

数据仓库是在数据库技术的基础上发展而来的，是为了满足人们在高度数据积累的基础上进行数据分析的需要而产生的。数据仓库技术是面向主题的、集成的、稳定的、随时间变化的数据集合，是管理科学、计算机科学、网络技术和分析手段的大融合。

数据挖掘是从大量的、不完全的、有噪声的、模糊的、随机的实际应用数据中，抽取隐含在其中的、人们事先不知道的，但又是潜在有用的信息和知识的过程。数据挖掘就是在一些事实或观察数据的集合中寻找特定的模式、关联规则、变化规律等的决策支持过程，是一种在大量数据库中发现隐藏的新知识的计算技术方法。

关键术语

文件	文件组织	数据仓库
数据库	数据模型	数据挖掘
数据库管理系统	E-R 模型	关系模型
关系规范化		

思考与讨论

一、判断题

1. 大型的管理信息系统中可以不使用数据库。 (　　)

2. 数据库系统和数据库管理信息系统是一样的。 (　　)

3. 目前几乎所有的数据库管理系统都是支持关系模型的。 (　　)

4. 数据仓库是新版本的数据库管理系统。 (　　)

5. 决策支持系统以数据仓库为基础。 (　　)

二、选择题

1. 数据库管理系统由(　　)3类软件组成。

A. 数据定义语言　　B. 数据操纵语言

C. 数据库运行控制系统　　D. 结构化查询语言

2. 数据库的设计一般包括(　　)。

A. 用户需求分析　　B. 概念结构设计

C. 逻辑结构设计和物理结构设计　　D. 数据库的实施和维护

3. 数据挖掘过程可粗略地分为(　　)。

A. 问题定义　　B. 数据准备和预处理

C. 数据挖掘　　D. 数据挖掘结果的解释和评估

三、填空题

1. 数据库管理系统的工作方式有________、________和________。

2. 数据库系统主要包括________、________、________、________、________、________和________。

四、思考题

1. 数据库的特征是什么?

2. 数据模型有哪几种?

3. 简述数据库的发展过程。

4. 简述数据仓库技术和数据挖掘技术的工作原理。

5. 数据库设计的步骤是什么?

6. 数据库管理系统的作用是什么?

7. 数据挖掘技术是不是对于所有的组织都有用?具备什么条件和需求的组织需要进行数据挖掘?

案例分析:
争夺大数据“挖掘”的制高点

第6章 网络技术

教学目标

- ☞ 掌握企业网的集中计算模式和分散计算模式；
- ☞ 熟悉企业网的规划原则、网络规划与建设过程、网络安全与管理；
- ☞ 了解计算机网络的基本概念和 4 种基本的网络技术；
- ☞ 了解计算机网络发展的前沿知识。

教学要求

知识要点	能力要求	相关知识
计算机网络概述	了解计算机网络的基本概念和构成、网络拓扑结构和网络体系结构	计算机网络
计算机网络体系结构	了解计算机网络的概念、体系结构和基本协议	计算机网络
局域网技术	了解主要的局域网技术、协议及应用	计算机网络
无线网技术	了解无线网技术及发展前景	无线网络
移动互联网	了解移动互联网的发展趋势及应用前景	5G 技术
物联网	了解物联网的技术及应用前景	物联网

导入案例

流动式电子病历产品龙头企业 Allscripts

曾经，在银行窗口前排队等待取钱让人痛苦不堪。后来有了自动取款机，取款变得十分方便。

在机场排队办理登机手续也曾令人大伤脑筋，但是现在可以在网上办理登机手续，机场也安装了许多服务终端供人们使用。

现在，假如有人能做点什么来改变恼人的医院登记手续就好了。

保健信息技术公司 Allscripts(MDRX)开发了一款自助服务亭，这个服务终端与一个存有患者电子健康记录(EHR)的中心数据库联网，其主要设备是一个摄像头、一个信用卡读卡器、一台打印机和由富士通公司设计的一款很酷的生物识别设备 Palm Secure。Palm Secure 能映射患者手掌中的静脉，比指纹认证精确得多，并且比虹膜扫描更易为人接受，其误接受率仅为 0.000 08%。在公共场合处理健康记录这类敏感信息时，精确度至关重要。美国富士通电脑公司保健部门副总裁约书亚·那普(Joshua Napua)表示："Palm Secure 拍摄的并不是你的手，而是手掌中的静脉图案。这很重要，因为手掌静脉几乎是无法复制的。"

Allscripts 声称拥有"全美排名第一的 EHR 解决方案"，对用户而言，其产品已经在 50 000 名执业医生、1 500 家医院和 10 000 家急诊机构中应用。服务亭会自动上传数据并收取自费部分的费用，当患者在医院就诊时，医生和护士都可以查看这些数据。

如今自助服务亭已发展成为流动式电子病历产品，Allscripts 还收购了 NantHealth 公司部分股权，投资总额达到 2 亿美元。另外，NantHealth 公司创始人陈颂雄博士名下的私人投资公司对 Allscripts 进行了 1 亿美元的投资，强化了 Allscripts 与 NantHealth 之间的合作关系，使他们可以更好地合作研发一款综合个性化医疗解决方案。这款产品能够根据患者情况为他们提供个性化医疗措施，还可以为医生提供具有可操作性的临床数据。在掌握了复杂的基因组和蛋白质组数据分析结果后，医生就能更好地做出决策，帮助患者处理病情。

研究表明，通过使用与某种癌症匹配的治疗流程和药物的方式，医生可以提高自己做出有效临床决策的能力。每个患者都拥有自己独特的 DNA、RNA 和蛋白质组资料，医生将这些资料与患者整体临床数据和分析报告相结合后便可以为其定制个性化治疗方案，从而决定使用的治疗方式和药物。加强合作之后，NantHealth 和 Allscripts 会将患者的独特个体数据与临床数据这两方面资料进行整合，形成一种科学的医疗解决方案。

在这些产品的帮助下，医生和病人可以积极参与到疾病的治疗过程之中，并且尽早对病情采取干预治疗措施。通过病人参与、护理协调和疾病管理等方面的创新，NantHealth 和 Allscripts 正在创造一个全新的全面综合型整合平台，这个平台能够为协调护理工作提供转诊信息，能够为各种不同的综合医疗系统提供个性化解决方案。远程十医疗保健服务可帮助医生用户远程监控患者的 Allscripts EHR 电子病历，并且还可以在用户离开办公室、在医院、正在打电话或个人时间被其他事情占用时做出一些困难的医疗决策。

资料来源：财富中文网.

基于网络的电子健康记录为病人带来了很多好处，有人担心自助服务会泄露患者的个人信息，你认为这种担心有必要吗？问题应该是由网络产生的，美国军方的信息系统就是与民用系统彻底在物理上分开的，我国的涉密管理也从物理上彻底断绝。

6.1 计算机网络

计算机网络是计算机及其应用技术与通信技术结合的产物，它也经历了由简单到复杂、由低级到高级的发展历程。随着计算机应用技术的发展，计算机之间经常需要交换数据和共享资源，为此需要将这些计算机互联起来，计算机网络便诞生和发展起来了。

6.1.1 计算机网络概述

▶ 1. 计算机网络的发展

从某种意义上讲，Internet 可以说是美苏冷战的产物。在美国，20 世纪 60 年代是一个很特殊的时代。60 年代初，古巴核导弹危机发生，美国和苏联之间的冷战状态随之升温，核毁灭的威胁成了人们日常生活的话题。在美国对古巴封锁的同时，越南战争爆发，许多第三世界国家发生政治危机。由于美国联邦经费的刺激和公众恐惧心理的影响，"实验室冷战"也开始了，人们认为，能否保持科学技术上的领先地位将决定战争的胜负，而科学技术的进步依赖于计算机领域的发展。

1969 年 11 月，美国国防部高级研究计划管理局(Advanced Research Projects Agency，ARPA)开始建立一个名为 ARPAnet 的网络，当时只有 4 个节点，即分布在洛杉矶的加利福尼亚州大学洛杉矶分校、加州大学圣巴巴拉分校、斯坦福大学、犹他州大学 4 所大学的 4 台大型计算机。

作为 Internet 的早期骨干网，ARPAnet 的试验奠定了 Internet 存在和发展的基础，较好地解决了异种机网络互联的一系列理论和技术问题。1983 年，ARPAnet 分裂为两部分：ARPAnet 和纯军事用的 MILNET。同时，局域网和广域网的产生与蓬勃发展对 Internet的进一步发展起到了重要的推动作用。其中，最引人注目的是美国国家科学基金会(National Science Foundation，NSF)建立的 NSFnet。NSF 在全美国建立了按地区划分的计算机广域网并将这些地区网络和超级计算机中心互联起来。NFSnet 于 1990 年 6 月彻底取代了 ARPAnet 而成为 Internet 的主干网。NSFnet 对 Internet 的最大贡献是使 Internet向全社会开放，而不是仅供计算机研究人员和政府机构使用。1990 年 9 月，Merit、IBM 和 MCI 公司联合建立了一个非营利的组织——先进网络科学公司(Advanced Network & Science Inc.，ANS)。ANS 的目的是建立一个全美范围的 T3 级主干网，它能以 45Mb/s 的速率传送数据。到 1991 年年底，NSFnet 的全部主干网都与 ANS 提供的 T3 级主干网相联通。Internet 的第二次飞跃归功于 Internet 的商业化，商业机构一踏入 Internet这一陌生世界，很快发现了它在通信、资料检索、客户服务等方面的巨大潜力。于是，世界各地的无数企业纷纷涌入 Internet，带来了 Internet 发展史上的一个新的飞跃。由于企业或组织中的信息处理大都是分布式的，不同部门和类型的信息多由分布在不同地理位置的计算机进行处理，并通过通信网络把这些信息集成起来。现在的管理信息系统多是在网络支持下运行的，因此，计算机网络是管理信息系统的基础。

20 世纪 90 年代以后，以 Internet 为代表的计算机网络得到了飞速的发展，已从最初的教育科研网络逐步发展成商业网络，成为仅次于全球电话网的世界第二大网络。

▶ 2. 计算机网络的概念

由于企业或组织中的信息处理大都是分布式的，不同部门和类型的信息多由分布在不同地理位置的计算机进行处理，并通过通信网络把这些信息集成起来。现在的管理信息系统多是在网络支持下运行的，因此，计算机网络是管理信息系统的基础。

计算机网络是计算机技术和通信技术相结合的产物。最早的计算机是作为独立自主的计算实体而存在的，但随着计算机在各领域的广泛应用，人们对计算机与计算机之间的信息交换提出了更多的要求。

根据美国计算机网络权威安德鲁·S. 坦恩鲍姆的定义，计算机网络是独立自主的计算机的互联体，只要两台计算机之间能够相互交换信息，就可以说它们是互联的。网络中互联的计算机应是独立自主的，这与主机/附属机(master/slave)系统具有明显的区别。若一台计算机是由其他计算机强迫启动、关机，或者能够控制另一台计算机，则不能把它看成是独立自主的。一个具有控制单元和许多附属机的系统不是计算机网络，一台具有远程打印机和远程终端的计算机也不是计算机网络。

计算机通信网络是利用通信设备和线路将地理位置不同的、功能独立的多个计算机系统互联起来，以功能完善的网络软件(通信协议、信息交换方式及网络操作系统等)实现网络中资源共享和信息传递的系统。网络节点是指网络中某分支的端点或网络中若干条分支的公共汇交点。

3. 计算机网络的功能

1）数据通信

随着 Internet 的广泛应用，传统的电话、电报、邮递等通信方式受到很大冲击，电子邮件已为人们广泛接受，网上电话、视频会议等各种通信方式正在迅速发展。数据通信是计算机网络最基本的功能。该功能用于实现计算机和计算机、计算机与终端之间的数据传输。

2）资源共享

资源共享是指网上的用户能部分或全部地享用系统中的资源，从而大大提高系统资源的利用率。共享的资源包括软件资源、硬件资源和数据资源。

3）负载均衡

在有多台计算机的环境中，这些计算机需要处理的任务可能不同，经常有忙闲不均的现象。当某台计算机负荷过重时，网络操作系统自动完成对多台计算机的协调工作，将任务分布到多台计算机上进行处理，使每台计算机的负载平衡，提高了每台计算机的可用性，也提高了计算机的处理能力。

4）提供服务

有了计算机网络，才有了现在风靡全球的电子邮件、网上电话、网络会议和电子商务等，它们给人们的生活、学习和娱乐带来了极大的方便。有了网络，使实时控制系统有了备用和安全保证，使军事设施在遭到敌方打击时指挥系统能够保持畅通无阻。如今，网络新技术层出不穷，不断有新的服务使人们从中受益。

6.1.2 计算机网络的主要应用

计算机网络是信息产业的基础，在各行各业都获得了广泛的应用。

1. 办公自动化系统

办公自动化是利用先进的科学技术(信息技术、系统科学和行为科学)完成各种办公业务。办公自动化系统的核心是通信和信息。通过将办公室的计算机和其他办公设备连接成网络，可充分有效地利用信息资源，以提高生产效率、工作效率和工作质量，更好地辅助决策。

▶ 2. 管理信息系统

管理信息系统是基于数据库的应用系统。在计算机网络的基础上建立管理信息系统，是企业管理的基本前提和特征。例如，使用管理信息系统，企业可以实现各部门动态信息的管理、查询和部门间信息的传递，可以大幅提高企业的管理水平和工作效率。

▶ 3. 电子数据交换

电子数据交换是将贸易、运输、保险、银行、海关等行业信息用一种国际公认的标准格式，通过计算机网络，实现各企业之间的数据交换，并完成以贸易为中心的业务全过程。电子商务系统是电子数据交换进一步发展的产物。

▶ 4. 远程教育系统

远程教育是一种利用在线服务系统，开展学历或非学历教育的全新的教学模式。远程教育的基础设施是网络，其主要作用是向学员提供课程软件及主机系统的使用，支持学员完成在线课程，并负责行政管理、协同合作等。

▶ 5. 电子银行

电子银行也是一种在线服务，是一种由银行提供的基于计算机和计算机网络的新型金融服务系统，其主要功能有金融交易卡服务、自动存取款服务、销售点自动转账服务、电子汇款与清算等。

▶ 6. 企业信息化

分布式控制系统和计算机集成与制造系统是两种典型的企业网络系统。

6.1.3 计算机网络的构成

一个计算机网络必须具备以下 3 个基本要素，三者缺一不可。

(1) 至少有两台具有独立操作系统的计算机，且它们之间有相互共享某种资源的需求。

(2) 两台独立的计算机之间必须有某种通信手段将其连接。

(3) 网络中的各台独立的计算机之间要能相互通信，必须制定相互可确认的规范标准或协议。

计算机网络也是由各种可连起来的网络单元组成的。网络单元是指网络中各种数据处理设备、数据通信控制设备和数据终端设备。

一个大型的计算机网络是一个复杂的系统。它是一个集计算机硬件设备、通信设施、软件系统及数据处理能力为一体的，能够实现资源共享的现代化综合服务系统。计算机网络系统的组成可分为 3 部分，即硬件系统、软件系统及网络信息。

▶ 1. 硬件系统

硬件系统是计算机网络的基础，硬件系统由计算机、通信设备、连接设备及辅助设备组成，硬件系统中设备的组成形成了计算机网络的类型。下面介绍几种常用的硬件设备。

在计算机网络中，最核心的组成部分是计算机。在网络中，计算机按其作用分为服务器和客户机两大类。

1）服务器

服务器是计算机网络中向其他计算机或网络设备提供某种服务的计算机，并按提供的服务被冠以不同的名称。常用的服务器有数据库服务器、邮件服务器、打印服务器、信息浏览服务器和文件下载服务器等。

与其他计算机相比，用作服务器的计算机的硬件除了处理能力较强之外并无本质区别。只有安装了相应的服务软件才具备了向其他计算机提供相应服务的功能，因此，有时一台计算机可同时装有多种服务器软件并具有多种服务功能。例如，网络中某台计算机同时装有数据库管理系统及邮件管理系统软件，因此，这台计算机在网络中既是数据库服务器也是邮件服务器。

2）客户机

客户机是与服务器相对的一个概念。在计算机网络中，享受其他计算机提供的某种服务的计算机称为客户机。

服务器与客户机处理数据的要求不同，服务器一般情况下要向多个客户机提供服务，要求有较强的数据处理能力，因此一般使用较高档次的计算机，并由此出现称为专用服务器的计算机。这种计算机一般比较耐用，内存和主板采用特殊的技术，有较强的校验功能以防止意外死机。为了防止偶然的停电等问题，一般配备不间断电源系统提供后备保护。

服务器与客户机的另一个重要区别在于安装的系统软件的差异。服务器上安装的操作系统一般能够管理和控制网络上的其他计算机，如 Windows NT、UNIX 和 VMS 等。客户机上一般安装 Windows 等操作系统。当然，客户机上的操作系统必须被服务器上的操作系统所认可，才能实现相互的服务提供与服务享受。

有些计算机网络中，计算机之间互为客户机与服务器，即它们互相提供类似的服务和享受这些服务，这种计算机网络称为对等网络。一般情况下，对等网络中的计算机都装有相同(或相似)的操作系统，如 Windows。

3）网络连接设备

在计算机网络中，除了计算机外，还有大量的用于计算机之间、网络与网络之间的连接设备，这些设备称为网络连接设备。这些设备包括网络适配器、网络传输介质、中继器、网桥、路由器、网关和交换机。

(1) 网络适配器(一般指网卡)在计算机网络中负责计算机间的数据接收和发送。

(2) 网络传输介质一般分为 3 种，即同轴电缆、双绞线和光纤。

(3) 中继器。在计算机网络中，信号在传输介质中传递时，由于传输介质的阻抗会使信号越来越弱，导致信号衰减失真，当网线的长度超过一定限度后，若想再继续传递下去，必须将信号整理放大，恢复成原来的强度和形状。中继器的主要功能是将收到的信号重新整理，使其恢复原来的波形和强度，然后继续传递下去，以延长网段实现更远距离的信号传输。

中继器是网络连接设备，它连接同一个网络的两个或多个网段。例如，用同轴电线建立的总线型网络每段长度最大为 185 米，最多可有 5 段，因此增加中继器后，总线型网络的地理范围可扩展到 185×5＝925(米)。用网络连接设备将网络连接起来的互联网络，大多可分成若干个网段或者子网。网段和子网都是通过互联设备隔开的一部分。网段可以不具备独立网络的特性，但子网必须能够成为一个独立的网络。一个基本的局域网可以只有一个网段，也可由多个网段构成。网段如果具有独立网络的功能，就可称为子网。

(4) 网桥。网桥是用于两个相似网络连接的设备，并可对网络的数据流进行简单管理，即它不但能扩展网络的距离和范围，而且可使网络具有一定的可靠性和安全性。

有时希望信号在计算机网络中传输时，某些信号只需要在网络的某个区域内传递。传递到不必要的区域，一是会徒增干扰，影响整体效率；二是对数据的安全性也不易保证。为了合理限制网络信号的传送，可使用网桥适当地分割网络，其原理是当数据送达网桥后，网桥会判断信号该不该传到另一端，假如不需要就把它拦截下来，以减少网络的负载。只有当数据需要穿过它达到另一端的计算机时，网桥才会放行。

可见，网桥具有简单的过滤功能。当然，为了更好地利用网桥的这种特性，就必须设计好网桥的位置。

(5) 路由器。路由器是连接不同技术网络的网络连接设备，它为不同网络之间的用户提供最佳的通信路径。因此，路由器有时俗称路径选择器。

网桥具有的功能路由器都有。在计算机网络中，路由器有自己的网络地址，而网桥没有，路由器实际上是一台具有特殊用途的计算机。在大型的互联网上，为了管理网络，一般要利用路由器将大型网络划分成多个子网。全球最大的互联网 Internet 由各种各样的网络组成，路由器是一个非常重要的组成部分。

在互联网络中，路由器通过它保存的路由表查找数据，确定从当前位置到目的地的正确路径，如果网络路径上发生故障，路由器可选择另一路径，以保证数据的正常传输。

(6) 网关。网关的主要功能是负责对不同的通信协议进行翻译，传输分组数据，因此它被看作通往 Internet 的大门。目前主要有 3 类网关。

① 协议网关。协议网关常用于在使用不同协议的网络间进行协议转换。这种物理转换可发生于 OSI 参考模型的第二层(网络层)、第三层(传输层)或第二层和第三层之间。两种类型的协议网关不提供转换功能、安全网关和通道。

② 应用网关。应用网关是在两种不同格式间翻译数据的系统。通常，这些网关用来连接不相容的源和目的的中间点。典型的应用网关以一种格式接收输入，翻译，并以一种新格式输出，输入和输出接口可为不同的或相同的网络连接。

单个应用可以有多个应用网关。例如，电子邮件可以用多种不同的格式实现，尽管各个邮件的格式不同，一个邮件的服务器可能需要与其他邮件服务器交互，实现这点的唯一方法就是支持多个网关接口。

应用网关也能用于将局域网用户连至外部数据源。在相同局域网上将应用程序的逻辑和可执行代码保存为用户数据库，避免产生低带宽高时延的广域网。应用网关便会向存有用户所需数据的合适的联网计算机发出 I/O 请求，然后取得数据并按所需格式提交给用户。

③ 安全网关。安全网关是一些技术的有趣的混合，这些技术很重要，而且相互不同，并足以代表它们各自的类别，这些技术的范围可从协议层的过滤到相当复杂的应用层过滤。

它们之间唯一的共同特性就是网关作为两个不同区域、地区或系统间的中介，所起的作用是相同的。

▶ 2. 软件系统

1) 网络系统软件

网络操作系统是指能够控制和管理网络资源的软件，是由众多系统软件组成的，在基本系统上有多种配置和选项可供选择，使用户可根据不同的需要和设备构成最佳组合的互联网络操作系统。现在流行的网络操作系统主要有 UNIX、Windows NT、NetWare、Linux 4 种。

UNIX 网络操作系统是唯一的跨微机、小型机、大型机的系统。Windows NT 是微软公司推出的可运行在微机和工作站上的，面向分布式图形化的应用网络操作系统。NetWare 则主要面向微机，以独特的目录管理方式为用户的网络应用提供了极大的方便，具有良好的可靠性、易用性、可缩放性和灵活性等优点。Linux 是目前最流行、最热门的软件之一，是一个与 UNIX 完全兼容的免费操作系统。

2）网络应用软件

网络应用软件是指能够为网络用户提供各种服务的软件，如浏览软件、传输软件、远程登录软件、电子邮件等。

▶ 3. 网络信息

在计算机网络上存储、传送的信息称为网络信息。网络信息是计算机网络中最重要的资源，它存在于服务器上，由网络系统软件对其进行管理和维护。服务器与服务器之间通过一定的网络协议传送信息。网络用户通过网络应用软件获取网络信息。

网络信息主要来源于网络工作者的辛勤劳动，他们通过各种输入设备将大量的资料、数据、图书等各类信息录入计算机网络，每天都有许多人进行大量的网络信息的补充、更新、修复工作。人们建网、联网的目的就是要更大范围地、更快速准确地获取信息和发布消息，让信息为人们服务。

6.1.4 网络拓扑结构

网络拓扑结构是指网络上的通信链路，以及各个计算机之间的相互连接的几何排列或物理布局形式。

拓扑学是几何学的一个分支，是一种研究与大小无关的点、线、面特性的方法，在网络中，这些特性一般是指多个设备通过通信线路互相连接的方法和模式。因此，网络拓扑就是指网络形状，即网络中各个节点相互连接的方法和形式。

▶ 1. 网络拓扑结构的选择

网络拓扑是一个十分复杂的问题，目前尚无法获得整个网络的最佳拓扑方案，一般将整个网络的拓扑设计划分为若干个相对独立的部分，然后用近似的方法对各部分进行优化求解。拓扑结构是决定网络特性的主要技术之一，因此，拓扑结构的选择将影响整个网络的设计、功能和性能。在选择拓扑结构时，一般应考虑以下几个因素。

1）可靠性

可靠性是计算机网络首要追求的目标。当网络出现故障时，应在尽可能短的时间内排除故障，恢复网络的正常运行。而要排除故障，首先是要监测故障，因此拓扑的选择应能方便地进行故障监测和故障隔离。

2）灵活性

所谓灵活性，就是要考虑网络中计算机和各种设备在搬动后，或者在进行节点的删除和添加后，也很容易重新配置网络。

3）成本

成本是指完成某种功能并达到预期的性能所需要的费用。计算机网络是由各种节点和通信线路所组成的系统，因此其成本除了各种设备及线路成本的费用外，还包括安装费用，而安装费用的高低和拓扑结构的选择直接相关。

4）响应时间和吞吐量

所选择的网络拓扑结构要有尽可能短的响应时间，并获得最大的吞吐量。

当然，在选择拓扑结构时，可能还要考虑其他因素，但主要是以上 4 个方面。

▶ 2. 网络拓扑结构分类

拓扑结构通常有 5 种主要类型，即星形、环形、总线形、树形和网状形，如图 6.1 所示。

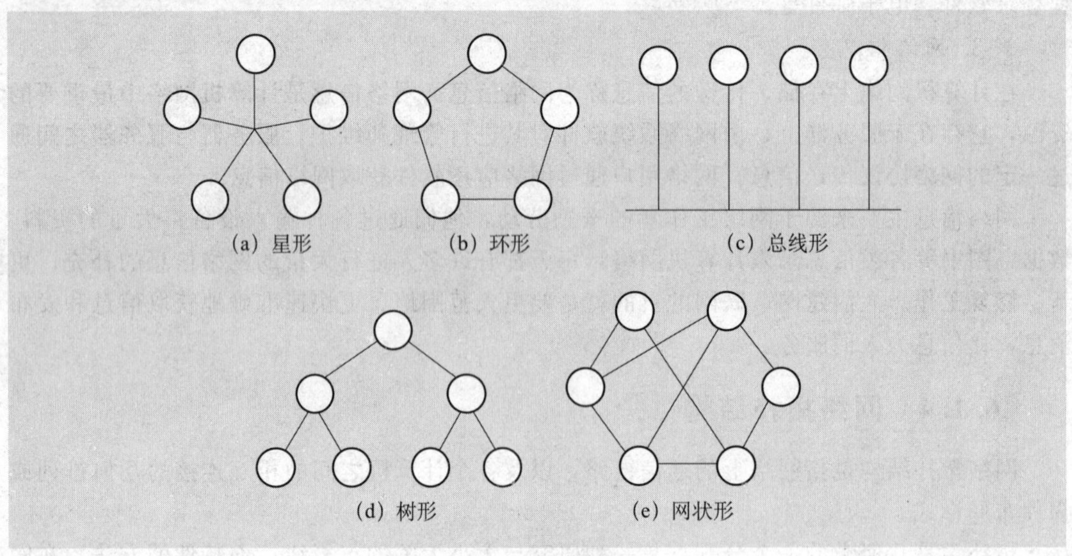

图 6.1 网络拓扑结构

1）星形拓扑结构

星形拓扑结构的中心节点到各外围节点之间呈辐射状连接，由中央节点完成集中式通信控制。

星形拓扑结构的节点有两类，即中心节点和外围节点。中心节点只有一个，每个外围节点都通过独立的通信线路与中心节点相连，外围节点之间没有连线。星形拓扑结构的优点是结构简单，访问协议简单，单个故障不影响整个网络；缺点是可靠性较低，中心节点有故障，整个网络就无法工作，全网将瘫痪，且系统扩展较困难。

2）环形拓扑结构

环形拓扑结构中每个节点连接形成一个闭合回路，数据可以沿环单向传输，也可以设置两个环路实现双向通信。环形拓扑结构的扩充方便，传输率较高，但网络中一旦有某个节点发生故障，则可能导致整个网络停止工作。

3）总线形拓扑结构

在总线形拓扑结构中，所有工作站点都连在一条总线上，通过这条总线实现通信。总线形拓扑结构是目前局域网采用较多的一种拓扑结构。它连接简单，易于扩充节点和删除节点，节点的故障不会引起系统的瘫痪，但是，总线出问题会使整个网络停止工作，故障检测困难。

4）树形拓扑结构

在树形拓扑结构中，有一个根节点和若干个枝节点，最末端是叶节点，形状像倒立的树。与总线形拓扑结构相比，总线形拓扑结构没有根。根节点的功能较强，常常是高档微机或小、中型机，叶节点可以是微型机。这种结构的优点是扩展容易，易分离故障节点，易维护，特别适合等级严格的行业或部门；缺点是整个网络对根节点的依赖性较大，这对整个网络系统的安全性是一个障碍，若根节点发生故障，整个网络的工作就受到致命影响。

5）网状形结构

网状形结构实际是由上述 4 种拓扑结构中的两种或多种简单组合而成的，形状像网一样。网状形结构中，计算机之间的通信有多条线路可供选择。它继承了各种结构的优点，但是，其结构复杂，维护难度加大。

在构建网络时，究竟选用哪一种网络拓扑结构，应视组织目标和信息系统具体的规划而定。

6.2 移动互联网

基础网络设施建设对各行业发展的重要性不言而喻，目前无论在移动宽带网络、光网络还是前景广阔的物联网领域，面对 5G、全光网、万物智能互联这些新的技术应用，仍然在网络能力和实施效果上存在着巨大的挑战。

中国电信在 2018 年将为 90%以上的家庭宽带用户提供至少 100M 到户的能力；2020 年，让经济发达的城市地区基本具备提供千兆到户的能力；2025 年，全网具备规模提供千兆以上到户的能力。在我国互联网的发展过程中，主机互联网已日趋饱和，移动互联网却呈现井喷式发展。据工信部统计数据，我国移动电话用户规模已达到 12.8 亿。其中，移动宽带用户累计净增 5 316.4 万户，总数达到 7.59 亿户，占比达 59.3%，手机保持第一大上网终端地位。我国移动互联网发展进入全民时代。伴随着移动终端价格的下降及 WiFi 的广泛铺设，移动网民呈现爆发趋势。

6.2.1 移动互联网概述

移动互联网(Mobile Internet，MI)是一个全国性的、以宽带 IP 为技术核心的，可同时提供话音、传真、数据、图像、多媒体等高品质电信服务的新一代开放的电信基础网络，是国家信息化建设的重要组成部分。而移动互联网应用最早让人们接受的方式，则是从短消息服务开始的。移动通信和互联网成为当今世界发展最快、市场潜力最大、前景最诱人的两大业务。移动互联网向多媒体信息应用前进，移动互联网系列产品引导移动通信技术的发展，能够满足用户需要，并能够提供有竞争力的服务。包括：更高数据吞吐量，并且低时延；更低的建设和运行维护成本；与现有网络的可兼容性；更高的鉴权能力和安全能力；高品质互动操作。移动信息化浪潮正以前所未有的迅猛之势席卷整个华夏大地，这股强大的力量正将我们推向一片信息沟通顺畅、社会发展和谐的新天地。

移动互联网包含终端、软件和应用三个层面。

(1) 终端包括智能手机、平板电脑、电子书等；

(2) 软件包括操作系统、中间件、数据库和安全软件等；

(3) 应用包括休闲娱乐类、工具媒体类、商务财经类等不同种类的应用与服务。

随着技术和产业的发展，LTE(long term evolution，长期演进，是4G通信技术标准之一)和NFC(near field communication，近场通信，是移动支付的支撑技术)等网络传输层关键技术也将被纳入移动互联网的范畴之内。

移动互联网发展迅猛，形形色色的移动应用逐渐成为主流的用户入口。无论是传统线上服务，还是日渐火爆的O2O服务，都可以方便地通过移动互联网、移动应用进行访问，而“应用”正在变得无处不在。借助智能设备的大范围普及，移动互联网正在连接一切。在这张巨大的连接一切的网络背后，是体量巨大的数据金矿——移动端数据前所未有的接近人，记录着人们生活的点点滴滴。

知识链接：
无线网络

6.2.2 5G技术

第五代移动电话行动通信标准也称第五代移动通信技术，缩写为5G。5G也是4G之后的延伸，正在研究中。从国际上来看，ITU(国际电信联盟)已经完成了5G愿景研究，2020年将完成5G标准制定；3GPP组织也启动5G标准研究，2018年下半年形成5G标准第一版本，2019年年底完成满足ITU要求的5G标准完整版本；而IEEE早在2014年年初就启动下一代无线局域网(802.11ax)标准的制定，预计2019年年初完成标准制定。

与此同时，全球主要国家和地区也纷纷提出5G试验计划和商用时间表，其中日本计划在2020年东京奥运会之前实现5G商用以支持东京奥运会，当前NTT DoCoMo正在组织10多家主流企业验证5G关键技术，进行关键技术及频段筛选；韩国于2018年年初开展5G预商用试验，支持平昌冬奥会，计划2020年年底实现5G商用；欧盟5G PPP于2018年启动5G技术试验；美国运营商Verizon也已经成立了5G技术论坛，并启动5G外场试验。

据中国信息通信研究院院长、IMT-2020(5G)推进组组长曹淑敏介绍，我国5G技术研发试验在2016—2018年进行，分为5G关键技术试验、5G技术方案验证和5G系统验证三个阶段实施。2009年，华为就已经展开了相关技术的早期研究，并在之后的几年里向外界展示了5G原型机基站。华为在2018年以前已投资6亿美元对5G的技术进行研发与创新，并预言在2020年，用户会享受到20Gb/s的商用5G移动网络。

▶ 1. 第五代移动通信技术的基本特征

第五代移动通信技术所具有的基本特征如下。

1）基础能耗降低

随着节能理念的普及，社会对能耗问题有了更加深刻的认识，不仅国家重工业需要重视节能减排改革，通信技术领域也需要将节能减排融入技术创新中，在未来 5G 技术的完善中，必然会以降低基础能耗为设计标准进行第五代移动通信技术的节能发展，从而真正实现绿色通信的发展目标。

2）基础可信度提升

通信技术的发展初衷就是给人们的交流与互动带来便利，因此第五代移动通信技术将重点强化其基础在线服务功能，最大限度地降低基本延时，从而更好地应用于应急通信及工业信息系统中，并实现对基本信息安全的进一步优化与升级，有效提升移动通信服务的基础可信度。

3）频率利用效率提升

随着通信技术的不断发展，通信用户数量将大幅度增加，5G 技术能够实现对整体压缩技术的有效提升，从而使其达到 4G 技术整体频谱效率 6～10 倍的提升，并有效解决了由于流量庞大而导致的频谱资源缺失问题。

4）基础速率的数值提高

与 4G 技术相比，5G 技术在基础数值速率上有了极大的提升，并对一些特殊化的通信场景也进行了集中的数据处理与应用升级。

5）基础流量提高

对于用户而言，其通信服务的体验度将直接取决于基础服务质量与基础流量的好坏，而 5G 技术能够实现对基础数据流量的大幅度提升，从而更好地满足用户的流量需求。

▶ 2. 5G 通信技术分析

1）全双工技术

在目前的移动通信系统中，受到自身条件的影响，并不能达到同时同频的双向通信，因此实际已经造成了资源浪费。利用全双工技术能够有效提高频谱的使用效率，并极大提升了其频谱使用的灵活性，因此在双向通信中有着较高的应用价值，已经成为现阶段移动通信技术地研究重点。在未来的发展中，全双工技术将在第五代移动通信技术中得到更加广泛的应用。

2）设备间直接通信技术

由于移动通信用户的数量不断增加，因此其数据流量也将达到较高数值，传统的基站网络结构已经无法较好地满足这一需求，5G 技术利用设备间直接通信技术能够在不设立基站的情况下实现直接通信，同时，这种通信方式具有通信质量高、数据传输快、延时短及能耗低等优势，且分布较广的终端设备能够有效改善传统基站覆盖面积较小的问题，并有效提高其频谱资源利用效率，从而为用户带来更佳的移动通信体验。

3）高频段传输技术

移动通信的频段主要集中在 3GHz 以下，但随着用户数量的快速增长，在实际应用中，频谱资源将出现枯竭现象，而 5G 技术所采用的高频段传输技术将有效解决这一问题。在高频段中，毫米频率的范围通常为 26.5G～300GHz，而其带宽能够达到 273.5GHz。对于微波而言，其更容易进行毫米波系统的小型化发展，因此也就能够实现短距离的高速通信，从而更好地解决移动通信在频谱资源方面存在的不足。

4）自组织网络技术

在组织网络技术的应用中，为了更好地解决其网络部署问题，往往将自组织能力融入网络部署中，这种能力主要表现在现代网络的智能化发展方面，主要包括自愈合及自配置等。随着这一技术的广泛应用，网络的自动化维护与部署已经基本实现了自动化发展，并能够在人工干预方面表现出较大的优势，5G 技术对自组织网络技术的应用，能够对用户的生产与生活带来较大的影响。

▶ 3. 第五代移动通信技术的发展趋势

虽然现阶段第五代移动通信技术仍然处于基本研发阶段，其在技术指标、实体数据、场外试验及标准化等方面还需要进一步的研究，但第五代移动通信技术已经成为信息化时代的必然选择，无论是技术领域还是通信领域都已经达到了基本共识，其未来的发展重点就是要进行进一步的技术完善与市场投放。2G 技术与 3G 技术在通信协议方面存在较大的差异，但在 4G 时代的网络已经有了较高的相似性，而对于 5G 技术而言，其在应用频谱方面具有更高的灵活性与高效性，这为 5G 移动通信技术核心技术与系统架构的融合提供了重要优势，2020 年以后，应用第五代移动通信技术将成为全球化的发展趋势。而在第五代移动通信技术的进一步完善中，必须要重视提高其基本技术与系统的融合性、优化其终端的实用能力，从而建立更加完善的通信系统。此外，还必须保证通信技术的低能耗、低成本建设，最终有效达到业务管理优化的发展目标。

6.3 物 联 网

美国早在 2000 年就提出了“物联网”这个概念，当时叫传感网。对其的定义是：通过射频识别、红外感应器、全球定位系统、激光扫描器等信息传感设备，按约定的协议，把任何物品通过物联网域名相连接，进行信息交换和通信，以实现智能化识别、定位、跟踪、监控和管理。

物联网是在互联网的基础上，将其用户端延伸和扩展到任何物品与物品之间，进行信息交换和通信的一种网络概念。

国内外普遍公认的是 MIT Auto-ID 中心 Ashton 教授于 1999 年在研究射频识别技术(radio frequency identification，RFID)时最早提出来的物联网的概念。在 2005 年国际电信联盟(ITU)发布的同名报告中，物联网的定义和范围已经发生了变化，覆盖范围有了较大的拓展，不再只是指基于 RFID 技术的物联网。

6.3.1 RFID 技术

RFID 技术最早起源于英国，应用于第二次世界大战中辨别敌我飞机身份，20 世纪 60 年代开始商用。RFID 技术是一种自动识别技术，美国国防部规定 2005 年 1 月 1 日以后，所有军需物资都要使用 RFID 标签；美国食品与药品管理局(FDA)建议制药商从 2006 年起利用

RFID跟踪常造假的药品。Walmart、Metro零售业应用RFID技术等一系列行动更是推动了RFID技术在全世界的应用热潮。2000年，每个RFID标签的价格是1美元，许多研究者认为RFID标签非常昂贵，只有降低成本才能大规模应用。2005年，每个RFID标签的价格是12美分左右，现在超高频RFID的价格是10美分左右。RFID要想得到大规模应用，一方面是要降低RFID标签价格；另一方面要看应用RFID之后能否带来增值服务。欧盟统计办公室的统计数据表明，2010年，欧盟有3%的公司应用RFID技术，应用分布在身份证件和门禁控制、供应链和库存跟踪、汽车收费、防盗、生产控制、资产管理等领域。

6.3.2 传感器网络技术

传感器网络是由大量部署在作用区域内的、具有无线通信与计算能力的微小传感器节点通过自组织方式构成的能根据环境自主完成指定任务的分布式智能化网络系统。传感网络的节点间距离很短，一般采用多跳的无线通信方式进行通信。传感器网络可以在独立的环境下运行，也可以通过网关连接到Internet，使用户可以远程访问。

传感器网络综合了传感器技术、嵌入式计算技术、现代网络及无线通信技术、分布式信息处理技术等，能够通过各类集成化微型传感器的协作实时监测、感知和采集各种环境或监测对象的信息，通过嵌入式系统对信息进行处理，并通过随机自组织无线通信网络以多跳中继方式将所感知信息传送到用户终端，从而真正实现"无处不在的计算"理念。

传感器网络节点的组成和功能包括以下四个基本单元：传感单元(由传感器和模数转换功能模块组成)、处理单元(由嵌入式系统构成，包括CPU、存储器、嵌入式操作系统等)、通信单元(由无线通信模块组成)，以及电源部分。此外，可以选择的其他功能单元包括定位系统、运动系统及发电装置等。

在传感器网络中，节点通过各种方式大量部署在被感知对象内部或者附近。这些节点通过自组织方式构成无线网络，以协作的方式感知、采集和处理网络覆盖区域中特定的信息，可以实现对任意地点信息在任意时间的采集、处理和分析。传感节点之间可以相互通信，自己组织成网并通过多跳的方式连接至Sink(基站节点)，Sink节点收到数据后，通过网关完成和公用Internet网络的连接。整个系统通过任务管理器来管理和控制。传感器网络的特性使其有着非常广泛的应用前景，其无处不在的特点使其在不远的未来成为我们生活中不可缺少的一部分。

6.3.3 物联网技术

物联网对所连接的物件主要有3点要求：①联网的每一物件均可寻址；②联网的每一物件均可通信；③联网的每一物件均可控制。物联网首先进行信息的获取，将获取后的信息通过通信网络传输到信息处理中心进行信息处理。

物联网具有3大基本功能：①泛在化的传感单元及网络。泛在的英文Ubiquitous原为拉丁文，意思是"神无所不在"，用于形容网络无所不在是由于计算机技术的进展，计算机已全面融入人们的生活之中，无所不在地为人们提供各种服务。要推动泛在网络，一般认为有三个普及任务，包括计算机的普及、连接网络的普及、服务享受的普及等。②异构性的网络基础设施。异构网络是一种由不同制造商生产的计算机、网络设备和系统组成的网络，大部分情况下运行在不同的协议上支持不同的功能或应用。③普适性的数据分析与服务。普适计算是指无所不在的，随时随地可以进行计算的一种方式，强调和环境融为一体的计算，而计算机本身则从人们的视线里消失。在普适计算的模式下，人们能够在任何时间、任何地点，以任何方式进行信息的获取与处理。IBM 将以上 3 个功能总结为“智慧地球”，是对运用信息技术构建新的世界运行模型的愿景。物联网比传统的互联网和传感网具有更透彻的感知：利用任何可以随时随地感知、测量、捕获和传递信息的设备、系统或流程，便于立即采取应对措施和进行长期规划；更全面的互联互通，即将个人电子设备、组织和政府信息系统中储存的信息交互和共享，从而对环境和业务状况进行实时监控；更深入的智能化，即使用数据挖掘和分析工具、科学模型和功能强大的运算系统处理复杂的数据分析、汇总和计算，整合和分析海量的跨地域、跨行业的信息，以更好地支持决策和行动。

知识链接：网络安全与管理

图 6.2 所示是欧盟第七框架计划的 CASAGRAS 工作组给出的物联网体系架构，自底向上分别为感知层、传输层、处理层和应用层。在感知层中，嵌入有感知器件和射频标签的物体形成局部网络，协同感知周围环境或自身状态，并对获取的感知信息进行初步处理和判决，以及根据相应规则积极进行响应，同时，通过各种接入网络把中间或最终处理结果接入传输层；传输层包括宽带无线网络、光纤网络、蜂窝网络和各种专用网络，在传输大量感知信息的同时，对传输的信息进行融合等处理；处理层提供存储和处理功能，表现为各种各样的数据中心以中间件的形式采用数据挖掘、模式识别和人工智能等技术，提供数据分析、局势判断和控制决策等处理功能。

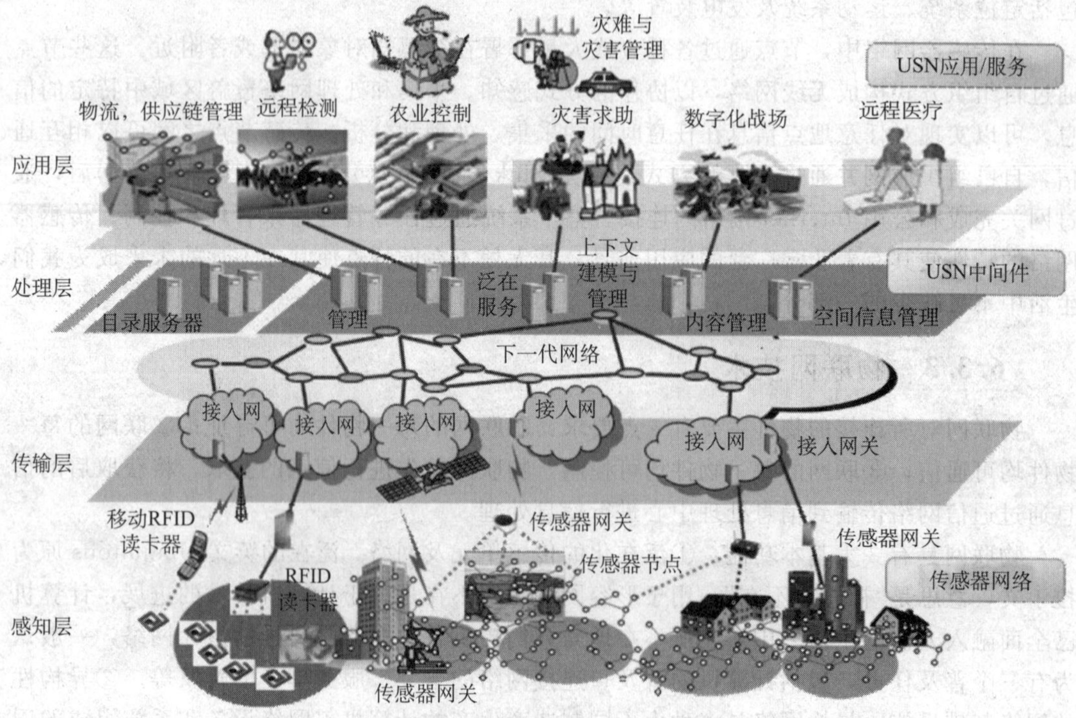

图 6.2　物联网体系架构

本章小结

计算机通信网络是利用通信设备和线路将地理位置不同的、功能独立的多个计算机系统互联起来，以功能完善的网络软件实现网络中资源共享和信息传递的系统。网络节点是指网络中某分支的端点或网络中若干条分支的公共汇交点。计算机网络的拓扑结构通常有星形、环形、总线形、树形和网状形等。

在计算机网络中，为了使不同结构、不同型号的计算机之间能够正确地传送信息，必须有一套关于信息传输顺序、信息格式和信息内容等的约定，这一整套约定称为协议。网络协议是保证网络中两台设备之间正确传送数据的软件。网络协议是分层的，它规定相邻层之间互传信息的接口关系、层内所遵循的约定内容，这就是目前广泛采用的分层结构的网络体系结构。

Intranet 是指采用 Internet 技术，建立在 TCP/IP 协议基础上的企业内部网，又称为企业内联网。它可以在企业内部享有 Internet 的各种功能；Extranet 是使企业与其他企业或客户联系起来，完成共同目标的合作网络，是 Intranet 与 Internet 之间的桥梁。

无线网络由于具有开发运营成本低、时间短，投资回报快，易扩展，受自然环境、地形及灾害影响小，组网灵活快捷，升级更加方便等优点，弥补了传统有线局域网的不足，逐渐发展起来，并日趋完善。

第五代移动通信技术已经成为信息化时代的必然选择，无论是在技术领域还是在通信领域都已经达成基本共识，其未来的发展重点就是要进行进一步的技术完善与市场投放。

物联网通过智能感知、识别技术与普适计算等通信感知技术，广泛应用于网络的融合中，因此被称为继计算机、互联网之后世界信息产业发展的第三次浪潮。

关键术语

计算机网络	无线网	网络互联设备
局域网	企业内联网	客户机/服务器
广域网	企业外联网	浏览器/服务器
网络安全	物联网	

思考与讨论

一、判断题

1. 计算机网络协议就是计算机网络体系结构。 （ ）
2. Internet 使用的是 OSI 参考模型。 （ ）
3. TCP/IP 协议族包括 TCP 和 IP 两个协议。 （ ）
4. 与有线局域网相比，无线局域网具有开发运营成本低、时间短，投资回报快，易扩展，受自然环境、地形及灾害影响小，组网灵活快捷，升级更加方便等优点。 （ ）

5. 在提到网络安全时，防火墙是一种防御外部入侵的软件。（　　）

6. 物联网与互联网是不同的网络体系，没有关联。（　　）

7. 物联网是将用户端延伸和扩展到任何物品与物品之间，进行信息交换和通信的一种网络概念。（　　）

二、选择题

1. 计算机网络的功能包括(　　)。

A. 数据通信　　B. 资源共享

C. 分布式处理　　D. 文字处理

2. 下列协议中，(　　)属于应用层协议。

A. TCP　　B. IP

C. FTP　　D. HTTP

3. 网络安全软件的主要功能包括(　　)。

A. 身份验证　　B. 授权控制

C. 数据的保密　　D. 数据的完整性

4. 物联网对所连接的物件的要求中不包含(　　)。

A. 联网的物件均可寻址　　B. 联网的物件均可通信

C. 联网的物件的终端系统一致　　D. 联网的物件均可控制

5. 物联网的基本功能不包含(　　)。

A. 泛在化的传感单元及网络　　B. 智能交互与分析

C. 异构性的网络基础设施　　D. 普适性的数据分析与服务

三、填空题

1. 计算机网络是利用________，将________的多个计算机系统互联起来，以________实现网络中资源共享和信息传递的系统。

2. 分布式处理是以________为依托，把分散的________、不同的________、不同的________连接成一个整体的分布式系统，为具有不同需要的用户提供统一的工作环境。

四、思考题

1. 什么是计算机网络？

2. 什么是计算机网络协议？计算机网络的体系结构是什么？

3. OSI 参考模型和 TCP/IP 协议各有几层协议？

4. 什么是网络拓扑结构？计算机的网络拓扑结构有几种？

5. 什么是局域网？局域网的特点是什么？

6. 什么是广域网？广域网与局域网的区别是什么？

7. 什么是物联网？

案例分析：
奢华样品销售
转向网络

第7章 事务处理系统

教学目标

☞ 掌握事务处理系统的基本概念；
☞ 熟悉事务处理系统的主要内容，对事务处理系统的运行机制有一个宏观的了解；
☞ 了解事务处理系统的作用。

教学要求

知识要点	能力要求	相关知识
事务处理系统的基本概念	理解事务处理系统的基本概念	管理信息系统
事务处理系统的主要内容	掌握数据录入、批处理、实时处理概念；理解事务处理系统的结构及各职能信息系统的事务处理功能	计算机基础知识
事务处理系统的作用	了解事务处理系统对组织的作用	联机事务处理系统

导入案例

从12306火车购票网站谈海量事务高速处理系统

12306网站曾被认为是“全球最忙碌的网站”，在应对高并发访问处理方面，曾备受网民诟病。记者在第一时间联系到一位对12306改造非常关注的技术架构师，他从技术的角度，用科学论证的方式，指出原因所在，并根据他的经验进一步说明12306是如何实现高流量高并发关键技术的。

12306互联网售票系统在2011年下半年开始上线使用，但在2012年春运期间引发无数的争议。2012年春运后，12306项目承接单位与多家IT公司联系，经过多次论证和POC测试，最终引入分布式内存运算数据管理云平台——Pivotal Gemfire作为试点，用于提高12306系统的性能，解决高流量和高并发的难题。

高流量高并发是指某特定时间段的海量请求，根据过去的经验法则，高并发是指访问流量是平常流量的3～5倍，但由于互联网和移动设备的普遍化，电商网站的促销模式或是厂商的“饥饿营销”，都会衍生“秒杀”现象。所以过去的经验法则应用到12306春运售票系统，往往远远低于实际的流量。例如，12306平常一天的PV(page views)值是2 500～3 000万，在2015年春运高峰日的PV值是297亿，流量增加1 000倍，这样海量的请求，假如不能在短时间内动态调整网络带宽或增加服务器数量，就会造成网络阻塞或是服务器性能无法满足要求，甚至使整个系统不稳定。

在国内，12306并不是第一个遭遇这个问题的网站，2008年奥运会的订票系统也遭遇过同样的窘境，只是因为用户量相对少些，和大多数人的关系不密切而没有得到广泛的关注。当然如果数据量没有那么多，速度要求也没有那么高的话，也就是在事务低速处理领域中，目前有着丰富的解决方案，主流的数据库，特别是商业数据库都重点关注这一领域。

从具体的需求来看，事务低速处理和海量事务高速处理只是“量”上的区别，作为需求的“事务”本身并没有任何变化，因此一个简单的思维就是开发一个事务低速处理的网站，然后用海量分析高速处理的高速并行计算解决方案来解决“量”问题，但是结果并不如意，辩证法中的三大定律之一——量变引起质变，也同样适用于海理事务高速处理。近些年来，已经有很多先行者尝试过努力，也积累了一定的经验和教训。

在通用领域中，作为领头羊的IBM、HP等公司碰到这种系统，都是只卖硬件，绝不为软件系统承担任何风险和责任。多年来在通用领域毫无建树并不意味海量事务高速处理是不可解决的难题，在专用领域，海量事务高速处理的发展就非常引人注目，其中最典型的案例就是IBM为大型金融机构提供的IT解决方案。分析这个案例有助于拨开海量事务高速处理的重重迷雾。

短短的3年，从2012年春运到2015年春运，12306网站从10亿PV值增加到297亿PV值，PV值提高30倍；网络带宽从1.5G调整到12G，带宽提高8倍；而12306的售票量从110万增加到564万，提高5倍。出票处理能力从每秒200张提升到每秒1 032张，也提高了5倍。

PV值的增加与放票的次数和可出售的票量有关系，例如，2015年PV值是2014年的2.3倍，原因是放票次数多了5次“秒杀”，另外增加12%的售票量。由此可见，互联网流量PV值的增加速度远远高于售票量增加的速度。

高流量除了容易造成网络阻塞以外，系统服务器也会面临更高的CPU负载，在此情况下又该如何应对呢？是选择基于原来系统框架上购买更昂贵的硬件做“scale up”升级呢？还是选择购买低成本的x86服务器，进行可扩展云平台架构scale out的改造设计？12306互联网购票系统的改造给了我们一个很好的案例参考。

2015年，12306网站顺利过关，没有“瘫痪”，是值得庆祝的。根据互联网上的新闻，中国铁道科学研究院电子计算技术研究所副所长，12306网站技术负责人朱建生说，为了应对2015年春运售票高峰，该网站采取5项措施：一是利用外部云计算资源分担系统查询业务，可根据高峰期业务量的增长按需及时扩充；二是通过双中心运行的架构，系统内部处理容量扩充一倍，可靠性得到有效保证；三是对系统的互联网接入带宽进行扩容，并可根据流量情况快速调整，保证高峰时段旅客顺畅访问网站；四是防范恶意抢票，通过技术手段屏蔽抢票软件产生的恶意流量，保证网站健康运行，维护互联网售票秩序；五是制定了多套应急预案，以应对突发情况。

“利用云计算资源”“按需及时扩充”和“快速调整”，这几个字眼是12306改造的精神，其核心就是要建立一个从下到上全面“可伸缩扩展的云平台”。底层的硬件架构要支持可伸缩扩展，上层的应用系统架构也需要支持可伸缩扩展。

资料来源：比特网.2015-05-08.

从上面的案例中，可以看到高并发联机事务处理ERP给企业带来的竞争力，那么，事务处理系统在整个管理信息系统中到底能发挥什么样的功能呢？未来的发展趋势是怎样的呢？

7.1 事务处理系统概述

7.1.1 事务处理系统的定义

事务处理系统(transaction processing systems，TPS)又称业务员信息系统，是供组织业务人员使用的系统，是MIS最低层和最基本的子系统，是以业务活动的原始数据的收集为重要任务，支持业务活动效率提高的信息系统。事务处理系统的价值在于获取反映客观实际的基本数据，其主要工作是在改进和优化业务流程的基础上，充分运用现代信息技术手段收集、加工和处理业务信息。

比较常见的事务处理系统有会计业务凭证录入系统、销售记录登记系统、饭卡系统、IC卡电话系统、图书借阅系统、POS机系统、提款机系统、宾馆客人入住登记系统等。

事务处理系统的主要功能有以下5项。

(1) 及时收集、保存、传递、处理业务数据。

(2) 为标准的业务流程提供数据处理手段。

(3) 建立并维持庞大的业务数据库。

(4) 信息检索，例行的报告与查询服务。

(5) 监控功能，维持系统的正常运作。

事务处理系统的主要类型有销售/市场系统、制造/生产系统、财务/会计系统、人事/组织系统等，其主要功能如表7.1所示。

表7.1 事务处理系统的类型和功能

类型	功能
销售/市场系统	销售管理、市场研究、定价、新产品、销售订货、报价
制造/生产系统	调度、采购、运输/接收、工程、运行控制、材料资源计划、采购订单控制、工程计划
财务/会计系统	预算、总账、支票、成本会计、应收/应付、预算、基金管理
人事/组织系统	档案、业绩、报酬、劳动关系、培训、工资、职业经历、人事计划

7.1.2 事务处理系统的特征

1）事务处理系统在解决问题方面的特征

(1) 事务处理系统应用于所有对管理资源、需求对象的状态(静态、动态)感兴趣的地方。

(2) 通常首先用于支持那些具有大量的、规律性的、重复性的特点的事务处理活动的信息收集上。

(3) 从支持已纳入管理视野的活动的信息收集，扩展并应用到其他活动的信息获取上。

2）事务处理系统在系统功能方面的特征

事务处理系统的对象是原始数据，是对原始数据的收集、处理、存储、传递和表示。收集是其最为重要的任务，处理和表示是简单的任务，存储和传递与其他信息系统相同。

3）事务处理系统在体现管理优势方面具有的特征

(1) 降低成本，减少人员、工作量。现代的企业若没有事务处理系统就无法工作，事务处理系统所处理的数据量很大，手工无法在短时间内完成。例如，一个银行营业所白天 8 小时所积累的业务，用手工至少加班 4 小时才能处理完，而事务处理系统只需几分钟。

(2) 提高了事务处理速度，加速了资金流动，提高了经济效益。

(3) 提高了对顾客和客户的服务水平，提高了准确度，减少了数据转录错误。

(4) 事务处理系统是企业信息的生产者，增加了数据信息量，其他的系统可以直接利用它所产生的信息。事务处理系统产生的数据可作为战术和战略信息系统的原始资料，增加了辅助决策的数据。那些未建立运行良好的事务处理系统的企业，建立战术或战略信息系统是很困难的。

4）事务处理系统出现跨越组织和部门的趋势

不同组织的事务处理系统连接起来，如供应链系统和银行的清算系统相连，甚至把这些组织结成动态联盟，因此事务处理系统是企业非常重要的系统。

7.2 事务处理系统的构成

7.2.1 事务处理系统的基本结构

所有的事务处理系统都由 5 部分构成，如图 7.1 所示。

(1) 数据输入。

(2) 业务处理，包括批处理和联机/实时处理。

(3) 数据库处理。

(4) 文件和报告产生，文件包括行动文件、信息文件和周转文件。

(5) 查询处理。

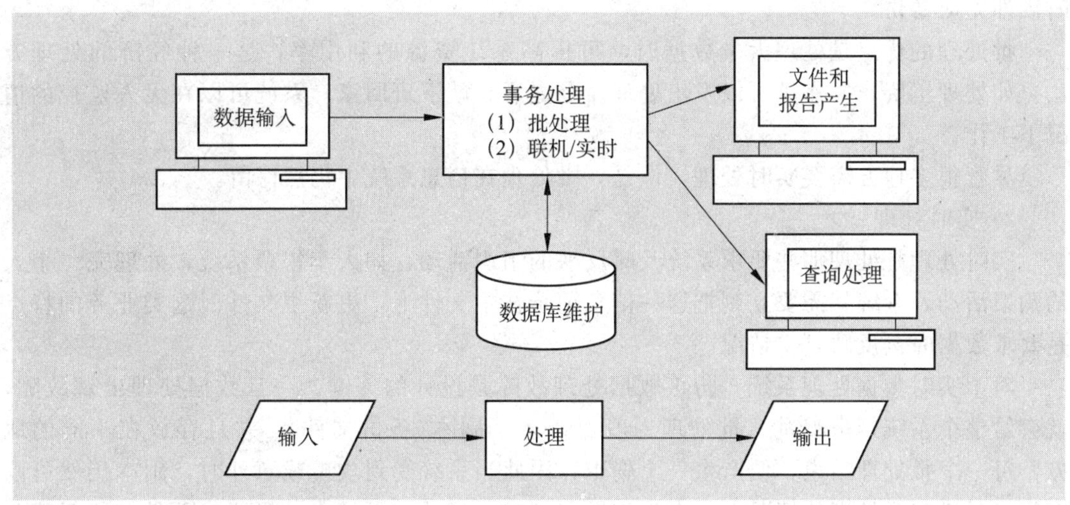

图 7.1 事务处理系统的基本结构

事务处理系统是组织的基础系统，数据采集是事务处理系统最重要的任务，数据处理是事务处理系统最关键的环节。

▶ 1. 数据输入

数据输入是从取得数据，记录、编码和编辑，到转换成实用的形式的整个过程。数据输入过程是数据处理的一个瓶颈，如何快速、准确地输入数据是一个重要的问题。数据输入方式有手工输入和自动化输入两种。目前，手工输入数据的方法正逐渐被自动化输入方式代替。人们越来越系统地采用机械装置获取现场数据，如超市的自动收银机。

自动输入数据的业务处理包括以下要求。

(1) 获取数据越早越好。

(2) 获取的数据越接近数据源越好，第一手资料永远是最珍贵的。

(3) 机械装置准确率高，因为只有真实可靠的第一手资料才是最珍贵的。

▶ 2. 业务处理

业务处理的方式分为批处理和实时处理。

1) 批处理

批处理是定期、周期性地收集源文件，然后进行成批处理。例如企业的工资处理，工资管理部门每月收集相关部门的工资项目的变化，在每个月的具体某一天处理工资数据。

批处理活动的具体步骤如下。

(1) 收集源文件，如企业工资系统需要收集来自人事部门的工资变动、来自生产部门的工人出勤数据等。

(2) 把收集到的源文件记录到存储文件中。

(3) 按关键字把文件中的记录排序。

(4) 把源文件和主文件合并，如工资管理一般包括一个工资主文件和周转文件，把很少变动的工资项目放在主文件中，而那些经常变动的项目如工人出勤数据等放在周转文件中，合并文件之后，形成当月的工资文件。

(5) 定期将文件传送到系统之中备份，提供给其他系统访问，如工资文件每月生成的时候即完成备份。

批处理的优点是处理大量数据时，可提高系统资源的利用率，是一种经济的处理方法。如处理工资，操作员可以发出处理命令之后，就下班回家，系统可以在无人监控的情况下工作。

尽管很多地方需要实时处理，但是，批处理在信息系统中仍然保留。

2）实时处理

实时处理是处理那些要求系统及时反映的组织活动，如火车售票系统，处理完一个人的购票活动，系统就需要立刻把这一信息记录在主文件上，更新主文件。这类业务的特点是要求数据时刻反映真实情况。

对于实时数据处理系统，防止数据处理故障是设计的关键。一旦数据处理出现故障，就会给整个系统带来混乱。批处理一般保留多个副本(备份文件)，并且存放在不同的地方，每一个批处理结束，便产生一个副本，因此当系统受到攻击或意外时，副本仍然可以恢复。联机实时处理的情况下，也应该保留副本，只是它不是成批保留，而是保留每笔业务，所以需要联机存储器，甚至多个处理器。

实时处理的优点是及时处理、及时更新和快速响应顾客的要求。实时处理的缺点是，由于是联机、直接存取、数据共享，因此，需要采用一定的保护措施防止数据库被非法闯入和病毒攻击。许多实时系统采用数据载体作为控制记录，以便恢复文件，这就需要系统投入更多的成本。

一般采用两种处理方式：一是要平衡成本、安全的问题；二是考虑业务的实际需求和特点。图 7.2 是一个实时的销售数据处理的例子。

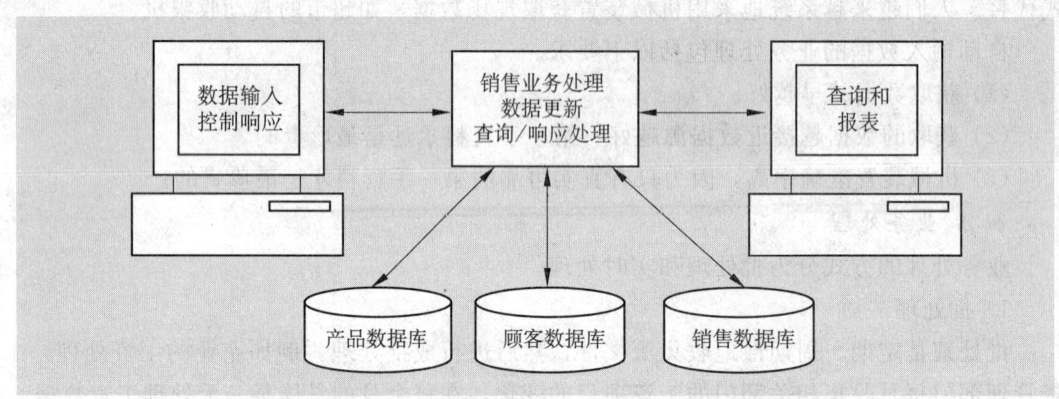

图 7.2　事务处理系统的案例——实时的销售数据处理

7.2.2　不同事务处理系统的结构

事务处理系统包括以下各个系统中最基本的功能：市场信息系统、财务信息系统、生产信息系统和人事信息系统。

1. 市场信息系统

市场包括广告、促销、产品管理、定价、销售预测、销售自动化及销售业务管理。市场信息系统包括战略层、策略层、控制层和作业层。市场信息系统如图 7.3 所示。

销售预测一般具有以下功能。

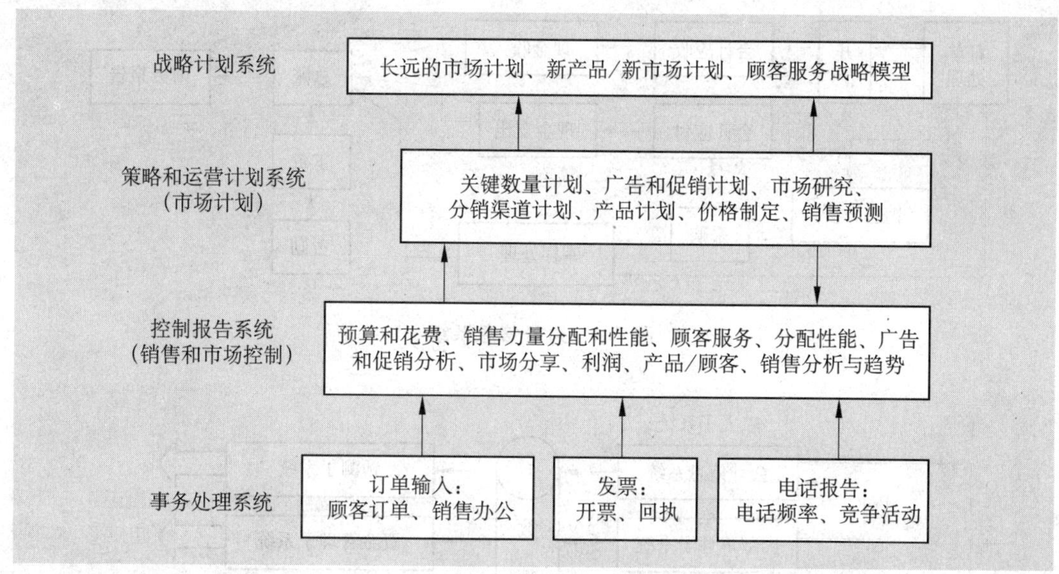

图 7.3 市场信息系统

(1) 收集和整理数据。

(2) 选择预测模型。

(3) 用产品的生命曲线修正长期预测。

(4) 管理人员调整预测模型。

(5) 使用模型维护技术，减少数据存储。

(6) 使用监测手段，保证预测模型的延续使用。

(7) 根据外部经济因素，不断发展预测模型。

事务处理系统主要包括订单输入(顾客订单、销售办公)、发票(开票、回执)、电话报告(电话频率、竞争活动)。

信息系统在以下几个方面有助于进行广告和促销。

(1) 选择好的媒体和促销方法。

(2) 分配财务资源。

(3) 评价和控制各种广告和促销手段的结果。

由于广告是非结构化的决策，所以事务处理系统支持促销比支持广告更强有力，例如，帮助顾客查询商品的价格、运输成本；输入销售订货数据；呈交推销报告，总结每一个推销活动。

另外，事务处理系统在产品管理、定价、销售渠道管理、市场研究等营销环节中，不仅能够直接为管理过程提供支持，而且也为管理信息系统的高级应用做好基础工作。

2. 财务信息系统

财务信息系统包括订单处理、库存处理、应收/应付、工资、总账，如图 7.4 所示。

一般来说，财务信息系统是目前管理信息系统中应用范围最广、应用水平最高、应用效果最好的系统，以输入子系统为核心的事务处理系统处于整个财务系统中，如图 7.5 所示。

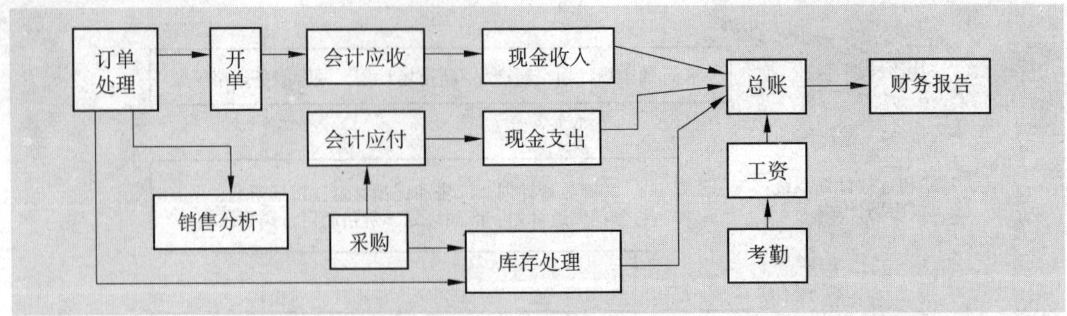

图 7.4　财务信息系统

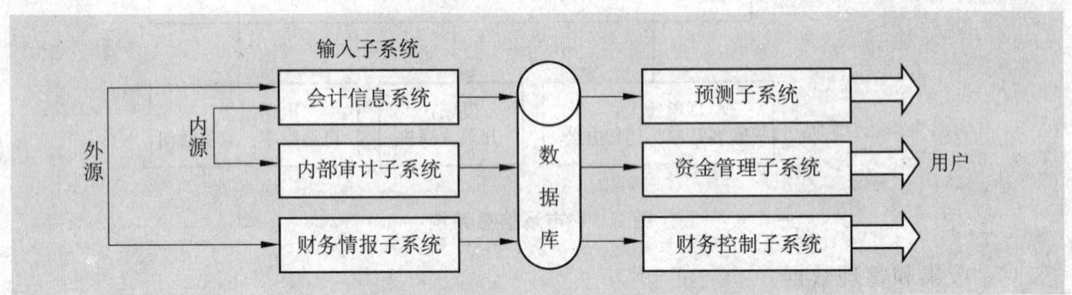

图 7.5　财务信息系统的输入子系统事务处理功能

▶ 3. 生产信息系统

生产包括产品生产企业的制造和服务业的服务运营。制造业的信息系统包括两类：一类是通过技术实现产品生产的系统；另一类是通过管理实现生产的系统。技术信息系统包括CAD/CAM和CNC等。管理系统包括MRP和MRPⅡ等。将技术信息系统与管理系统集成起来，就是计算机集成制造系统(computer integrated manufacturing system，CIMS)。

生产中的典型问题包括：生产需要的原材料不能准时地供应或供应不足；零部件生产不配套，且积压严重；资金积压严重，周转期长。

MRPⅡ系统的结构如图7.6所示，读者可以思考一下，哪些功能属于事务处理系统？

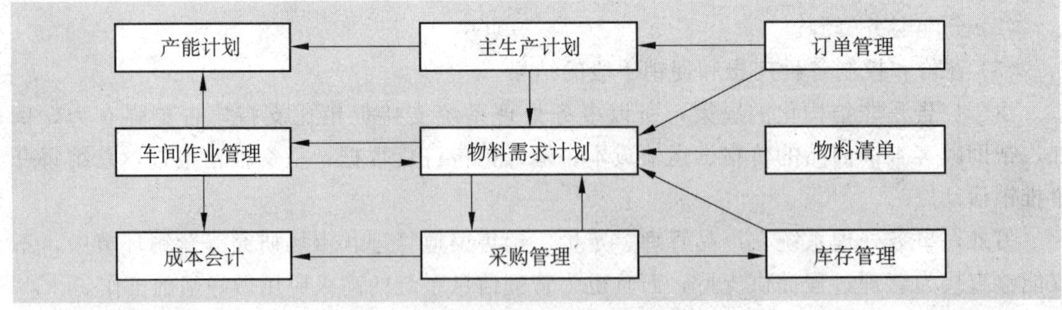

图 7.6　MRP Ⅱ系统的结构

1）主生产计划子系统

主生产计划子系统一般包括两部分：总量计划子系统和主生产计划子系统。

总量计划是关于总体水平的计划，不是细的要求。一般为一年的计划，平衡计划的方法为试验图表法、管理系数法和最优化方法。主生产计划就是安排具体产品的生产计划，解决生产什么产品、数量是多少等问题，事务处理系统直接为生产计划服务。

2) 库存控制(管理)子系统

库存控制子系统主要用于：计算各种原材料和零部件的需求时间、数量和需求地点；配合作业控制，使仓库和车间管理人员对物料运送、设备和工具需求等事宜及早安排准备；及时采购原材料，避免库存积压；计划和控制产品加工全过程，使其准时交货。

库存控制的基本方法有订货点法和物料需求计划法，所有这些方法的基础都是事务处理系统。

3) 成本(会计)计划与控制子系统

成本计划与控制子系统包括直接劳动成本的计划与控制、材料成本计划与控制、管理费用处理、计划和控制资产消耗。

4. 人事信息系统

在人事信息系统中，事务处理系统主要包括输入子系统和输出子系统，如图 7.7 所示。

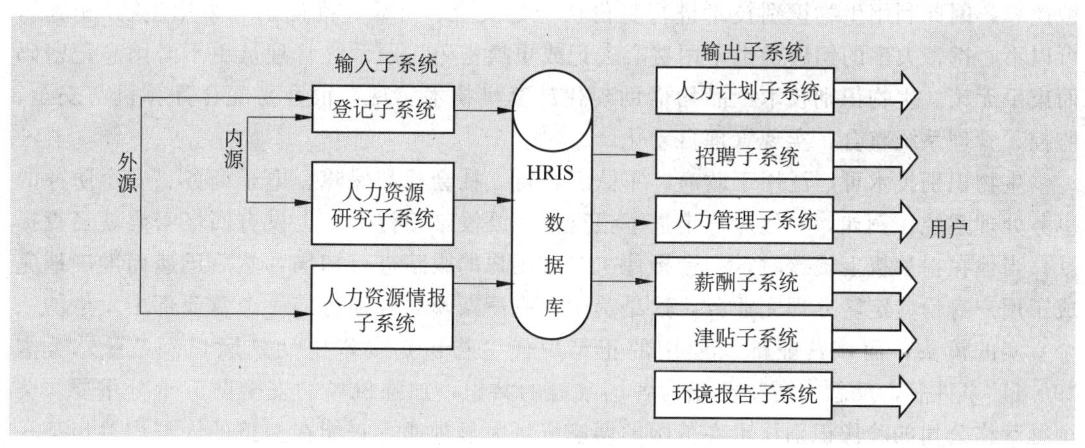

图 7.7 人事信息系统

人事信息系统包括维护人事档案(包括研究资料与情报等的收集)、招聘、岗位设置与计划、薪酬分析、津贴分析、环境报告等。

7.3 事务处理系统的应用

事务处理系统的基本作用是处理日常业务和产生报告，使日常事务处理自动化，支持日常的运行工作，提高管理的工作效率。这个系统由于处理的问题处于较低的管理层，因此问题比较结构化，即处理步骤较固定，其主要的操作是排序、列表、更新和生成，主要的使用人员是运行人员。创新是企业进步的源泉，但是挖掘出分散在员工头脑中的知识，转化成企业的创新，这个过程本身就需要事务处理系统的创新。

事务处理系统解决的最基本问题是数据录入及处理，这里分为机器录入和人工录入两种模式，在机器录入模式下，录入主体和客体的身份将自动由系统确认；在人工录入模式下，录入者身份的确认就十分关键了。明确的录入身份认证可以提高录入数据的质量，为进一步改进流程提供基础和平台。

7.3.1 生物识别技术

传统的身份鉴定方法包括身份标识物品（如钥匙、证件、ATM卡、电子钥匙等）和身份标识知识（如用户名和密码），但由于主要借助体外物，一旦证明身份的标识物品和标识知识出现问题，其身份就容易被他人冒充或取代。生物识别技术比传统的身份鉴定方法更具安全性、保密性和方便性。所谓生物识别技术，就是通过计算机与光学、声学、生物传感器和生物统计学原理等高科技手段密切结合，利用人体固有的生理特性（如指纹、脸像、虹膜等）和行为特征（如笔迹、声音、步态等）来进行个人身份的鉴定。生物特征识别技术的人人不同、随身携带、相对稳定、检测迅速、不易遗忘、防伪性能好、不易伪造或被盗等优点显著。

由于人体特征具有人体所固有的不可复制的唯一性，这一生物密钥无法复制、失窃或被遗忘，因此利用生物识别技术进行身份认定是安全、可靠、准确的。采用生物"钥匙"，可以不必携带大串的钥匙，也不用费心去记或更换密码，而系统管理员更不必因忘记密码而束手无策。生物识别技术产品均借助现代计算机技术实现，很容易配合计算机与安全、监控、管理系统整合，实现管理自动化。

生物识别技术可广泛用于政府、军队、银行、社会福利保障、电子商务、安全防务的事务处理系统。例如，一位储户走进了银行，他既没带银行卡，也没有回忆密码就径直提款，当他在提款机上提款时，一台摄像机对该用户的眼睛进行扫描，然后迅速而准确地完成了用户身份鉴定，办理完业务，这是美国得克萨斯州联合银行的一个营业部中发生的一个真实的镜头，而该营业部所使用的正是现代生物识别技术中的虹膜识别系统。美国"9·11"事件后，反恐怖活动已成为各国政府的共识，加强机场的安全防务十分重要。美国维萨格公司的脸像识别技术在美国的两家机场大显神通，它能在拥挤的人群中挑出某一张面孔，判断他是不是通缉犯。

目前已经出现了许多生物识别技术，如指纹识别、手掌几何学识别、声音识别、眼睛识别、签名识别等，但许多其他技术含量高的生物识别手段还处于实验阶段。随着科学技术的飞速进步，将有越来越多的生物识别技术应用到事务处理系统中。

1. 生物识别技术的种类

1）指纹识别

在几种生物识别技术中，指纹识别算是历史最为悠久的一种。很久以前，人们的祖先就已经使用"签字画押"的方法确定身份，但真正科学意义上的指纹识别开始于19世纪。当时，科学家对指纹研究后获得了两项重要发现：一是没有任何两个手指的指纹形态是一致的；二是人的指纹特征终生不变。这一发现为指纹识别奠定了理论基础。于是，在此后的司法和商务活动中，指纹识别得到了广泛的应用。时至今日，指纹识别已经完全实现了计算机化。在检测时，只要将提取的指纹特征输入计算机，通过一系列复杂的指纹识别算法的计算，并与数据库中的数据相对照，很快就能完成身份识别。实现指纹识别有多种方法，其中有些是仿效传统的公安部门使用的方法，比较指纹的局部细节；有些直接通过全部特征进行识别；还有一些更独特的方法，如指纹的波纹边缘模式和超声波。多数设备能即时测量手指指纹，在所有生物识别技术中，指纹识别是当前应用最为广泛的一种，由于其相对低廉的价格、较小的体积，以及易于整合，所以工作站安全访问系统中应用的几乎全部都是指纹识别。

2）手掌几何学识别

手掌几何学识别通过测量使用者的手掌和手指的物理特征来进行识别，高级的产品还可以识别三维图像。作为一种已经成熟的方法，手掌几何学识别不仅性能好，而且使用比较方便。如果需要，这种技术的准确性可以非常高，同时可以灵活地调整。手形读取器使用的范围很广，且很容易集成到其他系统中，因此成为许多生物识别项目中的首选技术。

3）声音识别

声音识别就是通过分析使用者的声音的物理特性来进行识别的技术。目前，虽然已经有一些声音识别产品进入市场，但使用起来还不太方便，这主要是因为传感器和人的声音可变性都很大。另外，与其他的生物识别技术相比，它使用的步骤也比较复杂，在某些场合显得不方便。声音和下面提到的签字识别都属于行为识别的范畴。声音识别主要是利用人的声音特点进行身份识别，其优点在于它是一种非接触识别技术，容易被公众所接受，但声音会随音量、音速和音质的变化而变化。例如，一个人感冒时说话和平时说话就会有明显差异；又如，一个人也可有意识地对自己的声音进行伪装和控制，从而给鉴别带来一定困难。

4）眼睛识别

虹膜识别是与眼睛有关的生物识别中对人产生较少干扰的技术。它使用相当普通的照相机元件，而且不需要用户与机器发生接触。另外，它有能力实现更高的模板匹配性能。眼虹膜是瞳孔周围有颜色的肌肉组织。研究表明，人的眼虹膜上有很多微小的凹凸起伏和条状组织，其表面特征几乎是唯一的，即使双胞胎也很少重复，而且很少随年龄的增长发生变化，虹膜识别是一种可靠性很高的新型生物识别技术。早在 20 世纪 30 年代，人们就提出了利用眼虹膜进行身份识别的设想，但直到近两年英国剑桥大学科学家多各曼开发出一种新的编码方式，才使这项技术真正走向实用。虹膜识别的工作过程与指纹识别有些类似，科学家先要将扫描的虹膜图像转换为 2048 位的数字代码，存储到计算机数据库中。当进行身份识别时，只需将扫描的待检测者的虹膜图像与事先储存的数字代码相对照，即可判明身份。

视网膜识别即使用光学设备发出的低强度光源扫描视网膜上独特的图案。有证据显示视网膜扫描是十分精确的，但它要求使用者注视接收器并盯着一点。视网膜识别也是一种十分可靠的生物识别技术。由于视网膜隐藏在眼球后面，平时看不见、摸不着，不易受到磨损、老化和疾病的影响，更无法伪造，因此有人认为，视网膜是比虹膜更为可靠的生物识别依据。但利用视网膜进行身份识别需要用激光照射眼球后面才能获得视网膜的特征图像，不仅设备复杂昂贵，对眼睛也会带来一定损害。

5）签名识别

签名识别在应用中具有其他生物识别所没有的优势，人们已经习惯将签名作为一种在交易中确认身份的方法。实践证明，签名识别是相当准确的，因此签名很容易成为一种可以被接受的识别符。签字是一种传统身份认证手段，现代签名识别技术主要是通过测量签字者的字形及不同笔画间的速度、顺序和压力特征，对签字者的身份进行鉴别。签字与声音识别一样，也是一种行为测定，因此，同样会受人为因素的影响。目前比较流行的 E 人 E 本个人终端设备，其传输的就是使用者本人的笔迹，用于确认输入者的身份。

2. 其他生物识别技术

1）面部识别

面部识别是根据人的面部特征来进行身份识别的技术，包括标准视频识别和热成像技术两种。标准视频识别是通过普通摄像头记录下被拍摄者眼睛、鼻子、嘴的形状及相对位置等面部特征，然后将其转换成数字信号，再利用计算机进行身份识别。标准视频识别是一种常见的身份识别方式，现已被广泛用于公共安全领域。热成像技术主要通过分析面部血液产生的热辐射来生成面部图像。与标准视频识别不同的是，热成像技术不需要良好的光源，即使在黑暗情况下也能正常使用。

2）基因识别

随着人类基因组计划的开展，人们对基因的结构和功能的认识不断深化，并将其应用到个人身份识别中。与你长相酷似、声音相同的人可能存在，指纹也有可能消失，但只有基因才是代表你本人遗传特性、独一无二、永不改变的指征。采用智能卡的形式，储存着个人基因信息的基因身份证已经在我国四川、湖北和香港出现。制作这种基因身份证首先要取得有关的基因，并进行化验，选取特征位点(DNA 指纹)，然后载入中心的计算机储存库内，这样基因身份证就制作出来了。基因识别是一种高级的生物识别技术，但由于技术上的原因，还不能做到实时取样和迅速鉴定，这在某种程度上限制了它的广泛应用。除了上面提到的生物识别技术以外，还有通过气味、耳垂和其他特征进行识别的技术，但目前还不能应用于事务处理系统。

3）复合生物识别

复合生物识别也称为混合生物识别、多模态生物识别、多重认证生物识别，这里我们统称为复合生物识别，所谓的复合生物识别就是将指纹和指静脉，面部和指纹、面部和虹膜、掌纹和掌静脉等多种验证方式结合起来进行身份判定的一种技术。复合生物识别技术融合了多种模态的特征，且通过信息融合技术提高了识别系统的安全性和抗攻击能力，同时降低了错误率，使多模生物特征识别技术能够有效缓解单模生物特征识别技术的缺陷，带来更好的识别性能。

目前，几种典型的复合生物识别技术如下。

(1) 指纹和指静脉复合识别。指纹和静脉复合识别技术可以充分发挥指静脉的防伪作用，同时采集装置复合在一起，用户也可很方便地实现指纹采集。

(2) 人脸和指纹复合识别。结合指纹的高精度和人脸的方便性为用户提供了良好的用户体验，同时通过两种生物识别，安全性和可靠性得到极大的保障。

(3) 面部和虹膜复合识别。面部识别的方便性与虹膜识别的防伪和唯一性，对高安全的应用起到有效的保护，金融支付等领域对此有很大的需求。

(4) 掌纹和掌静脉复合识别。掌纹的采集和掌静脉技术的复合可以提高单一比对的可靠性，在门禁应用领域有很好的应用前景。

(5) 其他多种生物特征复合识别。语音、行为等多种生物识别的复合应用会带来新的市场空间。

7.3.2 生物识别技术的应用及局限性

生物识别技术目前在电子政务方面的应用要比企业系统中更为广泛，由于电子政务系统集成了大部分的信息资源，在信息资源开发方面给企业带来了很大的启示。下面首先介绍生物识别技术在电子政务中的应用情况，然后讨论该技术的局限性。

1. 生物识别技术的应用

1）司法系统

从英国的情况来看，生物识别技术应用的首选是司法系统。目前，英国司法系统在全国范围采用的生物识别技术是指纹识别。根据英国 1998 年实施的《警察与犯罪证据法》，当一个人涉嫌犯罪时，警方有权在未经本人许可的情况下获取其指纹。2001 年实施的《制裁犯罪与警察法》又进一步规定，警方有权保留获取的所有指纹，包括后来证明没有参与犯罪的人的指纹。根据以上规定，2001 年 3 月，英警方在英格兰和威尔士的 42 个指纹管理局推出了全国指纹自动识别系统。这一投资 9 000 万英镑、历时 5 年完成的指纹自动识别系统，共存储了 460 万个指纹数据，它可以用来储存已宣判罪犯的指纹记录，也可以对犯罪现场提取的指纹样品进行对照识别。该系统建成后，地方指纹管理局可随时对犯罪嫌疑人的指纹数据进行检索查询，在快速查找犯罪线索、确定罪犯身份方面发挥着重要作用。

2）警务系统

面部识别是英国警方经常使用的另一项生物识别技术。近年来，随着街头犯罪的增多，安装闭路电视在英国似乎成了一种时尚。英国从政府部门、企业的重要建筑，到宾馆饭店和各类公共场所，各式各样的摄像头随处可见。面部识别虽不像指纹和虹膜识别那样精确，但在观察现场和震慑犯罪方面却有着不可替代的作用。据警方公布的资料，1998 年 10 月，英国纽翰姆地方当局为减少街头抢劫，在 12 个城镇中心的摄像机中使用了一种新开发的面部识别软件。通过该软件，警方可以将拍摄的图像与数据库中存储的 100 个有前科的街头抢劫犯图像进行对比。2001 年 8 月，警方从摄像机拍摄的 52 万张面部图像中，发现 90 名与数据库图像相符的犯罪嫌疑人。由于该技术的使用，纽翰姆地区的街头抢劫减少了 34％。这一结果公布后，这项当初颇受争议的技术最终获得了当地公众的支持。为了有效地发现破案线索，现在英国的一些警察局已陆续建立了自己的图像数据库。英国警方准备在此基础上，在全国范围内建立一个与指纹自动识别系统类似的全国性面部特征数据库，以进一步提高面部识别技术的应用范围。

3）入境管理系统

生物识别技术在英国的另一个重要应用领域是移民管理。移民管理一直是令英国政府头疼的一大难题。“9·11”事件后，每年都有一些人持假护照、假证件进入英国，给英国的社会治安和安全带来诸多隐患。针对这种状况，2001 年英国移民当局在移民管理中使用了“移民与避难指纹系统”，该系统记录了所有移民和避难申请者的指纹记录，目的在于发现多次申请者和伪造的福利申请。该系统投入运行后，初步的评估显示其准确率可达 98％。2002 年，英国移民当局又实行了智能卡制度，所有到英国的避难申请者都会收到一个含有其身份信息的智能卡。移民官员也配备了可通过移动电话传输数据的便携式扫描装置，需要时可随时利用该装置检查每个移民申请者的真实身份。此外，英政府还计划在护照和签证上也使用生物信息技术，作为减少护照伪造、改善安全状况和了解某人海外行踪的一种方式。

除防止伪造身份外，生物识别在提高工作效率方面也有着良好的应用前景。据称，美国移民当局在国内的8个机场安装了一种“旅客快速服务系统”。该系统存有经过批准的经常进出美国和加拿大的乘客的生物识别信息。当这些乘客到达美国机场后，只要将携带其生物特征信息的智能卡插入该系统，30秒钟就能完成身份鉴别。如卡上信息与数据库中的信息相符，旅客可直接通过边检。如果不符，将移交移民官员审核。现持有该服务系统智能卡的旅客有4.5万人，平均每月进行自动移民检查2万人次。

4）安全检查系统

机场安全检查也是生物识别技术大显身手的一个重要方面。检查的内容包括确认登机旅客身份、发现已知恐怖分子和罪犯行踪、掌握有关人员旅行规律和提高机场安检效率等。英国在希斯罗机场首次对新开发的眼虹膜身份识别系统进行了测试。机场工作人员在计算机中存储了800名经常进出英国的旅客身份信息。当这些旅客入境时，只要到机场的一个专用房间利用相机检查一下他们的虹膜特征，再与计算机存储的数据对照无误后，即可顺利入境。该系统识别一个人的身份只要12秒钟，大大提高了安检效率。此次试验成功后，英政府已决定在国内10个机场安装这一身份识别系统，以提高机场的安全防范能力。

除以上几个方面外，生物识别技术在企业管理领域也有广泛的用途。例如，现在一些公司推出的指纹考勤卡、安全门禁和指纹鼠标等，都是利用生物识别技术开发的。

生物识别技术在身份鉴别方面展现了广阔的发展前景，但由于这项技术涉及法律、安全和个人隐私等问题，因此在实施过程中也面临许多困难。

▶ 2. 生物识别技术的局限性

1）准确性尚待提高

衡量生物识别技术成功与否的关键在于识别系统本身的准确性。任何系统都不是完美无缺的，有些生物识别技术在实验室条件下可以获得很高的准确率，但在实际运用中，一些外部因素如手指上的油垢和昏暗光线下获得的模糊面部影像等，都会对识别效果产生很大影响，所以如何根据不同需要确定身份识别的准确率是至关重要的。英国机场安全部门曾做过一个估算，现在每年进出英国希斯罗机场的旅客为6 300多万，如果指纹扫描的准确率达到98%，每年将至少有100万个错误；如果准确率达到99.9%，每年也会有6.3万个错误，相当于每周至少有1 000个错误。对于这种结果，警察和旅客都会失去信心，自然也不会配合它的推行。所以只有根据不同需要将出错率控制在可以接受的水平，才能赢得公众的支持。

2）防伪防盗面临挑战

生物识别的安全性比传统的证件识别提高了一大步，但也并非无漏洞可钻。研究显示，用明胶制成的假手指就可以轻而易举地骗过指纹识别系统。在隐形眼镜上蚀刻出的虚假眼虹膜特征，也可以让虹膜识别系统真假难辨。有些黑客还可以利用设计上存在的漏洞，闯入身份识别系统数据库窃取他人虹膜或指纹数字模板，借此进入安全网络。此外，从生物识别的性质来看，禁止复制生物识别特征要比保护密码更加困难。因为生物识别特征毕竟是公开的，人们在抓取东西的过程中，会把指纹留在各个地方，只要有心，要找到它们实在不是什么难事。另据英国的一项调查显示，现在有70%的生物识别数据偷窃案都是由内部雇员干的。这些都向生物识别的安全性提出了新的挑战。

3）个人隐私公众担忧

根据英国 1998 年实施的《数据保护法》，个人信息包括生物信息都受到法律的保护，任何组织和个人储存、使用个人信息，都必须经责任部门批准和本人同意。目前，英国的生物识别技术主要用于安全和司法方面，在收集和储存过程中，也向公众讲明了它们的用途和管理方式。尽管如此，仍有一些人担心，原本为一个目的采集的生物特征信息，却可能在提供者本人失去控制的情况下，被广泛地用于多种目的。例如，按理为验证旅客身份收集的生物识别信息，在证实旅客已安全登机后，就不应继续保留，更不应使这些数据与其他人发生联系，进行对比。而实际情况则是，这些数据很可能被当局在未经本人同意的情况下，储存到数据库中，以便为以后寻找感兴趣人员的行踪提供帮助。还有人对个人生物特征信息在未经本人同意的情况下被用于其他目的表示担忧。例如，视网膜扫描可以揭示某人是否有患中风的危险，本人肯定不希望雇主或保险公司知道这种信息。另外，随着技术的进步，今后人的 DNA 特征也可以自动探测出来，掌握这些信息对一个人的就业、保险都会产生直接影响。所以，如何制定清晰的法律和标准对信息采集的对象、目的、保存时间和使用范围等做出规范，将是生物识别技术发展过程中需要解决的新课题。

目前，事务处理系统多数已经发展为联机事务处理系统（OLTP），利用计算机网络将分布于不同地理位置的业务处理计算机设备或网络与业务管理中心网络连接，以便在任何一个网络节点上都可以进行统一、实时的业务处理活动或客户服务。联机事务处理以实时的方式发生。在联机事务处理中，事务是被立即执行的，这与批处理相反，一批事务被存储一段时间，然后再被执行。大多数批处理（如账目交换）是在夜间进行的。联机事务处理系统的结果可以在这个数据库中立即获得，这里假设这些事务可以完成。事务处理系统解决了企业很多问题。在某些特定的环境下，优秀的事务处理系统也能够帮助企业获得竞争优势。

知识链接：事务处理系统的应用趋势

本章小结

事务处理系统又称业务员信息系统，是供组织业务人员使用的系统，是 MIS 最低层和最基本的子系统，是以业务活动的原始数据的收集为重要任务，支持业务活动提高效率的信息系统。事务处理系统的价值在于获取反映客观实际的基本数据，其主要工作是在改进和优化业务流程的基础上，充分运用现代信息技术手段收集、加工和处理业务信息。

事务处理系统由 5 部分构成：数据输入、业务处理、数据库处理、文件和报告产生，以及查询处理活动。

事务处理系统的基本作用是处理日常业务和产生报告，使日常事务处理自动化，支持日常的运行工作，提高管理的工作效率，甚至能够帮助企业获得竞争优势。目前比较成功地用于头脑风暴、管理沟通、建设共享文化及设计交流等。

生物识别技术在事务处理系统中发挥着越来越重要的作用。

关键术语

事务处理系统	批处理	生产信息系统
事务处理系统的结构	实时处理	人事信息系统
数据输入	市场信息系统	MRP
数据处理	财务信息系统	MRP Ⅱ
生物识别系统		

思考与讨论

一、判断题

1. 事务处理系统不会跨越组织和部门的边界。 （ ）

2. 事务处理系统的对象是原始数据，是对原始数据的收集、处理、存储、传递和表示。 （ ）

3. 事务处理系统处理的问题处于较低的管理层，因此问题是非结构化的。 （ ）

4. 在联机事务处理中，一批事务被存储一段时间，然后再被执行。 （ ）

5. 在某些特定的环境下，优秀的事务处理系统也能够帮助企业获得竞争优势。 （ ）

二、选择题

1. 事务处理系统的主要功能有（ ）。

A. 及时收集、保存、传递、处理业务数据

B. 为标准的业务流程提供数据处理手段

C. 建立并维持庞大的业务数据库

D. 提出项目计划书

2. 自动输入数据的业务处理要求是（ ）。

A. 获取数据越早越好

B. 获取的数据越接近数据源越好，第一手资料永远是最珍贵的

C. 机械装置准确率高，因为只有真实可靠的第一手资料才是最珍贵的

D. 社会经济效益要高

3. 目前已经出现了许多生物识别技术，不包括（ ）。

A. 指纹识别、手掌几何学识别

B. 虹膜识别、眼睛识别

C. 签名识别、声音识别

D. 数字密码识别

三、填空题

1. ________处理是事务处理系统最关键的环节。

2. 目前，事务处理系统多数已经发展为________联机事务处理系统。

四、思考题

1. 事务处理系统包括哪些内容？

2. 实时处理的优点和缺点是什么？

3. 事务处理系统的主要功能有哪些？
4. 事务处理系统由哪些部分构成？
5. 自动输入数据的业务处理要求有哪些？
6. 什么是生物识别技术？优点有哪些？

案例分析：
我订的素餐怎么没有呢?

第8章 决策支持系统

教学目标

☞ 了解管理的行为模型、制定决策的层次、决策的类型和制定决策的过程；

☞ 掌握决策支持系统、群体决策支持系统、经理信息系统、专家系统的基本概念，以及决策支持系统的结构模型；

☞ 掌握决策理论对决策支持系统开发的启示和影响。

教学要求

知识要点	能力要求	相关知识
决策的基本概念	理解管理的行为模型、决策的层次、决策的类型、制定决策的过程等概念	决策理论
决策支持系统、群体决策支持系统、经理支持系统、专家系统	掌握决策支持系统、群体决策支持系统、高级经理支持系统、专家系统等概念	管理学和计算机科学等基础知识

导入案例

宝洁公司的决策支持系统

为了应对对手的低价格竞争，宝洁在2001年前后开始加强分销渠道管理，利用IT技术整合在中国的所有分销资源。这正是宝洁在美国的成功经验——通过IT投资来强化企业的核心价值，与下游分销和零售伙伴紧密联系，实行数据共享、自动补货，从而保证高效的消费者响应。

过去，由于传统商业批发分销体系在信息技术上的迟缓和滞后，宝洁的大部分订单只能用电话或传真方式进行，出错率居高不下。此外，各个客户收集起来的数据因为缺乏统一标准而无法共享，严重影响了宝洁的物流管理，使宝洁常常由于信息不畅出现不适当的业务决策。

最初，宝洁试图利用IT手段强化自己和分销体系的合作过程，但由于不适应本地情况，效果并不明显。后来，宝洁推出了更开放的供应链策略，在中国的100多个分销商中建立了分销商管理系统，规范基础业务管理，建立了与宝洁实现数据交换和通信的结构。同时，对于更大的分销商，宝洁指导他们建立更加全面的分销资源规划系统建设。本地化的调试和适宜的推动方式，使这一轮的分销变革得以成功。通过在分销伙伴间推进信息系统，实现系统对接，使宝洁在生产过程中可以直接了解市场最前端的销售信息，降低了不确定性，同时还帮助合作伙伴优化了管理手段，可以和分销体系发挥合力。

为了实现IT技术与业务的结合，宝洁把IT部门的名字从"信息技术部"改成了"信息决策解决方案部"。这个部门的作用是利用IT技术帮助业务部门实现运作模式的优化，如怎样利用IT技术对产品的广告、消费者和渠道进行研究，确立IT分析方式和分析模型。

宝洁中国信息与决策方案总监兼任宝洁全球共享服务的业务变革部门负责人，这个新部门关注的是研究实现业务变革的能力。通过不同流程和工具模型的组合，以更精确的方式实现对IT系统中收集到的业务数据进行加工和利用，进而支持产品结构、客户结构和供应链的调整。宝洁要在中国实现新一轮转型和创新，这种超越了商业智能分析层次的复合能力将成为其中一个关键要素。

资料来源：王玮冰．消费品制造行业．IT经理世界，2006(198)：14.

决策支持的功能越来越强大，本章主要介绍决策理论、决策支持系统，以及决策支持系统最新的应用。

8.1 决策理论

决策是人们在改造客观世界的过程中为实现主观目的而进行策略或方案选择的一种行为。决策确定了组织下一步或未来的行动和资源的投入，确定了组织行动的方向，在一定程度上预示着可能的结果，组织也要承受由此带来的后果。一系列的决策行动构成了组织的发展与演化行为，并通过一系列的结果说明组织的状态。决策是人的一种主动行为，因此，决策不可避免地受决策者主观因素影响。

管理的实质是决策，决策体现管理活动的精髓，贯穿于管理的全过程。组织的效益首先取决于管理者决策的正确与否。决策一旦失误，组织可能因此付出巨大的代价。决策的质量取决于信息，正确、及时、恰当的信息是减少决策不确定性的根本。信息系统是提供、传播、处理信息的载体，信息系统对管理职能的支持首先表现在对决策的支持上。

8.1.1 管理的行为模型

管理的职能是计划、组织、协调、决策和控制。行为科学家研究发现，管理者的行为不是管理的经典模型描述的那样。管理活动具有以下特点。

（1）大量、快速、高强度的工作。

（2）多样、断续、简要的活动。

(3) 问题喜好为当前的、特定的、具体的。

(4) 维持并构建庞大而复杂的人际关系网。

(5) 特别喜欢口语沟通媒体。

(6) 能控制既定计划。

随着信息技术的发展和各种新技术的出现，管理的性质和环境都发生了巨大的变化，具体表现在组织机构庞大，部门活动(信息处理)分散，管理功能更加复杂；组织之间的联系越来越紧密；社会经济状态对于决策的影响越来越大。

8.1.2 制定决策的组织层次

管理活动的层次包括基层管理、中层管理和高层决策。实际上，在每个层次上都存在决策活动。

战略层制定用于决定组织的目的、资源和政策的决策。参与这一过程的人员包括高级经理等，他们处理非常复杂、非例行的问题。

管理层制定主要关心资源的使用效率和有效性，以及作业部门表现方面的决策。控制涉及作业执行，所以他们需要熟悉作业活动，并大量地进行协调。

知识层制定用于评价关于产品和服务的新构想、新技术的交流方式和组织内部传播信息的方式方面的决策。

作业层制定如何执行特定任务的决策，该任务被战略层和管理层的决策人所规定。

不同层次的决策所需要的信息不同，作业层的决策需要的是作业信息，来源于组织内部，要求详细、具体，体现业务活动的全部细节，因此信息具体、量大。高层决策关心组织的关键指标，需要的信息有来自组织内部的，也有来源于组织外部的。来自组织内部的信息是组织活动的高度概括，信息抽象、信息量小，但反映组织关键指标。管理层的决策完成的是部门的决策，决策信息来自组织内部，是作业信息的汇总。这个层次的信息量和信息的具体程度处于高层决策和作业层决策之间。

8.1.3 决策类型

决策分为结构化决策、半结构化决策和非结构化决策。

▶ 1. 结构化决策

结构化决策是指那些问题的本质或结构十分清楚，解决这些问题的步骤是已知的，而且是经常或重复发生的那类决策。通常可以用常规定量数学方法进行问题描述和求解，容易进行计算机处理。因此，这类决策也常被称为可编程的决策问题。

▶ 2. 半结构化决策

半结构化决策是指处于结构化和非结构化之间的决策。实际工作中，用于决策的信息总是有限的。对于管理问题，在完全了解的情况下做出决策是很少的，因此，半结构化决策问题是决策的主要类型。决策支持系统处理的就是半结构化的问题。

▶ 3. 非结构化决策

非结构化决策与结构化决策相反，它是指那些以前很少或未曾出现过，或问题的本质和结构十分复杂而难以确切了解，用以往解决问题的方法或步骤难以处理的那一类决策问题，又称为不可编程的决策问题。

按照决策问题的层次和类型，表 8.1 分别给出决策问题的典型管理过程。

表 8.1 决策问题的典型管理过程

决策类型	作业调度	运筹管理	战略规划
结构化	库存报表、零件订货	线性规划、生产调度	新厂位置选择
半结构化	股票管理、贸易	开发市场、经费预算	资本获利分析
非结构化	为杂志选择封面	聘用管理人员	研究、开发分析

8.1.4 制定决策的过程

在一定的人力、装备、资金和时间因素的制约下，人们为了实现特定目标，可以从多种可供选择的策略中做出决断，以求得最优或较好效果的过程就是决策过程。决策科学的先驱西蒙(H. A. Simen)教授在著名的决策过程模型论著中指出：以决策者为主体的管理决策过程，经历情报(intelligence)、设计(design)和抉择(choice)3 个阶段。

情报是指进行数据的收集和处理，研究决策环境，分析和确定影响因素的一系列活动。

设计是指发现、制定、分析各种可能的活动方案。

抉择是指从各种可能的活动方案中选择一个特定的方案，对其进行评价与审核，并付诸实施。

后来，西蒙在他的决策过程模型中又增加了决策实施阶段，但仍强调前 3 个阶段是决策过程的主要部分，如图 8.1 所示。

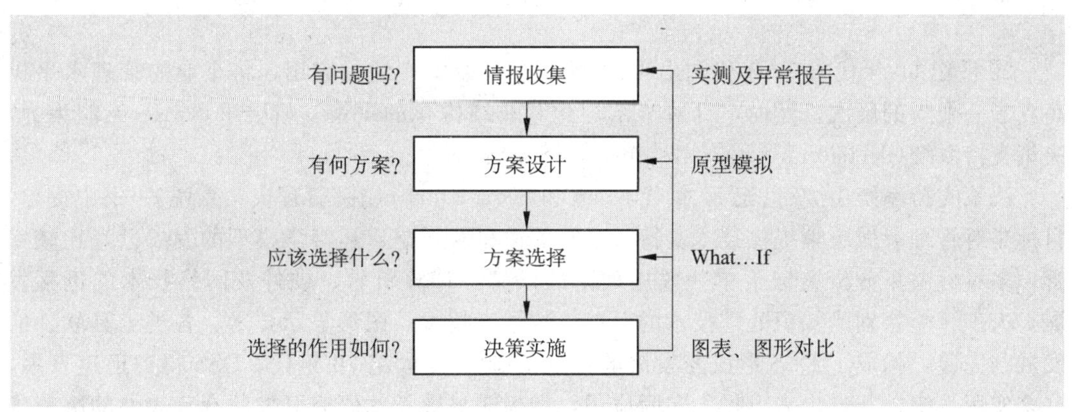

图 8.1 制定决策的过程

对于结构化问题，3 个阶段都能使用确定的算法或决策规则。对于非结构化问题，3 个阶段都不能使用确定的算法或决策规则。半结构化问题是介于两者之间的问题，一个或两个阶段能使用确定的算法或决策规则。

8.1.5 决策理论对信息系统的启示与设计原则

1. 决策理论对决策支持系统设计的启示

(1) 决策的信息系统设计应是有多种用途的。经理除了用正式的信息来计划、组织和协调，还把信息用于其他不明显但很重要的任务，如人际关系网络的建立。

（2）非正式和专用的信息系统对高层经理的作用更大。系统应能使用更为及时、广泛的信息，并能及时调整，有效地支持沟通和与其他信息源通信。

（3）个人和组织的决策是复杂的，因此，信息系统重要的作用是根据决策类型、决策者和判断标准为决策提供支持，而不是为他们做决策。

（4）组织的决策是群体和组织的过程，需要为支持群体和组织制定决策设计信息系统。

（5）信息系统应有助于将正确的方案用于正确界定的问题上，并为经理提供帮助，使他们成为更好的经理和组织的游戏参与者。

▶ 2. 决策支持系统的设计原则

（1）系统应是灵活的，应带有多项选择以处理数据、评价信息，以及包容个人与组织在学习和发展过程中的变化。

（2）系统能够支持各种风格、技能和知识，能够支持个人决策和组织决策的过程。

（3）在数据评估的多种分析和直觉型模型方面、跟踪各种方案与结果方面，系统应是很强的。

（4）系统具有包容各种利益的特点，从而反映系统的组织机构和组织政治的需求。

（5）系统应反映对组织内政策和程序变化的限制的理解，以及对系统能力的认识。

8.2 决策支持系统的组成及应用

20 世纪 60 年代末 70 年代初出现的 MIS 在企业中广泛的应用，将企业的管理水平提高到了一个新的层次。然而，针对半结构化和非结构化的决策支持要求，MIS 无能为力，决策支持系统(decision support system，DSS)应运而生。

决策支持系统由 20 世纪 70 年代 Keen 和 Scott Morton 在《管理决策系统》一书中提出，目标是对管理者做决策提供技术支持。当时的学科背景是：运筹学模型的发展已经比较完善，多目标决策分析突破了单一效用理论的框架，计算机软、硬件及网络技术的迅猛发展，人工智能特别是知识处理技术的发展，数据库技术、图形显示技术、各类工具软件的发展与完善，构成了 DSS 形成与发展的技术基础。20 世纪 70 年代，DSS 得到迅速发展，许多实用系统被开发出来，投入实际应用，产生明显效益。研究开发的有代表性的决策支持系统有支持投资者对顾客证券管理的 Profolio Management System；用于产品推销、定价和广告决策的 Brandiad；用于支持企业短期规划的 Projector 及用于大型卡车生产企业生产计划决策的 Capacity Information System 等。DSS 技术持续发展，目前已基本成熟。

8.2.1 决策支持系统的概念

决策支持系统是将数据、复杂的分析模型和用户友好的软件集成在一起的，能够很好地支持半结构化和非结构化决策的系统，其目的是辅助管理决策。一般认为，DSS 是结合与利用计算机强大的信息处理能力和人灵活的判断能力，以交互式支持决策者解决半结构化和非结构化决策问题的系统。

决策支持系统是一个基于计算机的交互式的系统，它利用数据库、模型库和方法库以及很好的人机会话部件和图形部件，帮助决策者进行半结构化或非结构化决策过程。决策支持系统的目标：在人们分析与判断能力的基础上，借助计算机与科学方法支持决策者对半结构化和非结构化问题进行有序的决策。

决策支持系统具有以下基本特征。

(1) 针对上层管理人员经常面临的结构程度不高、说明不够充分的问题。

(2) 把模型或分析技术与传统的数据存储技术及检索技术结合起来。

(3) 易于被非计算机专业人员以交互会话的方式使用。

(4) 强调对环境及用户决策方法改变的灵活性及适应性。

(5) 支持但不是代替高层决策者制定决策。

决策支持系统是管理信息系统向更高一级发展而产生的先进信息管理系统。它为决策者提供分析问题、建立模型、模拟决策过程和方案的环境，调用各种信息资源和分析工具，帮助决策者提高决策水平和质量。

决策支持系统具有以下功能。

(1) 管理并随时提供与决策有关的组织内部信息。

(2) 收集管理并提供与决策问题有关的组织外部信息。

(3) 收集管理并提供方案执行情况的反馈信息。

(4) 存储和管理与决策问题有关的各种数学模型。

(5) 存储并提供常用的数学方法及算法。

(6) 数据、模型和方法的修改与添加。

(7) 灵活地运用模型和方法对数据进行加工、汇总、分析、预测，得出所需要的综合信息与预测信息。

(8) 具有方便的人机对话和图像输出功能。

(9) 提供良好的数据通信功能，以保证及时收集所需要的数据，并将加工结果传送给使用者。

(10) 具有使用者能够忍受的加工速度与响应时间，不影响使用者的情绪。

管理信息系统和决策支持系统之间不存在本质的区别，管理信息系统是一个总的概念，决策支持系统是管理信息系统发展的高级阶段或高层子系统。鉴于管理信息系统在决策领域的不足，发展起来的决策支持系统是以管理信息系统为基础的。决策支持系统与管理信息系统在服务对象、解决问题的方法和技术上是有区别的：管理信息系统是面向组织的中层管理，而决策支持系统面向组织的高层和中层，支持半结构化和非结构化决策；决策支持系统主要集中在排队、评估、资源分配等决策问题，管理信息系统是日常的数据处理；管理信息系统主要是确定信息需求，决策支持系统根据决策问题，确定并建立决策过程中将要使用的模型；决策支持系统运行过程中，允许终端用户控制数据、分析模型和对话，是使用者控制的，而管理信息系统则主要基于固定的信息需求，由专门人员控制；决策支持系统强调灵活性，需要更多的模型、假设和图形，而管理信息系统是不需要的。从狭义上来说，管理信息系统与决策支持系统是不同的系统；从广义上来说，决策支持系统是管理信息系统的分系统。

8.2.2 决策支持系统的组成

决策支持系统的概念模式和结构模式分别如图 8.2 和图 8.3 所示。

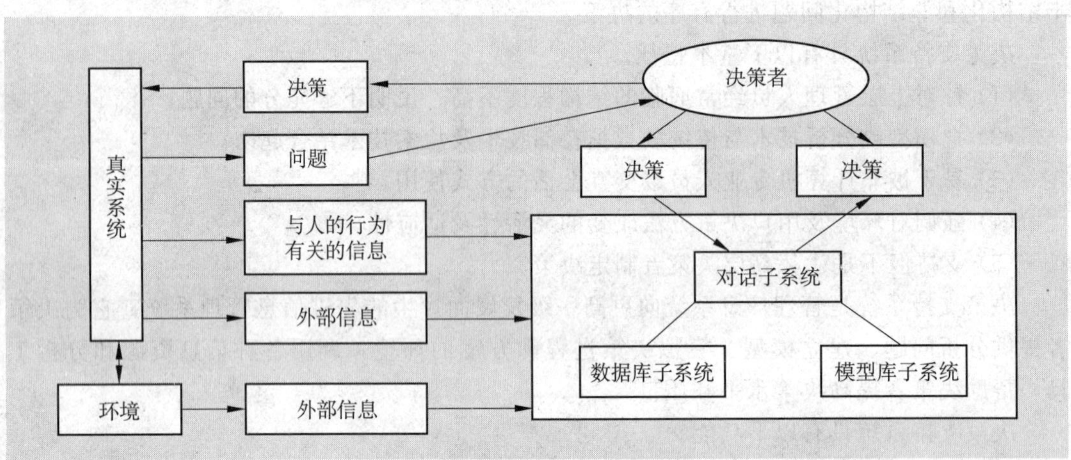

图 8.2　决策支持系统的概念模式

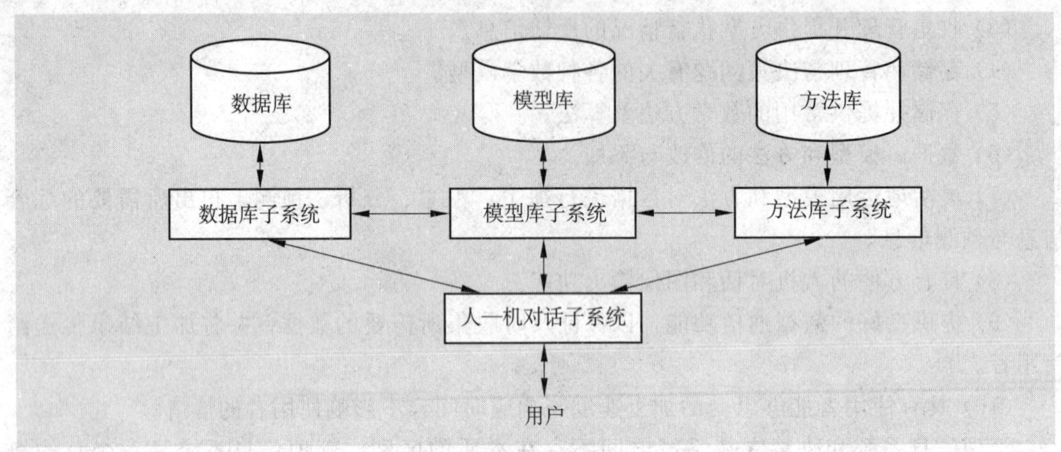

图 8.3　决策支持系统的结构模式

▶ 1. 人—机对话子系统

人—机对话子系统具有以下功能。

(1) 能使用户了解系统所能提供的数据、模型及方法的情况。

(2) 通过"如果……则……"方式提问。

(3) 对请求输入不足的检验与容错能力，给用户某些必须的提示与帮助。

(4) 通过运行模型使用户取得或选择某种分析结果或预测结果。

(5) 在决策过程结束之后，能把反馈结果送入系统，对现有模型提出评价及修正意见。

(6) 当需要时，可以按使用者要求的方式，很方便地以图形及表格等表达方式输出信息、结论及依据等。

▶ 2. 数据库子系统

与人—机对话子系统直接相关的是数据库子系统。决策支持系统数据库中保存的是系统所需要的当前或历史数据。数据库子系统负责数据的存取、管理、提供与维护(用于用户决策支持的数据的决策支持系统基本部件)，是支持模型库子系统及方法库子系统的基础。

数据库子系统的构成包括数据库、数据库析取模块、数据库管理模块和数据查询模块。

▶ 3. 模型库子系统

模型库子系统是决策支持系统的基本组成部分之一，模型是以某种形式反映客观事务的本质属性，揭示其运动规律的描述。模型包括预测类模型、综合平衡模型、结构优化模型、经济控制模型。模型库子系统是构建和管理模型的计算机软件系统，决策支持系统的用户依照模型进行决策，其作用是直接制定决策、对决策制定提出建议、估计决策后的实施效果。

模型库子系统的构成包括以下内容。

(1) 模型库，模型存储以子程序方式存储、以语句方式存储、以数据方式存储。

(2) 模型库的查询模块。

(3) 模型库的管理模块。

▶ 4. 方法库子系统

方法库子系统不是决策支持系统的必要组成部分，方法库子系统是存储、管理、调用及维护决策支持系统各部件要用到的通用算法、标准函数等方法的部件，方法库中的方法一般用程序方式存储。

方法库子系统由以下内容构成。

(1) 方法库主要存储排序算法、分类算法、最小生成树算法、最短路径算法、计划评审技术、线性规划、整数规划、动态规划、各种统计算法、各种组合算法。

(2) 方法库管理模块。

8.2.3 决策支持系统实现的技术层次

决策支持系统包括以下 3 个技术层次。

(1) 专用决策支持系统：面向用户能够提供决策支持功能的专用信息系统，针对某一个或某一类特定问题的领域。

(2) 决策支持系统生成器：是一种能用来迅速、方便地研制构造专用决策支持系统的计算机硬件和软件系统，包括数据管理、模型管理和对话管理所需要的技术，以及能将它们有机地结合起来的接口。通过决策支持系统生成器可根据决策者的要求、决策问题与决策环境等在短时间内生成一个专用的决策支持系统。

(3) 决策支持系统工具：可用来构造专用决策支持系统和决策支持系统生成器的基础技术、基础硬件和软件单元。

专用决策支持系统属于最基本的应用，决策支持系统生成器的应用范围比专用决策支持系统广泛，而开发决策支持系统工具比使用决策支持系统生成器更加需要专业技能。

8.2.4 决策支持系统实现的应用

决策支持系统目前在企业管理、系统开发、战略研究、预测与规划、经济分析、资源管理、投资预算等方面都得到了实际应用，具体包括以下几种。

(1) 宏观控制决策支持系统。

(2) 中、长期规划决策支持系统。

(3) 基本建设投资规划决策支持系统。

(4) 物价控制决策支持系统。

(5) 能源分配和规划决策支持系统。

(6) 财政规划决策支持系统。

(7) 生产计划、物资供应和财务管理决策支持系统。

(8) 经营管理决策支持系统。

(9) 预测决策支持系统。

(10) 空间技术开发决策支持系统。

(11) 区域规划决策支持系统。

知识链接：
强生集团的决策支持系统

8.3 群体决策支持系统

8.3.1 群体决策支持系统的概念

许多决策特别是大型组织的重大决策都是由集体(团队)做出的，通常是群体决策行为，由此产生了群体决策支持系统。群体决策支持系统(group decision supporting system，GDSS)是一个基于计算机的交互系统，它使参与决策的多人作为一个团队在一起工作，寻找非结构化问题的解决方案。群体决策支持系统是指在系统环境中，多个决策参与者共同进行思想和信息的交流，群策群力，寻找一个令人满意和可行的方案。

群体决策支持系统的研制是为了提高会议的工作质量和效率。群体决策一直存在这样一些问题：决策者会议剧增、会议时间加长、与会人数越来越多等。群体决策涉及面广，综合决策科学、人工智能、计算机网络、运筹学、数据库技术、心理学及行为科学多种学科理论、方法与技术。可以说，群体决策支持系统是应用于团队之中，使团队更易于获得问题解决方案的系统。

群体决策支持系统从决策支持系统发展而来，通过决策过程中参与者的增加，使信息的来源更加广泛；通过大家的交流、磋商、讨论，有效地避免了个体决策的片面性和可能出现的独断专行等弊端。因此，群体决策支持系统需要及时解决以下问题。

(1) 改进会议计划，使会议高效有序。

(2) 增加参与性。

(3) 开放的、协作的会议气氛。

(4) 不受批评的见解发表。

(5) 评价的客观性。

(6) 观点的组织和评价。

(7) 置权重和做决策。

(8) 会议记录。

(9) 获取外部信息。

(10) 组织记忆的保存。

因此，群体决策支持系统具有以下特点。

(1) 不受时间与空间的限制。

(2) 能让决策者相互之间便捷地交流与共享信息，减少片面性。

(3) 决策者克服消极心理影响，毫无保留地发表意见。

(4) 能集思广益，激发决策者的思路，使问题的方案尽可能趋于完美。

(5) 可防止小集体主义及个性对决策结果的影响。

(6) 可提高决策群体成员对决策结果的满意程度和置信度。

(7) 群体越大效果越显著。

8.3.2 群体决策支持系统的组成

群体决策支持系统主要由硬件、软件、人 3 个基本要素组成。

(1) 硬件部分主要包括会议设施，如房屋、桌椅、电子显示板、视听设备、计算机等。

(2) 软件部分包括收集意见、信息、排序、置权重等的工具，也包括协调群体工作的工具，如电子问卷生成器、电子头脑风暴工具、观点组织器、问卷工具、投票或置权重的工具、群体字典、政策写作工具、重要人物识别和分析工具等。

(3) 人的部分包括与会的决策者、操作会议设备的专业人员、群体决策支持系统软件和硬件维护人员。

群体决策支持系统的组成如图 8.4 所示。

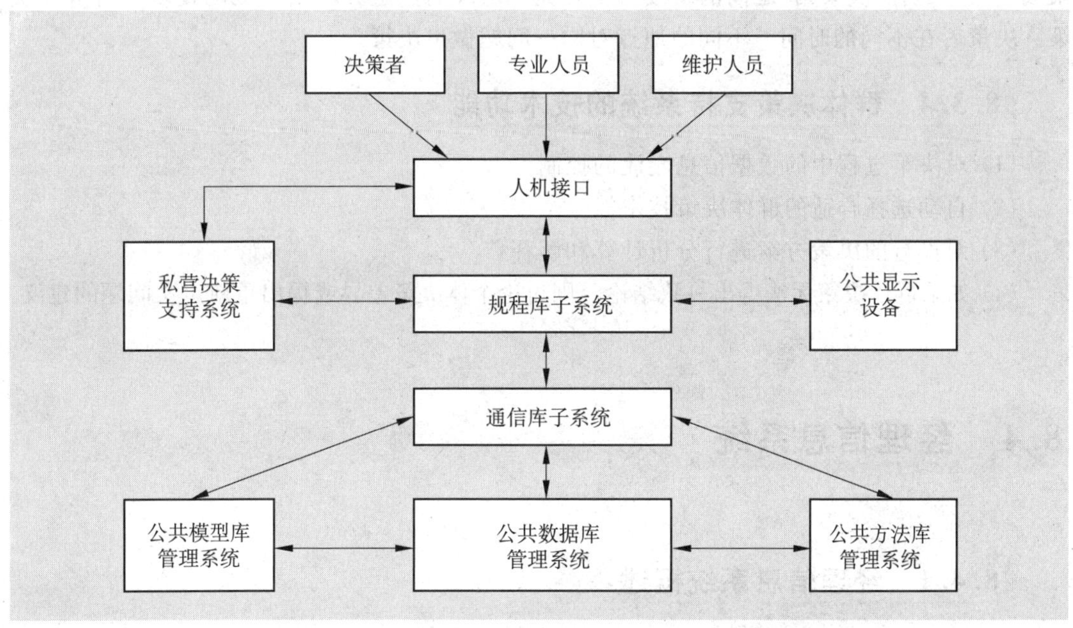

图 8.4 群体决策支持系统的组成

8.3.3 群体决策支持系统的类型

群体决策支持系统的类型在很大程度上取决于待决策问题的类型和问题所处的组织环

境，因此，一般可将群体决策支持系统划分为以下 4 种类型。

▶ 1. 决策室

决策室是指与传统意义相当的电子会议室，决策参与者集中到一间支持群体决策的特殊会议室，通过特殊的终端或节点参与决策过程。这种环境下的决策过程都有一定的时间限制。群体决策支持系统设置在电子会议室，决策者通过互联的计算机站点相互合作完成决策事务，是相对简单的群体决策支持系统。

▶ 2. 局域决策网

群体决策支持系统的参与者没有地域的限制，只要局域网上的中央处理器存储有公共的群体决策支持系统软件和数据库，参与者就可以通过局域网进行成员之间及成员与中央处理机之间的通信。多位决策者不在同一个房间内，决策者通过计算机站点之间的通信、交流、共享公共决策资源，可以克服定时决策的限制。

▶ 3. 传真会议

传真会议针对决策成员在地理上分散但必要时可集中决策的群体。在这种情况下，两个或两个以上的决策室通过视频和通信连接在一起，其方法与决策室相同，而且使用了传真会议。分散在各地的决策者在某一时间内以不见面的方式进行集中决策，克服空间距离的限制。

▶ 4. 远程决策

远程决策主要针对需要定期在一起做决策而又不能会面的决策成员。地理上分散的决策成员通过远程“决策站”之间的持续通信，完成决策的制定。利用广域网技术支持群体决策。决策者在不同的时间、不同的地点对同一问题做出决策。

8.3.4 群体决策支持系统的技术功能

(1) 对决策过程中的数据信息交流的控制。

(2) 自动选择合适的群体决策技术。

(3) 对可行的决策方案进行分析计算和解释。

(4) 如果群体决策无法得出一致结论，则讨论个体决策差异或提出重新定义问题的建议。

8.4 经理信息系统

8.4.1 经理信息系统概述

经理信息系统是 20 世纪 80 年代中期出现的面向组织高层领导，能支持组织的管理工作，为他们提供改善效率和有效性的信息系统，集中于满足经理对战略信息的需求，这种战略信息是关于企业的关键成功因素。

经理信息系统(executive information system，EIS)通常称为经理支持系统，也叫高级经理支持系统(executive support system，ESS)，它是服务于组织的高层经理的一类特殊的信息系统。首先，EIS是一个“组织状况报导系统”，能够迅速、方便、直观(用图形)地提供综合信息，并可以预警与控制“成功关键因素”遇到的问题；其次，EIS还是一个“人际沟通系统”，经理可以通过网络下达命令，提出行动要求，与其他管理者讨论、协商、确定工作分配，并进行工作控制和验收等。

高级经理支持系统被认为是一种较特殊的决策支持系统，高级经理支持系统主要是针对高级管理人员的信息需求，辅助管理者面向非结构化问题进行决策。高级经理支持系统将组织内部和外部的数据结合起来，建立一个综合的计算和通信环境，特别针对正在变化中的一些问题，帮助高级经理监控组织的运作，跟踪竞争对手的动态，及时发现组织中的问题，寻求机遇，预测未来发展趋势等。

高级经理支持系统被设计成尽量避免数据过量、尽可能瞄准关键数据，利用建模和分析工具，对组织内部和外部的数据进行筛选、抽取，并加以综合。高级经理支持系统常常运用关键成功因素法确定高层经理的信息需求。高级经理支持系统的目标：使用灵活，具有较强的分析能力、比较能力和预测趋势的能力，监控组织运作，更早地发现问题、识别机遇、分解决策和提高管理绩效。高级经理支持系统可能要用到DSS、ES、AI、数据仓库等多种技术。

8.4.2 经理信息系统的功能与概念结构

经理信息系统包括以下功能。

(1) 抽取、过滤、压缩和跟踪关键数据。

(2) 提供在线存取、趋势分析、例外报告和深入的数据挖掘。

(3) 存取和集成广泛的数据。

(4) 用户友好，可以显示图形表格或文字。

(5) 主管经理直接使用。

(6) 支持电子通信，包括电子邮件、传真、计算机会议和字符处理。

(7) 提供数据分析能力，包括电子报表、查询语言和决策支持系统等。

(8) 包括提高个人工作效率的工具，如电子日历、电子备忘录。

经理信息系统的概念结构如图8.5所示。

经理信息的来源如图8.6所示。

8.4.3 经理信息系统的发展

经理信息系统的实现很困难，主要由于：①信息的确定十分困难。组织的高层经理是经理信息系统的用户，因此，需要向经理了解信息需求。但是，经理往往说不清他的信息需求。②信息系统难以支持经理和员工的交流，而经理信息系统要求支持经理和员工的交流。③决策是非结构化的，是科学和艺术，因此很难用一个通用的模型描述决策过程。④如果经理使用计算机的能力较弱，而信息系统要求具有一定水平的计算机技术的人员使用，将导致经理信息系统的失败。⑤经理的思想和行为是多变的，很难有一个统一的经理信息系统的通用结构。

考虑到经理信息系统服务的特殊性，经理信息系统建设的成功取决于以下因素。

(1) 高层经理亲自参加。

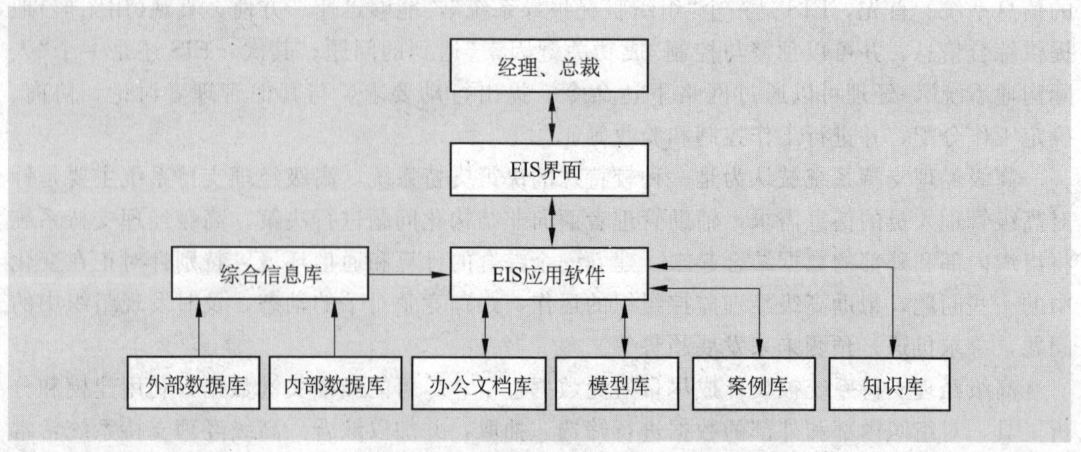

图 8.5 经理信息系统的概念结构

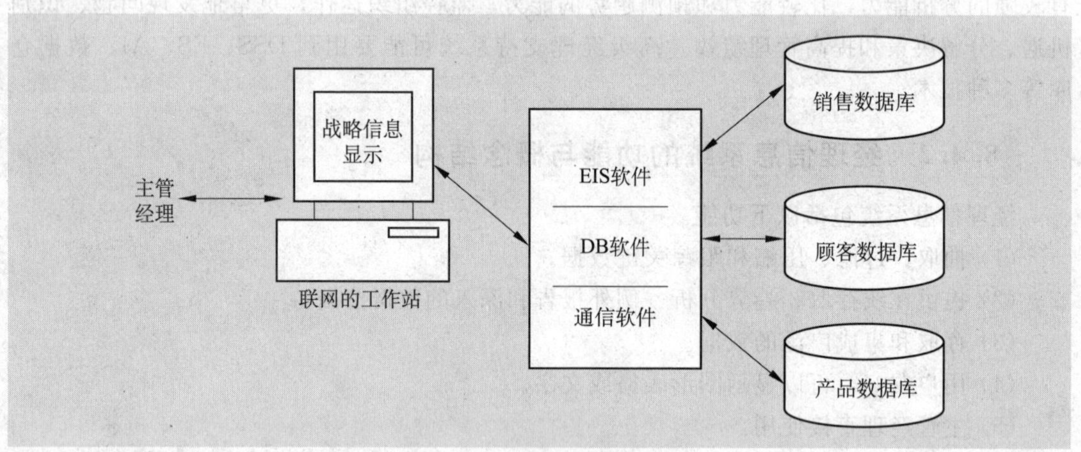

图 8.6 经理信息的来源

(2) 了解数据源，事先改善信息系统的数据源。

(3) 集中重要的问题，组织关键成功因素。

(4) 主管经理要有信息意识和适当的计算机水平。

(5) 灵活、不断地跟踪经理的需求变化。

(6) 持续支持 EIS。

随着 EIS 在组织中的不断成功，人们普遍认同了 EIS 的重要地位。在当今日益加剧的竞争压力下，高速发展的技术和不断更新的管理观念给 EIS 带来了许多新的问题。为了解决那些富有挑战性的组织问题，作为支持高层经理工作的最为有效的信息系统，EIS 必须不断发展和进步，满足以下要求。

▶ 1. 数据的外部化与智能化

在市场全球化趋势下，组织管理的重心也逐渐外移，经理处理外部信息的比重将不断上升。随着信息技术的发展，新的数据获取与处理技术，如数据仓库、数据挖掘和数据集市的出现，EIS 中数据的外部化和智能化方面将有所加强。因此，EIS 需要对范围广、结构化差、多变的经理活动提供支持，数据的外部化和智能化是必不可少的。

目前，EIS在取得内部数据和监测内部状态上比较有成效，但对外部数据的取得仍十分有限，主要原因有以下两个方面。

(1) 技术问题。由于外部环境的复杂多变和外部数据的高度非结构化，对外部的状态监测和数据访问比对内部的状态监测与数据访问要难以实现。在自动从外界大量的繁杂数据中智能化识别和吸取经理需要的信息方面，EIS系统的能力还很弱。

(2) 观念问题。高层经理宁愿自己去做大部分的外部信息监测，并且认为其中有一些只有他们才能看得出的微妙之处。在以往经验的基础上，高级经理可能不把EIS作为正式的外部信息源，也对此不做较高的期待。归根结底，如果技术上取得了突破，观念问题的解决才会有一个比较坚实的基础。

2. 结构的柔性化和灵活化

变化是当今的信息系统所面临的最基本的挑战之一。业务流程重组、竞争者变动、组织联盟、新技术的采用、旧系统的移植等一系列变化因素正改变着组织的信息技术环境。缺乏柔性的信息系统已成为组织成功的严重障碍，逐步提高组织信息系统的柔性及适应能力已经成为变化率日益增长的组织提升应变能力的必由之路。柔性是组织在剧变的环境中发展及立于不败之地的不可缺少的能力。柔性的企业当然也需要柔性化的信息系统。

EIS集中于满足高层经理战略决策信息的需求，它侧重于对外部信息与内部信息的提炼，以及对高层经理办公业务的辅助，其特点在于根据高层经理的需要和习惯提取信息产品，形成自己的视图，其处理的信息对象是高度非结构化的。由此可见，EIS的本质决定了对该系统的柔性化和灵活化的要求。

3. 系统的协作化和分布化

新时期动态的组织环境和信息技术使组织向扁平化与集成化发展，出现了许多新的组织结构，这意味着在组织的各项工作中涉及更多的信息与更大程度的沟通，需要不同于传统的信息系统的支持。这都表明对组织协作和权力分布提供支持的信息系统时代的到来。传统意义上的EIS被定义为仅仅供少数高层管理者使用的系统，现在的经理信息系统的应用仅仅局限于组织中的关键人物，由此导致的应用上的非经济性是显而易见的。

由此看来，使这种面向少数组织成员的信息系统扩展到其他的知识工作者是十分必要的。许多情况下，只要能使组织成员的工作表现有显著的进步，EIS完全可以扩展到组织的较低层次。EIS开发技术的成熟化将降低成本，从而可以扩大用户层面。在未来扁平化和网络化的组织结构中，EIS的协作化和分布化将是必然的趋势。

8.5 专家系统

8.5.1 专家系统概述

1. 专家系统的概念

专家系统是一个能在某特定领域内解决复杂问题并达到专家水平的计算程序系统，是一种具有智能特征的软件。它利用包含专家推理方法的计算模型来求解问题，利用有限的知识和经验解决有限范围的问题，其结果可以达到相应专门领域的专家的工作水平。专家系统有以下特点。

（1）能完成某些以往人们人工求解的工作。

（2）以规则和框架的形式表示知识。

（3）可以进行人—机对话。

（4）能同时考虑多个假设。

专家系统是一门综合性很强的边缘学科，它综合了计算机程序设计、人工智能、心理学、数学等多学科的研究成果，正在形成一套自己的学科体系。

▶ 2. 专家系统的组成

专家系统的基本结构如图 8.7 所示。

图 8.7　专家系统的基本结构

（1）知识库，以“事实”和“规则”的形式保存专家的知识、经验和常识，也包括各种书本性知识。

（2）推理机，由知识库管理部分和推理逻辑组成，根据当前输入的数据，利用知识库中的知识，按一定的推理策略，解决当前的问题。

（3）知识获取，也称学习功能，为获得、修改和扩充知识提供了手段。

（4）解释界面，负责对推理给出必要的解释，为用户了解推理过程、向系统学习和维护系统提供方便，并使用户容易接受。它是专家系统与用户的接口。

知识库和推理机是专家系统的核心。知识库是推理机工作的重要对象，其中知识表示的好坏直接影响整个系统的工作效率。当前知识的表示方法主要有产生式规则（production rules）、语义网络（semantic nets）、谓词演算（predicate calculus）和框架（frames）。此外，决策树、模糊关系及模糊逻辑、与/或图、状态图等方法也有使用。

产生式规则用一组条件语句来表示知识，其形式为“如果（IF）满足某条件，则（THEN）采取所指行动”。产生式规则的 IF 部分称为前提，它表明若要应用该规则所必须满足的条件。THEN 部分称为行动部分，表明在条件成立的情况下所要采取的行动。知识库中还应包括“事实”，它是当前问题的实际状态，会在系统运行中不断改变。

8.5.2　智能决策支持系统

人工智能的应用有两个分支：专家系统（expert systems，ES）和人工神经网络（artificial neural network，ANN）。人工神经网络是通过采用物理体实现的器件或采用计算机来模拟生物体中神经网络的某些结构与功能，属于基于案例学习的模型，它模拟人的神经元结构，构造人工神经元，吸取生物神经网络的部分优点。人工神经网络具有良好的自组织、自学习和自适应能力，因此特别适用于处理复杂问题或开放系统。但是人工神经网络的知识分布在整个系统内部，对于用户来说，系统是个黑箱，并且人工神经网络对于自己的结论不能做出合理的解释。

将人工智能技术引入传统的DSS形成智能DSS(IDSS)，可以较大地改善DSS的性能。智能决策支持系统的结构如图8.8所示。

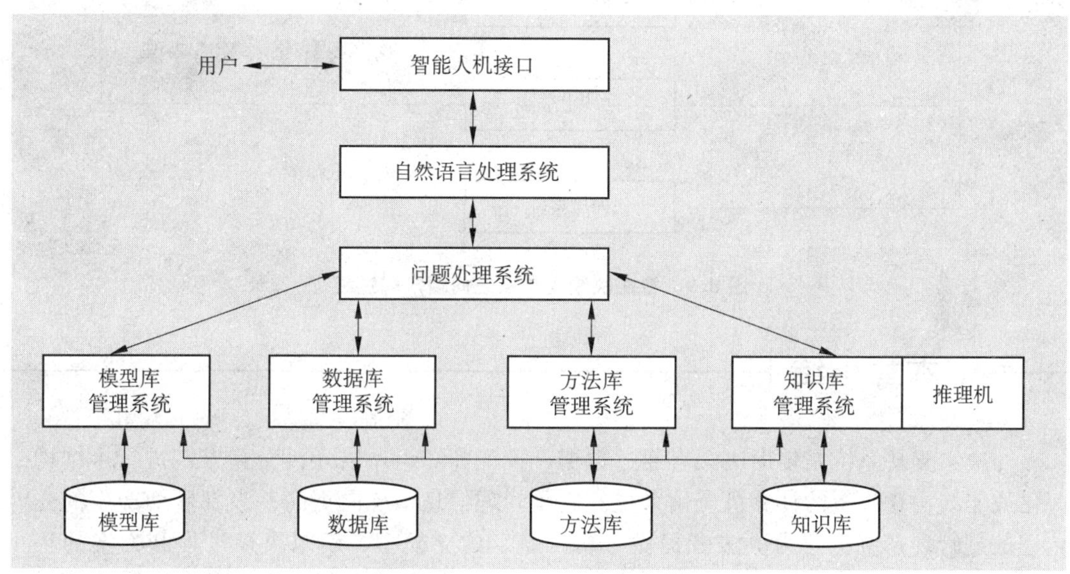

图8.8 智能决策支持系统的结构

(1) 智能人机接口。四库型的智能人机接口接受自然语言或以接近自然的方式表达决策问题及决策目标。

(2) 问题处理系统。问题处理系统的任务是识别、分析与求解问题，根据决策问题的结构化程度，采用相应的求解方法，选择或构造模型或利用推理机制运行求解。问题处理系统是IDSS中最活跃的部分，识别、分析问题，设计求解方案，调用四库中的数据、模型、方法及知识，对半结构化和非结构化问题还要触发推理机制，是重要的子系统。问题求解的过程如图8.9所示。

(3) 知识库子系统和推理机，包括知识库管理系统、知识库及推理机。

① 知识库管理系统，回答对知识库知识的增、删、改等请求；回答决策过程中的问题分析与判断所需要知识的请求。

② 知识库存储不能用数据、模型描述专家的知识和经验。知识的表示是研究的重要课题。知识库包括事实库和规则库两部分。

③ 推理是指从已知事实推出新结论的过程，推理机是一组程序，它针对用户问题去处理知识库。

知识链接：
决策支持系统中的虚拟现实技术

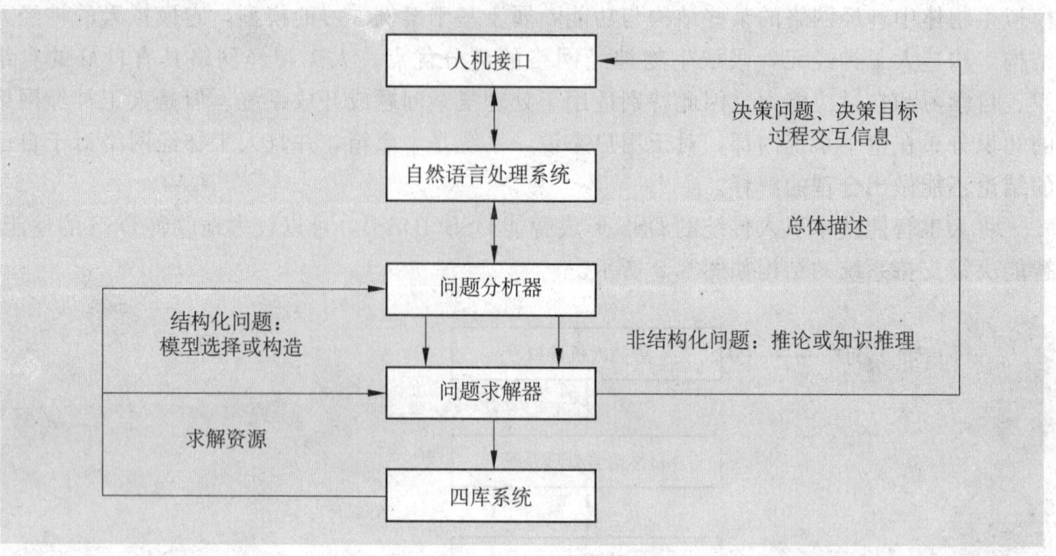

图 8.9　智能决策支持系统问题求解过程

本章小结

决策支持系统是辅助决策者通过数据、模型和知识，以人机交互方式进行半结构化或非结构化决策的计算机应用系统。它是管理信息系统向更高一级发展而产生的先进信息管理系统。它为决策者提供分析问题、建立模型、模拟决策过程和方案的环境，调用各种信息资源和分析工具，帮助决策者提高决策的水平和质量。

决策支持系统由人机对话子系统、数据库子系统、模型库子系统、方法库子系统构成。

群体决策支持系统由 DSS 发展而来，通过决策过程中参与者的增加，使信息的来源更加广泛。通过大家的交流、磋商、讨论，有效地避免了个体决策的片面性和可能出现的独断专行等弊端。

高级经理支持系统被认为是一种较特殊的决策支持系统，高级经理支持系统主要是针对高级管理人员的信息需求，辅助管理者对非结构化问题进行决策。

专家系统是一个能在某特定领域内解决复杂问题并达到专家水平的计算程序系统，是一种具有智能特征的软件。专家系统利用包含专家推理方法的计算模型来求解问题，其结果可以达到相应专门领域的专家的工作水平，可以利用有限的知识和经验解决优先范围的问题。

关键术语

管理行为学模型　　决策过程　　专家系统
决策　　决策支持系统　　智能决策支持系统
决策层次　　群体决策支持系统　　决策类型
高级经理信息系统

思考与讨论

一、判断题

1. 决策是人们在改造客观世界的过程中为实现主观目的而进行策略或方案选择的一种行为。（　　）

2. 企业信息化的实质就是在信息技术的支持下，管理者及时利用信息资源，把握市场机会，及时进行决策。（　　）

3. 管理信息系统和决策支持系统之间存在本质的区别。（　　）

4. 经理信息系统通常称为经理支持系统，也叫高级经理支持系统。（　　）

5. 虚拟现实是指用计算机生成的一种特殊环境，人可以通过使用各种特殊装置将自己“投射”到这个环境中，并操作、控制环境实现特殊的目的，即人是这种环境的主宰。（　　）

二、选择题

1. 决策支持系统的基本特征不包括（　　）。

A. 针对高层管理人员经常面临的结构程度不高、说明不够充分的问题

B. 把模型或分析技术与传统的数据存储技术及检索技术结合起来

C. 易于被非计算机专业人员以交互会话的方式使用

D. 全球市场的管理与控制

2. 虚拟现实是多种技术的综合，其中包括（　　）。

A. 实时三维计算机图形技术　　B. 广角（宽视野）立体显示技术

C. 对观察者头、眼和手的跟踪技术　　D. 对称加密技术

3. 决策支持系统包括（　　）。

A. 人机对话子系统　　B. 数据库子系统

C. 模型库子系统　　D. 方法库子系统

三、填空题

1. 一般认为，DSS是结合与利用计算机强大的信息处理能力和人灵活的判断能力，以交互式支持决策者解决________和________决策问题的系统。

2. 从狭义上来说，管理信息系统与决策支持系统是不同的系统；从广义上来说，________系统是________系统的分系统。

四、思考题

1. 制定决策的组织层次有哪些？特点是什么？

2. 决策的分类及特点是什么？

3. 决策支持系统的设计要遵循什么原则？

4. 群体决策支持系统的技术功能有哪些？

5. 专家系统的定义和特征是什么？

6. 谈一谈你对虚拟现实技术的认识。

第9章 虚拟组织与信息化基础设施

教学目标

☞ 掌握办公自动化、虚拟办公室、虚拟组织的概念；

☞ 熟悉虚拟组织的主要内容，理解虚拟办公室的核心内容。

教学要求

知识要点	能力要求	相关知识
办公自动化	理解办公自动化的概念、优点	办公自动化软件的使用
虚拟办公室的基本概念	理解狭义和广义的虚拟办公室的概念	计算机科学
虚拟组织的主要内容	理解虚拟组织的概念、虚拟组织产生的社会背景	管理学

导入案例

在虚拟世界中如何创业?

"虚拟宇宙"是尼尔·斯蒂芬森(Neal Stephenson)在其1992年出版的小说《雪崩》(*Snow Crash*)中发明的字眼，目前正在作为虚拟世界的通用名称广为流行。既然是宇宙，那么经营者就可以在里边建立虚拟办公室。《第二人生》这种三维在线体验颇受用户欢迎。

在这个虚拟世界里，任何居民都能成为创业者，有夜总会老板、珠宝制造商、园林设计师，甚至还有宠物商。根据林登实验室在2006年12月的估算，有17 000位居民以林登元计算的现金流量为正值，其中有450位居民的月收入超过了1 000美元。一位化身为Anche Chung的居民声称自己在《第二人生》中的房地产净值已经超过了相当于现实世界的100万美元，从而在居民中名声远播。她目前在中国雇用了30位员工为她修建房屋或改良她买来开发后用以出售的土地(有关专家已经在警告企业不要仓促、笨拙地参与早期的网上营销活动，因为这样会激怒网迷。《第二人生》的居民对这种标新立异的想象力感到怒不可遏：一群反对虚拟房地产开发的人接二连三地对Anche Chung进行了人身攻击)。另一位《第二人生》居民把 Tetris(疯狂俄罗斯方块)和 Bingo(宾戈)结合起来，发明了一种名叫 Tringo 的赌博游戏。如今，人们每天在《第二人生》的花费总共约 60 万美元，《第二人生》的年 GDP 收入达到 2.2 亿美元左右。

这笔钱有一部分流向了在《第二人生》里开展业务的耐克(Nike)、索尼(Sony BMG)、丰田(Toyota)、太阳(Sun)、喜达屋酒店集团(Starwood)和许多其他公司。它们有的向化身销售虚拟服装和其他商品，有的甚至动用了真实产品。IBM 公司为连锁零售商电路城(Circuit City)和西尔斯(Sears)建了商店，在那里可以用西尔斯的家庭用品装修模拟厨房，看看它会是什么样子，等等。荷兰银行(ABN Amro)最近在《第二人生》里开设了一家办事处，用来提供有关产品、服务及职务空缺的信息。

所有这些创业行为都需要指导，也有助于建立新事物。根据林登实验室的统计，《第二人生》里有 65 家公司服务于现实世界的企业客户。首席技术官科里说，现在有大约 350 人在全职为这类公司工作，并且至少有价值 1 000 万美元的此类项目正在上马。

资料来源：Allison Fass. 虚拟照进现实. 福布斯，2007(8).

虚拟办公室是虚拟世界的一个组成部分，虚拟办公室与现实办公室的差别巨大，下面首先介绍办公自动化，并进一步了解虚拟组织的发展趋势。

9.1 办公自动化

9.1.1 办公自动化与办公自动化系统

办公室是一个广义的概念。从信息处理的角度来定义，办公室是一个信息的集散中心，是一个标准的信息处理机构。随着知识经济的发展，办公管理事务日益增多，需要处理的信息量越来越大。

自动化始于工厂，并以办公自动化的形式扩展到办公室。最初的时候，办公自动化是为了协助秘书等办公室人员的工作，不过它所具有的方便公司内外部人员进行正式和非正式交流的能力，也吸引了管理者和专业人员。办公自动化的目的是提高管理工作的效率。

办公自动化(office automation，OA)是将现代技术设备、科学管理方法及人类工程学等有机结合起来，引入办公环境，最有效地管理和交换信息，以提高办公室的综合工作效益。办公自动化是以管理科学、行为科学、人机工程和系统工程等学科理论与实践为基础，能够对用以往数据处理技术难以解决的、数据量又非常大的和数据结构不易明确的任务，借助电子计算机技术、通信技术和系统科学技术等手段，实现自动化处理。

办公自动化可以追溯到 20 世纪 60 年代，当时 IBM 创造出术语"文字处理"(word processing)来表达办公室工作是以处理文字为中心这样一个概念。这个概念实质上的证据出现在 1964 年，当时 IBM 将一种名叫 MT/ST 的机器推向市场，MT/ST 代表的是 magnetic tap/selectric typewrite(磁带/字球式电动打字机)。selectric 是 IBM 的一种打字机，它的特征是有个旋转的球。MT/ST 是带有磁带的电动打字机。当秘书打印一封信时，信息就被放在磁带中，以后就可以从磁带中一遍又一遍地打印出这封信了。打字员只需要打出每封信的收信人姓名和地址就够了，那些信和原版的看起来一样。在文字处理首次登台亮相后，其他的技术也逐渐被应用于办公室工作中，并且都被认为是办公自动化。

办公自动化包括各种正式和非正式的电子系统，它主要涉及公司内外部人员的交流，总体来说，办公自动化包括以下 3 个最显著的特征。

(1) 正式和非正式的电子系统：一些办公自动化系统是正式的，它们是有计划的，还可能有流程文档。这些正式的系统在整个公司范围内实施，用来满足和 MIS 功能相似的组织需求。但是，大多数的办公自动化系统既没有计划也没有书面描述，这些非正式的办公自动化实施的方式就像一个决策支持系统，用来满足个人独特的要求。

(2) 信息的交流：办公自动化的特征就是交流，其目的是方便口头和书面的交流。

(3) 公司内外部人员：当前的办公自动化系统不仅方便公司内部人员之间的交流，还为公司内部人员与外部人员之间的交流提供了便利。

办公自动化的这些特征说明了它为何能够在工作场所被广泛运用。办公自动化系统的功能主要包括文字处理功能、数据处理功能、图像处理功能、语音处理功能和网络系统功能。

要发挥以上功能，办公自动化系统要使用大量的技术设备。办公自动化系统的效益主要体现在以下几个方面。

(1) 提高办公效率与速度。

(2) 提高办公业务的工作质量。

(3) 减少手工操作，减轻劳动强度。

(4) 便于协调管理。

(5) 提高经济效益。

9.1.2 办公自动化与终端用户系统

办公自动化的主要表现形式为终端用户系统。终端用户系统一般是供中层知识工作者使用的系统。终端用户系统的资源包括硬件、软件、人员、数据和网络资源，其特点是多种软件、多个数据库和多个网络，可以提供以下服务。

(1) 帮助控制实现网络连接。

(2) 分享软件包和数据库。

(3) 当需要主干机的高速处理能力时，执行分时处理服务。

终端用户运算的软件资源如下。

(1) 字符处理、电子表格、数据库、数据通信、图形处理及集成软件，以及办公自动化软件，如电子邮件、桌面印刷和办公支持服务等。

(2) 群件，这种软件支持协同工作，如合作字符处理、合作电子表格、文件共享、计算机会议、调度会议和项目管理。

(3) 应用软件，用于开发应用程序，如 Visual Basic 等。

终端用户系统如图 9.1 所示。

9.1.3 办公自动化与知识工作系统

知识工人是指主要工作是创建新的信息和知识的人；数据工人是指主要工作是使

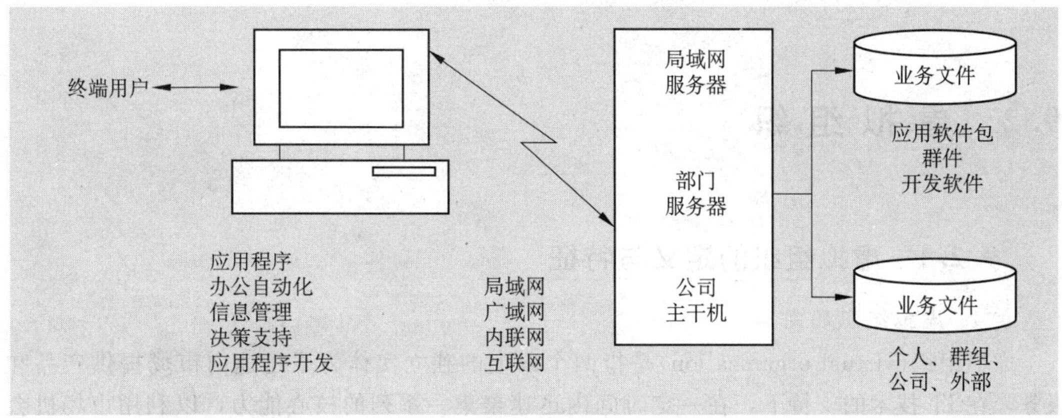

图 9.1 终端用户系统部件连接图

用、处理和传播信息的人。尽管两者都使用办公自动化系统，但是知识工作系统辅助知识工人的工作，如 CAD；办公自动化系统辅助数据工人的工作。知识工作系统如图 9.2 所示。

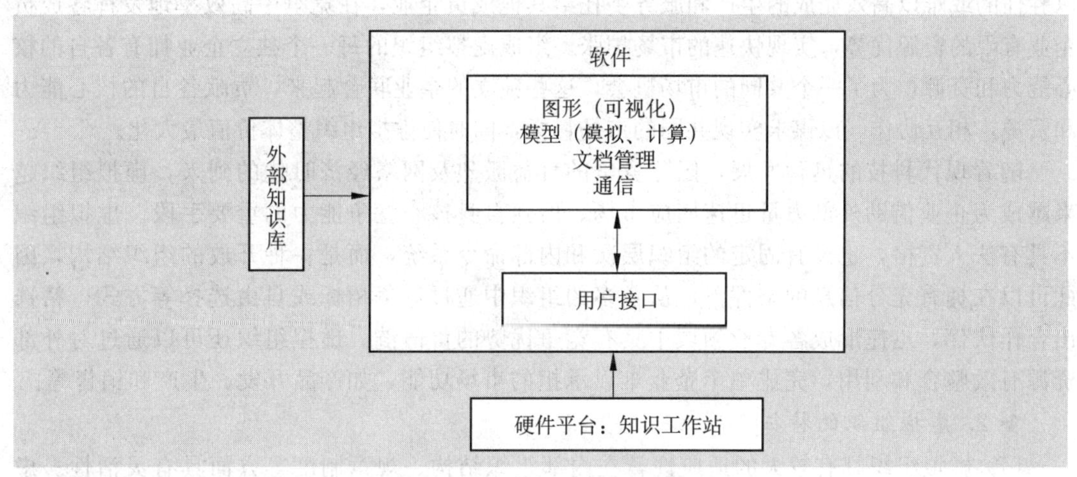

图 9.2 知识工作系统的需求图

知识工人具有以下作用。

(1) 掌握不断发展变化的与组织有关的知识。

(2) 作为公司的内部顾问。

(3) 组织变革的主要力量。

知识工作系统的作用如下。

(1) 支持方便地获取知识库。

(2) 提供便于组织内外交流和沟通的方式。

(3) 提供强有力的图形、分析模型、文档管理、通信处理等处理软件。

(4) 具有较强的运算能力与存储容量。

(5) 具有友好的用户接口。

9.2 虚拟组织

9.2.1 虚拟组织的定义与特征

1. 虚拟组织的定义

虚拟组织(virtual organization)是指两个以上的独立实体为了迅速向市场提供产品和服务，在IT技术的支持下，在一定时间内迅速聚集一系列的核心能力，以利用市场机会的独立企业的动态联盟。虚拟组织不是一个企业，而是一个由独立企业组成的企业群体，组成虚拟组织的独立企业称为虚拟组织单位；虚拟组织是企业面对日益激烈的国际竞争、现代科技的日新月异等而做出的卓有成效的组织创新。

虚拟组织凭借计算机网络互联技术，让各成员企业仅保留其最"精益"的功能，将自己难以胜任的或难以高效完成的生产和服务委托给其他成员企业，在竞争中高效率地发挥各成员企业有限的资源优势，实现快速的市场扩张。组成虚拟组织的每一个独立企业拥有各自的核心能力和资源，为了一个共同的市场机会，这些独立的企业联合起来，贡献各自的核心能力和资源，相互协作，以谋求实现共同的市场目标，同时使虚拟组织整体价值最大化。

随着现代科技的迅猛发展，国际竞争的日益激烈及网络经济时代的到来，虚拟组织越来越成为企业借助外部力量迅速回应市场、增强自身核心竞争能力的重要手段。虚拟组织不具有法人资格，也没有固定的组织层次和内部命令系统，而是一种开放的组织结构，因此可以在拥有充分信息的条件下，从众多的组织中通过竞争招标或自由选择等方式，精选出合作伙伴，迅速形成各专业领域中具有竞争优势的价值链。虚拟组织还可以通过对外部资源有效整合和利用，完成单个企业难以承担的市场功能，如产品开发、生产和销售等。

2. 虚拟组织的特征

(1) 虚拟组织具有较大的适应性，在内部组织结构、规章制度等方面具有灵活性。虚拟组织是一个以机会为基础的各种核心能力的统一体，这些核心能力分散在许多实际组织中，它被用来使各种类型的组织部分或全部结合起来以抓住机会。当机会消失后，虚拟组织就解散。

(2) 虚拟组织共享各成员的核心能力。虚拟组织是通过整合各成员的资源、技术、顾客、市场机会形成的。它的价值就在于能够整合各成员的核心能力和资源，从而降低时间、费用和风险，提高服务能力。建立特殊的工作团体，把实现既定目标所需要的理想资源整合到一起，既不改变团体成员的生活方式，又能去应付变革所带来的挑战。在相同的市场机会下，虚拟组织会优于各成员公司。对于顾客而言，整合的特征是无形的、无边界的。

(3) 虚拟组织中的成员必须以相互信任的方式行动。合作是虚拟组织存在的基础，由于虚拟组织突破了以内部组织制度为基础的传统的管理方法，各成员又保持自己原有的风格，势必在成员的协调合作中出现问题。但各个成员为了获取一个共同的市场机会结合在一起，它们在合作中必须彼此信任，当信任成为分享成功的必要条件时，就会在各成员中形成一种强烈的依赖关系。否则，这些成员无法取得成功，顾客也不会与他们开展业务。

9.2.2 虚拟组织产生的原因

虚拟组织产生的原因有以下几点。

▶ 1. 市场竞争使企业间的关系发生变化

经济全球化使企业与竞争对手之间的关系出现了根本性的变化，由竞争关系变为双赢互利关系，企业组织出现了虚拟化趋势。一方面，使各国企业面临更为广阔的市场空间，使它们更有机会和可能开展更大规模的生产和销售，以充分实现其规模效益；另一方面，也使企业面临全球范围内更加激烈的竞争，企业原有的市场份额及垄断格局将不可避免地受到挑战。主要表现在以下几个方面。

（1）任何一个企业面对全球市场范围的竞争都显得势单力薄。

（2）随着竞争的日益加剧，越来越多的企业认识到将资源集中于核心能力是企业获取竞争优势的必要条件，开始将一些自己不具备竞争优势或效率相对低下的业务内容进行外包，与其他企业结成战略联盟。

（3）企业自身专注于一个相对狭小但优势明显的领域。

（4）企业通过对价值链的整合，进行流程再造，将各种外部资源进行充分利用，实现仅靠自身能力无法完成的目标。

▶ 2. 研究与开发需要企业加强分工与合作

知识经济时代悄然而至，产品和技术变得越来越复杂，生命周期相应缩短，经营成本和经营风险随之提升，单个企业无力单独完成规模庞大的技术开发工程，无力承担由此而产生的高成本和高风险。这就要求企业必须进行组织间的有效合作，以增强开发的实力，提高回应市场的速度，分担开发的成本，分散开发的风险。

同时，科技的发展带来产品的复杂化，一种新产品的问世往往需要涉及越来越多的领域和生产环节，从产品的设计、研制到批量生产，以及市场销售和服务等构成了一个规模越来越大的系统工程。这个工程的规模之大、技术之复杂，往往需要众多企业进行分工协作。

▶ 3. 网络技术的发展为企业组织虚拟化创造了有利条件

虚拟组织作为一种组织创新很早就存在，但只有在信息技术特别是网络技术高度发达后，才得以真正的发展。企业通过互联网、电子数据交换、企业网等实现了与其他企业的信息共享，使各组织形成了平等与合作的互利关系。由于各组织通过网络进行合作，跨越了时空的界限，保证了合作各方充分自由的沟通，使虚拟组织在效率、成本、质量及服务等方面具有较强的竞争力。

9.3 虚拟办公室的特点与展望

9.3.1 虚拟办公室的产生

办公自动化能将人们以电子方式连接在一起，这种能力为办公室工作开辟了一条新的道路。它使办公室工作必须在公司设立的办公室里完成成为历史，员工可以在任何地方完成这些工作。这就意味着办公室工作可以在任何地方进行，只要那里能够通过某种电子通信系统和公司的固定地点有一种或多种连接。

虚拟办公室出现于20世纪70年代，当时的低价微型计算机和数据通信设备让个人在家里工作成为可能。当时，术语“远程处理”(teleprocessing)用来形容数据通信，后来，术语“远程通信”(telecommuting)被引入，因为它看上去是一个合适的方法，能用来形容员工用于工作的电子化“上下班”。开始时，远程通信者是那些系统程序员，他们意识到可以在家里或者游艇上完成他们的软件产品，就像在办公室里一样。

近年来，数据通信方面的发展使有些工作者在任何地方都能完成部分或全部的工作成为可能。越来越多的人在家里工作，通过电子邮件和传真等电子通信手段与他们的办公室进行通信。当一个公司以这种远程的数字办公室方式完成它的办公室工作时，那么工作的场所就是虚拟办公室。

虚拟办公室按照有无物理办公场所区分，有两种含义：第一种是指有实际办公场所的虚拟办公室或者企业或虚拟组织设立的办公室，是参加办公室工作的人员可以接受办公自动化服务的公共工作场所。这个场所的地点可以变化，可以采用弹性的工作时间，办公室人员可以不到这里来办公，但在物理上是实际存在的。第二种特指没有物理场所的数字办公室，即完全意义的数字办公室。第一种含义的虚拟办公室正在向完全意义的数字办公室转化，尽管这一过程的长短并不确定。

能使虚拟办公室成为可能的技术就是前面提到过的办公自动化。办公自动化能为所有层次上的员工提供解决问题的信息，包括管理者。应把办公自动化系统修改得适合每一个管理者的通信需求，特定的管理者的办公自动化系统的组合受到组织类型、管理者个人偏好和可能得到的办公自动化资源等各种因素的影响。由于办公自动化不仅增加了传统的人与人之间的交流，还提供了新的功能，所以它特别吸引人。

9.3.2 虚拟办公室的优点和缺点

▶ 1. 虚拟办公室的优点

虚拟办公室用电子手段克服了工作场所地理上的限制，具有以下优点。

(1) 减少了房屋成本。因为有一些员工在其他地方工作，所以公司无须很大的办公空间，减少了办公室的租金和其他费用。

(2) 减少了设备成本。不必向每个员工提供全部的办公设备，远程通信者可以像局域网的用户共享局域网资源一样，共享公司的很多设备。

(3) 正式的通信网络。远程通信者必须和公司保持联系并接收专门的指令，因此与传统办公室相比，通信网络受到了更多的关注。在传统的办公环境中，很多交流是随意的谈话和观察。对通信需求关注的增加，比原有的员工都在固定地点工作有更大的潜力，可以产生更好的交流。

(4) 减少停工。当出现暴风雪、洪水、飓风等让员工无法赶到办公地点的情况时，公司的运作会减慢甚至彻底停滞，然而，在一个虚拟办公室，大多数工作可以继续进行。

(5) 社会贡献。虚拟办公室让公司可能雇用在其他情况下没有工作机会的人，有生理障碍的人、老人和有孩子需要照顾的父母，他们可以在家里工作。另外，极其明显的是虚拟办公室极大地降低了交通压力，节约了大量的社会财富。

▶ 2. 虚拟办公室的缺点

虚拟办公室给组织和社会带来很多好处，同时它具有的某些特性也带来了负面影响。

(1) 没有归属感。当员工不是每天都直接和他们的合作者接触时，他们失去了作为一个组织的重要部分的感觉。

(2) 失去工作。因为员工的工作和公司的运营是相互独立的，他们会很容易有这样一个想法：自己是可以被抛弃的。他们会得出结论：任何有一台可联网的计算机的人都可以完成这份工作，他们可能成为电子设备的牺牲品。

(3) 士气低。多种因素能导致员工士气低落，其中一个因素是无法从上级和同事那里得到积极的反馈；另一个因素是远程通信者的工资要少于在固定办公室上班的员工这一事实。

(4) 家庭压力。当压力来自家庭时，远程通信者就无法在短短的几个小时内摆脱压力。由于远程通信者的配偶可能会认为这样的工作安排是为了逃避家庭责任，所以压力也会增加。

所有这些不利因素都是不利于员工的。只有当公司仔细观察员工的感情时，才会发现这些负面影响。因此，要成功实施虚拟办公室，公司必须要特别努力，保证员工不受这些问题的困扰。

9.3.3 虚拟办公室的实施策略与发展趋势

▶ 1. 虚拟办公室的实施策略

公司是虚拟办公室的最大受益者，公司在实施虚拟办公室时必须遵循以下建议。

(1) 为员工提供计算机资源。当员工无力负担自己的软件和硬件设备时，公司应该为其提供这些资源。

(2) 提供信息源的接口。当远程通信者要承担一部分的研究工作时，公司应该提供金融数据库和互联网等必需的信息源。

(3) 为员工提供非计算机工具。尽管虚拟办公室是建立在电子数据基础上的，公司还是需要提供员工工作所需的非计算机工具，如计算器、订书机、信封、电话簿、流程手册等。

(4) 安排转接电话。在固定办公室的某些员工有责任为远程通信者转接电话，同时，公司应该使用远程通信者可以从家里访问的语言信息系统。

(5) 采用电话会议。电话会议实现一群人可以在同一时间通过电话进行交谈。领导应该定期安排电话会议，让远程通信者有机会实时、双向地进行交流。

(6) 安排定期的会议。公司应该安排每个人都要参加的会议。这样的会议是为了让员工有一个团队的感觉，同时，应该安排获得这样的结果所需的尽可能多的会议。

(7) 正常的工作时间。远程通信者应该每天工作一定的时间，理想的情况下应该在一个不受干扰的房间里。亲友们应该明白，虽然他在家里，但是他在工作。

最后一条策略是员工必须执行的，其他的都是公司要做的，因此，虚拟办公室的成功需要员工和公司之间的合作。虚拟办公室并非适合所有组织的所有人，除非员工能够在没有监督和激励的情况下，约束自己来工作，否则工作可能就做不好，很可能虚拟办公室要求其员工比在固定办公室的员工更专注。对于喜欢一个人工作的员工，虚拟办公室是一个理想的环境。

▶ 2. 虚拟办公室的发展趋势

办公自动化的应用程序可以在固定地点，也可以在虚拟办公环境中运行。研究显示，在所有解决问题的信息中，人际交流的信息占了主要部分，并且是最有价值的，管理者和信息专家把办公自动化看成是对这种人际交流的一个辅助手段。未来虚拟办公环境会有以下发展趋势。

1）虚拟组织将是主要的组织形态

当社会逐渐迈向后工业社会，或是所谓的信息社会、后现代社会，由于IT技术的影响，社会、环境、消费市场也产生了本质性的改变。企业为了应对形式的变化，必然会走向以信息为导向的组织结构。企业需要不断地创新，积极扮演创业型组织的角色，否则很难在市场中继续生存下去。信息技术的发展使虚拟组织成为企业的重要选择，原因在于虚拟组织能够有效地运用人力(专业知识)资源，降低内部固定成本，以及弹性化地适应外在变动环境。

组织的工作内容和形式会受到电子商务发展的影响。无论是提供商品或服务企业，知识工作者将成为普遍的劳动生产来源，企业对于员工的约束力越来越小，因此员工普遍认识到忠于专业技术比忠于企业组织更为重要。未来的组织工作任务将日益零细化，学习逐渐成为员工的生活重心，不可能再有一技在身，终身受用的保障。

2）办公场所以虚拟办公室为主

各种以专业为导向的小团体将逐渐兴盛，彼此分享最重要的技术信息，很可能是以虚拟组织的方式出现，组织内部的沟通品质与团队精神便决定了该企业的成败与否。知识工作者将取代从事体力及文书工作的人，成为人力资源市场的新主流。知识工作者更乐于在虚拟办公室环境工作，这是因为知识工作者更倾向于不受约束的工作氛围。同时，虚拟办公室除了提供办公自动化服务，还建立了一个社会环境。

完全意义上的虚拟办公室就是虚拟现实技术，但是，由于技术的局限性及人们的社会性，实现完全意义上的虚拟办公室可能还需要比较长的时间。

3）虚拟组织的社会影响将日益深远

尽管虚拟办公室和虚拟组织主要被定义为经营策略，然而这个概念最终将可能和社会有着千丝万缕的联系。对虚拟办公室和虚拟组织概念最感兴趣的是那些能以信息的形式增值的行业，如教育、健康、娱乐、旅游、体育和咨询，这些行业越来越多地受到虚拟办公室的吸引，而这些行业几乎影响每个人生活和工作的方式。受这种工作方式影响最明显的就是城市的外观和功能。虚拟办公室和虚拟组织将会减少摩天大楼和上下班的人，让城市更加安宁，更适合居住。

9.4 智慧城市

智慧城市经常与数字城市、感知城市、无线城市、智能城市、生态城市、低碳城市等区域发展概念相交叉，甚至与电子政务、智能交通、智能电网等行业信息化概念融合。智慧城市就是运用信息和通信技术手段监测、分析、整合城市运行核心系统的各项关键信息，从而对包括民生、环保、公共安全、城市服务、工商业活动在内的各种需求做出智能响应。智慧城市的实质是利用先进的信息技术，实现城市智慧式管理和运行，进而为城市中的人创造更美好的生活，促进城市的和谐、可持续成长。

随着人类社会的不断发展，未来城市将承载越来越多的人口。目前，我国正处于城镇化加速发展的时期，部分地区“城市病”问题日益严峻。为解决城市发展难题，实现城市可持续发展，建设智慧城市已成为当今世界城市发展不可逆转的历史潮流。

智慧城市的建设在国内外许多地区已经展开，并取得了一系列成果，国内的如智慧上海、智慧双流；国外如新加坡的“智慧国计划”、韩国的“U-City 计划”等。

智慧城市通过物联网基础设施、云计算基础设施、地理空间基础设施等新一代信息技术，以及社交网络、综合集成法、网络全媒体融合通信终端等工具和方法的应用，实现全面透彻的感知、宽带泛在的互联、智能融合的应用，以及以用户创新、开放创新、大众创新、协同创新为特征的可持续创新。伴随网络帝国的崛起、移动技术的融合发展，以及创新的民主化进程，知识社会环境下的智慧城市是继数字城市之后信息化城市发展的高级形态。

9.4.1 智慧城市的发展

世界城市化、全球经济一体化和服务型经济的趋势意味着城市在其发展上、经济上和政治上获得了更多的控制权。越来越多的高新技术用于构成城市的核心系统，并易于被感知和互联互通，进而实现高层次的智能。同时，城市也面临众多的可持续发展方面的挑战和威胁——跨越业务、组织和核心基础设施(交通、水、能源和通信等)系统需要被整体定位。

智慧城市的策略是：在城市发展过程中，在其管辖的环境、公用事业、城市服务、公民和本地产业发展中，充分利用信息通信技术，智慧地感知、分析、集成和应对地方政府在行使经济调节、市场监管、社会管理和公共服务政府职能的过程中的相关活动与需求，创造一个更好的生活、工作、休息和娱乐环境。为了抓住机遇和构建可持续的繁荣，城市需要变得更加“智慧”。

一个世纪前，全球超过百万人口的城市不超过 20 个，今天这个数字已经上升到 450 个，而且在可预见的未来，这个数字还将持续上升。1990—2050 年(预测)，居住在城市人口的百分比如图 9.3 所示。随着城市的数量和城市人口的不断增多，城市被赋予了前所未有的经济、政治和技术的权力，从而使城市发展在世界中心舞台起着主导作用。从经济意义角度来讲，城市正在形成一个全球经济一体化的，以服务为基础的社会中心；从政治角度来讲，城市的职能也在变化，有着更大的影响，同时也有着更大的责任；从科技角度来讲，先进的生产力正为城市提供更好的指导能力，以及对城市运营和发展的管控能力。

2009 年，正当中国提出 4 万亿投资应对金融危机时，“智慧城市”这个议题引起了国内社会各界的极大兴趣。IBM 公司抓住机遇，趁热打铁，在中国连续召开了 22 场智慧城市的讨论会，与超过 200 名市长及近 2 000 名城市政府官员交流。智慧城市的理念得到了广泛的认同，南京、沈阳、成都、昆山等城市已经与 IBM 进行了战略合作。

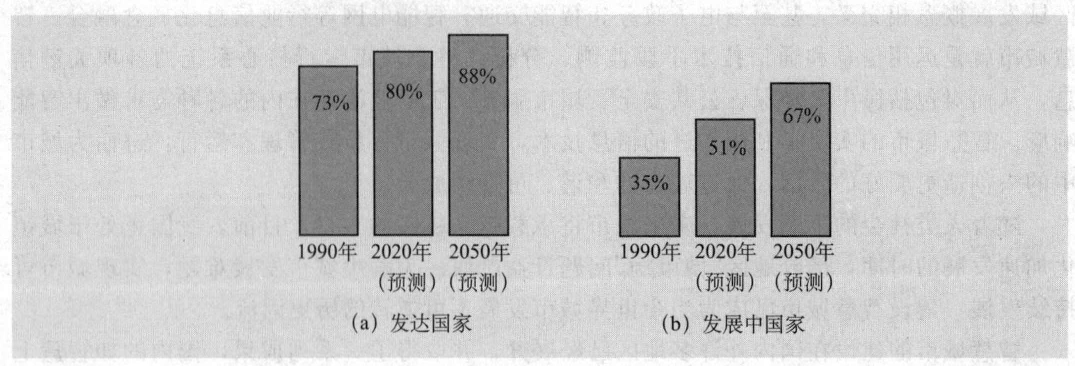

图 9.3 1990—2050 年(预测)，居住在城市人口的百分比[①]

2010 年，IBM 公司正式提出了"智慧的城市"愿景，希望为世界和中国的城市发展贡献自己的力量。在 IBM 公司的《智慧的城市在中国》白皮书中，基于新一代信息技术的应用，对智慧城市基本特征的定义如下。

(1) 全面物联：智能传感设备将城市公共设施物联成网，对城市运行的核心系统实时感测。

(2) 充分整合：物联网与互联网系统完全对接融合。

(3) 激励创新：政府、企业在智慧基础设施的基础之上进行科技和业务的创新应用。

(4) 协同运作：城市的各个关键系统和参与者进行和谐、高效地协作。

发展至今，智慧城市已是物联网、云计算、移动互联网等新一代信息技术应用与城市可持续发展需求相结合的产物，代表了当今世界城市发展的新理念和新模式，体现了工业化、信息化、城镇化和农业现代化的融合。为实现智慧城市，IBM 公司推出了各种"智慧"解决方案，包括智慧电力、智慧医疗、智慧交通、智慧供应链、智慧银行等。

9.4.2 城市发展面临的挑战

在操作层面上，城市由六个核心系统组成：组织、商业、交通、通信、水和能源。城市的组织系统包括公共安全、健康和教育，这些是能否给市民提供一个高质量的生活的关键；城市的商业系统代表着业务所面临的政策和管制环境；城市通过交通系统提供给组织系统和商业相互移动的能力，并通过通信系统来共享信息和沟通，城市也将为经济和社会活动提供两个必要的公用设施——水和能源等。这些系统不是零散的，而是以一种协作的方式相互衔接，有效地促进执行力和高效性。这六个核心系统实际上变成了"系统中的系统"。

城市的六大核心系统具体如下。

(1) 组织：城市中组织的系统涉及人和社会网络，包括公共安全(火情、警情和疾病)、医疗、教育和生活质量。

(2) 商业：城市的商业系统遵循一定的行政规章和政治环境因素，包括商业计划的调节、对外开放和投资、劳工立法和产品市场的立法。

(3) 交通：城市的交通系统包括城市路网的各个方面，如公共交通网络、海运和空运等。

(4) 通信：城市的通信系统包括电子通信的基础架构，如电话，宽带和无线网络。这

① 资料来源：智慧的城市在中国。

种接触和传达信息的能力是现代经济的关键，也是一个智慧城市的关键。

(5) 水：城市的水系统是非常重要的系统，包括整个的水循环，水供应和水清洁。

(6) 能源：城市的能源系统正如它的水系统一样重要，包括能源的产生、能源运输的体系，以及能源废弃物的处理。

这些核心系统是相互联系并且是交互利用的，了解一个系统并使它更有效地工作就意味着必须建立一个更加宏大的规划图，其中要显示各种系统是如何相互关联协作的。每当城市的可持续性发展面临重要的挑战和威胁时，城市有能力去维护 6 个系统之间的相互关联，并且能够采取行动来确保将来的繁荣发展。

▶ 1. 城市的可持续性发展面临重要的挑战

虽然世界城市平均人口数量在逐渐增长，但是在过去 30 年里，发达国家中很多城市的人口是减少的而不是增长的，因此这些城市需要新的方式去维持其在全球的竞争性，同时吸引有技术的劳动力。发展中国家的城市在不断发展的同时，科技也面临着挑战，其原因主要是受制于技术创新能力的缺乏。在很多领域，技术被认为是能为经济发展提供更大动力的因素。城市同样也面临居民健康的巨大挑战，从婴儿的死亡率到 HIV/AIDS 流行病，随着这种挑战的增强，政府财政来维护和运行健康系统的能力将被推到极限。例如，在美国，健康保健的花费剧增到国内生产总值的 20%，在加拿大此项花费占到了省级税收收入的一半以上。

▶ 2. 平衡城市系统的调整性要求和行政性开支

城市以商业系统作为繁荣的基础。一个没有效率的行政系统可能在某些经济领域内花费国内生产总值的 6.8%。行政花费减少 25%(如缩短填表的时间、并联审批等)，可以节省国内生产总值的 1.5%或更多(大约 2 090 亿美元)。

如图 9.4 所示，在不同的城市中，完成同样一个交易的程序所花费的时间是完全不同的，甚至在一个国家内也是不同的。随着城市在政治和经济领域里扮演了一个更重要的角色，如何解决在哪些领域需要制定法律和怎样执行的问题变成了衡量一个城市商业系统有效性和高效性的核心问题。

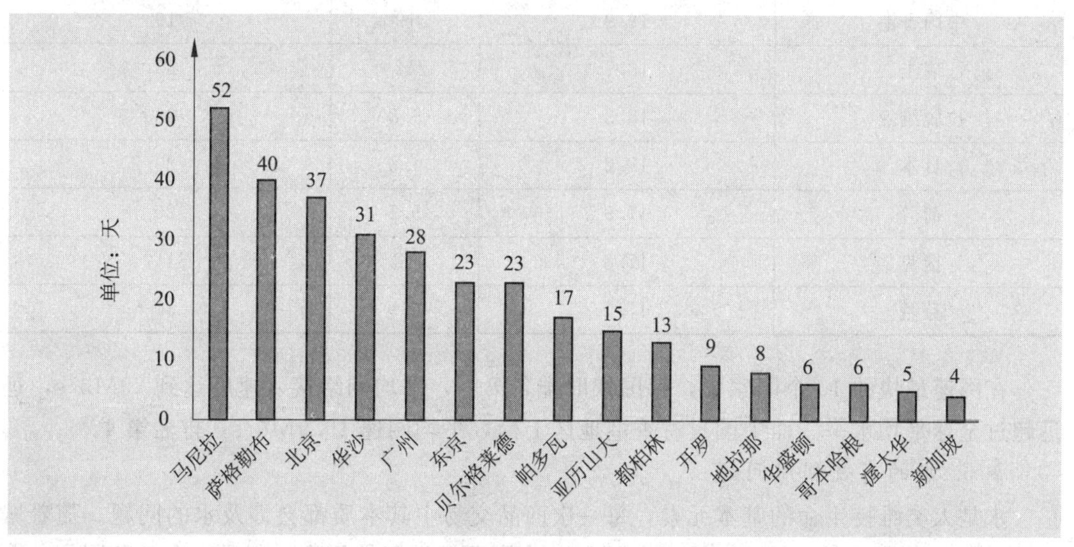

图 9.4 在不同的城市中，开展同一种的商业活动所花费的时间

▶ 3. 效能低下的交通系统会导致运输成本的增加

都市化和全球化在世界的港口间创造了更多的货运交通方式。2005年，交通拥堵使美国经济活动中的运输环节多花费了780亿美元，拥堵的几小时内就损失掉42亿美元，而且还产生了污染和能源的浪费问题，这种浪费在以每年8%的速度增长。在纽约，拥堵的交通每年要花费40亿美元。据估计，交通拥挤的花费在发达国家和发展中国家占国内生产总值的1%～3%。在新型的城市中，汽车拥有的比率占经济合作与发展组织国家的75%～90%。随着汽车拥有数量从以前的1/10增长到现在的1/3或者更高，会使一个城市的交通体系变得不堪重负。

▶ 4. 城市的连接性需求面临着挑战

在过去的20年里，我们见证了通信发生了革命性的转变，特别是在国际网络范围内的信息共享能力。网络使用的人数量从2000年到现在增长了350%，但仍然有51亿人没有使用到网络并且没有享受到网络信息通信给他们的生活带来的好处。网络的连接速度也日益变得非常重要。全球宽带网络速度是各不相同的，随着东京和横滨的居民准备接受每秒GB级的网络连接速度时，城市的管理者必须着手为TB级的网络连接速度提前制定规划。

由表9.1可以看出，2016年全球平均网速要比2015年整体提高了23%至6.3Mb/s，比上一季度增长12%。同时，8.5%的用户现在已经达到了至少25Mb/s的宽带速度。

表9.1　2016年全球网速排名

国家或地区	2016年第一季度平均网速/(Mb/s)	季度变化/%	年度变化/%
全球	6.3	12	23
韩国	29.0	8.6	24
挪威	21.3	14	68
瑞典	20.6	8.3	32
中国香港	19.9	19	19
瑞士	18.7	12	25
拉脱维亚	18.3	9.8	33
日本	18.2	4.6	20
荷兰	17.9	5.5	20
捷克	17.8	12	31%
芬兰	17.7	6.9	30

在网速最快的10个国家中，韩国依旧排名第一，平均网络接入速度达到29Mb/s，远远超过全球平均水平。而中国只有香港地区上榜，平均网速19.9Mb/s，排名第4。

▶ 5. 水的有效利用问题

水是人类维持生命的基本元素，每一次商品交易中其本质都会涉及水的问题。随着城市的增长，水变得更加紧缺，城市中60%的水资源被用于饮用水，但是在全球范围中，少于一半的水资源被有效地利用，水资源的泄漏通常占可利用水的60%。全球范围内在水问题方面的花费每年需要140亿美元。

当前，44%的全世界人口面临用水紧缺的问题，这种趋势到2030年可能会涉及40亿人口。全球水资源的紧缺估计导致每年损失了3.6%的经济增长。在加利福尼亚州，水资源问题的花费已经占全州花费的2%。

▶ 6. 能源系统的不稳定性、不充分性和不可持续性

由于二氧化碳大量地被排放，温室效应从1990年到2010年已经增长了大于45%，主要归因于城市的扩建，因为城市中往往会产生大量的二氧化碳，因此减少二氧化碳排放对于一个健康的地球是十分必要的。从满足居民要求到投资者要求等方面，城市的政策制定者面临不断增大的压力，应把减少温室问题考虑到政策制定的问题里面，从而达到自然环境的可持续性发展和对温室效应的有效控制。欧洲400多个城市的市长提出温室问题威胁到了城市的可持续性发展，为居民提供安全的和可持续性的能源是一个城市所面临的最重要的挑战。全球中约1/3的人口没有电用，而在能源被广泛利用的大多数发达城市里，能源的供给还很不稳定。在美国，由于总体能源的储备从20世纪90年代的30%下降到2007年的17%，能源供给中断的威胁正大大增加。

▶ 7. 城市间面临相互关联的挑战

对于城市的可持续性发展而言，面临挑战和威胁的因素不仅非常重要，而且这些因素之间是相互关联的。例如，一个城市的信息和通信基础架构是吸引商业和投资的关键。一个城市的运输系统对于商业来说是十分重要的保障因素。

9.4.3 城市信息化与智慧城市具有高度结合性

城市所面临的挑战贯穿于城市的核心系统，这意味商业本身不像过去一样是一个有效可行的选择，即使面临这些挑战，城市仍然有一定的能力去满足居民的需求。城市应努力地为他们的居民提供健康的、愉快的、安全的生活环境，同时应努力地吸引商业从而帮助它在全球竞争中更加繁荣，也应以一种可持续性发展的方式提供一个充分、高效的基础设施。为了实现所制定的目标，城市必须关注城市运行中所依靠的系统，从而使它们更充分并且有效地工作，也就是更加智能。

城市信息化这一渐进式过程包括三个阶段：城市信息基础设施建设阶段、城市信息化的初级应用阶段和城市信息化的重点应用阶段。

城市信息化的每个发展阶段都存在规划和落实的问题，必须制定与当前阶段相适应的办法和实施框架，这就需要适应城市信息化当前阶段发展实际的规划和实践方法。

经过近年来的发展，城市信息化发展已经取得一定成绩，带动了城市现代化水平的提升。当前及今后一段时间，中国城市信息化的发展对城市信息化的网络基础设施建设、信息资源数据库建设和共享、城市管理与运行相关系统功能的提升、社区服务水平的提高等都提出了新的要求，必须通过新的视角、新的思路、新的技术手段和更加全面系统的方法来加以解决和实现。

知识链接：最佳零售商大润发如何做全渠道营销？

智慧城市是城市信息化在当前的一个完整的、具有突破性的落实方案，它为如何加强网络和信息资源库建设，如何面向城市发展提供更好的开发应用和服务，如何使基础设施和创新应用协同运作提供了新的思路和具体而系统的解决方案，而这些都是城市信息化的重要内容。

本章小结

办公自动化是将现代技术设备、科学管理方法及人类工程学等有机结合起来，引入办公环境，最有效地管理和交换信息，以提高办公室的综合工作效益。办公自动化的主要表现形式为终端用户系统。

虚拟组织是指两个以上的独立实体为了迅速向市场提供产品和服务，在IT技术的支持下，在一定时间内迅速聚集一系列核心能力，以利用市场机会的独立企业的动态联盟。

虚拟办公室有两种含义：第一种是指有实际办公场所的虚拟办公室；第二种特指没有物理场所的数字办公室。随着知识经济的到来，虚拟办公室将成为越来越多的组织的工作方式。

智慧城市就是运用信息和通信技术手段感测、分析、整合城市运行核心系统的各项关键信息，从而对包括民生、环保、公共安全、城市服务、工商业活动在内的各种需求做出智能响应。

关键术语

办公自动化	虚拟组织	虚拟办公室
终端用户系统	知识工作系统	智慧城市

思考与讨论

一、判断题

1. 虚拟组织具有较大的适应性，在内部组织结构、规章制度等方面十分正式。（　）

2. 虚拟组织共享各成员的核心能力。（　）

3. 虚拟组织作为一种组织创新很早就存在，但只有在信息技术特别是网络技术高度发达后，才得以真正的发展。（　）

4. 虚拟办公室适合所有组织的所有人。（　）

5. 在所有解决问题的信息中，人际交流的信息占了主要部分，并且是最有价值的。（　）

二、选择题

1. 办公自动化系统的效益主要体现为（　　）。

A. 全球市场的管理与控制

B. 提高办公效率与速度，提高办公业务的工作质量

C. 减少手工操作，减轻劳动强度

D. 便于协调管理提高经济效益

2. 知识管理系统的作用是(　　)。

A. 支持方便地获取知识库

B. 提供便于组织内外交流和沟通的方式

C. 提供强有力的图形、分析模型、文档管理、通信处理等处理软件

D. 具有较强的运算能力与存储容量，以及友好的用户接口

3. 知识工人的作用是(　　)。

A. 促进人与自然协调、持续发展

B. 掌握不断发展变化的与组织有关的知识

C. 作为公司内部顾问

D. 组织变革的主要力量

三、思考题

1. 什么是办公自动化?

2. 办公自动化最显著的特征是什么?

3. 什么是虚拟组织?

4. 虚拟办公室的缺点是什么?

5. 什么是智慧城市?

6. 智慧城市的基本特征有哪些?

案例分析：
虚拟世界给人的思考

第10章 电子商务

教学目标

☞ 掌握电子商务的基本概念；

☞ 熟悉电子商务的主要内容及基本框架，对电子商务的构成有宏观的了解。

教学要求

知识要点	能力要求	相关知识
电子商务的基本概念	理解 EC、B2B、B2C、C2C 等基本概念	管理原理
电子商务的基本框架	掌握电子商务系统的层次关系	管理原理、计算机基础知识
电子商务的应用问题	从全社会的角度考虑电子商务的应用问题	经济、管理知识

导入案例

阿里巴巴时代

在腾讯市值突破 3 000 亿美元之后，中国又一家互联网公司阿里巴巴的市值突破 3 000 亿美元。阿里巴巴从一家电商公司已经转型为一家数据公司。

截至 2017 年 5 月 10 日，阿里巴巴股价 120 美元，市值 3 055.2 亿美元。2016 年 12 月 22 日以来，阿里巴巴股价从 86 美元上涨到 120 美元，用了约 5 个月时间。太平洋皇冠证券分析师预计阿里巴巴股价将达到 134 美元。

2017 年 5 月 18 日，阿里巴巴将公布 2016 财年业绩。随着网购增速的放缓，阿里巴巴早在两年前开始转型。2017 年年初，阿里巴巴宣布上调财年全年收入增长预期至 53%，高于此前预期的 48%。

阿里巴巴集团零售事业群产品与消费者平台负责人蒋凡对记者表示，“中国互联网发展到今天，人口红利已经到头，阿里巴巴从做大价值的广度转向做大价值的深度。过去阿里巴巴颠覆了销售和营销领域，现在有机会影响经济的各个领域”。例如在制造业，阿里巴巴尝试利用消费者行为数据，改造现有制造模式，探索柔性制造等新模式。

阿里巴巴集团副总裁靖捷接受采访时说，过去两年，阿里巴巴从一家电子商务公司开始转型，现在已经成为交易市场、物流、云计算和大数据等商业基础设施的搭建者，现在越来越多的企业董事长和CEO到阿里巴巴来探讨整个企业如何互联网化。

阿里巴巴拥有4亿买家的购买行为、兴趣及支付数据，同时又有经营、财务、金融支付、物流、仓储等数据。按照阿里巴巴董事局主席马云的定位，阿里巴巴是一个以数据驱动的经济体。

资料来源：中国新闻网．2017-05-10.

阿里巴巴在中国成为电子商务的代名词，其商业模式无疑是成功的。电子商务与办公自动化一样，与每个人密切相关，要在理论高度把握其最本质的内涵。

10.1 电子商务概述

10.1.1 电子商务的发展及基本概念

随着生产力的发展和技术的进步，商务的形式及具体内容也在不断地变化，交通工具、运输方式、货物及服务流通分配渠道，以及契约关系等都发生了变化。电子商务正以前所未有的力量冲击着人们千百年来形成的商务观念与模式。电子商务直接作用于商务活动，间接作用于社会经济的方方面面，正在推动人类社会继农业革命、工业革命之后的第三次革命。对于任何想实现跨越式发展的组织来讲，开展电子商务都是必然选择。

1. 国际电子商务的发展

电子商务最早产生于20世纪60年代，发展于90年代，其产生和发展的重要条件是计算机的广泛应用、网络的普及和成熟、信用卡的普及，以及电子安全交易协议的制定。

1）20世纪60—90年代，基于EDI的电子商务

EDI(electronic data interchange，电子数据交换)在20世纪60年代末期产生于美国，当时的贸易商在使用计算机处理各类商务文件时发现，纸张票据影响了数据的准确性和工作效率的提高，人们开始尝试在贸易伙伴之间的计算机上进行数据的自动交换，EDI应运而生。EDI是将业务文件按一个公认的标准从一台计算机传输到另一台计算机上的电子传输方法。由于EDI大大减少了纸张票据，因此，人们也形象地称之为“无纸贸易”或“无纸交易”。

2）20世纪90年代中期以来，基于互联网的电子商务

20世纪90年代开始，国际互联网迅速走向普及，逐步从大学、科研机构走向企业和百姓家庭，其功能也已从信息共享演变为一种大众化的信息传播工具。从1991年起，一直排斥在互联网之外的商业贸易活动正式进入这个王国，电子商务成为互联网应用的最大热点。

2. 我国电子商务的发展

我国计算机应用已有半个世纪的历史，1987 年 9 月 20 日，中国的第一封电子邮件揭开了中国使用互联网的序幕。

我国电子商务的发展过程经历了 3 个阶段。

(1) 1990—1993 年，开展 EDI 的电子商务应用阶段。

(2) 1993—1997 年，政府领导组织开展“三金工程”阶段，为电子商务发展打基础。

(3) 1998 年开始进入互联网电子商务发展阶段。

3. 电子商务的定义

电子商务(electronic commerce，EC)是一种以电子通信的方式完成的经济活动。通过这种方式，人们可以对有经济价值的产品和服务进行宣传、购买和结算。这种交易的方式不受地理位置、资金或零售渠道所有权的影响，使任何企业和个人都能自由地参与经济活动。电子商务能使产品在世界范围内交易，并向消费者提供多种多样的选择。从狭义角度来理解，电子商务就是通过计算机网络进行的各项商务活动，包括广告、交易、支付、服务等活动。

电子商务的优越性体现在以下几个方面。

(1) 大大提高了通信速度，尤其是国际范围内的通信速度。

(2) 节省了潜在开支，如电子邮件节省了通信邮费，而电子数据交换则大大节省了管理和人员环节的开销。

(3) 增加了客户和供货方的联系，如电子商务系统网络站点使客户和供货方均能了解对方的最新数据。

(4) 提高了服务质量，能以一种快捷方便的方式提供企业及其产品的信息，以及客户所需的服务。

(5) 提供了交互式的销售渠道，使商家能及时得到市场反馈，改进本身的工作。

(6) 提供全天候的服务，即每年 365 天，每天 24 小时的服务。

4. 电子商务的分类

根据电子商务参与交易的对象，电子商务分为 4 类。

(1) 企业与企业之间的电子商务(business to business，B2B)，企业可以使用互联网或其他网络对每笔交易寻找最佳合作伙伴，完成从订购到结算的全部交易行为，包括向供应商订货、签约、接受发票和使用电子资金转移、信用证、银行托收等方式进行付款。

(2) 企业对消费者的电子商务(business to customer，B2C)，消费者利用互联网直接参与经济活动的形式与商业电子化的零售商务类似。

(3) 消费者与消费者之间的电子商务(customer to customer，C2C)，是目前发展比较迅速的电子商务类型。

(4) 线上与线下之间的电子商务(online to offline，O2O)，线下的商务机会与互联网结合，让互联网成为线下交易的前台。

5. 电子商务发展中存在的安全威胁和安全需求

电子商务的安全威胁表现在以下几个方面。

(1) 由于非法入侵者的侵入，造成商务信息被篡改、盗窃或丢失。

(2) 商业机密在传输过程中被第三方获悉，甚至被恶意窃取、篡改和破坏。

(3) 虚假身份的交易对象及虚假订单、合同，以及贸易对象的抵赖。

(4) 由于计算机系统故障对交易过程和商业信息安全所造成的破坏。

电子商务的安全性需求表现在以下几个方面。

(1) 信息的保密性。

(2) 信息的完整性。

(3) 信息的不可否认性。

(4) 交易者身份的真实性。

(5) 系统的可靠性。

10.1.2 电子商务的功能

概括地讲，电子商务功能就是通过互联网提供在网上的交易和管理的全过程的服务，具体功能如下。

▶ 1. 广告宣传

电子商务使企业能够通过自己的 Web 服务器、网页及电子邮件在全球范围进行广告宣传。在互联网上宣传企业形象和发布各种商品信息，客户用网络浏览器可以迅速找到所需的商品信息。与其他各种广告形式相比，网上的广告成本低，而传递给顾客的信息量却最为丰富。

▶ 2. 咨询洽谈

电子商务使企业可借助非实时的电子邮件、新闻组和实时的讨论组来了解市场和商品信息、洽谈交易事务，如有进一步的需求，还可用网上的白板会议(whiteboard conference)、公告板 BBS 来交流即时的信息。在网上的咨询和洽谈能超越人们面对面洽谈的限制，提供多种方便的异地交谈形式。

▶ 3. 网上订购

电子商务通过 Web 中电子邮件的交互传送实现客户在网上的订购。企业的网上订购系统通常都是在商品介绍的页面上提供十分友好的订购提示信息和订购交付表格，当客户填完订购单后，系统回复确认信息单表示订购信息已收悉。电子商务的客户订购信息采用加密的方式使客户和商家的商业信息不会被泄露。

▶ 4. 网上支付

网上支付是电子商务交易过程中的重要环节。客户和商家之间可采用信用卡、电子钱包、电子支票和电子现金等多种电子支付方式进行网上支付，节省了交易的开销。对于网上支付的安全问题，现在已有实用的 SET 协议等来保证信息传输的安全性。电子账户交易的网上支付由银行、信用卡公司及保险公司等金融单位提供电子账户管理等网上操作的金融服务，客户的信用卡号或银行账号是电子账户的标志。电子账户通过客户认证、数字签名、数据加密等技术措施保证电子账户操作的安全性。

▶ 5. 服务传递

电子商务通过服务传递系统将所有客户订购的商品尽快地传递到客户手中。对于有形的商品，服务传递系统可以对本地和异地的仓库在网络中进行物流的调配，并通过快递业务完成商品的传送；而对于无形的信息产品(如软件、电子读物、信息服务等)则立即从电子仓库中将商品通过网络直接传递到用户端。

▶ 6. 意见征询

企业的电子商务系统可以利用网页上的“选择题”“填空题”等形式及时收集客户对商品

和销售服务的反馈意见。客户的反馈意见一方面能提高网上交易售后服务的水平；另一方面使企业获得改进产品的意见，并发现市场的商业机会，使企业的市场运作形成一个良性的封闭回路。

▶ 7. 交易管理

电子商务的交易管理系统可以完成对网上交易活动全过程中的人、财、物、客户及本企业内部各方面资源的协调与管理。

电子商务的上述功能，给网上交易提供了一个良好的交易服务环境，使电子商务的交易过程得以顺利和安全地完成，从而使电子商务获得更广泛的应用。

10.2 电子商务的框架

电子商务的框架也称电子商务系统结构，是指电子商务系统的层次关系。

10.2.1 电子商务的技术框架

电子商务框架包括技术框架和应用框架，其中技术框架分为电子商务应用层次结构及支持应用实现的基础结构，如图 10.1 所示。

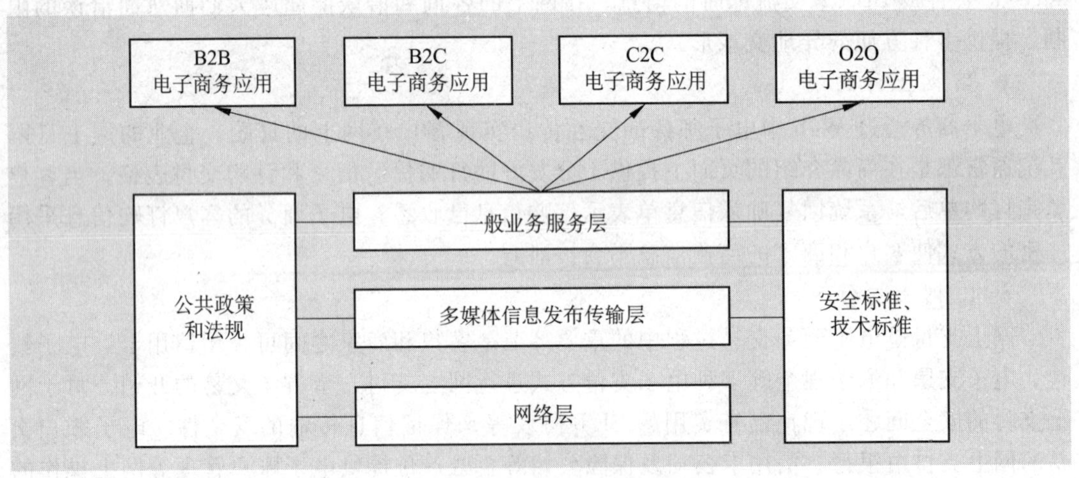

图 10.1 电子商务的技术框架

电子商务支持应用实现的基础结构包括 3 个层次和两个支柱。3 个层次自下而上分别是网络层、多媒体信息发布传输层、一般业务服务层。两个支柱分别是公共政策和法规，以及安全标准、技术标准。

（1）网络层。网络层是电子商务的硬件基础设施，是信息传输系统，目前的通信技术出现了全面融合的趋势。[①]

（2）多媒体信息发布传输层。该层提供了信息传输的线路，这些信息最终会被发送到

① 资料来源：吴颖．通信技术的融合．IT 经理世界，212：54.

各个终端，目前的终端技术同样出现了全面融合的趋势。①

(3) 一般业务服务层。这一层实现标准的网上商务活动服务，目前的各种虚拟现实技术也出现了全面融合的趋势。②

以上简单介绍了基础结构的技术问题，下面介绍由企业与企业之间的电子商务、企业对消费者的电子商务、消费者对消费者的电子商务、线上与线下的电子商务构成的电子商务应用的基本内容。

(1) B2B 模式中，企业利用网络寻找最佳合作伙伴，完成从洽谈到结算的全部交易行为。

(2) B2C 模式中，消费者利用互联网直接参与商业电子化的零售商务。

(3) C2C 模式与 B2C 模式出现了融合的趋势，例如，淘宝网站上的个人卖家都可以看作一定意义上的小型的商家。

(4) O2O 模式中，把互联网与地面店完美对接，实现互联网落地。让消费者在享受线上优惠价格的同时，又可享受线下贴身的服务。

10.2.2 电子商务的应用框架

电子商务的发展方向是尽可能地利用互联网实现商务活动，它是组织对外的平台。客户通过电子商务平台实现与企业内部活动的联系。当企业通过电子商务平台接收到一份来自客户的订单时，它就需要制订相应的企业内部计划，进行资源的有效协调配置，保证客户订单的完成，其中涉及多个系统的协调工作，其应用框架如图 10.2 所示。

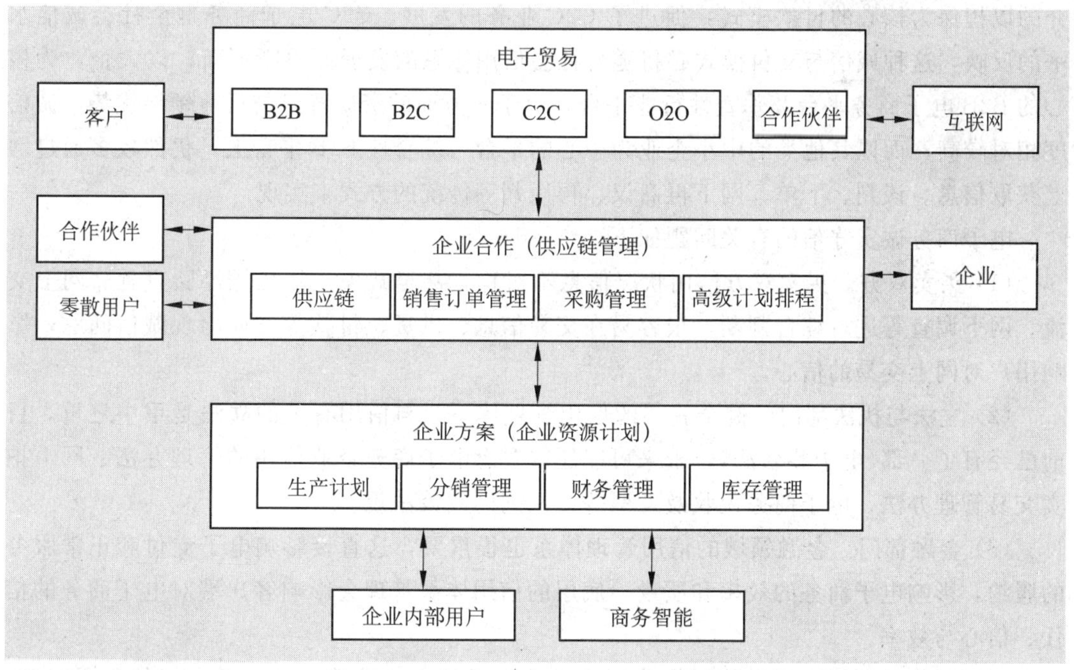

图 10.2 电子商务的应用框架

① 资料来源：胡媛．终端的融合．IT 经理世界，212：57.

② 资料来源：李娜．虚拟和现实的融合．IT 经理世界，212：54.

10.3 电子商务应用中的问题

电子商务的发展涉及诚信体系、安全认证、支付及相关法律等方面的问题。诚信、支付、认证 3 个关键环节的保证是电子商务发展的条件，也是电子商务持续创新的领域。

10.3.1 电子商务应用中的诚信问题

国务院发布的《关于加快电子商务发展的若干意见》，明确提出诚信建设战略思路：加快信用体系建设，建立科学、合理、权威、公正的信用服务机构；严格信用监督和失信惩戒机制，逐步形成既符合我国国情又与国际接轨的信用服务体系的方针和目标。

诚信是电子商务的基石。我国的信用评价和监管机制不健全，全社会的诚信意识还没有建立，这种守信却得不到更大利益、失信也不会得到更大惩罚的现象，给商业交易带来了很高的交易成本，也制约了传统商业走向电子商务的步伐。

国务院信息化工作办公室表示，我国信用体系建设还处于起步阶段，很多交易主体行为不是很规范，存在失信甚至欺诈的现象，特别是有许多别有用心的人，以电子商务的名义，使消费者蒙受损失。目前，B2C 交易趋于成熟，虽然存在个别商家欺诈消费者的情况，但比例不大。越来越多的诚信商务平台交易额连年放大，保持了健康稳定的发展。C2C 电子商务的信用评级模式和担保模式中，担保模式似乎更受个人用户欢迎。第三方中介的以担保为核心的付款模式，促进了 C2C 业务的发展。C2C 电子商务是全社会诚信水平的反映，这种诚信与支付模式必将随着社会信用体系的发展而不断创新；以大企业为核心的 B2B 电子商务平台及垂直性行业平台，由于各方面的资质背景与行业领导优势，诚信度相对较高；而以其他类的中小企业为中心的平台与综合性 B2B 平台上，仍然较多通过网上获取信息、谈判、下单、网下再商议、再谈判等传统的方式来实现。

电子商务诚实守信的有关问题如下。

(1) 买卖双方。买卖双方信用状况信息不对称，甚至缺失。往往凭经验直觉、网上交流、网下调查等进行综合判断，很容易在交易信息、供货、付款等方面出现诚信问题，影响用户对网上交易的信心。

(2) 立法与执法部门。健全我国的信用管理体系，与信用有关的立法是重中之重。目前已经有了一部《电子签名法》，未来可能还需要有电子商务企业信用的管理办法、网上拍卖交易管理办法、电子商务税收及发票等一系列的政策法规。

(3) 金融部门。金融领域的信用管理体系也很重要，这直接影响电子支付和正常服务的履约，影响电子商务的效率和质量。底层的信用体系管理会影响客户端对电子商务的信任、信心与效率。

在电子商务环境下建设信用体系是建立消费者信心、推动电子商务发展的重要基础，是完善市场经济机制、健全信用体制建设的重要组成部分，是电子商务发展不可缺少的重要环节。信用体系建设离不开消费者信用信息的采集和使用，这必然涉及个人信息保护的问题。如何做好两者之间的平衡是必须考虑的问题，必须建立相应的法律规范，使消费者的信用数据被合法的诚信机构真正用于信用目的，避免出现以保护个人信息为由限制采集信用数据，或是以信用体系建设为由而损害消费者的隐私这样顾此失彼的情况。

10.3.2 电子商务应用中的支付市场与第三方支付问题

目前，我国的电子商务网上支付方式中，既有非独立第三方支付平台，也有以中国银联电子支付为代表的独立的第三方支付平台，此外还有各大银行正在不断努力推出的网上银行支付平台，以及企业内部自行建设的电子支付平台，市场竞争比较激烈。

为适应和促进中国电子商务市场的迅速发展，对各大银行而言，除了大力发展自身的网上银行之外，还要加强与第三方支付公司的合作，以实现互利双赢；对第三方支付公司而言，除了深入挖掘行业需求和用户价值，更要不断创新支付产品和服务，提高自身的核心竞争力。

在国内电子支付市场 3 种业务形态中，银行或银联的电子支付平台与企业内部自行建设的电子支付平台涉及的有关方面比较少，实现起来相对容易。下面重点讨论第三方支付服务商的电子支付平台。

▶ 1. 第三方支付的价值和意义

(1) 降低社会交易成本。第三方支付加快了处理速度和效率，企业减少了人力和时间成本；通过第三方支付平台实现企业与多家银行连接，减少了开发和维护成本；降低了交易取消或延迟、付款失败、信用欺诈的风险，提高了企业的交易成功率。

(2) 提升企业竞争力。企业交易效率和效益提高，促进了许多新型创新服务的出现；企业的业务覆盖区域扩大，顾客在支付手段上有更多的选择；第三方支付服务商促进了消费者消除对中小商家交易的疑虑。

(3) 促进产业发展。帮助银行推广了电子银行业务，推动了 B2C、C2C 业务的发展；银行、企业能够更加专注于产品服务设计与市场推广；第三方支付商客观、中立地处理交易，维护各方的合法权益。

▶ 2. 行业发展过程中的问题

(1) 虚拟货币作为新的货币形式，形成了虚拟金融体系的重要组成部分。

(2) 电子支付行业中出现了洗钱、国际信用卡盗窃、国际交易税收流失等问题。

(3) 第三方支付服务的直接支付收入逐渐下降，交易手续费中付给银行的成本高，第三方支付服务的利润相当低。

(4) 第三方支付服务商、银行、企业内部的支付平台之间的支付业务重叠恶性竞争。

▶ 3. 电子商务网上支付发展前景

作为中国电子商务发展的“瓶颈”之一的网上支付问题一直未得到有效解决，网上支付在我国正处于行业发展的初级阶段，还面临行业监管、支付安全、市场培育、产品创新等众多问题。

在目前中国电子商务支付领域，网上支付在电子商务领域的尝试与应用日益广泛，C2C 网上支付已经趋于成熟，B2C 网上支付正处于市场开拓阶段，而 B2B 网上支付的条件和环境尚未成熟，中国电子商务网上支付发展不均衡，中国电子商务支付方式问题的彻底解决还有很长的路要走。

1）C2C

C2C 市场存在大量的个人买家和卖家，存在严重的支付信用问题，传统的支付方式如银行汇款、货到付款等方式根本不适合。目前各大银行网上银行又不愿进入这种需要耗费大量资源且利润又薄的支付领域，因此第三方支付平台成为 C2C 支付最主要的支付方式。由于我国 C2C 电子商务市场集中度很高，2006 年我国 C2C 市场近 95％的市场份额集中在淘宝、易趣和拍拍这 3 大网站，而这些 C2C 网站都分别有自己的支付平台——支付宝、安付通和财付通，因此在 C2C 领域那些独立的第三方支付平台很难涉足。随着 C2C 在中国网络购物市场地位的日益提升，C2C 网上支付市场也日益成熟。

2）B2C

B2C 电子商务的特殊性质和中国网民的传统购物习惯决定了目前中国 B2C 电子商务支付主要以货到付款为主，其次是邮局和银行汇款。B2C 网上支付目前在我国正处于市场开拓阶段，尚未成为广大网民和各大商家认可的支付方式。由于担心利益竞争问题，目前在 B2C 网上支付领域，各大商家主要选择与独立的第三方支付平台和各大银行的网上银行进行合作。此外，B2C 支付涉及很多大的商家，而这些商家在很大程度上又是各大银行的客户，银行和第三方支付平台都在努力成为这些大商户的支付选择，未来各大银行与第三方支付平台在 B2C 支付领域的竞争将日趋激烈。

3）B2B

目前，B2B 电子商务支付主要以传统的银行汇款为主。B2B 网上支付在资金安全、信用体系、行业监管、物流等方面还存在很多问题未解决，B2B 网上支付在我国的环境和条件尚未成熟，支付已经成为影响 B2B 电子商务发展的最大“瓶颈”。而活跃于 C2C 和 B2C 领域的第三方支付公司难以对 B2B 交易进行担保，需要传统支付环节中的商业银行进入这一领域，目前中国银行、工商银行、农业银行等已经开始尝试与第三支付平台合作来服务 B2B 电子商务交易业务。

知识链接：纺织服装电子商务运行分析，B2B占主流

4）O2O

O2O 是指将线下的商务机会与互联网结合，让互联网成为线下交易的前台，这个概念最早来源于美国。O2O 的概念非常广泛，只要产业链中既可涉及线上，又可涉及线下，就可通称为 O2O。

O2O 电子商务模式需具备五大要素：独立网上商城、国家级权威行业可信网站认证、在线网络广告营销推广、全面社交媒体与客户在线互动、线上线下一体化的会员营销系统。

有一种观点认为，一家企业能兼备网上商城及线下实体店，并且网上商城与线下实体店全品类价格相同，即可称为 O2O；也有观点认为，O2O 是 B2C 的一种特殊形式。

在 1.0 早期的时候，O2O 线上线下初步对接，主要是利用线上推广的便捷性等把相关的用户集中起来，然后把线上的流量拉到线下。在这个过程中，主要存在单向性、黏性较低等特点。平台和用户的互动较少，基本上以交易的完成为终结点。用户更多是受价格等因素驱动，购买和消费频率等也相对较低。

发展到2.0阶段后，O2O基本上已经具备了目前大家所理解的要素。这个阶段最主要的特色就是升级为服务性电商模式，包括商品(服务)、下单、支付等流程，把之前简单的电商模块转移到更加高频和生活化场景中来。由于传统的服务行业一直处于低效且劳动力消化不足的状态，在新模式的推动和资本的催化下，出现了O2O的狂欢热潮，于是上门按摩、上门送餐、上门生鲜、上门化妆、滴滴打车等各种O2O模式层出不穷。在这个阶段，由于移动终端、微信支付、数据算法等环节的成熟，加上资本的催化，用户数理出现了"井喷"，使用频率和忠诚度开始上升，O2O开始与用户的日常生活融合，成为生活中密不可分的一部分。但是，在这中间，有很多看起来很繁荣的需求，由于资本的大量补贴等，虚假的泡沫掩盖了真实的状况，有很多并不是刚性需求的商业模式开始浮现，如按摩、洗车等。

到了3.0阶段，开始了明显的分化，一个是真正的垂直细分领域的一些公司开始凸现出来，如专注于快递物流的速递易、专注于高端餐厅排位的美味不用等、专注于白领快速取餐的速位；另外一个就是垂直细分领域的平台化模式发展，由原来的细分领域解决某个痛点的模式开始横向扩张，覆盖到整个行业。例如，饿了么从早先的外卖到后来开放的蜂鸟系统，开始正式对接第三方团队和众包物流。以加盟商为主体，以自营配送为模板和运营中心，通过众包合作解决长尾订单的方式运行，配送品类包括生鲜、商超产品，甚至是洗衣等服务，实现平台化的经营。

案例阅读

O2O："互联网＋"成功案例分析

1. 苏宁云商："门店到商圈＋双线同价"的O2O模式

所属行业：店商＋平台电商＋零售服务商。

案例概述：苏宁的O2O模式是以互联网零售为主体的"一体两翼"的互联网转型路径。苏宁利用自己的线下门店，以及线上平台，实现了全产品全渠道的线上线下同价，帮助苏宁打破了实体零售在转型发展中与自身电商渠道左右互搏的现状。O2O模式下的苏宁实体店不再是只有销售功能的门店，而是一个集展示、体验、物流、售后服务、休闲社交、市场推广为一体的新型门店——云店，店内开通免费WiFi、实行全产品的电子价签、布设多媒体的电子货架，利用互联网、物联网技术收集分析各种消费行为，推进实体零售进入大数据时代。

2014年"百日会战"中，苏宁O2O模式优势凸显，双"11"，苏宁发起第二届O2O购物节，推出门店、网站、手机、TV"四端协同作战计划"，并取得了一定成绩。

分析师点评：2014年，苏宁以互联网零售为主体、"一体两翼"的转型布局已逐渐站稳了脚跟，并迅速进入效益凸显期。其中，作为传统零售企业转型互联网零售的代表，苏宁的"自营O2O模式"在百日会战和"双十一"中初见成效。但苏宁"店商＋电商＋零售服务商"的O2O模式未来能否在O2O行业压力下长足发展，还有待时间的检验。

2. 京东："大数据+商品+服务"的O2O模式

所属行业：综合自营+平台电商。

案例概述：京东与15余座城市的上万家便利店合作，布局京东小店O2O，京东提供数据支持，便利店作为其末端实现落地；京东与獐子岛集团拓展生鲜O2O，为獐子岛开放端口提供高效的生鲜供应链体系。另外，京东还与服装、鞋帽、箱包、家居家装等品牌专卖连锁店达成优势整合，借此扩充产品线、渠道全面下沉，各连锁门店借助京东精准营销最终实现"零库存"。

分析师点评：中国电子商务研究中心助理分析师孙璐倩认为，京东O2O模式基于线上大数据分析，与线下实体店网络广泛布局、极速配送优势互补。发挥了京东的平台优势、物流优势，跑马圈地，扩大其市场地盘，填补了其用户结构单一的短板，是开拓O2O发展的又一渠道。但该模式末端的传统便利店是否有社区购物习惯的数据积累，有积累是否有价值，这个仍值得考虑，京东O2O未来的路还比较长。

资料来源：若木．学习啦．2016-09-13.

问题：

1. O2O模式有什么优势？
2. 什么样的企业适合O2O？

本章小结

电子商务是一种以电子通信的方式完成的经济活动，通过这种方式人们可以对有经济价值的产品和服务进行宣传、购买和结算。这种交易的方式不受地理位置、资金多少或零售渠道所有权的影响，使任何企业和个人都能自由地参与广泛的经济活动。电子商务能使产品在世界范围内交易并向消费者提供多种多样的选择。从狭义角度来理解，所谓电子商务就是通过计算机网络进行的各项商务活动，包括广告、交易、支付、服务等。

按参与交易的对象分类，电子商务分为4类：企业与企业之间的电子商务、企业对消费者的电子商务、消费者与消费者之间的电子商务、线上与线下的电子商务。

电子商务系统由组织内部的各种信息系统和互联网构成，其应用涉及客户、供应商、银行及企业内部相应的业务部门。

电子商务应用的主要问题是诚信和支付，这两个方面的持续创新与发展是电子商务业务的重要基础。

关键术语

电子商务	C2C	物流配送
电子商务的类型	电子商务架构	电子支付
B2B	电子商务应用	网上银行
B2C	O2O	电子商务安全

思考与讨论

一、判断题

1. 与其他各种广告形式相比，网络广告成本低，而传递给顾客的信息量却最为丰富。(　　)

2. 在网上的咨询和洽谈能超越人们面对面洽谈的限制，提供多种方便的异地交谈形式。(　　)

3. 电子账户通过客户认证、数字签名、数据加密等技术措施保证电子账户操作的安全性。(　　)

4. 电子商务的交易管理系统可以完成对网上交易活动全过程中的人、财、物、客户及本企业内部各方面资源的协调与管理。(　　)

5. 电子商务的发展方向是尽可能地利用互联网实现商务活动，互联网是组织对外的平台。(　　)

二、选择题

1. 电子商务产生和发展的重要条件不包括(　　)。

A. 计算机的广泛应用

B. 网络的普及和成熟

C. 信用卡的普及，以及电子安全交易协议的制定

D. 企业日益分权化

2. 电子商务的安全威胁表现在(　　)。

A. 由于非法入侵者的侵入，造成商务信息被篡改、盗窃或丢失

B. 商业机密在传输过程中被第三方获悉，甚至被恶意窃取、篡改和破坏

C. 虚假身份的交易对象及虚假订单、合同，以及贸易对象的抵赖

D. 由于计算机系统故障对交易过程和商业信息安全所造成的破坏

3. 电子商务的安全性需求表现在(　　)。

A. 信息的保密性

B. 信息的完整性

C. 信息的不可否认性

D. 交易者身份的真实性

三、填空题

1. 电子商务支持应用实现的基础结构包括3个层次和两个支柱。3个层次自下而上分别是________、________、________。两个支柱分别是________与________。

2. 电子商务是一种以电子通信的方式完成的________活动，通过这种方式人们可以对

有经济价值的产品和服务进行宣传、购买和结算。

四、思考题

1. 电子商务的优越性表现在哪几个方面？
2. 电子商务是如何分类的？
3. 电子商务诚实守信问题的有关方面是什么？
4. 第三方支付的价值和意义何在？

案例分析：大润发飞牛网线上线下模式让配送出乎意料的快捷

第11章 信息系统的建设模式

教学目标

☞ 了解主要的信息系统建设模式，理解管理信息系统规划、信息技术规划与组织战略规划的关系，以及信息系统规划在信息系统建设各个模式中的重要作用；

☞ 熟悉管理信息系统规划的内容和方法。

教学要求

知识要点	能力要求	相关知识
管理信息系统建设模式	理解管理信息系统建设模式的层次性	项目管理
管理信息系统战略规划与组织战略规划的关系	理解组织战略规划如何转化为信息系统战略规划	战略管理
管理信息系统战略规划	掌握管理信息系统战略规划的内容和方法	

导入案例

SAP公司

HANA是一种能加速复杂计算的新型内存数据库技术，SAP高层称它将引发大数据的一场革命。

SAP公司40年的历史上发展最快的一款产品并不是商业软件应用程序，它甚至都不是受这家德国公司首席执行官之命、诞生于公司庞大的研发实验室体系之中的产品。相反，HANA，这种能加速复杂计算的新型内存数据库技术是由几位大学生开发的，只不过得到了SAP联合创始人兼董事长、69岁的哈索·普拉特纳的力挺。早期，HANA被认为是“哈索的新架构”(Hasso's new architecture)。

SAP的许多核心业务应用已经改写过，以便在HANA上运行。普拉特纳的父亲是一名医生，对于HANA在医疗行业的发展前景格外兴奋。在硅谷的一场个性化医学大会上，普拉特纳高度评价 HANA，称该技术能迅速计算海量医学信息，例如基因组数据，以便为病人确定最佳治疗方案。普拉特纳称，SAP 将在"未来数月"推出一个基于 HANA 的医疗平台。

"医生都是即时决策者，"普拉特纳告诉听众。"所以系统速度必须非常快。"

S4/HANA 于 2015 年 2 月在全球发布，到今天已有 3200 家客户，在消费、能源、自然资源、制造等强势行业，S4/HANA 的表现尤为强劲，其中有 240 多家大中华区客户。Markus 博士称此次他带来 SAP 有史以来最成功产品一年来的最新进展。SAP 基于 HANA构建的新一代解决方案，最大的特点是能够让客户实时进行预见性决策。

如今，无论在德国还是中国，数字化转型、物联网、工业 4.0 等都是客户最迫切的需求。S4/HANA 极大优化客户 IT 体系架构，降低拥有成本。Markus 博士认为，一旦能够以最小的管理颗粒度建立起与外部的实时联系，客户的业务价值体现得极其明显，从而巩固或改进了竞争优势。所以，SAP 希望能够成为帮助客户数字化转型的核心助力，既能帮助既有客户保持竞争优势，也能助力新客户在专业平台上腾飞。

除了靓丽的销售数字，Markus 博士指出，85%的 S4/HANA 是由合作伙伴完成的，这对 SAP 的生态建设意义重大。合作伙伴分为三类：第一类是服务型伙伴，SAP 给予它们产品能力相关的支持；第二类是即分销也实施的伙伴，SAP 建立了解决方案中心给予它们包括最佳业务实践、方法论以及引导型配置在内的"SAP 激活"计划支持；第三类是 IBM、埃森哲等开发型合作伙伴，专注于解决客户独有的需求，SAP 和它们也举行了很多联合的发布。

谈到 S4/HANA 的研发情况，Markus 博士介绍，2015 年有两个重要里程碑，一是 6 月发布了按月更新的 S4/HANA 云计算版本，在专业服务、营销管理、合同管理、后勤等特定场景试点非常成功；二是 11 月发布的 1511 版本，完善了除了财务之外尤其是包括制造模块在内的 10 条业务线。

2016 年，S4/HANA 也将有两个重要信息发布：一是 5 月会完善财务模块；二是 10 月将发布基于实力部署 S4/HANA 套件。

Markus 博士谈到，除了简化核心应用，SAP 还要陆续简化 ERP 等模块，与客户共同创新，给广大客户带来全新、全面的新一代解决方案。当把业务置于 HANA 之上，给客户带来的价值如此之大，Markus 预计未来 5 年 SAP 客户中绝大部分将采用 HANA 解决方案。

资料来源：中国数据经济资讯与服务平台 . 2016-04-18.

企业预置型(on premise)、按需随选型(on demand)与对应的是本书中的软件供应商总承包模式；移动应用型(on device)和协调运营型(orchestration)对应的是本书中的协同分析模式。由于 SAP 强大的开发能力，该公司很少与其他公司共同设计，但是，无论哪种模式，系统规划都是用户要主导或参与的必经阶段。本章介绍信息系统建设模式之后，重点讲解系统规划。

11.1 信息系统建设模式概述

目前，信息技术在企业中的应用已经进入战略信息系统时期，IT 成为企业获取竞争优势的有力武器。但是，企业在引入和利用信息技术方面还存在很多问题：一方面，很少从企业战略高度管理IT，不顾企业所处行业和自身条件，盲目引入信息技术，缺乏对于信息技术引入过程中的科学分析和对信息技术战略的控制和评价；另一方面，对于企业信息系统建设的具体决策问题，例如，对于如何考察和选择IT项目、如何选择合作伙伴、如何规避IT风险等问题没有一套科学的解决方法，往往造成决策失误。

为了便于理解和研究，站在最终用户的角度，根据用户在信息系统建设过程中的参与程度，以及信息系统知识产权的拥有情况，把信息系统的建设模式分为4个典型模式。

(1) 软件供应商总承包模式，也叫商业软件购买模式或者应用软件包策略。用户在整个信息系统建设过程中，可能只有一个项目经理负责与软件供应商协同工作，对应于结构化开发流程，这种模式中用户主导的工作环节仅限于系统规划阶段，而后续的系统分析、系统设计、系统实施维护与评价工作，是由软件供应商来主导完成的。一般情况下，用户租用服务器和数据库，不拥有物理主机，整个系统的升级根据总承包合同的规定执行，在合同期限内由软件供应商负责。

(2) 协同分析模式。对应于软件供应商总承包模式，在本模式中用户不仅要主导系统规划工作，还要参与系统分析工作，但不会涉及系统设计。用户可能主导所有的系统分析工作，也可能由合作方主导完成系统分析过程中的新系统逻辑方案，其最大的特点是用户对系统功能提出自己的专门要求，而后期的所有工作全部外包。与采用软件供应商总承包模式的用户相比，协同分析模式中，用户可能拥有自己独立的物理主机，但是运行与维护工作多数由外包方完成，用户的系统工作团队不能独立运作整个信息系统。

(3) 联合设计模式。信息系统用户除了全面主导系统规划和系统分析工作外，还要不同程度地参与系统设计工作，在系统设计过程中一般不起主导作用。联合设计模式和前面两种模式的区别主要体现在以下两个方面：首先，用户部分地拥有了信息系统的知识产权，而前面两种模式用户只拥有使用权；其次，用户具备了独立开发的基本能力，可能因为成本、工期、质量等原因与软件开发商合作。

(4) 自主开发模式。这种模式普遍存在于大型企业独立的软件开发部门，以及专业软件开发公司自用信息系统的开发。用户全过程参与开发过程，尽管某些环节可能有其他软件开发公司参与，但是用户在整个开发过程中起主导作用，对整个软件拥有知识产权。

11.1.1 软件供应商总承包模式

应用软件包(application software package)是由软件供应商提供的标准应用软件产品，应用软件可能是一系列模块，也可能是复杂的大型系统的全部管理业务。应用软件包策略通过购买应用软件包的办法建设本组织的信息系统，这是目前广泛采用的方法，一是很多组织都有共同的特性，如都包括财务管理、人事管理和库存管理等职能。很多组织都具有标准、统一的工作程序，与其他组织没有区别。二是应用软件包策略减少开发时间和费用。当存在一个合适的软件包时，组织就可以直接使用，这样也会减少很多开发过程的浪费。三是软件供应商在提供软件的时候，一般都提供大量持续的系统维护和支持，可以满足用户不断适应市场变化的需要。四是软件供应商提供了先进的工作流程。对于组织的特殊要求，软件供应商还可以提供定制服务。定制服务允许改变软件包来满足一个组织的特殊需求，而无须破坏该软件包的完整性。一些软件包采用组件开发思想，允许顾客从一组选项中仅仅选择他们所需要的处理功能的模块。

但是，没有一个软件包的方案是完美的。无论多么优秀的软件在解决具体企业的具体问题时，都会存在软件中找不到对应的功能部分的问题。因此，软件的二次开发是难免的，即都有定制的要求，大量的定制给项目建设带来风险和困难，选择合适的软件是应用软件包策略首要考虑的问题。如果定制要求很多，系统建设费用将成倍增长，而且这些费用属于隐藏费用，软件包最初的购买价格往往具有欺骗性。另外，项目建设中的有效管理是控制过程成本的有效途径。一个好的项目经理是这种模式成功的关键因素。

案例阅读

SaaS 是什么？

SaaS 是软件即服务的缩写。通俗地说，就是用户不用再购买软件，而是租用基于互联网的软件，来管理企业经营活动。对于许多小型企业来说，SaaS 是采用先进技术的最好途径，它消除了企业购买、构建和维护基础设施与应用程序的麻烦，另外还可以获得相关的增值服务。企业级市场也将是未来 5 年里最大的机会风口，阿里集团相关负责人指出，这一市场规模在千亿元级别。

1. “大 SaaS”：管理工具型 SaaS

这类 SaaS 平台是国内最早出现的，其发源于早期的系统集成式软件开发(项目制)。这类 SaaS 通常针对中小企业的管理信息化需求，通过发现中小企业的通用管理需求(最大公约数)而以 SaaS 软件服务的形式大幅度降低中小企业实现其管理信息化的门槛和总体拥有成本(TCO，包括采购成本、实施成本和维护成本三大块)。这类 SaaS 通常包括以下主流领域：CRM、OA 及协同管理、项目管理、HRM(人力资源管理)、营销管理、BPM(业务流程管理)等。随着互联网及移动互联网的发展，还有一类技术工具类 SaaS 也在蓬勃发展，充分体现了社会专业分工。

对于“大 SaaS”，按照其发展思路及实现的价值宽度、价值深度的不同，又可以分为三种形式：重 SaaS、轻 SaaS 及技术工具 SaaS。

重 SaaS：这类 SaaS 带有很强的传统软件开发及信息化的思路，因此软件功能一般相对比较复杂，能够实现的功能也相对较多，往往需要实施的企业具有较强的信息化管理能力，并且这类 SaaS 的销售方式通常还是采用比较重的行业研讨会及“Sales＋Pre-Sales”模式，其后期辅导及服务部分也相对较重，通常以 PC 端应用居多。这类 SaaS 软件通常按账号和时间收费，其用户以中型企业居多(小微型企业往往缺乏足够的意识)。重 SaaS 的典型代表包括 Salesforce、Xtools、八百客、RoadMap 等。

轻 SaaS：这类 SaaS 通常都是带着互联网思维，以“轻功能、重刚需”快速拓客外加资本驱动的模式发展。轻 SaaS 通常以轻量级的企业 IM、OA 协同、CRM、项目管理、通信 SDK、支付 SDK 等常见的功能模块切入，并且这类 SaaS 通常以免费或者微收费模式快速拓展。因此，这类 SaaS 通常都不甘心于收取软件费，而通常怀着“大平台”的梦想。这类 SaaS 的营销方式也带有更强的互联网思维，通常以移动端切入，其主要价值诉求在于可移动办公的轻量级效率工具，无论从成本角度还是使用复杂程度，其使用门槛均被大幅度降低，其主要目标用户既包括小微企业也包括数量较大的中型企业(事实上，数据表明还是中型企业比较活跃)。轻 SaaS 的典型代表包括 Slack、今目标、IMO、钉钉、云适配办公浏览器、纷享销客、明道、Teambiton、Worktile等。

技术工具SaaS：这类SaaS通常都具有很强的技术基因，其产品的封装性和标准化程度较高，因此应用推广难度要低于其他SaaS。这类SaaS通常包括通信SDK、支付SDK、数据SDK、开发平台(PaaS，PaaS其实可以看作一种特殊的SaaS)等领域。技术工具类SaaS通常不涉及具体的业务功能和用户场景，因此具有很强的工具属性或底层平台的特质。技术工具类SaaS平台如果具有足够的技术门槛和行业价值，有机会成为基础性云服务平台，当然也容易遭遇后期盈利模式的困局。技术工具类SaaS的典型代表包括环信、融云、亲加、BeeCloud、PING＋＋、Talkingdata等。

2.“小SaaS”：业务管控型SaaS

随着连锁经济的兴起，在消费服务领域兴起了一大批连锁消费门店，如美容、美发、美甲、餐饮、酒店、终端零售、旅行社、民宿、汽车等。这类消费门店原来的业态是“大市场、小作坊”，完全依赖地理位置和口碑带来流量，商家热衷于通过预售会员卡等方式提前绑定客户。就其内部运营效率而言，此时的商家还停留在手工开单、手工做账、手工结算的信息化程度很低的状态。随着商家自身营业规模及店面数量的增加，自然而然产生了门店管理系统的需求。前期可能更多采用单体的套装软件实施的方式，但是这种方式带来的不便是，商家无法有效保障后续的系统运维及稳定性要求，于是就自然产生了门店管理系统SaaS化的趋势(在满足业务需求的情况下，SaaS能够最大程度上降低企业方的总体拥有成本)。这一类的SaaS门店管理系统涵盖的功能通常包括会员管理、业务开单、支付结算、内部计酬、报表统计、营销互动等。

随着互联网电子商务以及近年来O2O平台的发展，传统商家既有压力也有很大的动力向互联网靠拢，而这种靠拢可以分为两个阶段。

第一个阶段，美团点评时代，即通过大平台向商家导流，此时商家和互联网的连接是通过“瘦客户端”建立联系，其内部是否有完备的信息系统不是关键，商家可以通过互联网平台提供的后台或者APP承接服务订单。显然这个阶段还停留在“卖罐装煤气”的阶段。随着整个行业竞争加剧和对效率的进一步追求，平台和商家之间希望能够互联互通，以实现高效快捷的“卖管道煤气”，于是就进入了第二个阶段。在这个阶段里，平台方要真正落地其O2O战略，必须打通商家内部的业务流程和“进销存”，从而在行业层面客观上产生了一个需求，即必须全面实现商家门店内部的信息系统建设，也就是在商家内部植入“胖客户端”，想想阿里为什么要收购石基呢？所以，“小SaaS”既是线下商家门店提升其内部运营效率的有效工具，同时也是线下门店真正拥抱互联网所必须完成的基础设施建设。

对于这类SaaS来说，早期的盈利模式是通过销售软件赚钱，而近年来随着互联网思维所带来的大平台战略的推进，越来越多的SaaS服务商倾向于软件免费化，以期通过软件植入的方式黏住商家，从而谋求其他的变现方式。如果从商家的“出口端”角度考虑，那就是建立O2O服务电商模式(导流并切入交易)，如果从商家的“进口端”角度考虑，那就是帮助商家优化上游供应链。

理论上来说，“小SaaS”平台后期的盈利模式既可以向O2O方向走，也可以切上游供应链的交易，具体要看团队在C端的能力及商家服务或产品内容的重心是什么。如果商家是以服务为重心的，那么这类SaaS平台的战略选择更倾向于“信息＋服务＋资源”，服务才是其交易的核心标的，资源只是服务过程中的辅料，那么此时切上游的供应链交易可能面临比较低频且总体交易额不大的情形。如果商家是产品为重心的，那么这类 SaaS 平台的战略选择既可以是“信息＋资源＋服务”，也可以是“信息＋服务＋资源”，如何选择需要看团队的 C 端运营能力以及行业供应链格局。

资料来源：惠众云商科技 .2016-09-13.

问题：

1. 对于侧重于功能和效率改进的“大 SaaS”而言，其发展过程中可能会有哪些问题？

2. 对于“小 SaaS”门店管理系统来说，如果采用免费策略推广，那么其后期的商业模式既可能向 O2O 方向走，也可能向“供应链 SaaS”方向走。不同的行业特征和团队基因可能会导致不同的选择。但无论往哪个方向走，都会面临很多问题，思考一下会有哪些问题？

11.1.2 协同分析模式

外包是目前比较流行的信息系统建设方式，主要是因为多数组织认为外包是一种低成本建设信息系统的策略，尤其是那些业务波动的组织，外包策略提供给它们的是先使用后付费的方式，有效地降低了组织的成本。如果一个组织不想使用内部资源或者没有内部资源来建立信息系统或者运转信息系统，它可以雇用专门从事这些服务的组织来做这些工作，这种把组织的计算中心操作、远程通信网络或者应用开发转给外部供应商的过程叫作外包。对于软件供应商来说，外包也使它们从规模经营中获得效益，通过提供具有竞争力的服务，外包软件的供应商获得稳定的收益。

大部分企业的综合运转都需要 IT 系统和应用软件的支持。随着社会的发展，分工越来越细，每个组织都能做自己最擅长的领域。可以看到，几乎所有成功的大公司都是资源整合利用的高手，都懂得如何用好服务外包，为自己解困或提供外脑智囊团。

对于大多数中小企业而言，综合的内部 IT 资源几乎是一种可望不可求的奢侈，没有那么大财力来搞这一整套设备，所以中小型企业更应该学习如何运用 IT 服务外包，整合资源为企业提升竞争力。

企业软件外包带来的好处有很多，可以花很少的钱共享外包公司的 IT 软件系统。企业很多必要的软件，如财务软件、企业管理系统，一般中小企业根本无力单独做这样的开发，也没有必要做这样的开发，但却是企业必须搭建的。把互联网方面的工作交给专业的软件外包公司，让专门的软件外包公司做软件，企业把非核心的工作放手外包出去，可以大大节省人力成本和时间成本，专注于提高自身价值的业务。

而随着互联网的深入，大数据时代的到来，如果不使用先进技术，一流的软件、优秀的产品也很可能因为信息的闭塞埋没于无尽的产品海洋，物美价廉的精品制作工艺很可能无人问津。越来越多的企业走向这条道路，软件外包业务也将越来越质量化和产业化，在自己获得提升的同时，也为社会创造了更多就业机会和更精湛的 IT 技术。可见，软件外包业务是利人利己的双赢选择。

另外，信息系统的建设和使用具有技术密集型的特点，要求组织内部具有一些从事信息系统维护和使用工作的 IT 人员。一般来说，组织应该致力于自己的核心业务。尽管这些组织有一些系统分析人员，但没有必要让组织独立维护和使用信息系统。

可见，外包策略有很多优点：①降低成本；②获得标准流程的服务支持；③减少技术人员需求；④降低信息系统建设的风险。

外包是组织资源外部化的一种方式，因此，外包常常引发一系列问题，如组织可能失去对信息系统的控制，甚至是组织关键资源的控制。当信息系统的控制转向外部的时候，往往意味着组织商业秘密的外部化。如果组织不限制外包供应商为其竞争对手提供服务或开发软件的话，可能会给组织带来危害，因此，组织需要对外包信息系统进行管理，还需要建立一套评价外包供应商的评鉴标准，并建立相应的约束机制，如在合同中写明提供给其他客户类似的服务要征得该组织的同意等条款。由用户主导设计外购合同是减少风险的一种有效办法，尽管需要用户拥有专业的团队。

知识链接：北京服务外包发展走向高端化与国际化

11.1.3 联合设计模式

联合设计是指组织人员和开发公司人员一起工作，完成开发任务。该策略适合企业拥有基本完整的信息技术人员团队，但可能对信息系统开发规律不太了解，或者是整体优化能力较弱，希望通过信息系统的开发完善和培养自己的技术队伍，便于后期的系统维护工作。

合作开发方式需要成立一个临时的项目开发小组，由企业业务骨干(甲方人员)与开发人员(可能有多个乙方)共同组成，项目可能由某一方主导，项目组是一个结构松散的组织，其人员与运作方式随着项目开发阶段的不同而不同，可根据需要随时增减人员与调整工作方式。项目组应严格挑选与控制人员，在信息系统开发这种特殊的项目中随意增加人员并不能加快系统开发的进程。该方式强调在开发过程中通过共同工作，逐步培养企业自身的人才。项目开发任务完成后，项目组一般会自行解散，后期的系统维护工作将主要由企业自身的人员承担。另外，该方式还强调合作双方关系的重要性，建立一种诚信、友好的合作关系对完成项目是至关重要的。

由于合作开发方式具有很强的针对性与灵活性，曾经是我国管理信息系统项目开发中的主流开发方式。它的优点是比外包模式节约资金，可以培养、增强企业的技术力量，便于系统维护工作。缺点是双方在合作中易出现分歧，需要双方及时达成共识，进行协调和检查。

11.1.4 自主开发模式

用户自主开发模式给组织带来了很多方面的便捷。首先，用户了解组织需求，需求定义明确，不需要来自组织以外的人与组织进行沟通。因此，采用这种开发方法开发系统，用户满意度明显提高，系统也能够得到使用。其次，用户自己开发，不依赖组织以外的专家，减少了沟通工作量，缩短了开发时间。

自主开发模式的优点如下。

(1) 企业建设自己的信息系统的动力来源于自身的需求，自主开发方式使企业控制信息系统开发的全过程。开发成功的系统能够充分、真实地反映企业的实际业务需求，能较迅速地满足企业主要业务的需要，且针对性强，使用效率高。

(2) 信息管理系统可能包含若干其他子系统。企业自行开发，便于企业规划本企业整个信息管理系统的建设工作。采用开放的设计方法，便于企业建立一个完整且易于扩充的无缝连接的管理信息系统。

(3) 由于本企业的技术人员直接介入系统的开发工作，系统建成后推广应用迅速。业务人员对系统功能有明确的认识，从而使新系统能很快发挥作用，取得预期的经济效益。

知识链接：宝钢股份制造管理系统整合贯通三地业务流程

(4) 自行开发信息系统，可以为企业培养一支称职的维护队伍。任何系统如果没有好的维护，不能稳定地运行，在企业中将一文不值。

11.2 信息系统的功能

信息系统应具备五类功能中的全部功能或某几项功能，即数据交换功能、信息发布服务功能、会员服务功能、在线交易功能、智能配送功能，按照分步实施、循序渐进的原则，先建设近期功能(数据交换功能、信息发布服务功能、会员服务功能、在线交易功能)项目，再建设远期功能(智能配送、GPS货物跟踪等功能)项目。

▶ 1. 数据交换功能板块

数据交换功能板块是信息系统核心功能，是指对电子单证的翻译、转换和通信，包括网上报关、报检、许可证申请、结算、缴税、退税、客户与商家的业务往来等与信息系统连接的用户间的信息交换。这个板块中，所有需要传递数据的单位都与信息系统相连，要传递的单证信息先传递到信息系统，再由信息系统根据电子数据中的接收方转发到相应单位，接收单位将收到的电子单证信息经转换后送到内部系统处理。

▶ 2. 信息发布服务功能板块

信息发布服务功能板块包括水、陆、航空、多式联运价格体系、新闻和公告、电子政务指南、货源程序和运力、航班航期、空车配载、铁路车次、适箱货源、政策法规等。这个板块中应建设内部管理信息服务系统，组建局域网并通过DDN或拨号方式与信息中心联网，同时在服务现场端，配备工作站，实行计算机全程管理，及时发布、搜集、下载有关信息。

▶ 3. 会员服务功能板块

会员服务功能板块主要包括会员单证管理、会员的货物状态和位置跟踪、交易跟踪、交易统计、会员资信评估等内容。这个板块中要建设接口系统，接入合作伙伴信息、客户信息系统及业务管理系统，实行订单管理，物流查询及物流信息反馈。

▶ 4. 在线交易功能板块

在线交易功能板块即交易系统是为供方和需方提供一个虚拟交易市场，各方可发布和查询供需信息，对感兴趣的信息可进一步洽谈。这个板块中要建设商务信息系统，以电子数据处理、互联网络、数据交换和资金汇总技术为基础，集信息交流、商谈、订货、发货、运输、报关、保险、商检、动植检和银行结算为一体，加速业务开展，并规范整个商贸业务的发生、发展和结算过程。

▶ 5. 智能配送功能板块

智能配送功能板块包括：一是建设 GPS 货物跟踪系统，用户能随时随地通过电话或互联网查询自己货物的状态和位置，并可动态提供最佳路线；二是建设与结算支付相关的金融、保险、税务运行系统，以真正实现一体化的网上交易；三是建设电子数据交换及互联网系统。电子数据交换专线方式业务费用很大，大部分中小企业无力承担，但如果将电子数据交换的应用移植到互联网上，则会大幅度降低费用。因此，通过互联网也能获得电子数据交换服务。

11.3 企业信息化战略规划

无论企业用户采用何种建设模式来建设信息系统，都要首先对企业信息化战略进行规划，使企业信息化战略与企业战略相吻合，并决定采用何种方式来进行信息化建设。

11.3.1 IS 战略规划

组织的信息系统(information system，IS)战略规划是指在理解组织的发展远景、业务规划的基础上，形成信息系统的远景、信息系统的组织架构，以及信息系统各部分之间的逻辑关系，以保证信息系统能够支持组织战略规划的目标的达成。因此，制定战略规划要确定为了实现整体战略目标。IS 战略规划是由组织的战略规划决定的，即为增强组织竞争力，需要配置什么样的信息系统和信息技术。信息系统战略规划的主要目的是定义和确定信息系统投资的优先级别，在资金有限和系统相互约束的前提下，达到最佳的系统建设与应用组合。成功规划的信息系统多数情况下会引起组织的变革，会给组织带来意想不到的收益。

信息系统战略规划涉及如何处理信息、系统和技术的关系，从业务的角度管理信息，因此，信息系统的规划主要关注如何应用信息技术支持组织的业务需求，以便实现组织的竞争优势。

与 IS 战略规划相比，IT 战略规划是实现组织信息系统各部分的硬件、软件支持的技术计划，是围绕信息技术展开的，是各类技术的综合运用。

无论是 IT 战略规划还是 IS 战略规划都是建立在组织战略规划的基础上的，都是组织战略层次的活动，因此，不应局限于项目规划层次上，不能把各个信息系统的规划简单地合并成信息系统的战略规划。有序的规划可以使信息系统建设在较高的层次上，规划不是仅仅为了完成信息系统的建设项目。在信息系统建设的过程中，不可预见的问题、工作，甚至返工等现象经常发生，一个明确的目标能够使组织更好地处理外部干扰。

信息系统的规划像其他规划一样，是信息系统建设过程中的行动依据，需要在执行过程中不断地修改和完善，因此，执行过程中要不断地收集信息，进行评估。好的信息系统的战略规划应该做到以下 3 点。

（1）与组织的战略规划相一致。

（2）与信息系统在组织中的角色一致，即与管理的经营业务对应。

（3）与信息系统的应用和管理成熟度一致。

在组织中，信息系统的作用得到越来越多的认可，但是，信息系统的预期价值往往不能达到，原因是很多组织缺乏对组织经营战略和IS战略的对应关系的理解。IS战略不仅具有支持组织活动的功能，而且还有帮助组织形成新战略的功能，是由既定的组织经营战略形成后的一个推导方案，应该与组织经营战略同步，是组织经营战略的一个重要组成部分。因此，在IS战略规划中，要做到组织目标与信息技术相结合。

20世纪80年代末，许多关于组织经营战略的评价也把IS战略作为经营战略的内容。Henderson和Venkatraman认为战略规划至少应该包括4部分：企业战略、组织结构和流程、IS战略，以及IT的基础设施和流程。制定战略规划要考虑战略的适应和功能的集成。

战略的适应是指任何战略都应考虑外部环境和内部环境。外部环境是指组织所处的非组织能够决定的市场等，具体内容包括：在商业环境中组织决定如何参与竞争；如何制定具有优势的竞争策略；产品如何投放市场和开发市场；组织的供应链管理和客户管理战略；等等。内部环境是指组织内部的组织结构、业务流程、人力资源等。任何战略规划都必须做到与外部定位和内部架构及执行相适应。组织战略的适应性可以用组织结构和流程的适应程度来衡量，也可以用IS战略及IS的架构和流程的适应程度来衡量，实际上，两个衡量的结果是一致的。

功能集成是指组织经营领域与IS领域的相互联系和相互影响。集成不仅仅是信息系统功能的简单相加，也是信息系统与管理职能的集成。做到集成，要考虑信息技术对组织的影响，也要考虑组织对信息技术的影响。因此，信息系统战略规划中的功能集成包括IS领域的集成，也包括组织结构和流程与IS架构和流程的集成，甚至包括信息系统与人的集成。但是，做到真正的集成是不容易的，需要考虑很多人的行为因素。

组织目标与信息技术相结合是信息系统规划的重要工作。组织为达到目标，需要信息技术，因此，组织提出发展战略时，就应该考虑到信息技术。另外，信息技术是组织活动的支持手段，目的是支持组织实现目标。一般是组织先有目标，后有信息系统的规划，但是，如果组织在规划中没有考虑信息系统的规划，就会失去一些机会，并产生一系列问题。

要做到组织与信息技术相结合，首先是技术的融合，即业务与技术相结合。当组织努力将自身的业务和信息技术进行整合时，组织就不应该把信息技术和组织业务分开考虑，而应该在信息技术的支持下，考虑业务流程的合理性，建立基于信息技术的合理流程，同时，还要考虑业务流程的可执行性，反复修改流程。因此，信息技术的融合是发生在组织内部信息技术与其业务过程中的，是与开发信息技术和使用信息技术人员的工作密不可分的。

11.3.2 IS战略规划与开发的实施

如何对管理信息系统的实施进行管理也是规划工作的重要内容。一个组织必须建立某种有效的机构来管理信息系统的实施，以保证最重要的系统先开发，不必要的系统不开发，确保最终用户在决定开发哪个系统及如何开发的问题上有发言权，以及系统实施工作能顺利地完成。信息系统开发的组织机构如图 11.1 所示。

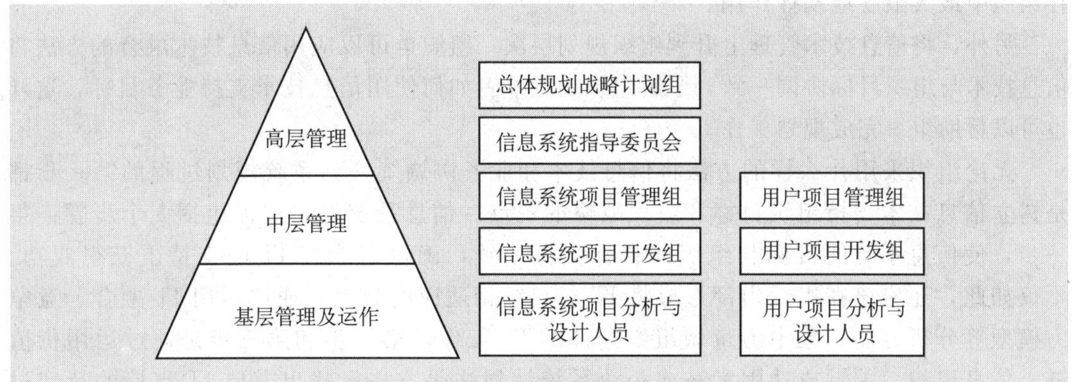

图 11.1 信息系统开发的组织机构

位于机构最上层的是总体规划战略计划组和信息系统指导委员会。总体规划战略计划组负责制定组织的战略规划，提出信息系统开发的要求，指导信息系统建设的战略性问题，并教育高层领导干部，让他们了解信息系统是如何支持组织工作的，以及组织将如何依赖信息系统等问题，以保证他们对信息系统建设的理解和支持。另外，高层领导决策可以保证信息系统的规划与组织的战略规划相一致，最关键的是高层领导决定组织资金的投入，这是信息系统建设的重要保证。没有高层领导的支持，信息系统是不可能成功建立的。

信息系统指导委员会是信息系统开发组织的高层部门，直接负责开发工作的指导、检查和监督。这个部门由来自最终用户和组织 IT 部门的领导组成，具体工作是审核和批准各部门的计划，参与选择项目方案，批准新系统的实施培训计划。该部门的目的是为信息系统开发过程把关，确保信息系统有很强的通用性和共享性，使系统做到整体化和协调一致。

信息系统项目管理组负责具体项目的管理。该小组由信息系统高级管理人员和最终用户的管理人员共同组成，负责对各个子项目的管理。项目开发组直接负责信息系统的开发，由 IT 专家组成，包括系统分析员和程序员。一个典型的项目开发组由系统分析员、功能分析员(来自各自业务领域的专业人员)、应用程序员、数据专家等组成。他们负责开发工作的大部分活动，对于具体有关应用的问题，通过咨询行业专家解决。就某些关键环节的问题，开发组必须和用户协商讨论。

信息系统规划是指以组织的目标、战略、目的、处理过程及信息需求为基础，识别并选择要开发的信息技术系统，同时确定系统开发时间的过程。规划结果是得出 IT 系统计划，它将作为总体系统计划，成为组织信息系统建设的依据。

将信息技术融合到企业中的最有效方法是把组织的目标与信息系统的目标合二为一，如果组织有一组业务目标和一组 IT 目标，就需要不断地努力协调这两组目标，使它们达到一致。为了避免组织做协调两组目标的工作，组织需要一开始就建立与信息系统目标一致的组织目标，即在建立组织目标时，对 IT 目标认真地思考。要做到这一点，一种解决方案是提升主管 IT 经理的职位，使之进入组织的规划层，这样就可以保证在形成组织计划时，确保对 IT 目标的投入和重视。许多组织建立了首席信息技术主管的职位，即战略层的 IT 经理，其目的就是在组织的目标下，把组织目标与 IT 目标融为一体，使 IT 系统在组织中最大限度地发挥作用。

另外，将信息技术管理上升到组织规划层次，组织也可以应用信息技术融合的方法将信息技术与组织目标协调一致，了解组织的竞争者如何使用信息技术支持业务目标，这样也可以帮助组织完成规划工作。

无论组织采用什么样的方法将信息技术和业务协调统一，系统规划过程的第一步都是树立信息技术支持组织目标和组织战略的观点。信息系统规划过程包括 5 个步骤：第一步，使信息系统的目标与组织的目标保持一致，确保组织在 IT 的支持下获得成功。不仅如此，还应该在组织内部形成将 IT 与组织相适应的观点。通过运用 IT 融合、竞争力模型等分析方法，集中力量做组织内部的 IT 工作。第二步和第三步是通过运用价值链、信息组织、关键成功因素法或企业系统计划法等方法，找出需要 IT 支持的特定过程和信息。所涉及的方法可以单独使用，也可以多种方法一起使用。通过特定过程和信息的识别，产生一张可能需要开发的 IT 系统的清单。第四步，运用成本—效益分析、风险分析和资本投资分析等方法，对 IT 系统是否适合组织的需求进行评价，评价结果将可能的 IT 系统清单进一步简化、可行。第五步，确定哪一种 IT 系统的存在关系到组织的生存，可以运用效用曲线、灾难恢复曲线等方法详细地分析。信息系统规划的过程如图 11.2 所示。

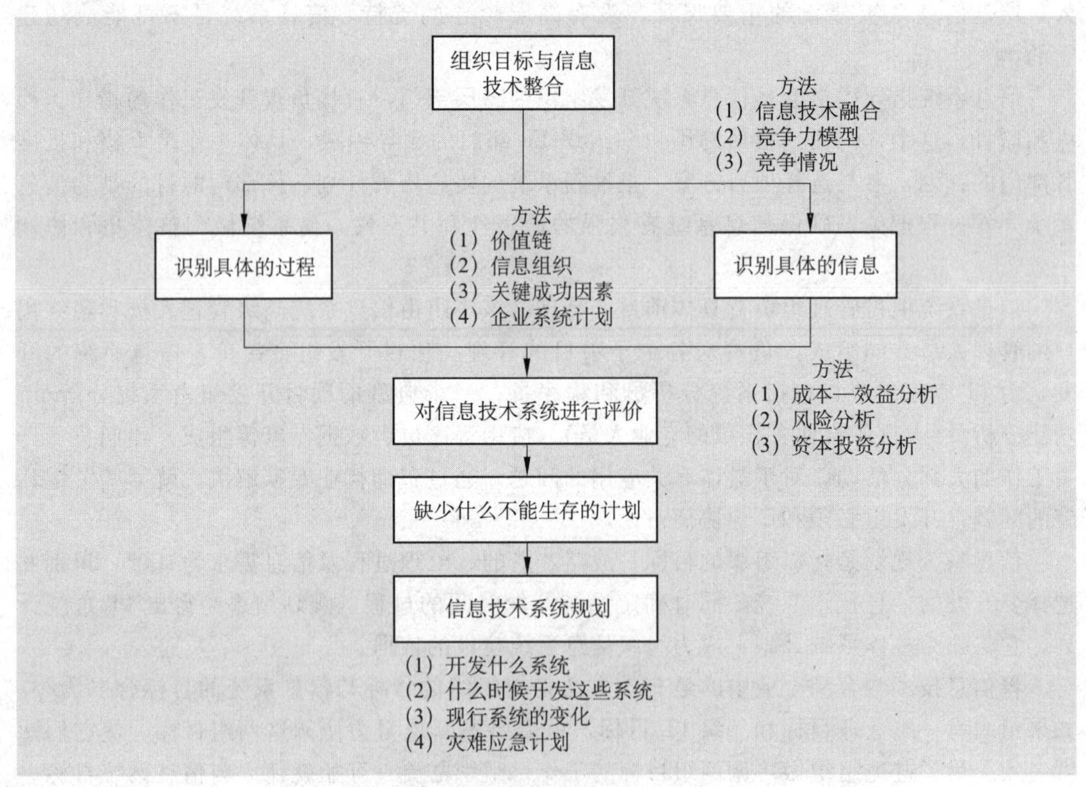

图 11.2　信息系统规划的过程

11.4 业务流程再造

业务流程再造(business process re-engineering，BPR)是对企业过程进行根本性的再思考和彻底的再设计，以求企业的关键性指标获得显著的变化，如质量、成本、服务和速度。

信息系统影响组织的一个重要表现是信息系统导致组织变化。组织变化一般分为4种类型：自动化、流程合理化、业务流程再造和异化。4种组织变化类型将导致组织承担不同的风险和获得不同的收益。

1. 自动化

自动化是指利用计算机提高完成某项业务的效率，这是信息技术所引起的组织变化的最普遍形式，如会计记账系统、火车售票系统、银行取款和存款系统等。一般自动化结果都将产生一系列新的规则，如登录、填写相应的电子表格等，往往会产生新的业务"瓶颈"，而且有些程序又过于烦琐。

2. 流程合理化

将标准的业务操作程序进一步精简和改进，消除业务过程的"瓶颈"环节，提高流程的效率。由于自动化基于信息技术的管理业务来实现，一般在系统实现自动化之后，人们会发现有些业务活动是可以合并或取消的。这是管理工作在信息技术支持下的继续探索和实践。

3. 业务流程再造

业务流程再造也叫业务流程再设计，是组织变动的巨大力量。组织为了更好地服务于客户，更好地应用信息技术，需要改变自己的做事方式，改变原有的业务过程甚至组织结构。利用信息技术，组织对原有的业务过程进行彻底思考和重新设计，通过业务活动及业务流程的再造，重组工作流程，合并或增加一些工作任务，减少组织工作过程中的浪费，甚至取消一些岗位。业务流程再造是基于信息技术和管理执行可能性两方面考虑的流程改变，比工作流程合理化更进一步。

流程的合理化和业务流程再造都局限于一项业务的特定部分，尽管是从整个流程考虑的，但往往不是对整个流程的所有业务活动都进行再造和优化，因此，这两个方式引起的组织改变还是有限的。新系统还可以通过改变一个组织执行业务的方式和业务本身来影响组织的设计，这是信息系统对组织的影响。

业务流程再造的目的是设计一个新的业务模型，描述各项业务活动，并反映业务活动之间的关系。业务流程再造一般可以分为5个步骤。

(1) 拓展业务视野和目标。高层管理人员应该在战略高度上拓展业务视野，考察业务流程的全过程，提出组织的目标。

(2) 确定再造的业务过程。通过观察和分析，组织应确定几个可能有较大回报的业务过程作为再造的研究对象，这些业务过程可能存在数据冗余，或者信息的重复输入，或者在处理例外情况时花费的时间过多等情况，总之，是有改造的余地的。确定研究对象之后，再找出这些业务由哪些部门执行，需要哪些部门配合才能完成流程的再造等。

(3) 理解并评价已有业务流程的执行效果。评价流程的有效性最好选择定量指标评价法，如果业务流程改造的目标是减少新产品开发所耗费的时间和降低成本，那就应该对原有的时间和成本进行估计。

(4) 找到利用信息的机会。信息系统设计的一般方法是先弄清业务职能和业务过程，以及相应的各种信息需求，然后考虑怎样利用信息技术支持组织的这些信息需求，这样做的前提是组织的业务流程在信息技术的支持下仍然是有效的、合适的。实际上，多数情况下，这样的假设是不存在的，一旦引进信息技术，原有的业务流程存在的假设就不存在，原有的业务流程就需要被重新设计。表 11.1 列出了信息技术对传统流程的挑战。

表 11.1　信息技术对传统流程的挑战

传统流程	信息技术	新的选择	实　例
需要办公室存储、传输和接受信息	无线通信	人们可以在任何地方传输和接收信息	IBM 销售公司
信息只能在一个地方出现或出现一次	共享数据库	人们可以在不同的地方共享信息，共同完成一个项目	BOM 银行
人们必须弄清事情发生的地点	自动识别跟踪技术	事情能告诉人们它在何处发生的	联合包裹服务公司
要经常查看库存状态，防止发生缺货	远距离通信网与无线射频技术	准时交货与无库供应技术	沃尔玛超市

(5) 建立新业务过程的原型。先建立一个新的业务过程的实验模型，然后不断实践，不断修改、改进和完善。

业务流程再造不同于工程项目的设计，实施的具体措施及细节问题是保证业务流程再造成功的保证。据美国一些专家估计，业务流程再造项目成功的例子不足 30%。再造中的组织变革问题是需要解决的关键问题，组织变革往往引起创新，不可避免地引发工作岗位的变化，以及工作人员、所需技术、工作流程、部门的隶属关系和部门任务定义的变化。这些变化直接或间接地影响一部分人的责、权、利，必然引起来自组织内部的抵触，甚至对抗，这种改革的阻力就是导致业务流程再造失败的因素之一。

▶ 4. 异化

异化是组织改变的一个彻底类型，它从根本上重新考虑组织的业务和组织本身，重新定义组织的业务，重新规划组织。例如，银行可以放弃对其所有分支机构柜员业务的自动化、合理化及业务再造，转而去考察是否可以改变它们的业务方式，甚至取消所有分支机构，集中精力寻找更廉价的资金来源，如国际信贷，让用户通过信息系统和互联网与银行打交道，完成银行柜员的业务。这时，银行的组织和业务可能发生根本的变化，甚至很多分支机构被网络银行所取代。

业务流程再造和异化常常由于组织未尝试过而失败，但是，如果取得成功将会给组织带来丰厚的回报。

11.5 识别特定信息

管理信息系统的任务是运用信息技术把正确的信息在恰当的时候提供给所需要的人。因此，在建立信息系统之前，首先需要识别人们需要的信息。信息是构建组织的资源，对信息的规划和正确运用是组织从事各项活动的根本保证。

可以运用各种方法识别信息，下面介绍 3 种识别信息的方法。

1. 信息结构法——人与信息的关系

组织中的各项工作必须得到信息的支持，因此，组织在规划信息系统时，如果没有组织工作者的参与，或者缺乏竞争情报的来源，就不能提炼出组织真正的信息需求。

信息结构法用来描述组织信息应用的模型，可以帮助组织识别信息系统所需要的信息。它把组织的两个重要资源：人和信息结合起来。对于一个组织来说，信息结构描述了组织的信息需求，以及组织中的哪些人需要信息。按照员工工作类别、工作部门或所支持的业务流程把人加以分类，所需要的信息按信息的类别或来源进行区分。

表 11.2 描述了一个信息结构的基本框架，列示了组织所需要的信息以及哪些人员需要这些信息。一旦确定了谁需要哪些信息，并按照信息需求的时间、内容和形式对其进行表达后，还必须确定信息存储的位置。因此，信息结构还必须清楚地表达关于信息位置的一些问题。

表 11.2 基本信息结构框架

所需信息 组织人员	雇员信息	顾客订货信息	产品设计信息	支付信息	……
人力资源人员	√				
生产人员		√			
会计人员		√		√	
设计人员			√		
……					

(1) 企业是否支持有利于信息共享的信息网络？

(2) 哪些过程应当集中？哪些过程应分布在作业场所？

(3) 用于信息共享的各类网络安全吗？还是只交流不敏感的信息？

(4) 最有效的信息分布是怎样的？

(5) 企业的每个过程是局部的还是全局的？针对具体过程的信息分布是局部的还是全局的？

回答这些问题之后，还需要重新对照组织的战略目标，思考这样的问题：这样的信息结构支持组织的发展战略吗？如果不支持，那么这个信息结构还需要重新完成。

▶ 2. 关键成功因素法

组织完成目标，往往只关注达到的首要目标，即关键指标。知识工作者为完成工作，需要大量信息，如何保证实现组织目标所需要的信息呢？一种确定信息需求的方法就是关键成功因素法。关键成功因素就是组织能够达到目标的关键因素。运用这种方法，管理人员和知识工作者只需要找出他们所负责领域的几个关键成功因素，通过识别关键成功因素，确定信息需求，并进一步确定组织需要的 IT 系统。

▶ 3. 企业系统计划法

关键成功因素法只支持现有的信息需求，所以，该方法在使用时有一定的局限性。企业系统计划法(business systems planning，BSP)是由 IBM 公司提出的，目的是明确信息的需求。企业系统计划法是通过研究组织的业务过程和信息两者之间的关系识别信息需求的方法。

企业系统计划法是从企业目标出发，在高层管理的角度寻找企业的过程，再找出信息类，分析信息和过程的关系，即某些过程使用信息或产生信息。采用 U/C 矩阵，描述信息和过程的关系，并在 U/C 矩阵上优化信息和过程，形成合理的信息结构，支持企业相应的过程，保证最终信息系统能够支持企业目标。具体过程如图 11.3 所示。

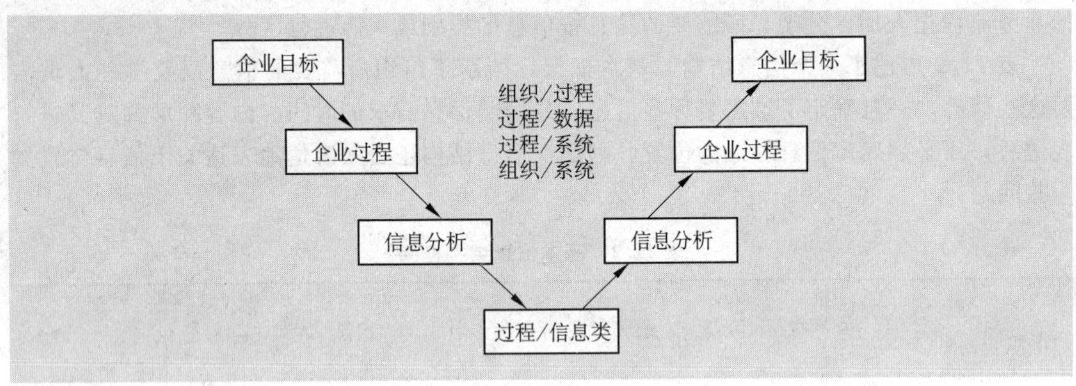

图 11.3　企业系统计划法的过程

企业系统计划法的步骤如下。

(1) 建立 U/C 矩阵，具体做法是：首先建立过程类和信息类构成的二维表，分别用“C”和“U”表示创建和使用某个特定信息类的过程；然后，检查该过程/信息类矩阵，如表 11.3所示。

表 11.3　过程/信息类关系

信息类 / 数据类 / 过程类	用户	订货	产品	用工路线	材料表	成本	零件规格	原料库存	成品库存	用工	销售区域	财务计划	计划	储备负荷	材料供应	用工单
经营计划						U						U	C			
财务规划						U				U		C	C			
产品预测	U		U								U					
产品设计与开发	U		C		C		C									

续表

信息类 / 数据类 / 过程类	用户	订货	产品	用工路线	材料表	成本	零件规格	原料库存	成品库存	用工	销售区域	财务计划	计划	储备负荷	材料供应	用工单
产品工艺			U		C		C	U								
库存控制							C	C	C						U	U
调度			U											U		C
生产能力计划				U										C	U	
材料需求			U		U										C	
作业流程				C										U	U	U
销售区域管理	C	U	U						U		U					
销售管理	U	U	U								C					
订货服务	U	C	U													
发运		U	U						U							
会计	U		U							U						
成本会计		U				C										
人员计划										C						
人员招聘考核										U						

(2) 信息的正确性分析。在建立 U/C 矩阵之后，就要对数据进行分析。反复检查U/C矩阵，可以避免信息收集过程中的疏漏。基本原则是“数据守恒”，即数据必定在一个地方产生，而且必定有一个或多个使用者。做到这一点，即满足了数据的完整性、一致性和无冗余 3 条原则。

上述原则落实到 U/C 矩阵上，可概括为以下几点。

① 每列只有一个“C”。如果在一列中存在多个“C”(表 11.3 中的“材料表”“零件规格”“计划”列的数据类是由多个处理产生的)，需要调查产生这种情况的原因。出现这种情况有两种可能性：一是数据汇总有错，误将其他引用数据当成数据源；二是数据类分类需要细化。

② 每列至少有一个“U”。如果没有“U”(表 11.3 中的“零件规格”一列)，一定是调查数据或建立 U/C 矩阵时有误。

③ 不能有空行和空列。如果出现空行空列，则可能是两种情况：一是数据项或业务过程的划分是多余的；二是在调查或建立 U/C 矩阵的过程中漏掉了它们之间的数据联系。

(3) 确定信息系统的结构。调整表中行列的顺序，使“C”尽量朝对角线靠近。沿着对角线划出一个个小方块，把所有的“C”都包含在小方块之内。每个小方块就是一个子系统。

(4) 确定信息资源分布。确定子系统之后，信息的使用关系一部分在小方块之内，一部分在小方块之外。在小方块之内使用和产生的信息，今后考虑放在本子系统的计算机上；而在小方块之外的数据关系(即小方块以外的“U”)，则表示了各子系统之间的数据联系，这些数据资源今后考虑放在网络服务器上，以供各子系统共享或通过网络来传递数据。

建立 U/C 矩阵包括以下步骤。

知识链接：
信息系统规划报告

（1）高层管理定义业务流程。

（2）过程专家（管理业务人员）定义支持每一个过程所需要的信息类。

（3）建立信息和过程的联系。

U/C 矩阵确定了信息的归属权，即信息由哪些系统产生或者使用是合理的。

本章小结

不论采取何种模式建设信息系统，制定战略规划是必经阶段：为了实现整体战略目标，组织需要什么样的信息系统支持；为增强组织竞争力，需要配置什么样的信息系统和信息系统技术。组织和信息系统存在相互协调的关系。

业务流程再造是对企业过程进行根本性的再思考和彻底的再设计，以求企业的关键性指标获得戏剧性的变化。

识别特定流程之后，还需要识别系统的信息。识别信息的方法有信息结构方法、关键成功因素法和企业系统计划法。企业系统计划法除能识别信息外，还能确定信息系统的结构及信息资源的分布。

信息系统规划包括 6 方面的内容：①组织远景与战略；②信息系统的战略；③现存的信息系统；④计划建立的信息系统；⑤信息系统的应急计划；⑥信息系统的实施计划。

关键术语

信息系统建设模式	软件供应商总承包模式	协同分析模式
联合设计模式	自主开发模式	信息系统战略规划
业务流程再造	信息结构	信息系统的实施计划
风险识别	关键成功因素法	U/C 矩阵
信息技术融合	企业系统计划法	

思考与讨论

一、判断题

1. 与信息化相匹配的业务流程再造的失败通常是信息化项目失败的重要原因。（　）

2. 软件供应商总承包模式中，用户不参与系统分析和系统设计工作，系统分析和系统设计工作完全由软件供应商来完成。（　）

3. IT 选型的前提是必须具有明确的信息化战略和完整的 IT 规划。（　）

4. 企业信息化战略规划是以企业职能战略规划为依据而制定的，是企业战略规划的

重要组成部分。 （ ）

5. 信息系统战略规划是关于公司发展的长期规划，因此必须保持长期稳定不变。 （ ）

二、填空题

1. 信息系统的战略涉及如何处理信息、系统和技术的关系，从业务的角度管理信息，因此，信息系统的规划主要关注如何应用________支持组织的________，以便实现组织的竞争优势。

2. 信息系统战略规划是以组织的目标、战略、目的、处理过程及信息需求为基础，识别并选择要开发的________，同时确定系统开发时间的过程。规划结果是得出________，它将作为总体系统计划，成为组织信息系统建设的依据。

3. 信息结构法用来描述____________的模型，可以帮助组织识别信息系统所需要的信息。

4. 业务流程再造是对企业过程进行________和________，以求企业的关键性指标获得显著的变化，如质量、成本、服务和速度。

5. 信息系统的功能有________、________、________、________和________。

6. 企业系统计划法是通过研究组织的________和________两者之间的关系识别信息需求的方法。

三、思考题

1. 什么是信息系统的战略规划？信息系统战略规划的步骤是什么？

2. 什么是信息系统的建设模式？共有几种？

3. 什么是业务流程再造？业务流程再造的步骤是什么？

4. 什么是关键成功因素法？关键成功因素法能够解决信息系统建设中的什么问题？

5. 什么是企业系统计划法？企业系统计划法有什么用处？

6. 什么是信息结构？可以用来识别什么的？

7. 如何评价信息系统的规划？

四、讨论题

1. 信息系统的规划不应该只由专业技术人员完成，就这一说法进行讨论。

2. IS 战略规划必须与企业的规划同步进行，谈谈你对这一说法的理解和看法。

3. 有些组织是在没有信息系统规划的情况下建设信息系统的，你认为这样可以吗？会有什么危险？

4. 信息系统有 4 种建设模式，其适用范围分别是什么？

5. 互联网新兴业态是否会影响信息系统建设模式的选择？如果会，大型企业和小型企业将分别受到哪些影响？它们分别更倾向于何种选择？

第12章 软件供应商总承包建设模式

教学目标

- ☞ 掌握管理信息系统总承包建设策略和开发方法；
- ☞ 理解云计算的概念和发展方向；
- ☞ 了解以合同为主导的过程控制。

教学要求

知识要点	能力要求	相关知识
软件供应商总承包建设模式	理解软件供应商总承包建设模式的特点和适用范围	信息系统建设模式
云计算	理解云计算的概念和发展方向	计算机网络和分布式计算
以合同为主导的过程控制	理解合同的建立、合同的内容，以及以合同为主导的过程控制方法	过程控制

导入案例

本地和云，哪个让你的应用更具成本效益?

一些组织急于进行云迁移，认为绝对可以节约成本，但并不是所有应用都适合公有云，有时候迁移到公有云上可能会让你花费更多。

“许多应用根本就不适合在公有云中运行，因为技术或经济方面的原因。”总部位于波士顿的云技术合作伙伴的高级副总裁 David Linthicum 表示。为了避免支付超过它们所需的服务，组织应仔细比较应用在本地与云环境上部署的成本。

“传统的企业中，这类应用可能会高达 50%，而平均水平是 30%～40%，”Linthicum 说道，“你必须做好分类，并深入了解整个应用组合，否则最终会花费更多钱将工作负载移动到云端。”

那些与数据库紧密耦合的，或是那些需要大量重新开发才能在一个云服务提供商上有效运行的应用，是最适合留在本地运行的工作负载。一些应用在创建的时候就效率不高，因此在云提供商那里自然会使用比他们原本更多的资源，就像一个用了30年的冰箱，它会比一个新的冰箱更费电。

“归根结底，绝大多数应用的本地与云成本的比较，都归结于该应用是否是为在云中运行设计的，或者重新设计它需要多少工作。”位于马萨诸塞州Burlington一家应用安全公司Veracode的技术战略总监Erik Peterson说道。这家公司在亚马逊网络服务(AWS)上运行他们的应用程序。大多数人认为他们只需要开始将现有的应用搬到AWS上就好，但他们往往没有意识到，迁移到云端更需要观念上的转变。

这几十年来，企业花了很多的钱，以确保关键的工作负载能在故障发生时保持运行，投资冗余系统，调整大小以满足高峰的需求。公有云在很多方面颠覆了这种想法，提供了一个对故障做出预期的弹性平台。然而，那些专为某个基础架构模式设计的工作负载往往不容易转换到其他的模式。例如，部署本地工作负载时，管理员通常会分配足够的资源以满足预期的需求高峰，但是，如果把这个原则应用于公有云的工作负载，最终会付出比通常所需要的多很多的成本。

“组织应首先评估除了成本以外，将一个现有的应用移动到云端的原因。然后，如果有令人信服的商业原因可以继续下去，企业应该对成本比较抱持怀疑的态度。”Gartner的云计算研究总监Mindy Cancila说道，“通常情况下，当我与那些想要建立成本比较模型的客户交谈时，我们首先推荐的是请他们先寻找其他能驱使他们采用云计算的好处，原因是成本模型常常掺杂了许多不确定性。”

诸如设施和电力输送这种被忽视的成本，如果不考虑进去，将得出有误导性的比较结果。Gartner替客户建立了一个成本比较模型，帮助他们了解本地和云环境各自的经济效益。但要为任何一个模型做出准确的比较，需要组织进行精确的计算，并仔细检验将一个工作负载交付给最终用户的过程中所有的环节。

资料来源：比特网.2016-08-12.

管理信息系统总承包建设策略目前的应用十分广泛，其开发方法大量应用了云计算的概念和技术，在掌握技术的同时，还要了解以合同为主导的过程控制。

12.1 总承包模式概述

12.1.1 商业软件的实施概况

▶ 1. 商业软件的购置与实施

目前，软件的开发正在向专业化方向发展。一批专门从事信息系统开发的公司已经开发出一批使用方便、功能强大的专项业务信息系统软件。信息系统的成套软件或开发平台的策略越来越受到企业的青睐，这也成为信息系统建设的主要策略。

采用商业软件包战略建设信息系统的第一步是商业软件的购置，也是信息系统建设的关键一步，它关系系统建设的成败。软件品种与软件供应商的选择是需要花时间进行比较与选择的，价格因素也是不容忽视的。目前商业化应用软件品种很多，从单一功能的小软件到覆盖大部分企业业务的大系统，价格也从几万元到几百万元不等。

购置现成的商业软件容易使企业管理模式向商业软件体现的管理模式靠拢，企业要做较多的改变，这样虽有利于企业进行业务流程重组，但同时也有风险。有些使用者购买商业化的软件后满意度较低，原因主要是软件选择不合适，由商业软件引入的管理思想、管理方法和流程与组织原有流程的严重冲突没有得到很好的解决。

购置商业软件的过程是：①企业选择软件供应商；②提出需求并洽谈；③明确目标与要求，确定具体的需要购置的模块；④软件供应商对与模块有关的管理过程进行调查分析；⑤实施方案设计；⑥提出方案后双方进行详细讨论；⑦在系统需求与可能性两方面取得一致，确定方案；⑧正式开展实施工作，培训人员，软件公司对模块进行功能调整及参数设置，企业按方案要求对原有管理过程做必要的调整；⑨搭建硬件平台，录入基本数据，试运行系统，若成功则对新老系统进行切换，正式运行。图 12.1 所示为商业软件购置与实施的主要流程。

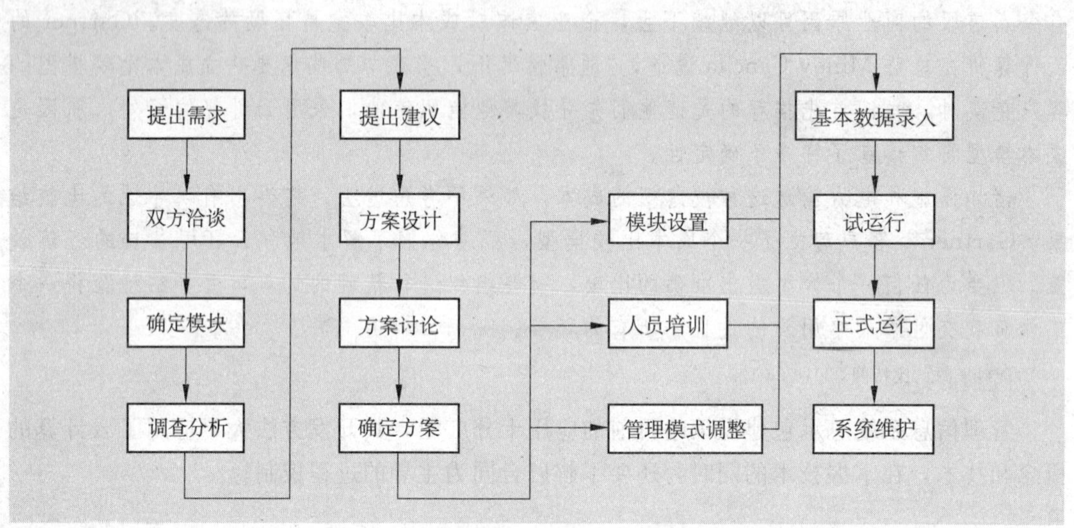

图 12.1 商业软件购置与实施的主要流程

▶ 2. 商业软件的购置与开发并举实施

购置与专门开发并举的集成方式是多数商业软件建设的策略。选择的商业软件无论多么适合组织自身的行业特点，包括部分流程再造，最多能够满足组织的 80%的功能，因此，二次开发不可避免。其过程是采用商业软件，然后针对组织自身的需求，对部分功能进行二次开发，最后再进行系统集成，如图 12.2 所示。

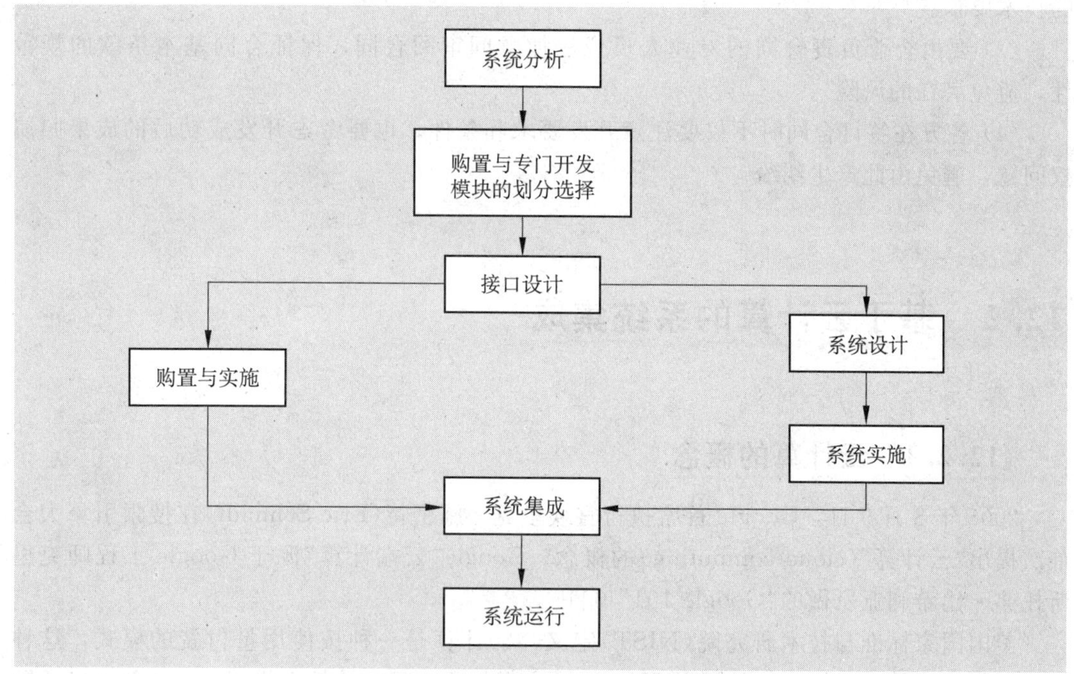

图 12.2 商业软件的购置与开发并举实施过程

12.1.2 系统开发合同

▶ 1. 商业软件的选用

购置商业软件还要考虑商业软件的选用问题，首先应根据系统分析确定全部选用还是部分选用。由于成套软件的费用昂贵，并且对组织影响大、实施风险大，因此应慎重选择成套商业软件。除此之外，还需要注意以下问题。

(1) 按业务流程，优选购置前端和底层业务的模块软件；按业务结构化程度，优先购置稳定和规范业务的软件。

(2) 由于商品软件品种多，差别大，必须仔细分析比较，访问已有用户和同行业用户，确定之后，还要由组织内的用户模拟试用。

▶ 2. 系统开发合同

系统软件选用方案确定之后，应该与供应商签订购销合同，合同中应明确售后质量保证和售后服务事项。信息系统开发合同比较复杂，要考虑很多不确定的因素，很多细节在签订合同时无法明确，有些情况将随着开发的深入而发生变化，因此，增加了信息系统开发合同签订、履行和核实的难度。尽管合同各方在签订合同时竭尽全力避免疏漏，但此类合同纠纷的发生仍不可避免。

系统开发时，较多地采用合作开发的方式。采用合作开发方式签订信息系统开发合同时应注意以下事项。

(1) 系统开发一般是分步实施的，先期的投运到最后完成有一个较长的周期，因此，合同应该包括阶段要求条款。

(2) 要带有足够的与合同有同样法律效用的附件，以说明委托或合作细节，以及具体的技术要求。

(3) 要由企业负责合同的专业人员或法律顾问审阅合同，保证合同基本条款的规范性，避免潜在的风险。

(4) 各方在签订合同时不仅要注意开发要求和条件，也要考虑开发成功后的成果归属权问题，避免由此产生纠纷。

12.2 基于云计算的系统集成

12.2.1 云计算的概念

2006年8月9日，Google首席执行官埃里克·施密特(Eric Schmidt)在搜索引擎大会首次提出“云计算”(cloud computing)的概念。Google“云端计算”源于Google工程师克里斯托弗·比希利亚所做的“Google 101”项目。

美国国家标准与技术研究院(NIST)定义：云计算是一种按使用量付费的模式，这种模式提供可用的、便捷的、按需的网络访问，进入可配置的计算资源共享池(资源包括网络、服务器、存储、应用软件、服务)，这些资源能够被快速提供，只需投入很少的管理工作，或与服务供应商进行很少的交互。

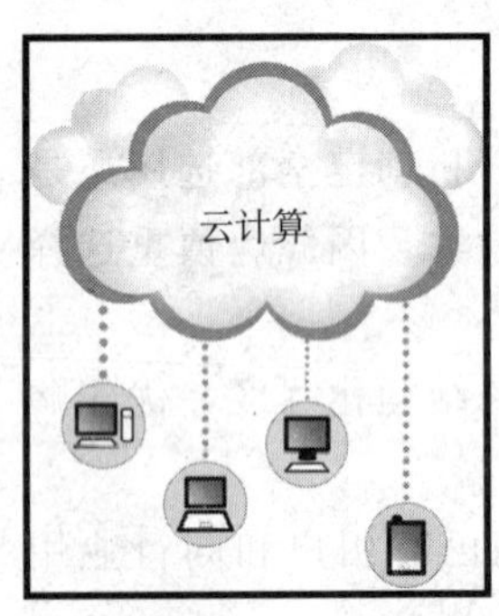

图12.3 云计算

云计算是一种网络应用模式，如图12.3所示。狭义云计算是指IT基础设施的交付和使用模式，指通过网络以按需、易扩展的方式获得所需的资源；广义云计算是指服务的交付和使用模式，指通过网络以按需、易扩展的方式获得所需的服务。

云计算是网格计算(grid computing)、分布式计算(distributed computing)、并行计算(parallel computing)、效用计算(utility computing)、网络存储(network storage technologies)、虚拟化(virtualization)、负载均衡(load Balance)等传统计算机技术和网络技术发展融合的产物。它旨在通过网络把多个成本相对较低的计算实体整合成一个具有强大计算能力的完美系统，并借助SaaS、PaaS、IaaS、MSP等先进的商业模式把强大的计算能力分布到终端用户手中。云计算的一个核心理念就是通过不断提高“云”的处理能力，进而减少用户终端的处理负担，最终使用户终端简化成一个单纯的输入输出设备，并能按需享受“云”的强大计算处理能力。

云计算的核心思想是将大量用网络连接的计算资源统一管理和调度，构成一个计算资源池向用户提供按需服务，这与我国著名云计算专家刘鹏教授早在2003年就提出的“网格计算池”是完全一致的。这种资源池称为“云”。“云”是一些可以自我维护和管理的虚拟计算资源，通常为一些大型服务器集群，包括计算服务器、存储服务器、宽带资源等。云计算将所有的计算资源集中起来，并由软件实现自动管理，无须人为参与。这使得应用提供者无须为烦琐的细节而烦恼，能够更加专注于自己的业务，有利于创新和降低成本。好比是从古老的单台发电机模式转向了电厂集中供电的模式，它意味着计算能力也可以作为一种商品进行流通，就像煤气、水、电一样，取用方便，费用低廉。最大的不同在于，它是通过互联网进行传输的。

云计算的蓝图已经呼之欲出：只需要一台笔记本或者一个手机，就可以通过网络服务来实现人们需要的一切，甚至包括超级计算这样的任务。从这个角度而言，最终用户才是云计算的真正拥有者。

12.2.2　云计算的架构

一般来说，目前大家比较公认的云架构是划分为基础设施层、平台层和软件服务层三个层次的，对应名称为 IaaS、PaaS 和 SaaS，如图 12.4 所示。

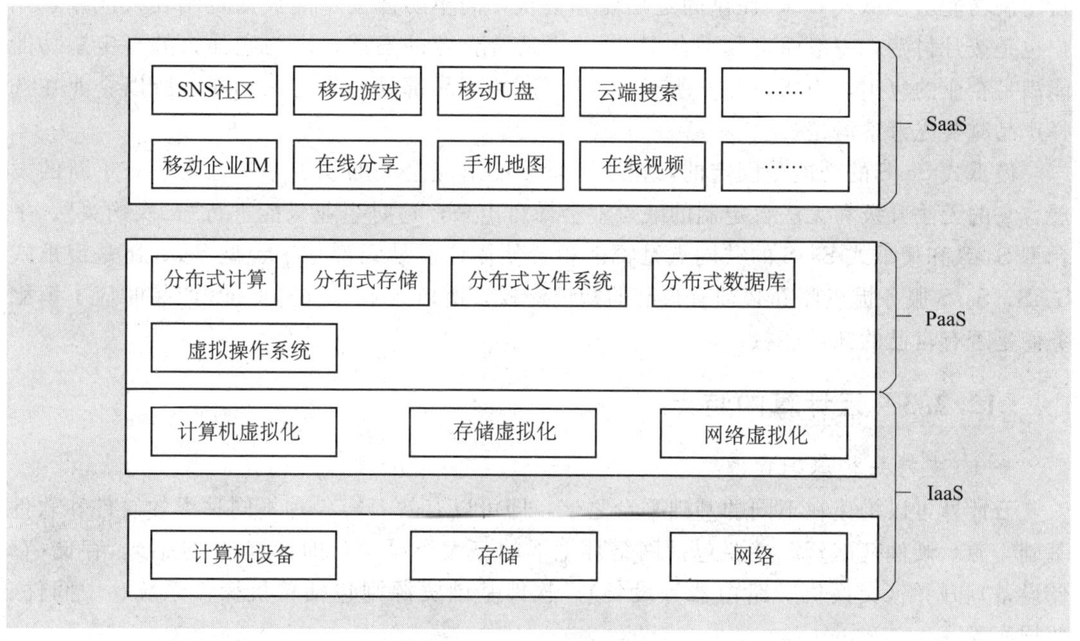

图 12.4　云计算的架构

IaaS(infrastructure as a service)指基础设施即服务，主要包括计算机服务器、通信设备、存储设备等，能够按需向用户提供的计算能力、存储能力或网络能力等 IT 基础设施类服务，也就是能在基础设施层面提供的服务。IaaS 能够得到成熟应用的核心在于虚拟化技术，通过虚拟化技术可以将形形色色计算设备统一虚拟化为虚拟资源池中的计算资源，将存储设备统一虚拟化为虚拟资源池中的存储资源，将网络设备统一虚拟化为虚拟资源池中的网络资源。当用户订购这些资源时，数据中心管理者直接将订购的份额打包提供给用户，从而实现了 IaaS。

PaaS(platform as a service)指平台即服务。如果以传统计算机架构中“硬件＋操作系统/开发工具＋应用软件”的观点来看待，那么云计算的平台层应该提供类似操作系统和开发工具的功能。实际上也的确如此，PaaS 定位于通过互联网为用户提供一整套开发、运行和运营应用软件的支撑平台。就像在个人计算机软件开发模式下，程序员可能会在一台装有 Windows 或 Linux 操作系统的计算机上使用开发工具开发并部署应用软件一样，微软公司的 Windows Azure 和谷歌公司的 GAE 可以算是目前 PaaS 平台中最为知名的两个产品了。

SaaS(software as a service)指软件即服务。简单地说，就是一种通过互联网提供软件服务的软件应用式。在这种模式下，用户不需要再花费大量资金用于硬件、软件和开发团队的建设，只需要支付一定的租赁费用，就可以通过互联网享受相应的服务，而且整个系统的维护也由厂商负责。

企业采用 SaaS 模式在效果上与企业自建信息系统基本没有区别，但节省了大量资金，从而大幅度降低了企业信息化的门槛与风险。SaaS 企业管理软件分成两大阵营：平台型 SaaS 和傻瓜式 SaaS。

平台型 SaaS 是把传统企业管理软件的强大功能通过 SaaS 模式交付给客户，有强大的自定制功能。傻瓜式 SaaS 提供固定功能和模块，简单易懂但不能灵活定制在线应用，用户也是按月付费。一般而言，平台型 SaaS 更适合企业的发展，因为它强大的自定制功能能满足企业的应用，当然，并非所有 SaaS 厂商的产品都具有自定制功能，所以企业在选择产品时要先考察清楚。

傻瓜式 SaaS 的功能是固定的，在某个阶段能适应企业的发展，一旦企业有了新的发展，它的无法升级和无法自定制的缺点就会暴露出来，这时企业只能进行“二次购买”。平台型 SaaS 和傻瓜式 SaaS 的共同点是都能租赁使用，但是无论是平台型 SaaS 还是傻瓜式 SaaS，SaaS 服务提供商都必须有自己的知识产权，所以企业在选择 SaaS 产品时应了解服务商是否有自己的知识产权。

12.2.3 云计算的特点

1. 支持异构基础资源

云计算可以构建在不同的基础平台之上，即可以有效兼容各种不同种类的硬件和软件基础资源。硬件基础资源主要包括网络环境下的三大类设备，即计算(服务器)、存储(存储设备)和网络(交换机、路由器等设备)；软件基础资源则包括单机操作系统、中间件、数据库等。

2. 支持资源动态扩展

支持资源动态伸缩，实现基础资源的网络冗余，意味着添加、删除、修改云计算环境的任一资源节点，或者任一资源节点异常宕机，都不会导致云环境中的各类业务的中断，也不会导致用户数据的丢失。这里的资源节点可以是计算节点、存储节点和网络节点。资源动态流转则意味着在云计算平台下实现资源调度机制，资源可以流转到需要的地方。如在系统业务整体升高的情况下，可以启动闲置资源，纳入系统中，提高整个云平台的承载能力。而在整个系统业务负载低的情况下，则可以将业务集中起来，将其他闲置的资源转入节能模式，从而在提高部分资源利用率的情况下，达到其他资源绿色、低碳的应用效果。

3. 支持异构多业务体系

在云计算平台上，可以同时运行多个不同类型的业务。异构表示该业务不是同一的，不是已有的或事先定义好的，而应该是用户可以自己创建并定义的服务。这也是云计算与网格计算的一个重要差异。

▶ 4. 支持海量信息处理

在底层，云计算需要面对各类众多的基础软硬件资源；在上层，云计算需要能够同时支持各类众多的异构的业务；而具体到某一业务，往往也需要面对大量的用户。由此，云计算必然需要面对海量信息交互，需要有高效、稳定的海量数据通信/存储系统作为支撑。

▶ 5. 按需分配，按量计费

按需分配是云计算平台支持资源动态流转的外部特征表现。云计算平台通过虚拟分拆技术可以实现计算资源的同构化和可度量化，可以提供小到一台计算机，多到千台计算机的计算能力。按量计费起源于效用计算，在云计算平台实现按需分配后，按量计费也成为云计算平台向外提供服务时的有效收费形式。

12.2.4 云计算的参考标准

到底什么是云计算？这是大家比较关注的问题。现在有很多种不同的说法，有人讲公有云是云，私有云不是云；还有人说支持虚拟化叫云，不支持虚拟化不叫云，但是Google不支持虚拟化，而我们都认为Google是云；还有人讲有1 000台服务器是云，好像999台就不是云。也有个别高性能计算中心，什么都没变，就是名字改成云计算中心。那么到底什么是云？判断是否是云计算有以下三条参考标准。

▶ 1. 资源来自网络

资源来自网络是云计算的根本理念所在，用户所需的主要资源不在客户端，而来自网络，即通过网络提供用户所需的计算力、存储空间、软件功能和信息服务等。

▶ 2. 伸缩能力

服务能力具有优于分钟级的伸缩能力，网络流量具有不可预见性，为了应对尖峰时间的流量，往往需要超配服务器资源。当资源节点服务能力不够，但是网络流量突然增加，这时需要平台在一分钟至几分钟之内，自动地动态增加服务节点的数量，从100个节点扩展到150个节点。能够称为云计算，就需要足够的资源来应对网络的尖峰流量，流量下来了，服务节点的数量再随着流量的减少而减少。现在有的传统IDC自称也能提供伸缩能力，但需要多个小时之后才能提供给用户，但网络流量是不可预期的，不可能等那么久。

▶ 3. 性价比优势

看了上面一条，有些人在想，没关系，多配一些机器，流量再大也应付得了，但这不是云计算的理念，云计算还有个性能价格比指标。云计算之所以是一种划时代的技术，就是因为它将数量庞大的廉价计算机放进资源池中，用软件容错来降低硬件成本，通过将云计算设施部署在寒冷和电力资源丰富的地区来节省电力成本，通过规模化的共享使用来提高资源利用率。国外代表性云计算平台提供商达到了惊人的10～40倍的性能价格比提升。国内由于技术、规模和统一电价等问题，暂时难以达到同等的性能价格比，暂时将这个指标定为5倍。拥有256个节点的中国移动研究院的云计算平台已经达到了5～7倍的性能价格比提升，其性能价格比随着规模和利用率的提高还有提升空间。

知识链接：
云计算

简化版的云也需要具备以下两项要求。

第一，服务是否通过网络计算云实现，即终端用户只需要简单的输入输出。

第二，网络计算云提供的服务能力即服务节点数目是否能达到即时调整，也就是根据终端用户服务能力需求即时增加或减少到适当服务节点数目。

12.3 以合同为主导的过程控制

将企业的需求组织成正式的规约(即合同)是对信息系统开发过程进行控制的重要步骤。对于软件供应商总承包模式来说，合同就显得更为重要。制定合理且可监控的合同，并依据合同进行过程控制，是项目成功实施的关键。要制定合理的合同，需要先提出合理的需求，企业需求可根据企业信息化战略规划及业务流程再造过程提炼。

12.3.1 建立合同的原则

合同应反映企业用户对信息系统的所有需求，主要体现在3个不同的层次，包括业务需求、用户需求，以及功能需求和非功能需求。

(1) 业务需求，反映了组织机构或客户对系统、产品高层次的目标要求，它们在项目视图与范围文档中予以说明。

(2) 用户需求，描述了用户使用产品必须要完成的任务，这在用例文档或方案脚本说明中予以说明。

(3) 功能需求和非功能需求。功能需求定义了开发人员必须实现的软件功能，使用户能完成他们的任务，从而满足业务需求。作为功能需求的补充，软件需求规格说明还应包括非功能需求，描述系统展现给用户的行为和执行的操作等，包括产品必须遵从的标准、规范和合约；外部界面的具体细节、性能要求；设计或实现的约束条件及质量属性。例如，性能要求、可靠性要求、安全保密性要求，以及开发费用和开发周期、可使用资源等方面的限制。

需求的PIECES框架给出了非功能需求的类型，见表12.1，同时也为需求调查提供了指南。PIECES分别指性能(performance)、信息(information)、经济(economy)、控制和安全(control)、效率(efficiency)、服务(service)。

表12.1 非功能需求的类型

需求类型	解释
性能	(1)吞吐量是多少？ (2) 响应时间是多长？
信息	信息需求表达了用户所需的信息在内容、时间、准确性、格式等方面的要求。 (1) 所需要的输入和输出是什么？什么时候需要？ (2) 需要存储什么数据？ (3) 信息的现时性要求如何？ (4) 信息系统与外系统的接口是什么？

续表

需求类型	解释
经济	经济方面的需求表达了系统需要在哪些方面降低成本，提高效益。 (1) 系统什么方面的成本必须降低？ (2) 应该降低多少成本、增加多少效益？ (3) 预算范围是多少？ (4) 开发的时间表是什么？
控制和安全	控制和安全方面的需求包括以下几个方面。 (1) 是否必须对系统或信息的存取进行控制？ (2) 保密性方面有什么要求？ (3) 是否有特殊的数据处理要求？(如备份、脱机存储)
效率	效率是指系统利用最小的资源产生输出的能力。 (1) 是否有必须要消除的重复的业务环节？ (2) 是否有降低系统用户使用资源时产生浪费的途径？
服务	服务需求表达了系统在可靠性、灵活性和可扩充性方面的要求。 (1) 谁将使用系统？他们分布于何处？ (2) 是否有不同类型的用户？ (3) 系统的培训设备和培训资料有什么要求？ (4) 需求的可靠性/可用性是什么？ (5) 系统应该如何打包和发布？ (6) 需要产生什么方面的文档？

需求定义必须满足以下几个方面的要求。

(1) 一致性。对所有需求说明的读者都只能有一个明确统一的解释，需求之间应该没有逻辑上的矛盾。由于自然语言极易导致二义性，所以应尽量把每项需求用简洁明了的用户性的语言表达出来。避免二义性的有效方法包括对需求文档的正规审查、编写测试用例、开发原型设计特定的方案脚本。

(2) 可理解性。参加的各方应能以一种共同的方式来解释和理解需求。

(3) 完备性。所有需求都必须加以适当说明。每一项需求都必须将所要实现的功能描述清楚，以使开发人员获得设计和实现这些功能所需的所有必要信息。

(4) 可行性(现实性)。利用现有资源可以实现系统的需求，每一项需求都必须是在已知系统和环境的权能和限制范围内可以实施的。为避免不可行的需求，最好在需求获取过程中始终有一位软件工程小组的组员与需求分析人员或考虑市场的人员在一起工作，由他负责检查技术可行性。

(5) 必要性。所规定的需求必须是用户所需要的，不要画蛇添足。

(6) 正确性。需求应是准确和完整的，每一项需求都必须准确地陈述其要开发的功能。做出正确判断的参考是需求的来源，如用户或高层的系统需求规格说明。若软件需求与对应的系统需求相抵触则是不正确的。只有用户代表才能确定用户需求的正确性。

(7) 可跟踪性。每一项需求都应把客户真正所需要的和最终系统所需遵从的标准记录下来。可跟踪性也可以理解为每项需求都是用来授权编写文档的“根源”，要使每项需求都能回溯至某项客户的输入。

(8) 可测试性。需求必须能够验证，检查一下每项需求是否能通过设计测试用例或其他的验证方法，如用演示、检测等来确定产品是否确实按需求实现了。如果需求不可验证，则确定其实施是否正确就成为主观臆断，而非客观分析了。一份前后矛盾、不可行或有二义性的需求也是不可验证的。

知识链接：
以合同为主导的过程控制

(9) 划分优先级。给每项需求、特征或使用实例分配一个实施优先级，以指明它在特定产品中所占的分量。如果把所有的需求都看作同样重要，那么项目管理者在开发或节省预算或调度中就会丧失控制自由度。

本章小结

软件供应商总承包模式也叫商业软件购买模式或者应用软件包策略。在这种模式中，用户主导的工作环节仅限于系统规划阶段，而后续的系统分析、系统设计、系统实施维护与评价工作，是由软件供应商来主导完成的。用户租用服务器和数据库，不拥有物理主机。整个系统的升级根据总承包合同的规定执行，在合同期限内由软件供应商负责。

云计算可作为软件供应商总承包模式的一种方法。

软件供应商总承包模式中，企业用户需要以合同为依据，来对信息系统开发过程进行控制。

关键术语

软件供应商总承包模式　　系统集成　　云计算
合同　　过程控制

思考与讨论

一、判断题

1. 购置现成的商业软件的企业没有必要进行二次开发。（　　）

2. 云计算具有超强的计算能力和低成本、规模化等特性，已经成为下一代互联网的发展趋势。（　　）

3. 将企业的需求组织成正式的合同是软件供应商总承包模式下的信息系统开发项目成功的关键。（　　）

4. 云计算适用于所有公司，能全部解决由计算能力、存储能力引起的问题。（　　）

二、填空题

1. 系统软件选用方案确定之后，应该与供应商签订购销合同，合同中应明确________和________。

2. 合同应反映企业用户对信息系统的所有需求，主要应反映 3 个不同层次上的需求，包括________、________、________。

3. 以合同为主导，过程控制的主要工作包括________、________和________。

4. 云架构划分为________、________和________三个层次。

三、思考题

1. 什么是软件供应商总承包模式？其实施方法是什么？

2. 什么是云计算？云计算的优势和不足是什么？

3. 什么是合同？如何以合同为主导进行过程控制？

4. 简述云架构的三个层次的功能？

四、讨论题

1. 人们说，云计算无所不能，这种说法对吗？请说明理由。

2. 有人说，将有越来越多的企业采用软件供应商总承包模式来开发信息系统，你怎么看待这一说法。

案例分析：
“云计算+边缘计算”成为IoT平台重头戏云计算的应用

第13章 协同分析模式

教学目标

- ☞ 对管理信息系统开发过程中的系统分析有一个总体的认识，熟悉系统分析的任务、目的和工具；
- ☞ 了解组织结构图、业务流程图、数据流图和组织/业务关系表等其他工具的用途；
- ☞ 了解数据字典、结构化语言、判断树、判断表等工具的使用方法；
- ☞ 掌握系统调查的方法、系统分析的工作内容、建立新系统逻辑模型的方法，以及系统分析报告的编写方法。

教学要求

知识要点	能力要求	相关知识
系统分析的主要步骤	熟悉系统分析的步骤和内容	计算机基础知识 管理原理
	了解初步调查的方法	
	掌握现行系统详细调查与分析的内容	
	提出新系统逻辑方案	
详细调查	了解业务流程图、数据流图的画法	信息系统分析
新系统逻辑模型	能够建立新系统逻辑模型	信息系统分析
	能够编写系统分析报告	

导入案例

委屈与机遇——IT部门在企业中的角色定位

首先定义一下IT组织，这里讨论的IT组织是指企业内部的IT部门，并不是指以IT为主的组织，讨论它的定位是由于长期以来这个问题一直隐隐约约地存在，在经常性的思考与策略调整时，它都不可避免地挡在前面。IT服务管理的根本是一种管理，也是一种哲学，一种IT管理的哲学，需要从各个方面建立协调一致的理论去统一它。

1. IT部门的委屈

作为一个企业的内部IT部门，不管什么性质的行业与单位，无论是事业单位、金融电信、生产分销，只要它具有一定规模，在建设阶段结束进入维护服务期后，内部IT组织的领导者们或多或少会感到些许失落、尴尬、无奈。CIO——这个在报纸与杂志上经常看到的光鲜的称呼，其实处境非常被动，普遍的情况是大部分CIO没有进入权力核心，IT部门在公司战略规划时是经常被忽视的，一个IT部门从属于一个综合管理部门之下一点不奇怪，CIO们在经历过项目大规模建设阶段的成就感后就消失沉寂了，只有在重大故障发生时，才偶尔被领导们提出来，最终雄心壮志退化成一种不求有功，但求无过的状态。现在的情况是业务系统越来越多、越来越复杂，企业要求IT费用年年下降，逼着IT部门想尽办法减少预算。另外，公司内部IT部门普遍地位不高，大家都觉得IT组织属于后勤服务单位，所以经常由别的单位对其做绩效评价，但IT组织在控制成本时必然要控制业务部门的需求，在控制安全时又需要控制许多人对IT设备的使用自由与管理权限，这使IT部门处于两难之境。再加上一个上线时好好的业务系统，业务部门今天一个需求，明天一个需求，最后系统改得面目全非，IT部门负责维护系统，却根本无法控制系统的演变。业务部门没有真正精于系统设计与业务流程规划的人员，最终当系统问题越来越多，发布越来越多，一直恶性循环到系统再也改不下去了，于是推倒重新做。IT部门很委屈，它承担着很多领导们以为它应该承担的职责，却没有相应的权力与资源。

2. IT部门的定位

我们如果去询问任何一个大型企业内部IT部门的职责，得到的答案多数是我们负责所有IT设备与系统的正常运行，或者更进一步地加上企业未来的信息规划之类。本质上，现在企业内部的IT部门是一个IT架构管理者，这是它所有的职责，也是仅有的职责。让每一个硬件、软件、数据库正常运行，让每一个业务系统与每一个网络正常运行，是IT部门当前的终极目标。但我认为这是远远不够的，这样的定位，IT部门仍然是以自我为中心的，是一种封闭性的龟缩与不负责任，在抱怨权力不够的同时，很可能是自己对自己的职责进行了弱化。

现在到处强调信息安全，IT部门最强调信息安全，但IT部门强调的信息安全更多是指运维过程中的网络、数据库等不被外人攻击、破坏与窃取，这在生命周期与范围上都不完整，业务部门的大量文件存储在电脑上，甚至员工用私人电脑来办公，大量业务部门把业务数据分发给别的单位，业务系统的界面提供了许多可以批量导出数据的功能，业务部门经常会提出进行修改业务系统数据的需求，这些情况IT部门介入甚少。

综上所述，我对IT部门角色的定位是架构管理者、服务管理者、信息管理者、流程管理者。大部分的IT部门只做到第一级，即架构管理者，而对于服务管理者，还基本没有起步。当IT部门做到服务管理者时，才能真正完成了应有的本分，伴随着企业管理的发展，信息成为管理的一极，IT部门做到信息管理者时，其管理控制职能将在企业内全面加强，最终IT部门真正介入运营过程，实现与业务的最终融合，进而控制一个企业的流程架构。按照这种思路，IT部门当前的许多矛盾与困惑都可以解决，同时IT部门的权力将大大扩大，IT部门的触角最终深入业务部门之中，必然成为一个直属最高领导者的组织，也成为全面了解企业运作的部门。如果一个IT部门能够实现这种转型，我觉得

CIO 完全可以成为 CEO，这种转变对企业整体也应该有很大助益，真正做到各司其职，各专其长。

资料来源：CIO 俱乐部 . 2016-10-18.

协同分析模式面临的主要问题之一是系统开发人员与系统应用人员之间的配合，上面的案例说明当本公司内部 IT 部门具有一定的开发能力之后，不可避免地会产生与本公司应用部门的矛盾，合理的 IT 部门公司化可以解决这个问题。请大家回忆第 11 章导入案例的 SAP 公司，协同分析是该公司允许用户参与的最大程度，因为一旦进入联合设计模式，用户就成为系统开发的主导角色。

13.1 系统分析的目的与流程

系统分析也称系统的逻辑设计，它是信息系统开发过程中的重要环节，也是确定新系统最佳逻辑设计方案的关键阶段，是信息系统建设中最困难却必不可少的阶段。随着信息系统开发项目规模的扩大和系统建设的环境日趋复杂，企业对信息系统的要求不断提高，系统分析成为信息系统开发中最繁重的任务之一。

系统分析是指在信息系统总体规划的指导下，在对系统进行深入、详细的调查研究及用户信息需求分析的基础上，通过可行性研究、详细调查等工作来确定新系统逻辑方案的过程。系统分析是系统开发人员对组织及其管理的实际问题进行分析的过程，包括问题的定义、确定问题产生的原因、说明解决问题的方法和措施，以及确定解决问题所需要提供的信息。

系统分析的主要目的是进一步明确系统规划中确定的项目范围和系统开发的目标，在充分掌握现行系统的真实情况和分析用户信息需求的基础上，提出新系统的逻辑方案。

系统分析阶段的任务是确定新系统“做什么”的问题，该阶段的工作主要由系统分析员来完成，即系统分析员通过与用户接触，充分了解用户需求，并把双方的理解用系统说明书表述出来。

系统规模越大，系统分析的复杂性就越高。通常，系统分析工作包括两方面的内容。

13.1.1 用户需求分析

通过详细了解企业的组织结构、组织目标、组织的业务流程及数据流程，分析和理解用户与管理业务对系统开发的实际需求，包括对系统功能、性能等方面的需求，对开发周期、开发方式及软硬件配置等方面的意向。通常情况下，先由用户提出初步的要求，然后经由系统分析人员对系统进行详细调查，进一步完善用户对系统的要求，最终以系统需求说明书的形式将系统需求定义下来。

这里引用一个经典的例子，福特汽车公司创始人亨利·福特说，如果在马车时代询问客户有何需求，很多人可能都会回答说：“要一匹跑得更快的马。”于是很多人用这个例子证明，了解用户需求没有用，用户根本不知道自己要什么。如果福特按照用户的需求去做，怎么可能造出汽车，只可能为用户提供“跑得更快的马”。所以，用户需求是可以创造的，福特根本没有按照用户需求去做，因此才生产出了汽车。然而这个例子不是证明用户需求不重要，而是证明了找到用户的真正需求更重要。当用户回答“要一匹跑得更快的马”，看似用户基本的需求是“马”，其实用户的真实需求是“更快”。所以我们一定要“透过现象看到本质”，通过用户回复、行为、抱怨等现象，发现用户本质的真实需求。

13.1.2 系统分析报告

在对系统进行详细调查的基础上，运用各种系统开发的理论、方法和技术，确定并表述系统应具有的逻辑功能，形成系统逻辑方案(包括系统的结构、问题处理过程和分析计算模型)。新系统的逻辑方案在逻辑上描述新系统的目标和具有的功能、性能，它以系统分析报告的形式表达出来，作为下一阶段系统设计的依据。

系统分析的工作可以分两个阶段来完成，第一阶段的工作是进行系统初步调查和可行性研究；第二个阶段的工作是在可行性分析报告通过批准后，对系统进行详细调查和逻辑设计。系统分析的主要步骤是系统初步调查、可行性研究、系统详细调查与分析、提出新系统逻辑方案。表13.1概述了系统分析所涉及的各项活动。

系统分析阶段的工作成果(产品)表现在信息系统建设过程中产生的重要文件中，其中尤为重要的是可行性研究报告与系统分析报告。可行性研究报告是决定是否进行系统开发的依据。系统分析报告是信息系统建设的必备文件，它是对系统分析阶段工作的总结，是决定是否进入系统设计的主要依据。在进行系统分析时，调查研究将贯穿系统分析的全过程。调查与分析经常交替进行，系统分析深入的程度是影响信息系统成败的关键问题。

表13.1 系统分析涉及的各项活动

活动名称	目标	关键问题	主要成果(产品)	管理决策
初步调查	明确系统开发要解决的主要问题和目标，论证系统开发的必要性和可能性	是否开发新系统，开发则提出系统的目标、规模、内容的初步设想，粗略估计系统开发所需资源	系统开发建议书	是否同意系统开发建议书，同意则进行可行性研究
可行性分析	进一步明确系统的目标、规模与内容，提出系统开发的初步方案与计划	研究系统开发的技术可行性、经济可行性、管理可行性和社会可行性，制订系统开发的初步方案与开发计划	可行性研究报告、系统设计任务书	审定可行性研究报告，下达系统设计任务书
现行系统详细调查与分析	详细调查现行系统的工作过程，建立现行系统的逻辑模型，发现现行系统存在的主要问题	详细分析现行系统的结构、业务流程和数据，确认具体问题	现行系统的调查报告	审查现行系统的调查报告
提出新系统的逻辑方案	明确用户信息需求，提出新系统的逻辑方案	用户需求分析，建立新系统的逻辑模型	系统分析报告	审查系统分析报告，若同意则开始系统设计

13.2 初步调查与详细调查

信息系统开发是一项耗费大量人力、财力、物力和时间的工程，在系统设计之前必须进行可行性分析，从经济、技术等方面论证系统建设的必要性和可能性，对条件不成熟的系统开发项目要避免盲目上马，避免求大求全。要通过初步调查，了解企业的具体情况，从而确定系统的目标、规模及系统开发方式。

系统调查和可行性研究是系统开发工作中最重要的环节之一。系统调查是系统分析与设计的基础，而初步调查与可行性研究是系统开发工作展开的前期准备，它决定了系统能否立项，以及立项后系统大致的开发规模与模式。初步调查与可行性研究主要根据用户对新系统功能的要求，对用户的要求和当前系统进行初步调查，研究和分析企业基础数据管理工作是否能够支持新信息系统的开发，企业管理现状、发展趋势及现有的人力、物力、财力对新系统开发的承受能力，现有的技术条件能否支持和实现新的系统开发等。

13.2.1 初步调查

初步调查一般都是从用户对新系统提出的要求进行可行性和必要性分析开始的。初步调查的主要目标是从系统分析人员和管理人员的角度研究新项目开发的必要性和可能性。通过初步调查可以了解企业是否已具备进行系统开发的必要条件，初步调查的目的主要是合理确定系统总体目标，进行系统总体分析，概括性描述企业的环境和背景，以便进行系统的可行性研究。

初步调查的重点是了解和确定组织与原系统的总体情况、发展规划、组织的能力、组织的外部联系、组织的各种资源条件及约束条件。具体的初步调查主要围绕以下内容展开。

▶ 1. 用户需求分析

初步调查是从用户提出开发新系统的缘由及其对新系统的要求入手，调查用户对新系统的需求及对新系统的期望目标。由于信息系统将涉及企业管理的各个层面，所以要调查企业各级管理人员对新系统的功能、性能的需求与期望，新系统的运行环境及人员、资金、设备、功能要求等方面的限制条件，同时也要了解用户是否愿意接受、参与和配合系统开发。

▶ 2. 企业运行及管理的现状

初步调查要对企业的现有运行状况进行调查，要了解的内容包括组织规模、性质、组织结构、物流生产过程、厂区各办公楼或车间的布局、上级主管部门、横向协作部门、下属部门等。另外，还要调查企业近期发生变化的可能性，这些可能的变化包括企业兼并、产品转向、厂址(店址)迁移、周围环境的变化等。当然，这些变化也是在以后系统建设中要预先考虑并应提出相应对策的方面。

企业现有的管理方式和基础数据管理状况也是初步调查工作的重点。对管理方式的了解包括企业整体管理状况的评估、组织职能机构与管理功能、重点职能部门的大致管理方式和这些管理方式用计算机系统来辅助管理的可行性、需要更改的管理方法，以及新管理方法将会对新系统产生的影响等。基础数据管理工作是实现信息系统功能和各种定量化管理方法的基础，所以对基础数据管理状况也要有大致的了解，如基础数据管理工作是否完善，相应的管理指标体系是否健全，统计方法和程序是否合理，用户对于新系统的期望有无实际的数据支持，新增设的管理数据指针和统计方法是否具有可行性。

在初步调查阶段，只需对调查对象有个大致的了解，不必过于详细，这只是为了确定它们能否支持新系统开发。

3. 现有信息系统运行状况

在决定是否开发新系统之前，必须了解现有系统的运行状况、功能、特点、地位、作用、人员组成与分工、存在的问题、可利用的资源及可利用的技术力量等。现有系统可以是计算机管理信息系统，也可以是手工处理信息的系统。对企业现有系统运行状况的调查可以作为提出新系统开发设想方案及论证该方案的技术可行性的原始资料。

13.2.2 详细调查

在对系统进行初步调查和可行性分析的基础上，若系统开发正式立项，则需要进一步对组织的管理业务工作进行详细调查。详细调查工作是系统分析的内容，是系统设计的基础。详细调查和初步调查两者的区别如下。

(1) 目的不同。初步调查的目的是明确系统开发要解决的主要问题和系统总体目标，论证系统开发的可行性；详细调查的目的在于完全掌握现行系统的现状，发现问题及薄弱环节，为新系统逻辑方案的提出奠定基础。

(2) 内容不同。初步调查的调查重点是了解现行系统的概貌及其与外部的关系；详细调查的调查重点是更详细、具体地了解现行系统的情况和问题，以便在建设新系统时做出改进。

1. 详细调查的内容

详细调查的内容十分广泛，调查的范围主要围绕组织内部信息流所涉及的生产、经营、管理领域的各个方面，组织与外部的信息联系也要全面考虑。调查内容可大致地归纳为以下几大类。

(1) 组织目标和发展战略调查。

(2) 组织结构和业务功能调查，明确各职能部门职责。

(3) 管理方式、具体业务、业务流程与工作内容调查，绘制业务流程图、业务功能图和组织/业务关系图。

(4) 数据与数据流程调查，绘制数据流图，编制数据字典，描述处理过程。

(5) 决策方式和决策过程调查。

(6) 可用资源和限制条件调查。

(7) 现存问题和改进意见调查。

2. 详细调查的方法

详细调查的方法可以采用查阅文件、访谈、问卷调查、实地观察和开会讨论等方法。

1) 查阅文件

研究企业的内部文件是了解企业运作逻辑的初步工作，如工作说明书、企业手册，要了解每一种报表的数据内容及其相互间的重复情形，详列每一种报表的编制单位、周期、使用单位、保存期限、编制份数等。由于组织中很少有完整的文件详细地描述出完整系统的全貌，文件往往未能配合更新，因此以该方式收集信息的方法不能得到企业的全部信息。

2）访谈

分析人员与使用部门的主管或相关作业人员面对面讨论实际作业的情况、报表和信息需求等。在访谈期间，系统分析人员搜集到的可能是事实、选择或推测，并可观察到人们的肢体语言、情绪和他们对于现行系统的观感等。访谈是系统分析最有效且最普遍的数据收集方法。

3）问卷调查

当潜在使用者太多或分布太广时，可考虑以问卷的方式调查需求。问卷调查适合大型企业或对公众信息系统的设计，因为它所涉及的作业范围或对象太广，系统分析人员无法逐一亲自调查。

4）实地观察

实地观察可以获得第一手的数据，且所获得的数据的正确性会比查阅文件高，选择正常与例外情况的时机或对象来进行观察，可获得更多的资料。缺点是可能使人们改变原来的工作方式，因此只能观察到部分的人或特定的区域。

5）开会讨论

使用者代表与系统开发人员聚集一堂，说出所知道的事实、观念，让所有与会人员一起相互沟通意见。这是一种很有效率的数据收集方式，优点是较易获得正确的数据，即使有不同的意见与观念，经由众人研究也能加以修正。

13.3 组织结构与业务流程调查

组织结构与业务流程调查是整个系统分析工作中最简单的一环，主要包含 3 个部分，即组织结构分析、业务功能分析与组织结构的关系分析。其中，组织结构分析通常是通过组织结构图来实现的。

13.3.1 组织结构调查与业务功能调查

▶ 1. 组织结构调查

组织结构调查就是对组织结构与功能进行分析，了解组织内部的部门划分和隶属情况，了解信息传递、物资流动和资金流动的关系，并详细了解各部门的职能、人员的工作职责、决策内容、存在的问题及对新系统的要求等。

组织结构图是反映组织的总体结构及组织内部之间隶属关系的树状结构图。组织结构图采用层次模块的形式绘制，图的结构为分层树形，如图 13.1 所示。

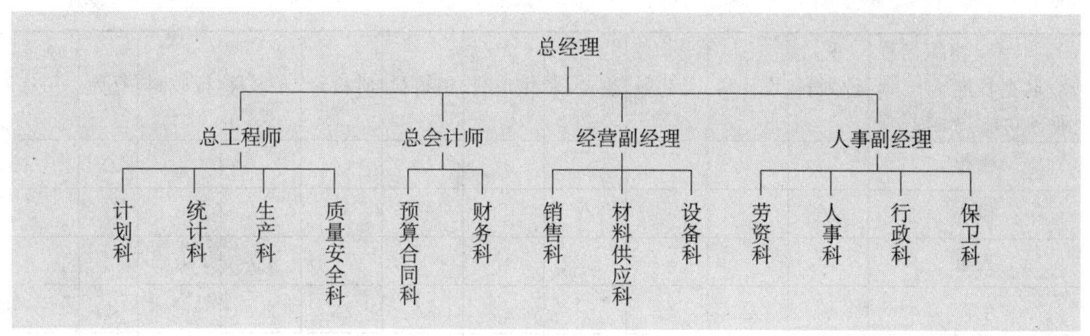

图 13.1 组织结构图

2. 业务功能调查

业务功能调查的目的在于了解和确定系统目标，了解组织内部各部分的业务和功能，并描述系统的功能构造。业务功能图与组织结构图相类似，是用于反映组织业务关系的树形图，如图 13.2 所示。理想情况下，业务功能与组织应该是一致的，但是由于客观情况的复杂性，实际的业务功能结构与组织机构并不一定一一对应，所以在调查时要认真分析各项业务的功能。

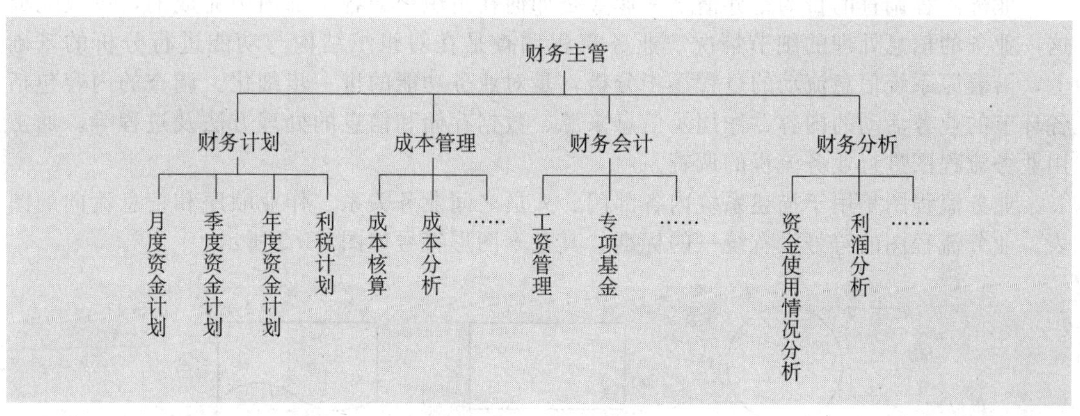

图 13.2 业务功能图

组织结构图能够反映组织内部各部门之间的上下级及隶属关系，却反映不出组织内部各部门之间的联系程度和各部门的业务职能及所承担的工作。而借助组织/业务关系表，可将组织和业务联系起来，从而清楚地反映组织内各部门的主要业务职能、承担的工作及相互之间的业务关系，这也有助于后续的业务流程、数据流程的分析。进行组织/业务分析是为了找出现行系统中组织结构和功能存在的问题，研究解决问题的方法和措施，使信息系统能够更好地适应组织及其功能。根据系统调查的数据，组织/业务关系表可绘制成表 13.2 的形式。

表 13.2 组织/业务关系表

组织名称 / 联系程度 / 业务功能	计划科	设计科	工艺科	生产科	供应科	销售科	质检科	人事科	行政科	仓库	……
计划	○			△	△	△				△	

续表

组织名称 联系程度 业务功能	计划科	设计科	工艺科	生产科	供应科	销售科	质检科	人事科	行政科	仓库	……
销售						○	√			△	
供应	√			△	○					√	
人事								○	√		
生产	√	△	△	○	△	√	△			√	
设备更新			○	△							
……											

注：“○”表示该项业务对应组织的主要业务（即主持工作的单位）。

“△”表示该单位是参加协调该项业务的辅助单位。

“√”表示该单位是该项业务的相关单位。

13.3.2 业务流程调查

业务流程调查的目的是弄清某一业务是如何在组织中的各个部门中完成的，以及完成这一业务的信息处理的细节情况。业务流程调查是在对组织结构与功能进行分析的基础上，沿着原系统信息流动的过程逐步分析，是对业务功能的进一步细化。调查的内容包括各环节的业务活动的内容、作用及信息来源、数据存储和信息的处理方法及过程等。通常用业务流程图进行业务流程的调查。

业务流程图是用于描述系统内各部门、人员之间业务关系、作业顺序和信息流向的图表。业务流程图的符号没有统一的标准，其基本图形符号如图 13.3 所示。

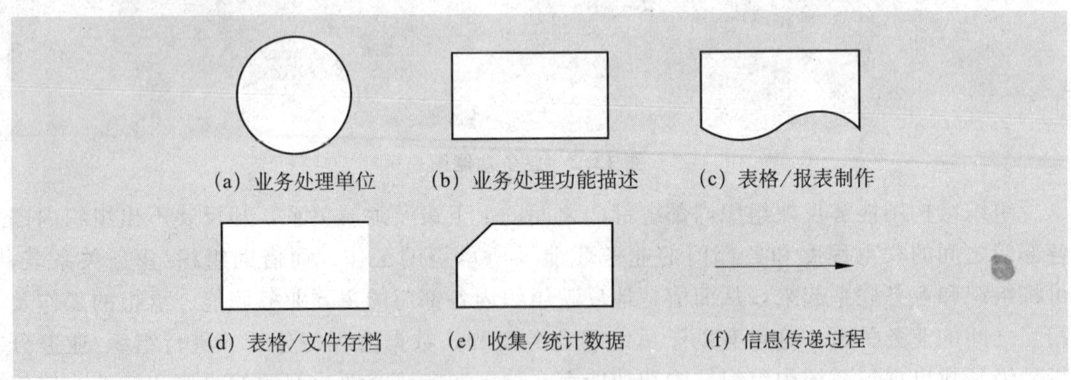

图 13.3　业务流程图的基本图形符号

业务流程图的绘制并无严格规则，能够如实反映业务实际处理过程即可。下面通过一个具体实例来介绍业务流程图的画法。

【例 13.1】 某企业订货业务流程：企业的生产、销售各部门提出材料领用申请，仓库负责人根据用料计划对领料单进行审核，将不合格的领料单退回各部门，仓库保管员收到已批准的领料单后，核实库存账，若库存充足，则办理领料手续，并变更材料库存账；若变更后的库存量低于库存临界值，则将缺货情况登入缺货账，并产生订货报表送交有关领导。经领导审批后，下发给采购部。

根据上述业务处理过程绘制业务流程图，如图13.4所示。

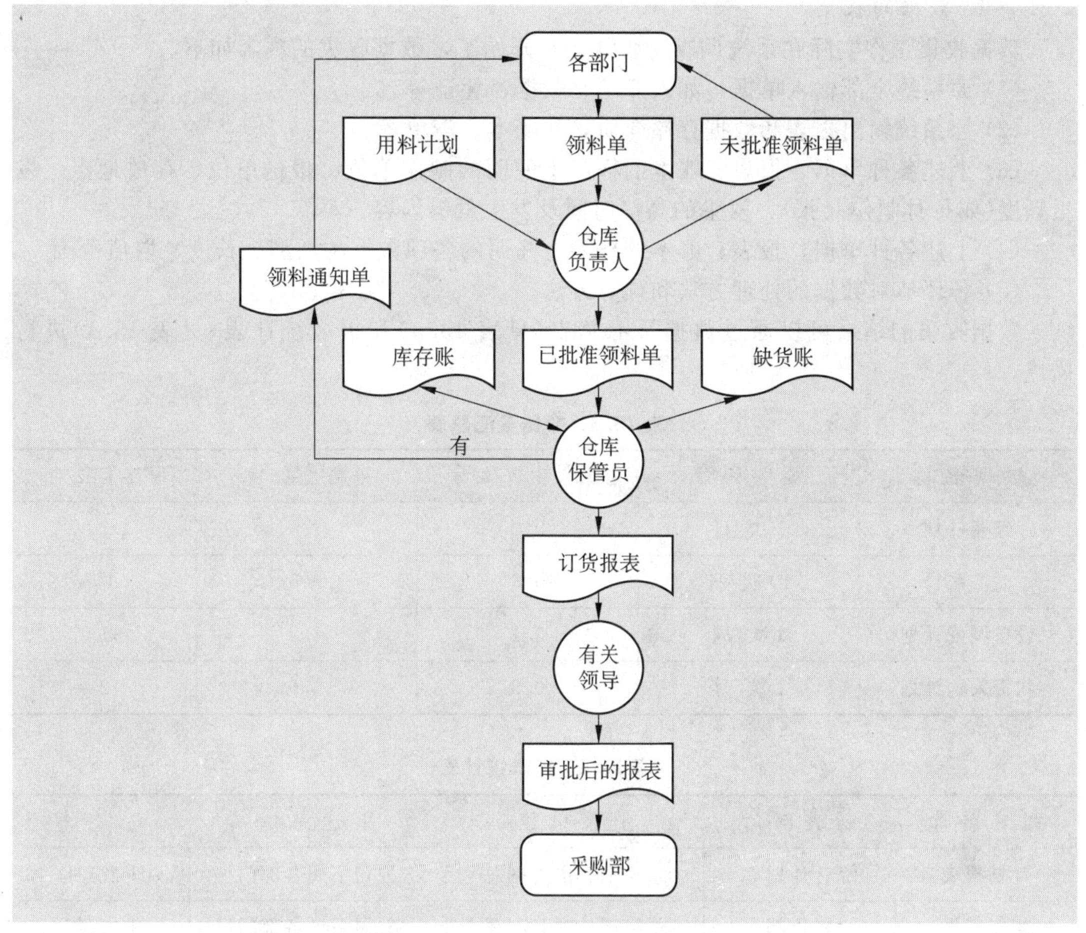

图13.4 某企业订货系统的业务流程

13.4 数据汇总与数据流程分析

数据汇总与数据流程分析是系统设计的基础。数据流程是指数据在系统中产生、传输、加工处理、使用、存储的过程。数据流程分析主要是分析信息的流动、变换、使用及存储等，其目的是发现数据流动中存在的问题，找出解决方法，以便优化数据流程。

业务流程图虽然可以形象地描述企业业务活动的过程，但图中却包含一些物质的因素，如材料、货物、产品等。然而，信息系统分析的最终目的是从现行系统中舍去物流，抽象出信息流，即舍去部门、具体的作业、物流、资金流等，只将信息在系统内部的流动、存储与变换的情况抽象出来，将其绘制成数据流图，并进行数据流程分析。

13.4.1 数据汇总分析

▶ 1. 数据的收集

数据收集工作实际在系统调查阶段就已经开始了，数据收集的内容如下。

(1) 原系统全部输入单据，如入库单、收据、凭证等。

(2) 原系统输出报表和数据存储介质，如账本、清单等。

(3) 上述各种单据、报表、账本的样品上注明的制作单位、报送单位、存放地点、发生频度(如每月制作几张)、发生的高峰时间及发生量等内容。

(4) 上述各种单据、报表、账本的样品上注明的各项数据的类型、长度、取值范围。

(5) 各环节对数据的处理方法和计算方法。

数据收集的结果可以通过数据量汇总表(见表 13.3)和报表统计表(见表 13.4)进行描述。

表 13.3 数据量汇总表

数据名称	发生频率	月发生量/Mb	年发生量/Mb	保存年限/年
经营计划	1次/日	0.2	2.4	2
财务账目	10次/日	0.8	9.6	10
设备调度计划	1次/周	0.1	1.2	1
物资采购计划	1次/月	0.3	3.6	2

表 13.4 报表统计表

报表名称	制表部门	上报单位	下达单位	频率
计划报表	综合计划部	总经理、主管副总	公司下属各部门	1次/月
销售年报	销售部	总经理、主管副总	公司下属各部门	1次/年

▶ 2. 数据的汇总分析

要使调查过程中收集到的大量数据成为系统设计的依据，为系统设计所用，就必须对这些数据进行去粗取精、去伪存真的加工处理、汇总和分析。数据汇总分析就是对数据进行分类整理。

为使数据汇总能顺利进行，通常将数据汇总分析分为 4 个步骤。

(1) 数据分类编码和排序。将系统调查中收集到的数据按业务过程分类编码，按处理过程的顺序进行排列。

(2) 数据完整性分析。按照业务过程自顶向下对数据项进行整理，追溯到记录数据的原始单据或凭证，确保数据的完整性和正确性。

(3) 分类整理所有原始数据和最终输出数据。原始数据是新系统关系数据库基本表的主要内容，最终输出数据是反映管理业务所需要的主要数据指针。它们对后续工作都是非常重要的，所以应对它们分别整理并单独列出来。

(4) 确定数据的字长和精度。数据字长和精度主要根据系统调查中用户对数据的要求、满意程度及预计该业务可能的发展规模来统一确定。对数值型数据来说，要确定数据的正、负号，小数点前后的位数，取值范围等；对字符型数据来说，要确定它的最大字长和是否为中文等。

数据汇总分析要考虑以下几个方面的内容。

1）围绕系统目标进行分析

围绕系统目标、组织结构与业务功能分析已收集的信息。从业务处理的角度分析需要的信息有哪些，哪些信息是冗余的，哪些信息有待收集；从管理的角度分析信息能否满足管理的需要，信息的及时性如何等。

2）弄清信息源周围的环境

分清信息的来源、用途，受周围哪些环境因素影响较大，信息的上一级、下一级（或层次）信息结构分别是什么等。

3）围绕现行业务流程进行分析

分析现有报表是否全面，能否满足管理的需要；现有业务流程存在的弊端，需要如何改进，随着业务流程的改进，信息与信息流应如何改进；对信息的收集、加工与处理有哪些要求等。

4）数据特征分析

数据特征分析是为系统设计做准备。数据特征分析包括以下几个方面的内容。

（1）数据的类型、精度及长度：分析数据类型是数值型还是字符型，是定长的还是变长的，长度是多少，以及在精度上有何要求等。

（2）合理的取值范围：合理的取值范围对于校检和审核都是必要的。

（3）数据量：数据量是在网上分布数据资源和确定存储容量的基础，如单位时间内的业务量、使用频率、要求存储量等。

（4）数据所涉及业务：哪些业务要用到该资料。

（5）数据重要程度和保密程度：重要程度是指对于检验功能的要求和对后备储存的必要性要求。保密程度是指是否需要加密措施，数据读取权限如何等。

数据汇总分析可以使用 U/C 矩阵（详见第 11 章）。

13.4.2 数据流程分析

数据流程分析可以采用数据流图（data flow diagram，DFD），按自顶向下、逐层分解、逐步细化的结构化分析方式进行。数据流图是一种能全面描述信息系统数据流程的工具，它能够用较少的符号综合反映数据在系统中的输入、输出、处理和存储之间的逻辑关系。通过数据流程分析系统的数据流向及其相互调用关系，不仅可以体现现有系统的业务流程特点和用户需求，也可以为子系统的划分奠定基础。

1. 数据流图的符号

数据流图由外部实体、数据流、数据存储和数据处理 4 种基本符号组成。常见的数据流图有 3 种，这 3 种方法在使用时大同小异，本书主要采用第Ⅰ类和第Ⅱ类符号来表示数据流图。其中，第Ⅱ类符号主要在做草图时使用。本书将重点介绍第Ⅰ类符号的使用方法，第Ⅰ类以方框、联线及其变形为基本符号来表示数据流动过程。这 3 种方法对应的图形符号如表 13.5 所示。

表 13.5　数据流图的基本符号

方　法	外部实体(外部项)	数据处理(加工)	数 据 存 储	数　据　流
第一种方法				
第二种方法				
第三种方法				

外部实体定义了系统的边界，是指系统以外与系统有关的人员或单位。外部实体可向系统发出信息，也可接收系统信息。例如，顾客和供货商等都属于系统的外部实体。

数据处理又称加工或数据加工，数据处理是对流入的数据流进行一定的变换处理，或产生新的数据，或使数据结构发生变化。例如，采用方框表示数据处理，方框内必须标明的信息包括处理过程的编号、处理过程文字描述等，如果处理过程比较复杂，必须在其下方加上信息注释，用于进一步详细说明具体处理过程。

数据流是数据处理的输入或输出，可以反映系统各部分之间的信息传递关系。数据流用直线、箭头加文字说明来表示。文字说明称为数据流名，标于数据流符号的上方，箭头指向表示数据流的流向，箭尾连接处表示数据流的来源。

数据存储是数据的仓库，是逻辑意义上的数据存放的地方。数据存储是对数据记录文件的读写处理，通过数据流与数据处理和外部实体发生联系。当数据流的箭头指向资料存储时，表示将数据流的数据写入数据存储；反之，表示读取数据流的数据。数据存储必须标明数据文件的标识编码和文件名称。

▶ 2. 数据流图的绘制

数据流图的绘制一般遵循“由外向内”的原则，即先确定系统的边界和范围，再考虑系统的内部，先画数据处理的输入和输出，再画数据处理的内部。数据流图的绘制过程如图 13.5所示。

为了描述复杂的软件系统的信息流向和加工，可采用分层的数据流图来描述，分层数据流图有顶层、中间层、底层之分。

顶层：决定系统的范围，决定输入输出数据流，它说明系统的边界，把整个系统的功能抽象为一个加工，顶层数据流图只有一张。

中间层：顶层之下是若干中间层，某一中间层既是它上一层加工的分解结果，又是它下一层若干加工的抽象，即它又可进一步分解。

底层：若一张数据流图的加工不能进一步分解，这张数据流图就是底层的了。底层数据流图的加工是由基本加工构成的，所谓基本加工是指不能再进行分解的加工。

(1) 识别系统的输入、输出和外部实体，画出顶层数据流图。顶层数据流图说明了系统的总的处理功能、输入和输出，它只需要指明数据处理与有关外部实体之间的信息交换

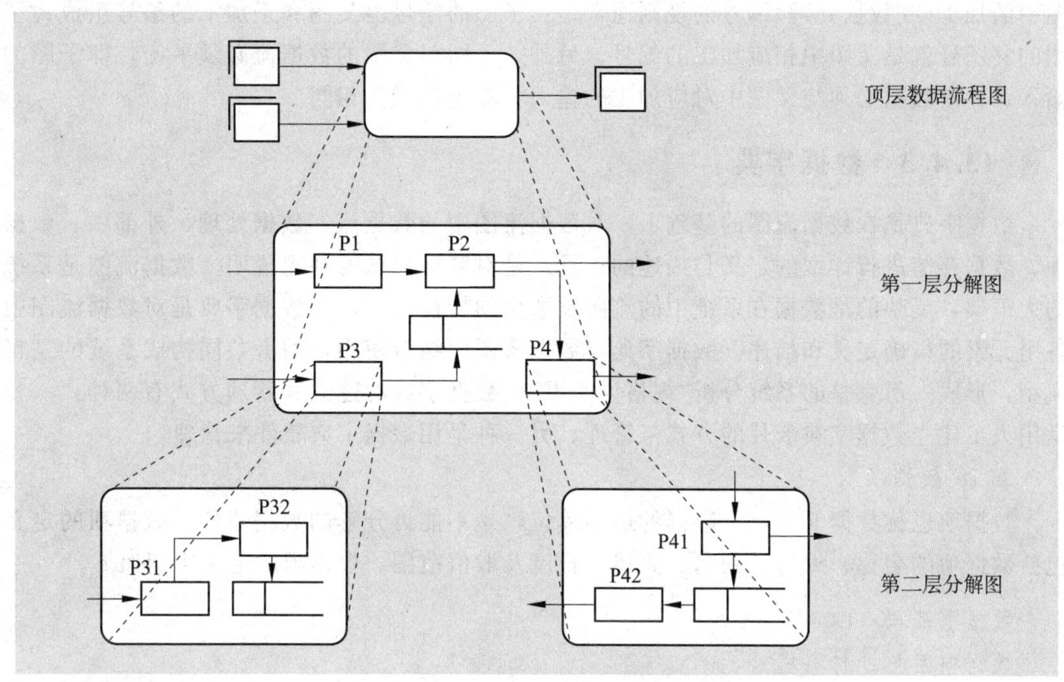

图 13.5 数据流图的绘制过程

关系即可，无须考虑系统内部的处理、存储和数据流动问题。

(2) 分解顶层数据流图的处理功能，画出第一层数据流图，即绘制系统内部的数据流、数据处理与数据存储。从系统的输入到输出端(或反之)，逐步用数据流和数据处理连接起来，当数据流发生变化时，就在该处画一个数据处理符号。同时，也要画出数据存储，以反映各种资料的存储处，并表明数据流是流入还是流出。最后，检查系统边界，补上遗漏的有用数据流，删除没有用的数据流。

(3) 进一步分解数据处理，画出第二层数据流图。运用"由外向内"的方式分析每个数据处理，若该数据处理内部还有数据流，则可将该数据处理分解成若干个数据处理，并用一些数据流连接这些数据处理，就可绘制出二级细化图。

(4) 继续逐级分解、扩充和调整，得到比较完整的数据流图。

3. 绘制数据流图的注意事项

(1) 给数据流命名，根据输入或输出的数据流名的含义为数据处理命名。

(2) 数据流图的画法是从左到右。从左侧开始，标出外部实体，左侧的外部实体通常是数据源，将接收系统数据的外部实体画在数据流图的右侧，数据流图中间为一系列的数据处理和文件。

(3) 尽量避免线条交叉，必要时可用重复的数据源、终点和数据存储符号。图中各种符号分布要均匀，布局要合理。

知识链接：
数据流图举例

(4) 对数据流图的各层要合理编号。通常顶层数据流图为0层，称为第一层数据流图的父图；而第一层既是顶层的子图，又是第二层的父图，依此类推。数据流图中的加工(或数据处理)编号的规则通常是：子图的编号由父图和子加工的编号组成；子图的父图号就是父图中相应加工的编号。另外，子图与父图的数据流必须平衡，即子图的输入、输出数据必须与父图中对应加工的输入、输出数据流相同。

13.4.3 数据字典

数据字典是在数据流图的基础上，对数据流图中的数据流、数据处理、外部项、数据项、数据存储进行详细的定义与描述的工具，是对数据流图的补充说明。数据流图是系统的大框架，反映的是数据在系统中的流向及数据的转换过程，而数据字典是对数据流图中各个元素的精确定义和描述。数据字典与数据流图应结合使用，两者共同构成系统的逻辑模型，形成一份完整的系统分析"规格说明书"。数据字典的建立和管理方式有两种：一种是用人工建立数据字典卡片的方式来管理；另一种是用数据字典软件来管理。

▶ 1. 数据项

数据项也称数据元素，是数据的最小单位，是不能再分解的数据单位。数据项的定义包括数据项的名称、编号、别名、简述、长度及取值范围。数据项的定义实例如下。

数据项编码：D0001
数据项名称：材料编号
别　　　名：材料编码
简　　　述：某种材料的代码
类　　　型：字符型
长　　　度：4 位
取值范围：001～9999
编写：李云　日期：2017 年 8 月 8 日　审核：余小晴　日期：2017 年 8 月 9 日

▶ 2. 数据结构

数据结构由一组相关的数据元素及数据元素之间的关系构成。数据结构的定义包括数据结构的名称、编号、简述及组成等。数据结构的定义实例如下。

数据结构编码：DS03-10
数据结构名称：配件
简　　　　述：公司经营的汽车配件基本信息
数据结构组成：配件编号＋配件名称＋规格＋供应厂商＋价格
有关的数据流或数据结构：DF0001、DS0006
有关的处理逻辑：P0001，P0008
编写：李云　日期：2017 年 8 月 8 日　审核：余小晴　日期：2017 年 8 月 9 日

▶ 3. 数据流

数据流由一个或一组固定的数据项组成，它是系统动态情况的反映。数据字典中对数据流的定义包括数据流的名称、组成、来源、去向和数据流量等。数据流的定义实例如下。

数据流编号：F03-09

数据流名称：领料单
简　　述：车间开出的领料单
数据流来源：车间
数据流去向：发料处理模块
数据流组成：材料编号＋材料名称＋领用数量＋日期＋领用单位
数据流量：10份/时
高峰流量：20份/时(上午8：00—10：00)
编写：李云　日期：2017年8月8日　审核：余小晴　日期：2017年8月9日

▶ 4. 数据存储

数据存储是数据结构停留或保存的地方，也是数据流的来源和去向之一，用于描述数据存储结构、有关数据流和查询要求。数据存储在数据字典中只描述数据的逻辑存储结构，而不涉及它的物理组织。资料存储的编号和名称应是唯一的，且与数据流图中表示的编号和名称一致，在不同数据流图中出现的同一数据存储应使用相同的编号和名称。数据字典中对数据存储的定义包括数据存储的编号、名称、简述、组成、关键词、相关联的处理等。数据存储的定义实例如下。

资料存料编号：F05-01
数据存储名称：销售记录
简　　述：公司从月初到目前为止所有配件的销售量
流入的数据流："顾客的发货单"，来源是"产生发货单"处理逻辑
流出的数据流："销售量"，去向是"产生销售报表"处理逻辑
数据存储组成：配件编号＋日期＋销售量
编写：李云　日期：2017年8月8日　审核：余小晴　日期：2017年8月9日

▶ 5. 外部实体

外部实体是数据的来源和去向，主要说明外部实体产生和接收到的数据流以及该外部实体的数量。一个系统的外部实体应该是很少的，否则说明系统缺少独立性。数据字典中对外部实体的定义包括外部实体的编号、名称、简述、输入数据流和输出数据流等。外部实体的定义实例如下。

外部实体编号：S01-06
外部实体名称：顾客
简　　述：购买本公司产品的个人或单位
输入的数据流：订货单、付款单
输出的数据流：发货单、收据
编写：李云　日期：2017年8月8日　审核：余小晴　日期：2017年8月9日

▶ 6. 处理逻辑

处理逻辑描述了数据流图中数据的基本处理过程，在数据字典中仅对数据流图中最底层的处理逻辑加以说明。数据字典中对处理逻辑的定义包括处理逻辑的编号、名称、简述、输入数据流、输出数据流、处理说明等。处理逻辑的定义实例如下。

处理逻辑编号：P05-1.1.6

数据项名称：编辑订货单

简　　　述：确定顾客的订货单是否填写正确

输入的数据流：顾客的原始订货单，来源是外部实体“顾客”

处　　　理：检索“配件”数据存储，验证订货单上填写的配件数据是否正确；
检索“顾客”资料存储，若是老顾客，则核对资料是否正确或发生变化，若检索不到则是新顾客

输出的数据流：“合格的订货单”，去向是“确定顾客订货”处理逻辑；
“不合格的订货单”，去向是外部实体“业务员”；
“新顾客”，去向是“登记新顾客数据”处理逻辑

编写：李云　日期：2011年8月8日　审核：余小晴　日期：2017年8月9日

13.4.4 处理逻辑分析

数据流图中，比较简单的处理逻辑用数据字典的处理逻辑进行定义和描述即可，而较复杂的处理逻辑用数据字典则无法描述清楚，需要运用一些处理逻辑的工具来进行详细的说明和描述。

描述处理逻辑的工具有结构化语言、判断树和判断表。

1. 结构化语言

结构化语言介于自然语言和计算机语言之间，它没有严格的语法规定，既可以用英语表达，也可以用汉语表达。它使用的词汇简洁，语句类型少，表达的内容清晰、准确、易懂。结构化语言常用的语句有3种。

1）祈使语句

祈使语句表述要做什么事情，包括一个动词和一个宾语。动词指出要执行的动作，宾语表示动作的对象，如统计学生人数、计算补充订货量。

2）判断语句

处理逻辑在对数据的处理过程中，常要按不同的条件执行不同的处理功能，这时就需要用判断语句来描述处理逻辑。判断语句的一般形式如下。

```
如果    条件
则      动作A
否则    (条件不成立)
        动作B
```

判断语句中的“如果”“否则”要成对出现，以免多重判断嵌套时产生二义性。下面通过一个实例来说明判断语句的使用。

【例13.2】某企业的销售策略为：每年的交易额小于等于3万元的客户不给予优惠；大于3万元的客户，如无欠款，给予15%的折扣率；如有欠款，还应考虑客户与本企业的交易时间，交易时间大于5年则折扣率为10%，交易时间小于等于5年则折扣率为5%。用判断语句表达该企业的销售策略如下。

如果 每年交易额>3 万元
  则 如果 无欠款
      则 折扣率=15%
    否则 如果 与本公司交易>5 年
        则 折扣率=10%
      否则 折扣率=5%
否则 无折扣

3）循环语句

循环语句表达在某种条件下，反复执行某一相同的处理功能，直至这个条件不成立为止。例如，在学生成绩处理中，需要将某个班级全部学生的某一门成绩输入并保存，这就需要使用循环语句。用循环语句表达学生成绩管理的处理逻辑如下。

对于每个学生
  输入学生学号
  输入课程号
  在“学生选课”资料存储中查找该学生的记录
  如果找到
  则输入成绩
  将学生成绩存入成绩档案中

2. 判断树

判断树又称决策树，是采用树形分叉结构来表示处理逻辑的一种图形工具，用于描述在一组不同的条件下，选择不同的决策的行动。判断树左边节点为树根，称为决策节点，与其相连的是方案枝(或称条件枝)。最右侧的方案枝的端点也就是树梢，表示决策结果，即所采用的策略。中间各节点为分段决策节点。利用判断树表示处理逻辑具有直观、易理解的优点，而且它还能显示条件的优先级。用判断树表示例 13.2，如图 13.6 所示。

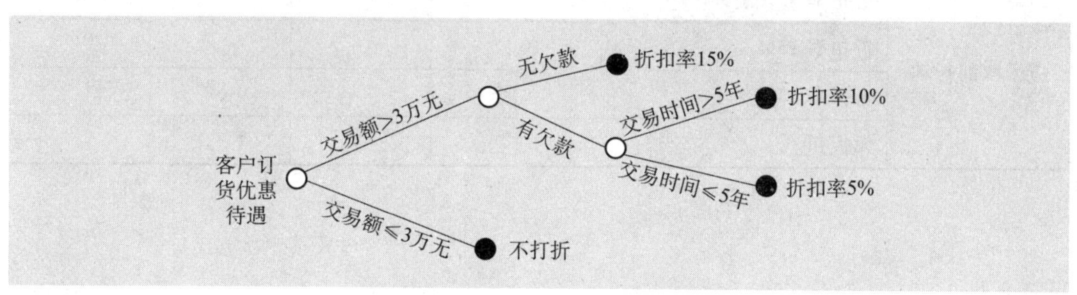

图 13.6 客户订货优惠处理判断树

3. 判断表

判断表又称决策表，是用表格方式来描述处理逻辑的一种工具，适用于条件较多且相应决策也较多，用判断树表示比较烦琐、复杂时的情况。它可以在复杂的情况下较直观、清晰地表达具体条件、决策规则和应当采取的行动策略之间的逻辑关系。判断表能把各种条件的组合情况全部表示出来，能够帮助发现遗漏和矛盾的情况。判断表由 4 部分构成：

条件说明、行动说明、条件组合说明和各条件下相应的行动。其中，“Y”表示条件满足，“N”表示条件不满足，通常用“√”或“×”表示采取的行动。用判断表来表示例 13.2，如表 13.6 所示。

表 13.6　客户订货优惠待遇判断表

决策规则号		1	2	3	4	5	6	7	8
条　件	交易额＞3 万元	Y	Y	Y	Y	N	N	N	N
	无欠款	Y	Y	N	N	Y	Y	N	N
	与本公司交易时间＞5 年	Y	N	Y	N	Y	N	Y	N
应采取的行动	折扣率 15%	√	√						
	折扣率 10%			√					
	折扣率 5%				√				
	无折扣					√	√	√	√

由表 13.6 可以看出，其中有些条件组合有相同的行动，而有些条件组合则没有实际意义。所以，可以对判断表中的各项条件合并和删除，即合并产生相同行动的条件组合，删除没有意义的条件组合，从而优化判断表。表 13.7 是优化后的判断表，表中的“—”表示与条件无关，可以是“Y”或“N”。

表 13.7　优化后的判断表

决策规则号		1	2	3	4
条　件	交易额＞3 万元	Y	Y	Y	N
	无欠款	Y	N	N	—
	与本公司交易时间＞5 年	—	Y	N	—
应采取的行动	折扣率 15%	√			
	折扣率 10%		√		
	折扣率 5%			√	
	无折扣				√

13.5　新系统的逻辑方案

新系统逻辑方案是指新系统拟采用的信息处理方案和管理模型，是系统分析阶段的最终成果，也是下一步进行系统设计和实施的依据。通过系统调查，详细分析组织的结构、业务功能、业务流程及数据流程，然后提出新系统的逻辑方案。新系统的逻辑方案也是系统开发人员和用户共同确认的新系统处理模式及今后努力的方向。

新系统的逻辑方案主要包括新系统的业务处理流程、新系统的数据处理流程、新系统的总体功能结构，以及需要建立的管理模型和管理方法等。

知识链接：
系统分析报告

新系统的信息处理方案是对原有系统进行组织结构、业务流程、数据流程等分析和优化的结果，主要包括以下4个方面的内容。

1. 确定新系统的业务流程

在对业务流程分析的过程中，已经对原有系统的业务流程进行了分析和优化，在确定新系统的逻辑方案时，应将业务流程分析的结果进行分析讨论，确定新系统的业务流程，具体包括以下内容。

(1) 分析业务流程，找出业务流程中不合理的地方，对业务流程进行重组、优化、再造，并说明业务流程的优化和改进部分，以及改进能带来的益处。

(2) 确定的业务流程。

(3) 指出业务流程图中哪部分可由信息系统完成，哪部分需要用户完成或需要用户配合新系统来完成。

2. 确定新系统的数据和数据流程

在对数据及数据流程分析的基础上，确定新系统的逻辑模型，列出数据流程分析的结果并加以分析讨论。具体包括以下内容。

(1) 与用户确认最终的数据指针体系和数据字典。确认数据指针体系是否全面、合理，资料精度能否满足要求等内容。

(2) 分析数据流程，找出数据流程中基于信息技术的不合理地方，对其进行优化。

(3) 确定的数据流图。

(4) 指出数据流图中哪部分可由新系统完成，哪部分需要用户完成或需要用户配合新系统来完成。

3. 确定新系统的逻辑结构和数据分布

确定新系统的逻辑结构(新系统子系统的划分)和数据资源分布(确定哪些数据保存在数据所属的子系统内的存储设备中，哪些保存在网络服务器上)。

4. 确定新系统的管理模型

管理模型是对系统在每个具体管理环节上所采用的管理方法的抽象。由于计算机技术的飞速发展，许多复杂的计算和管理方法都可以实现。在信息系统的系统分析中，要根据业务和数据流程的分析结果，认真分析每个处理过程，研究每个管理过程的信息处理特点，找出相适应的管理模型，这是使信息系统充分发挥作用的前提。常用的管理模型见表13.8。

表13.8 常用的管理模型

模型类型		模型作用	常用模型
综合计划模型	综合发展模型	是企业近期的发展目标模型，包括盈利指针、生产规模等	企业中长期计划模型、目标分解模型、新产品开发和生产结构调整模型、中期计划滚动模型
	资源限制模型	反映了企业各种资源对企业发展的制约	数学规划模型、资源分配限制模型

续表

模型类型		模型作用	常用模型
生产计划管理模型	生产计划大纲模型	主要安排与综合生产计划有关的生产指标	优化生产计划模型、物料需求计划模型、能力需求计划模型、投入产出模型
	作业计划模型	具体安排了生产产品数量、加工路线、加工进度、材料供应、能力平衡等	投入产出矩阵、网络计划模型、关键路径模型、排序模型、物料需求模型、设备能力平衡模型
库存管理模型		用于安排库存数量	库存物资分类法、库存管理模型、最佳经济批量模型
财务成本管理模型	成本核算模型	包括直接生产过程的消耗计算和间接费用的分配	品种法、分步法、逐步结转法、平行结转法、定额差异法、完全成本法和变动成本法
	成本预测模型	用历史数据推导未来的成本	数量经济模型、投入产出模型、回归分析模型
	成本分析模型	包括计算实际成本与定额成本、本期成本与历史成本、产品成本与计划指针等的差距	实际成本与定额成本比较模型、本期成本与历史同期可比成本比较模型、产品成本与计划指针比较模型、产品成本差额管理模型、量本利分析模型
统计分析与预测模型		一般用来反映销售、市场、质量、财务状况等的变化情况及未来发展的趋势	多元回归预测模型、时间序列预测模型、普通模拟外推模型

本章小结

系统分析阶段是信息系统开发过程中的重要环节，系统分析的目的是将系统调查和系统分析的结果确定下来，明确系统开发的目标和用户的信息需求，提出新系统的逻辑方案，为系统设计阶段提供依据。系统分析阶段的主要活动包括系统初步调查、系统详细调查与分析、提出新系统逻辑方案。

数据流程分析主要是分析信息的流动、变换、使用及存储等，其目的是发现数据流动中存在的问题，找出解决方法，以便优化数据流程。

数据字典对数据流图起补充说明的作用，它可以对数据流图中的数据流、数据处理、外部项、数据项、文件进行详细的定义与描述。数据字典的内容包括定义数据流图中的数据项、数据结构、数据流、数据存储、外部实体和处理逻辑。

简单的处理逻辑可以使用数据字典来定义和描述，对于复杂的处理逻辑可以借助多种工具，包括结构化语言、判断树和判断表等。

关键术语

系统分析　　业务流程图　　数据结构
数据流程分析　　结构化语言　　数据处理
数据流图　　数据字典　　系统分析报告

思考与讨论

一、判断题

1. 初步调查是系统分析阶段的主要任务之一。（　　）
2. 逻辑模型要解决系统"干什么"，同时也要解决系统"如何干"等问题。（　　）
3. 系统分析的主要步骤是先确定当前系统的逻辑模型，再建立当前系统的物理模型。（　　）
4. 进行数据流程分析的主要目的是描述业务流程。（　　）
5. 数据流图的子图与父图的数据流必须平衡。（　　）

二、选择题

1. 开发 MIS 的系统分析阶段的任务是（　　）。
A. 完成新系统的逻辑设计　　B. 完成新系统的功能分析
C. 完成新系统的物理设计　　D. 完成新系统的数据分析
2. 数据字典的建立应从（　　）阶段开始。
A. 系统设计　　B. 系统分析
C. 系统实施　　D. 系统规划
3. 对一个企业供、销、存管理信息系统而言，（　　）是外部实体。
A. 仓库　　B. 计划科
C. 供应科　　D. 销售科
4. 数据流图是描述信息系统（　　）的主要工具。
A. 物理模型　　B. 优化模型
C. 逻辑模型　　D. 决策模型
5. 描述数据流图的基本元素包括（　　）。
A. 数据流、内部实体、处理功能、数据存储
B. 数据流、内部实体、外部实体、信息流
C. 数据流、信息流、物流、资金流
D. 数据流、处理功能、外部实体、数据存储
6. 系统分析报告的主要作用是（　　）的依据。
A. 系统评价　　B. 系统设计
C. 系统实施　　D. 系统规划
7. 数据流的具体定义是（　　）的内容。
A. 数据处理流程图　　B. 数据字典
C. 新系统边界分析　　D. 数据动态特性分析

8. 系统分析的首要任务是(　　)。

A. 尽量使用户接受分析人员的观点　　B. 正确评价当前系统

C. 彻底了解管理方法　　D. 弄清用户要求

三、填空题

1. 系统分析是指在________的指导下，在对系统进行深入、详细的调查研究及分析用户信息需求的基础上，通过________、________等工作来确定新系统逻辑方案的过程。

2. 系统分析的工作可以分两个阶段来完成，第一阶段的工作是进行________和________；第二个阶段的工作是在可行性分析报告通过批准后，对系统进行________和________。

3. 组织结构与业务调查是整个系统分析工作中最简单的一环。它主要包括 3 个部分，即________、________与________。

四、思考题

1. 试述系统分析的主要任务和步骤。为什么说系统分析是信息系统开发过程中最重要的阶段?

2. 试述系统分析阶段各主要活动的目标、关键问题、主要成果和涉及的管理决策。

3. 举例说明业务流程图的画法。

4. 试述数据流图的基本组成与基本符号。数据流图在系统分析中的作用是什么?

5. 简述数据流图的绘制步骤，举例说明数据流图的画法。

6. 业务流程图与数据流图有何区别和联系?

7. 什么是数据字典?它的内容是什么?试述数据字典在系统分析中的作用和编写的基本要求。

8. 对学校的图书馆借还书系统进行调查，要求写出系统分析简要说明，画出业务流程图、数据流图，并编写关键的数据字典条目。

9. 某企业的订货业务过程如下：采购员从仓库收到缺货通知单后，查阅订货合同单，若已订货，则向订货单位发出催货请求，否则，填写订货单交供货单位。供货单位发出货物后，立即向采购员发出取货通知。试根据上述业务过程画出该企业订货的业务流程图。

10. 定义一个数据流需要哪几项内容?

11. 试述结构化语言、判断树、判断表的特点和在表达系统功能方面的作用。

12. 试述新系统逻辑方案的主要内容。

13. 试述系统分析报告在系统建设中的作用和主要内容。

案例分析：
幼儿园监控系统设计案例

第14章 联合设计模式

教学目标

- ☞ 了解系统设计的目的、任务及原则，掌握系统设计的主要内容；
- ☞ 了解子系统划分的原则与方法、模块划分的准则及工具、代码设计的原则及步骤，以及物理系统配置方案设计的主要内容；
- ☞ 掌握数据库设计的方法、输出/输入的内容，以及系统设计报告的编写方法。

教学要求

知识要点	能力要求	相关知识
系统逻辑结构设计	熟悉子系统划分和模块设计的方法	信息系统设计
代码设计	了解代码种类及代码的校验方法	代码设计
数据库设计	掌握概念结构设计、逻辑结构设计、物理结构设计	数据库原理
物理系统配置方案设计	了解物理系统配置方案的内容	计算机基础知识、网络基础知识、数据库基础知识

导入案例

企业信息系统建设策略

建设一个成功的信息系统不仅需要较好的经济、技术和管理工作基础，需要较高的人文素质，而且还需要正确的方法论为指导。针对目前我国企业信息系统开发投入多、成功少的状况，探寻对信息系统建设有指导或借鉴意义的理论和方法，对加快我国企业信息化的进程有着十分重要的现实意义。本案例以三峡工程物资供应管理信息系统的建设为例，谈谈企业信息系统建设中存在的误区和应采用的策略。

1. 系统概述

三峡工程是一项跨世纪的超级综合水利水电工程。据测算，整个工程将耗用钢材 75 万吨、木材 30 万立方米、水泥 620 万吨、粉煤灰 35 万吨、油料 105 万吨、炸药 10 万吨。能否保质保量如期供应这些材料，将直接关系工程质量、工期和投资三大控制目标的实现。为了提高管理水平，确保三峡工程物资的供应，自 1994 年以来，主管三峡工程物资供应管理工作的中国长江三峡工程开发总公司物资部在上级主管部门的支持下，根据管理的实际需要，委托并联合华中理工大学先后开发了三峡工程物资供应管理应急 MIS、三峡工程物资高层管理信息系统 EIS、三峡二期工程物资供应模式钢材管理子系统和三峡工程散装水泥/粉煤灰调运信息系统等应用系统。这些系统的平台各不相同，功能各有侧重，反映了三峡工程物资 MIS 由起步到成熟、由初级到高级的渐进发展过程。

2. 系统建设带来的启示

1）联合设计成功的关键因素之一——有一个创新团队

物资部有一批富有开拓创新意识，接受新事物、新知识、新技术且能力强的中青年干部和技术骨干。他们既精通业务，又掌握一定的计算机专业技术，有的还具有系统分析员的素质和实力，能关注诸如数据环境、数据处理和最新的信息技术，并结合部门实际加以合理应用，很容易与系统开发人员沟通。此外，他们除自身能提出较高层次的信息需求外，还了解高层领导和基层干部的信息需求，并能利用自己的影响力和号召力，促成高层领导支持系统开发，调动并组织业务人员参与系统开发，提高开发效率。

2）联合设计成功的关键因素之二——立足发展，不断完善

企业 MIS 建设有一个逐步完善的过程，应立足于当前的需要和战略发展，做好总体规划，再依据需求的紧迫程度分步实施。在三峡总公司物资管理 MIS 开发初期，企业的管理水平不高，管理思想不够清晰，用户的计算机知识水平较低，又缺乏明确的总体方案作指导，MIS 开发也曾一度陷入困境。随着上述问题的逐步解决，情况很快就有了改观。另外，开发组织方式也关系 MIS 的成败，这一结论已被无数事实证明。

3）联合设计成功的关键因素之三——优化组合，联合开发

企业 MIS 开发需要人和技术方面的支持，并受社会发展大气候和企业开发小环境的影响。对多数企业来说，一般不具备利用自身力量进行系统开发的条件，这主要是因为企业普遍存在业务与信息技术和计算机专业知识脱节的现象。在这种情况下，利用企业自身力量和社会力量进行优化组合，实行联合开发是一条可行的途径，但需要选好合作伙伴，解决配合问题和接口问题。应用方所具有的懂业务、懂计算机知识的人员是最好的桥梁，是联合开发最好的参与者和组织者。合作伙伴承担主要的技术开发工作，他们应有主观能动性和较强的服务意识，主动介入并熟悉业务，尽快成为业务专家。

资料来源：计世网.

通过这个典型的联合设计模式，看到了各个层次 MIS 成功的开发过程。那么，怎样在理论上梳理出一个通用的流程，使成功成为必然，使失败成为偶然呢？

14.1 系统设计的目的与流程

▶ 1. 系统设计的目的

系统设计阶段的主要目的是将系统分析阶段所建立的系统逻辑方案转换成具体的、计算机可实现的技术方案。系统设计又称系统的物理设计，是相对于系统分析而言的，它是信息系统开发中质量得以保证的关键步骤，是系统开发的重要阶段。系统设计是在已获批准的系统分析报告的基础上，进行的新系统设计。系统设计分为逻辑设计和物理设计，主要解决“怎么做”的问题。系统分析阶段建立的是新系统的逻辑模型，系统设计阶段建立的是新系统的模型，可以称为物理模型，用于实现系统分析报告所规定的系统功能。

系统设计阶段的主要任务是从信息系统的总目标出发，根据系统分析阶段对逻辑功能的要求，并综合考虑经济、技术和运行环境等方面的条件，确定系统的总体结构和系统各组成部分的技术方案，合理选择计算机软、硬件及通信设备，提出系统的实施计划。系统设计的任务主要由系统设计人员完成。

随着信息技术的普及，信息系统在各领域中的重要性不断提高，信息系统的复杂性也日益增加，这给信息系统建设带来了更多的问题与挑战，也使系统设计面临越来越多的挑战。这样，确定信息系统设计方案就成为一项复杂的系统工程。为实现系统开发的预期目标，系统设计不仅要有依据，而且还必须遵循科学的原则和方法。

▶ 2. 系统设计的依据

系统设计的主要依据是系统分析阶段提出的系统分析报告和系统开发者的知识与经验，同时进行设计时还应考虑系统运行的环境和主客观条件。系统设计的依据具体包括以下几个方面。

1）系统分析的成果

从整个信息系统开发的角度来说，系统分析是系统设计的基础，系统设计必须严格依据系统分析阶段的成果——“系统分析报告”所确定的系统目标、任务和逻辑功能等进行。对系统逻辑功能的充分理解是系统设计成功的关键。

2）现行技术条件

系统设计时要考虑目前可供选择的计算机软硬件技术、数据管理技术、通信技术及计算机网络技术，要设计出在计算机上可以实现的方案。

3）用户需求

系统的最终使用者是用户，系统能否获得成功在很大程度上取决于用户的满意程度。所以，进行系统设计时应充分理解和满足用户的要求，应在允许的条件下尽量使用户满意度最高，特别是要尽可能使操作和使用上简单、友好。

4）系统运行环境

新系统的目标要与现行的管理方式及组织的变革和发展相适应，也就是说系统设计时既要符合组织当前需要，适应系统的工作环境，又要考虑现行技术条件与环境的发展趋势，尽可能使系统具有较强的应变能力，以适应未来的发展和变化。

5）现行的信息管理和信息技术的标准、规范及相关法律制度

系统设计要遵照并符合现行的相关技术标准、规范及法律制度的要求。

3. 系统设计的原则

为了确保信息系统开发的质量，系统设计必须遵循以下原则。

1）系统性和一致性

系统性要求系统设计从整个系统的总体目标出发，服从总体要求，各项设计工作要统一，即采用统一的系统代码和数据处理方式，使用标准的设计规范和尽可能一致的传递语言，系统所采集的数据要数出一处且全局共享，尽量使一次输入得到多次利用。

2）灵活性和适应性

系统所处的环境是不断变化的，为了保持系统的持久生命力，要求系统具有很强的环境适应性。灵活性是要求系统具有较好的开放性和结构可变性。在系统设计中，应尽量采用模块化结构，使各模块具有最大的独立性，减少模块间的数据耦合，以使系统便于调试、修改和更新，从而使系统更能适应社会经济的发展、企业管理水平的提高、技术的进步等诸多变化。

3）简单性

简单性是要求系统在能够达到预期目标，具备所需功能的前提下尽量简单，避免不必要的复杂设计。况且设计具有简单结构的系统可以减少处理费用，使系统便于管理，提高系统效益。

4）可靠性

可靠性是指系统能抵御外界异常情况的干扰，受外界干扰时的恢复能力及保证系统正常工作的能力。可靠性既是系统设计时必须注意的一项原则，也是系统设计的考核指标。一个成功的信息系统必须具有较高的可靠性，如安全保密性、检错及纠错能力、抗病毒能力等。

5）经济性

经济性是指系统的收益应大于系统的支出，即在满足系统需求的条件下，应尽可能减少系统的开销。系统应让使用者在经济上受益。在系统设计时，经济性通常是确定设计方案的一个重要因素。系统的经济性要求系统在硬件投资上不能盲目追求技术上的先进，应以满足需要为前提；系统设计应尽量避免不必要的复杂，各模块应尽量简洁，以便缩短处理流程、减少处理费用。

4. 系统设计的主要内容

在系统分析结束之后，按照新系统的逻辑模型，设计信息系统的物理模型。系统设计阶段的工作主要包括以下 3 个方面。

（1）系统逻辑方案设计。具体内容包括：①子系统的划分；②模块设计；③代码设计；④数据库设计；⑤输出/输入设计。

（2）物理系统配置方案设计。具体内容包括：①计算机硬件的选择；②计算机软件的选择；③计算机网络的选择；④数据库管理系统的选择。

（3）编写系统设计报告。

案例阅读

500 万美元 ERP 系统上线失败记

Lifeson 在全世界拥有超过 5 万名员工，是世界上最大的没有集中员工信息库的制造商之一，因此，公司要想搞清楚"究竟有多少员工"这样简单的问题，也需要花费两周的时间，等到他们计算出了结果，显然这已经不再是精确的了。很多相关的管理流程，如给予员工的奖金和期权奖励等，往往需要花费 6 个月的时间才能审批完成，这会让 HR(人力资源)部门的任何战略计划都无法发挥作用。这让公司的基本管理工作面临巨大的困难，不仅是缺乏分析员工数据的方法，而且根本没有有意义的员工数据。

从系统的角度来看，Lifeson 简直是一团糟。多年来，公司管理层其实也在做着努力，建立了多个满足具体需求的针对性系统。下面就是他们现有内部系统的一些情况。

Lifeson 维护着超过 15 个不同的本地 HR 和薪酬管理系统，即使是一些重要的员工数据，其存储系统都是相分离的。例如，一个系统保存员工的嘉奖情况，而奖励信息则保存在另一个系统中；很多管理人员个人保存一些表单和独立的数据库，其中包含员工技能、培训课程及工作偏好等信息；在主要的遗留系统中，终端用户每做 5 次 HR 和薪酬管理的操作，就会有 3 次是返回失败的，换言之，Lifeson 的管理人员使用这个系统会浪费 60% 的时间。

20 世纪 90 年代后期，Lifeson 终于下定决心着手实施一个全局性的 ERP 系统，并做好了分阶段实施的准备。Lifeson 选择了 Jordan Consultants 作为其在技术和功能上的支持厂商。

项目实现是从多个国家一起启动的。Lifeson 想要很快地启动本地的项目，因为其他国家的项目已经在运行了。现在来看，正是这个原因导致 Lifeson 的很多本地关键人员从一开始就反对这个项目，并且没有及时反映出他们的观点。他们中的很多人都希望这个项目不要影响他们的日常工作，希望它尽快结束。

由于公司信息混乱的问题没有解决，使新系统的敌视者从项目一开始就能够破坏这个项目，至少是部分地破坏这个项目。Lifeson 并没有改变业务流程，也没有让之前的系统退出历史舞台，而是要求 Jordan Consultants 动态地定制 ERP，这使公司混乱的系统架构中又新增了一个成员。换句话说，Jordan Consultants 只是增加了代码、界面和批处理任务来查询数据，而这些数据依然来自 Lifeson 已有的系统。这个 ERP 系统能够计算和保存一些数据，但它并没有实际产生或者更正这些数据，它只能算得上是一个与公司现有系统可以保持较好同步关系的一个大的存储系统而已。这显然无法获得良好的投资回报率。

除了没能处理好这些遗留系统的问题，Lifeson 的高管在项目的计划阶段还犯了其他几个关键性的错误。Lifeson 没有建立一个集中式的认证系统，在公司内部也没有一个委员会来确定一些关键数据的标准。最为重要的是，Lifeson 在各个国家和地区的分公司没有统一的行动，这使那些反对新系统的人更是有机可乘。既然问题从一开始就已经展现出来了，那么他们为什么还要将项目范围不断扩大呢？

奢望 Lifeson 的每个人对待新系统都保持同样意见当然是不现实的。有的人认为新 ERP 系统会对原有已经运行数年的系统造成冲击，影响个人的工作，这是很正常的，但这样的人也不会多，而且往往是个人私下的想法，通常是不会形成气候的。然而，Lifeson

的两名关键高管也极力反对这个项目，因为他们认为新系统会威胁到他们的位置。很多反对者也都是安于现状，想维护公司多年来的工作方式，在他们眼里，新系统会对他们的工作造成影响。

在这种情况下，两名持反对意见的关键高管每次都在关键会议上误导其他人对ERP功能的理解。例如，曾经在会上宣称新的ERP不能像现有系统那样，同时更新多种薪酬。实际上，即使是一个刚刚接触这个系统的人也会发现要实现这个功能是相当简单的。然而，没有人驳斥他们的言论。在另一次会议上，则公开宣称这个花费300多万美元的系统“连一个基本的报表都无法处理”，并表示很多大型跨国公司使用的系统都不能提供很好的基础信息服务，而Lifeson原来的系统则做得非常出色。

Lifeson的案例说明：那些试图改变企业工作流程的系统很容易受到高管的破坏，哪怕他们或许只是很单纯地相信他们公司的需求与其他公司不一样。这种想法往往也是有一定道理的，尤其是那些从来没有在其他公司工作过的高管，以及快要退休的人，他们的保守与坚持也都是情有可原的。这样的项目要突破各种阻挠，从而取得最终的成功，需要处理好各个方面的问题。

Lifeson想要将新的系统整合到他们原有的混乱的系统架构之中，导致整合失败的重要原因归根到底还是企业的管理和计划问题。而一些高层相信他们公司的业务需求是独特的，因此需要一个结构复杂、延续已有系统操作方式的系统。然而，所有这些假设都是错误的。

资料来源：CIO时代．2011-06-03．

问题：

1. 那些试图改变企业工作流程的系统很容易遭到高管的破坏，思考系统设计的注意事项有哪些？

2. Lifeson的案例说明什么问题？

14.2 系统逻辑结构设计

结构化程序设计是进行以模块功能和处理过程设计为主的详细设计的基本原则。结构化程序设计是过程式程序设计的一个子集，它对写入的程序使用逻辑结构，使理解和修改更有效、更容易。结构化程序设计的概念最早由E. W. Dijikstra在1965年提出，是软件发展史上的一个重要的里程碑。它的主要观点是采用自顶向下、逐步求精及模块化的程序设计方法；使用三种基本控制结构构造程序，任何程序都可由顺序、选择、循环三种基本控制结构构造。结构化程序设计主要强调的是程序的易读性。

系统逻辑结构设计是根据系统分析的要求和组织的实际情况，从宏观、总体上设计和规划新系统的总体结构形式和各种可利用的资源。系统逻辑结构设计的主要内容包括系统功能结构的划分、系统环境的配置、计算机处理流程的设计等。有效地划分功能对系统开发和将来系统的成功运行影响重大。所以，本节主要介绍系统功能结构的划分。

14.2.1 子系统的划分

▶ 1. 子系统划分的原则

系统划分就是将系统按管理要求、环境条件和开发工作等方面划分为若干相互独立的子系统。系统设计阶段的子系统划分是面向计算机的，与系统分析阶段面向用户不同。目前对于子系统(或模块)的划分方法还没有公认的准则，在实际开发过程中，对于子系统的划分不仅受一些成型的方法的影响，而且还受到设计人员的工作经验及对其问题的理解程度等的影响。尽管如此，对于子系统的划分应遵循以下公认原则。

1）易于理解的结构

各个子系统(或模块)的功能要明确，要尽量使各子系统的大小均衡，减少复杂性，易于理解和接受。尤其是为使现行系统可以顺利地向新系统过渡，系统划分时应尽可能考虑和照顾现行系统的结构和用户的习惯。

2）子系统要具有相对独立性

子系统的划分应使子系统内部各功能模块之间的关联程度紧密，尽量使每个子系统在逻辑上相对独立，让每个子系统能独立支持某一管理职能。

3）子系统之间的数据依赖性要尽量小

应尽量减少子系统之间的联系，使子系统之间的接口简单、明确。在系统划分时，应将联系较多者列入子系统内部。在将相对集中的部分划入各个子系统的内部时，剩余的一些分散、跨度比较大的联系，就成为这些子系统之间的联系和接口。子系统之间数据的依赖性小，对于系统的调试、维护和运行都非常方便。

4）子系统划分的结果应使数据冗余较小

子系统划分后若产生大量的数据冗余，则可能会使相关的功能数据分布到各个不同的子系统中，这使系统运行时需要调用大量的原始数据，需要保存和传递大量的中间结果，致使大量的计算工作重复进行，从而造成程序结构紊乱。这不仅会给软件编制工作带来很大的困难，而且也会大大降低系统的工作效率。

5）子系统的划分应考虑各类资源的充分利用

合理的系统划分应同时兼顾充分发挥各种设备资源的潜能和充分使用、合理分配各种信息资源，以尽可能减少系统对网络资源的过度依赖和对输入、输出、通信等设备所造成的压力。

6）子系统的划分应方便系统分阶段实施

信息系统建设是一项浩大的工程，建设过程往往要分期分步进行，所以在进行子系统划分时要便于系统分期、分步的实施。同时，子系统的划分还应兼顾组织机构的目前要求和未来发展的需要。

7）子系统的设置应考虑今后管理发展的需要

子系统划分时不仅要考虑当前管理上的要求，也应充分考虑组织未来管理发展的需要，针对现行系统存在的缺陷，在设计新系统时设法弥补，使新系统不仅能满足当前业务需要，也能支持组织未来更高层次的管理决策需要。

▶ 2. 子系统划分的方法

系统划分的方法主要有6种，表14.1将这6种方法进行了对比。表中的比较指标是针对一般情况而言的，在实际进行系统设计时还应根据具体系统分析的结果而定，不能笼统、绝对地评价其好坏。

表 14.1　系统划分方法的比较

方法分类	划分方式	联结形式	可修改性	可读性	紧凑性
按功能划分	按业务处理功能划分	好	好	好	非常好
按顺序划分	按业务先后顺序划分	好	好	好	非常好
按数据拟合划分	按数据拟合的程度划分	好	好	较好	较好
按过程划分	按业务处理过程划分	中	中	较差	一般
按时间划分	按业务处理时间划分	较差	较差	较差	一般
按环境划分	按实际环境和网络分布划分	较差	较差	较差	较差

按功能划分是目前最常用的一种划分方法。例如，按职能部门的管理功能划分为生产、销售、财务、库存管理、人力资源等子系统，这种划分就是按功能划分的；按业务活动划分，采用面向流程的思想，把一个完整的业务流程划分到一个子系统中，有利于组织的流程管理，但需要组织把相应的完整流程放到一个管理部门中。其他几种方法划分子系统也有使用，但不是主要的方法。实际上在系统结构设计时，并不局限于用一种方法解决问题，主要职能部门对应的子系统的划分采用功能划分，也可以采用第 11 章介绍的 U/C 矩阵的方法，弥补功能划分的不足；具体的业务管理部门对应的子系统采用面向过程的思想，按过程划分。各种方法都有它适合的场合。

14.2.2　模块设计

构成信息系统的各个子系统内部比较复杂，为使系统的结构更清晰，更易于理解、开发、测试和修改，需要进一步将子系统划分成许多可以独立开发、测试的模块。模块功能与处理流程设计是系统设计阶段最详细的步骤，涉及具体业务处理流程的细节，是系统实施阶段程序设计的基础。模块设计不仅要设计出各个模块及模块之间的连接方式，而且还要设计出每个模块内部的功能和处理过程。处理流程设计的目的是具体地规定处理过程中的每一步骤，并确定每个模块的内部特征，也就是每个模块内部的执行过程，从而为程序编写奠定基础和提供依据。模块化设计有以下优点。

(1) 对企业产品研发的贡献。由于模块化推进了创新的速度，使企业领导者对竞争者的举动做出反应的时间大大缩短。作为一条规则，管理者不得不更加适应产品设计上的各种发展，仅仅了解直接竞争厂商的竞争战略是远远不够的，这个产品的其他模块的创新及行业内部易变的联盟都有可能招致激烈的竞争。模块是产品知识的载体，模块的重用就是设计知识的重用，大量利用已有的经过试验、生产和市场验证的模块，可以降低设计风险，提高产品的可靠性和设计质量。模块功能的独立性和接口的一致性，使模块研究更加专业化和深入，可以通过不断升级自身性能来提高产品的整体性能和可靠性，而不会影响产品的其他模块。模块功能的独立性和接口的一致性使各个模块可以相对独立地设计和发展，可以进行并行设计、开发和并行试验、验证。模块的不同组合能满足用户的多样性需求，易于进行产品的配置和变形设计，同时又能保证这种配置和变形可以满足企业批量化生产的需求。

（2）对企业工作效率和成本控制的贡献。设计和零部件的重用可以大大缩短设计周期；并行的产品开发和测试可以大大缩短设计周期；利用已有成熟模块可大大缩短采购周期、物流周期和生产制造周期，从而加快产品上市时间；如果划分模块时考虑到企业售后服务的特定需求，同样可以缩短服务周期和资源耗费时间。模块和知识的重用可以大大降低设计成本；采用成熟的经过验证的模块，可以提高采购批量，降低采购和物流成本；采用成熟的经过生产验证的模块，可以大大减少由于新产品的投产对生产系统调整的频率，使新产品更容易生产制造，可以降低生产制造成本；产品平台中及平台之间存在大量的互换模块，可以降低售后服务成本。

（3）对企业组织的贡献。模块化有利于企业研发团队分工，规范不同团队间的信息接口，进行更为深入的专业化研究和不同模块系统的并行开发；抽象平台和模块的建立，可以实现企业组织结构与产品模块结构之间的交互，使并行工程拥有实施的根基，工艺、财务、采购和售后服务可以在产品研发早期就介入产品研发项目；标准规范的模块接口有利于形成产品的供应商规范，有利于产业分工的细化。

▶ 1. 模块划分的准则

模块是组成系统的基本元素，它是系统中具有一定名称、状态和方法的实体。模块功能包括模块所调用的所有子模块功能，由模块逻辑和状态描述。模块的逻辑是指对模块内部处理过程的描述；模块状态是指调用模块时的环境和条件。模块具有输入/输出、处理功能、内部数据、程序代码 4 种属性。模块的输入/输出和模块的处理功能是外部特征；模块的内部数据和实现该模块的程序代码是内部特征。模块的划分是设计模块的外部特征，处理流程的设计是设计模块的内部特征。

模块划分的原则是模块完成一个相对独立的特定功能，模块内部联系紧密，模块之间的关联和依赖程度尽可能小，即让模块具有独立性，并使模块的接口明确、简单。模块内部各部分的连接程度叫作模块的内聚性，模块之间的关系叫作模块的耦合性。模块设计应遵循高内聚、低耦合、高信息隐蔽性的原则。

模块的耦合性是用于衡量系统内模块之间相互连接和依赖的紧密程度的指标，又称块间联系。模块之间的连接越紧密，模块之间往来信息越多，耦合性就越高，则该模块的独立性就越差。通常，模块之间的耦合方式按照耦合性由低到高，依次为数据耦合、标记耦合、控制耦合、外部耦合、公共耦合、内容耦合。数据耦合是指两个模块之间通过数据交换信息，且每一个参数均为数据，即一个模块提供的输出数据作为另一个模块的输入数据，则这种模块之间的耦合称为数据耦合。数据耦合的耦合程度很低，对系统的执行过程没有很大影响，它是系统中必不可少的连接方式。

模块的内聚性是用于衡量一个模块内部的各个部分彼此结合的紧密程度的指标。内聚是从功能角度来衡量模块内的联系。一个模块内部各部分之间的联系越紧密，它的内聚性就越高，则它与其他模块的耦合性就越低，模块的独立性就越好。通常，模块内的聚合方式按照内聚性由低到高，依次为偶然内聚、逻辑内聚、时间内聚、过程内聚、通信内聚、顺序内聚、功能内聚。功能内聚是指一个模块各组成部分都是为了完成同一个功能而联系在一起，即一个模块执行一个功能，且完成该功能所必需的小功能模块都包含在大模块中。例如，“编制库存月报”“计算实发工资”等模块都属于功能内聚模块。功能内聚模块的功能明确，内聚性高，在模块设计时应尽可能按功能内聚来划分模块，以便维护。

模块的耦合性和内聚性是相辅相成的，模块内聚性好往往意味着模块之间的耦合性较松散。若所有模块的聚合都很强，模块之间的耦合自然就会很低，模块的独立性也就强；反之，亦然。实践证明，模块的内聚性更为重要，系统设计者应该更为关注和注重提高模块的内聚性。

信息隐蔽性是指每个模块的实现细节对于其他模块的隐蔽程度，即模块内包含的信息不允许其他无关的模块使用。信息隐蔽性对提高软件的可修改性、可测试性和可移植性都有重要的作用。信息隐蔽性越高，模块的独立性越好。由于软件系统往往需要进行多次修改，所以在划分模块时应采取措施，尽量使大多数过程和数据对软件系统的其他部分来说是隐蔽的，以尽量减少由于修改系统某个部分而对系统其他部分造成影响。

模块是模块化设计和制造的功能单元，具有以下三大特征。

(1) 相对独立性，可以对模块单独进行设计、制造、调试、修改和存储，这便于由不同的专业化企业分别进行生产。

(2) 互换性，模块接口部位的结构、尺寸和参数标准化，容易实现模块间的互换，从而使模块满足更大数量的不同产品的需要。

(3) 通用性，有利于实现横系列、纵系列产品间的模块的通用，实现跨系列产品间的模块的通用。

2. 层次模块结构图

层次模块结构图又称结构图(structure chart，SC)或程序结构图，它是由 W. Steven 等人于 1974 年提出的一种结构化设计工具。层次模块结构图的基本做法是将系统划分为若干子系统，子系统下再划分为若干的模块，大模块内再分小模块。层次模块结构图主要关心的是模块的外部特征，即关心上下级模块、同级模块之间的数据传递和调用关系，而不关心模块的内部。

层次模块结构图由 5 种基本符号组成，如图 14.1 所示。它主要用 4 种基本关系来表达模块和模块之间的联系，如图 14.2 所示。其中，模块间的通信的表示方法为：在两个模块连接线旁边用带空心圆圈头的短箭线并加注文字或代号表示数据流，箭头方向表示数据传递方向；用带实心圆圈头的短箭线并加注文字或代号表示传送状态标志信号，如错误信号或开关信号。

图 14.3 是一个工资系统的层次模块结构图实例。

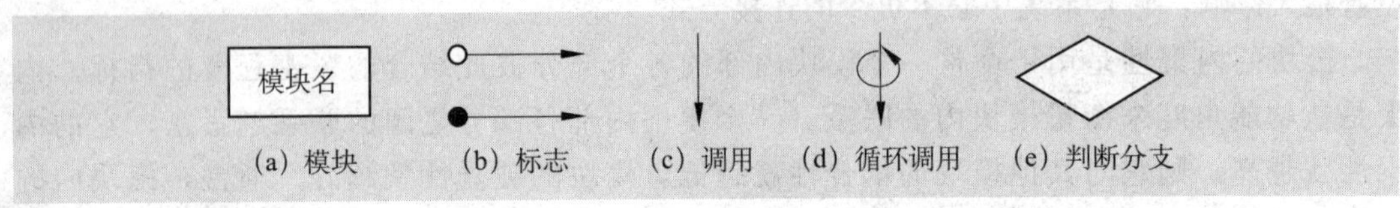

图 14.1　层次模块结构图的基本符号

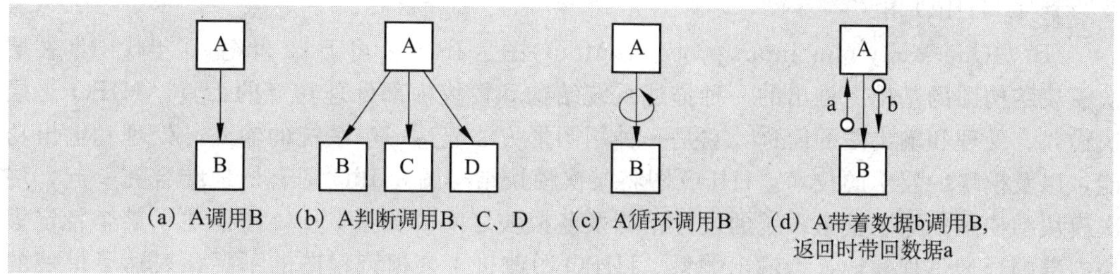

图 14.2 模块和模块之间的 4 种基本关系

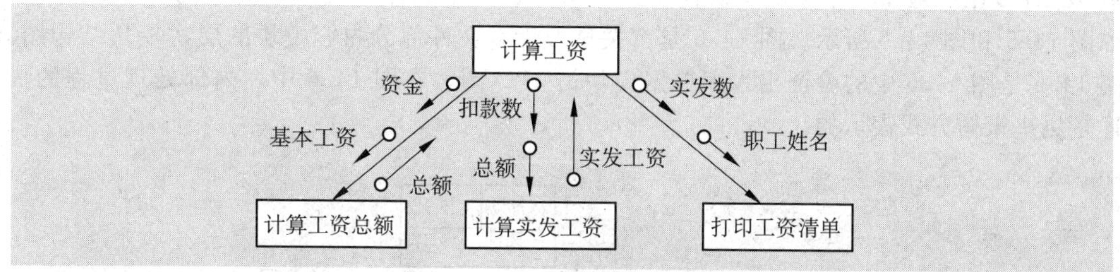

图 14.3 层次模块结构图实例

3. IPO 图

IPO(input process output)图在系统详细设计过程中用于表述模块内部的处理过程和输入、输出关系，它是配合层次模块结构图详细说明每个模块内部功能的一种工具。IPO 图不仅在开发阶段可作为编写程序使用，也可在运行阶段作为修改和维护程序使用。对于 IPO 图的设计可因人而异，但 IPO 图必须包括输入、处理、输出，以及与之相应的数据库/文件、在总体结构中的位置等信息。通常，IPO 图所包含的基本内容如图 14.4 所示。

系统名称：	
模块名称：	设计人：
模块编号：	设计日期：
模块描述：	
被调用模块：	调用模块：
输入参数：	输入说明：
输出参数：	输出说明：
变量说明：	
处理过程说明：	
备注：	

图 14.4 IPO 图的基本格式与内容

IPO 图的主体是处理过程说明。IPO 图中其他部分的设计和处理都相对容易，唯独处理过程说明部分较难。目前用于描述模块内部处理过程的方法主要有判断树、判断表和结构化语言，以及流程图、盒图及问题分析图等。这些方法各有优点和适用范围，在实际设计中，需视具体的情况和设计者的习惯来选用。

▶ 4. HIPO 图

HIPO(hierarchy plus input process output)图是 IBM 公司于 20 世纪 70 年代中期在层次模块结构图的基础上推出的一种描述系统结构和模块内部处理功能的工具。HIPO 是层次输入、处理和输出图的简称，它是一种用图形方法表达一个系统的输入、处理和输出功能，以及模块的层次的技术。HIPO 图将层次模块结构图和 IPO 图有机地结合在一起，层次模块结构图描述了整个系统的设计结构及各模块之间的关系，IPO 图描述了某个特定模块内部的处理过程和输入、输出关系。HIPO 图改进了数据流程图的不足，表达了模块的层次关系，它主要关心模块的外部属性。

HIPO 图一般由一个总的层次模块结构图和若干个具体模块内部展开的 IPO 图组成，如图 14.5 和图 14.6 所示。图 14.5 是有关修改库存文件部分内容模块的层次模块结构图。图 14.6 是图 14.5 中的验证出入库单据模块的 IPO 图。在图 14.6 中，内部处理过程的描述是用决策树方式表示的。

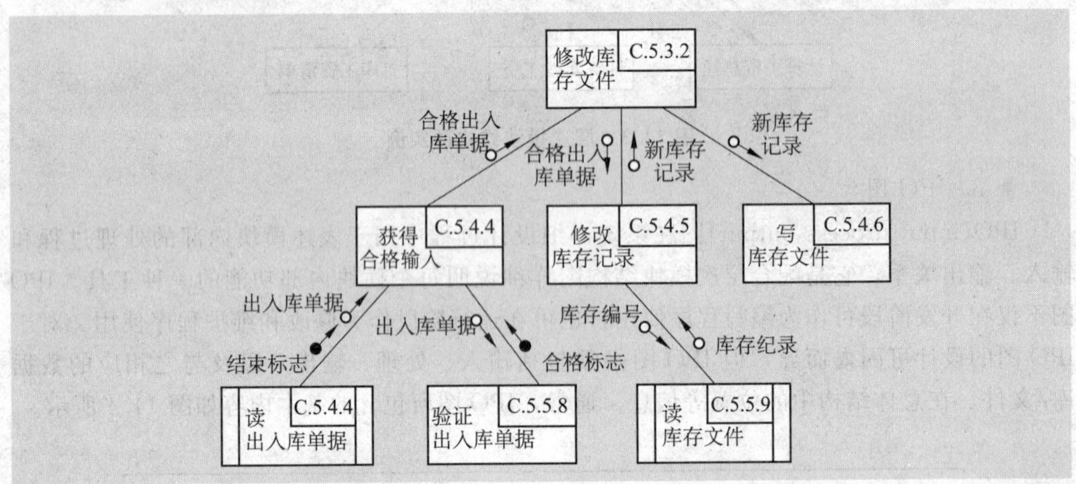

图 14.5 有关修改库存文件部分内容模块的层次模块结构图

IPO图编号（即模块号）：C.5.5.8			HIPO图编号：C.5.0.0
数据库设计文件编号：C.3.2.2 C.3.2.3		编码文件号：C.2.3	编程要求文件号：C.1.1
模块名称：×××	设计者：×××	使用单位：×××	编程要求：COBOL.C
输入部分（I）	处理描述（P）		输出部分（O）
(1) 上组模块送入单据数据 (2) 读单据存根文件 (3) 读价格文件 (4) 读用户记录文件 ……	(1) 核对单据与单据存根记录 (2) 计算并核实价格 (3) 检查用户记录和信贷情况 …… 处理过程 (1)—出错信息（记录不合格） (1)—(2)—价格不对处理 (2)—(3)—用户信贷记录不好处理 (3)—记录合格		(1) 将合理标志送回上级调用模块 (2) 将检查的记录记入×××文件 (3) 修改用户记录文件 ……

图 14.6 验证出入库单据模块的 IPO 图

14.3 数据库设计

数据库是以系统分析阶段建立的数据流程图和数据字典为依据进行设计的。数据库设计方法中比较著名的是新奥尔良(New Orleans)方法，该方法将数据库设计分为用户需求分析、概念结构设计、逻辑结构设计和物理结构设计 4 个阶段。在信息系统开发过程中进行数据库设计时，数据库设计的步骤是与系统开发的各个阶段相对应且融为一体的，它们的对应关系如图 14.7 所示。

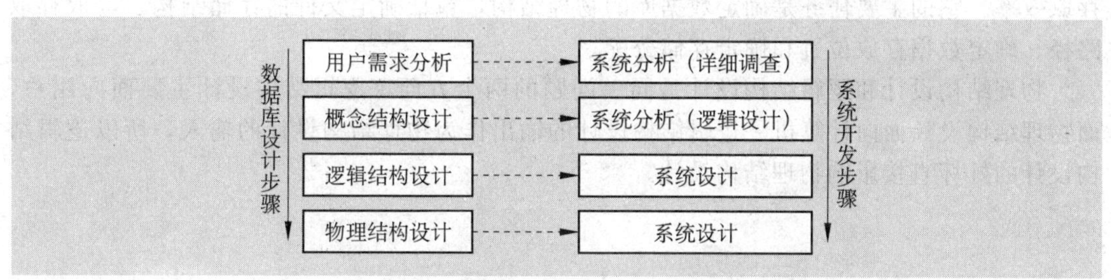

图 14.7 数据库设计与系统开发阶段的对应关系

14.3.1 用户需求分析

设计一个性能良好的数据库系统，明确应用环境对系统的要求是首要的和基本的。因此，应该把对用户需求的收集和分析作为数据库设计的第一步。

需求分析的主要任务是通过详细调查要处理的对象，包括某个组织、某个部门、某个企业的业务管理等，充分了解原手工或原计算机系统的工作概况及工作流程，明确用户的各种需求，产生数据流图和数据字典，然后在此基础上确定新系统的功能，并产生需求说明书。值得注意的是，新系统必须充分考虑今后可能的扩充和改变，不能仅按当前应用需求来设计数据库。

14.3.2 概念结构设计

数据库的概念结构设计是整个数据库设计的关键，它应在系统分析阶段进行。概念结构设计的任务是根据用户需求设计数据库的概念数据模型，简称概念模型。概念结构设计的主要工作就是设计概念模型，概念模型能将用户的数据明确地表达出来。概念模型可用实体联系模型(E-R 模型)表示。

14.3.3 逻辑结构设计

数据库的逻辑结构设计的主要任务是设计数据的逻辑结构，逻辑结构设计实质上是将概念结构设计阶段所设计的概念模型转换成某种数据库管理系统支持的数据模型。数据模型可以由实体联系模型转换而来。逻辑结构设计的主要目的是保证数据共享，消除结构冗余，实现数据的逻辑独立性，逻辑结构设计有利于对数据的完整性及安全性控制。

通常，不同的数据库管理系统其性能不完全相同，因此，数据库设计者需要深入了解数据库管理系统的性能和要求，以便将一般数据模型转换成所选用的数据库管理系统能支持的数据模型。

逻辑结构设计阶段提出的关系数据模型应符合第三范式(3NF)的要求。如果所选用的数据库管理系统是支持层次模型、网络模型的数据库管理系统，则还需完成从关系模型向层次模型或网络模型的转换。

逻辑结构设计的下一步还要用数据库管理系统提供的数据描述语言对数据模型进行精确定义，即所谓模式定义。

14.3.4 物理结构设计

数据库的物理结构设计为数据模型选取合适的存储结构和方法，以获得数据库的最佳存取效率。它的主要任务是确定数据库的物理结构，包括确定文件的存储结构、选取存取路径、确定数据存放位置和确定存储分配。

物理结构设计和逻辑结构设计是同一问题的两个方面，逻辑结构设计主要面向用户，而物理结构设计面向计算机。逻辑结构设计的输出作为物理结构设计的输入，所以逻辑结构设计的好坏直接影响物理结构设计。

14.4 输出/输入设计

14.4.1 输出设计

对于大多数用户而言，输出是系统开发的目的和评价系统开发成功与否的标准，输出的内容与格式是用户最关心的问题。输出设计的主要职责和目标是通过计算机对输入的原始数据进行加工处理，形成具有一定格式的、高质量的有效信息，提供给管理者使用。系统设计首先完成输出设计，然后根据输出设计进行输入设计。输出设计的主要内容包括确定输出的内容、输出格式的设计、输出设备及方式的选择等。

▶ 1. 确定输出的内容

确定输出内容首先要明确用户要求，然后根据用户要求设计输出信息的内容，主要应明确用户在以下方面的要求。

(1) 在输出信息使用方面的要求，如信息的使用目的、报表数量、使用周期、有效期、安全性要求、保管方法及份数等。

(2) 对输出信息内容的要求，如输出项目、位数、数据形式(文字、数字)。

(3) 对输出格式的要求，如表格、图形或文件。

▶ 2. 输出格式的设计

报表输出是使用较为广泛的一种输出方式，对报表内容及格式的设计不仅要符合使用者的实际要求，同时也要考虑输出设备及其介质等条件的约束。对输出格式设计的基本要求如下。

(1) 符合用户的习惯，方便其使用。报表设计以用户满意为基本原则。报表格式应尽量与手工操作或原有系统的报表一致，要尽量符合用户的要求和习惯，以方便用户使用。

(2) 规格标准化，风格统一。输出设计应在一定的规范指导下进行，如在输出设计的基本规定和个性化规定的指导下进行，以便产生更易于理解的输出。输出设计应标准化、系统化，风格统一，而且所使用的文字及术语也要一致。

(3) 便于计算机实现。输出设计时，尤其是设计纸质报表的格式时，应便于计算机输出及打印。

(4) 界面美观、大方。设计屏幕输出格式时，除了合理安排数据项的显示位置，还应注意界面的色彩搭配，应尽量博得用户的好感。

(5) 适当考虑系统发展的需要。设计输出格式时也要考虑系统发展的需要，例如，是否有必要在报表中留有备用项目，以满足将来新增项目的需要。

3. 输出设备及方式的选择

系统的输出方式主要取决于使用的输出设备及介质、输出信息的使用要求，以及信息量的大小。

目前，常用的输出设备有显示器、打印机、卡片输出机、绘图仪、投影仪等；常用的输出介质有磁盘、磁带、打印纸及其他多媒体介质。在选择输出设备及介质时，应根据用户对输出信息的要求，结合现有设备和资金进行选择。目前，信息系统主要采用的输出方式是屏幕显示和打印机打印。磁盘、磁带或移动硬盘则通常作为数据备份(保存)的工具。屏幕显示方式通常用于功能选择、查询及检索信息，这些信息量不多且无须保存；打印机或绘图仪等设备则一般用于输出报表、各种票据、图表或文件。

4. 输出设计示例

图 14.8 是某企业 MIS 的报表打印输出示例。

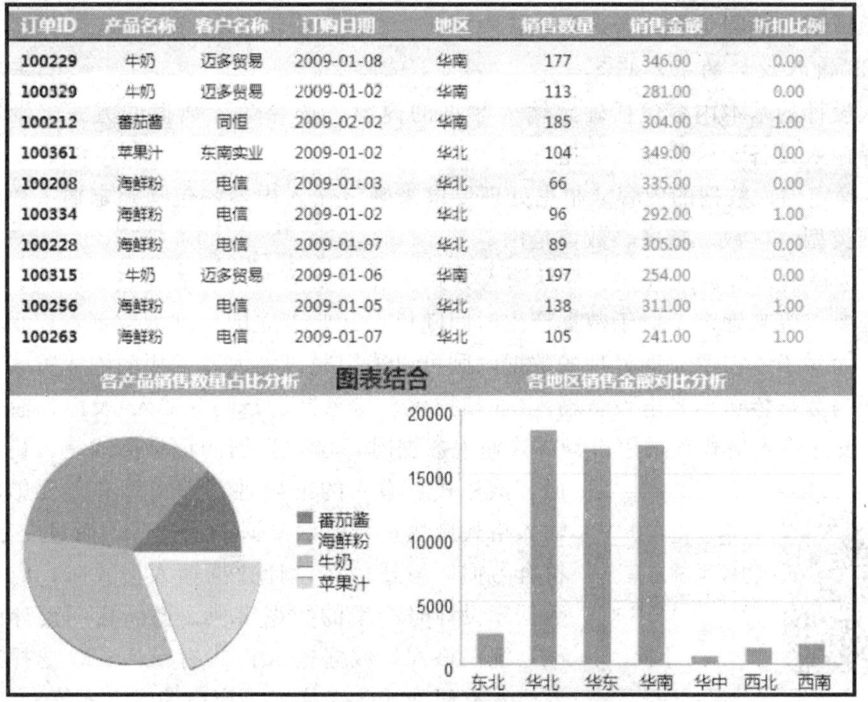

订单ID	产品名称	客户名称	订购日期	地区	销售数量	销售金额	折扣比例
100229	牛奶	迈多贸易	2009-01-08	华南	177	346.00	0.00
100329	牛奶	迈多贸易	2009-01-02	华南	113	281.00	0.00
100212	番茄酱	同恒	2009-02-02	华南	185	304.00	1.00
100361	苹果汁	东南实业	2009-01-02	华北	104	349.00	0.00
100208	海鲜粉	电信	2009-01-03	华北	66	335.00	0.00
100334	海鲜粉	电信	2009-01-02	华北	96	292.00	1.00
100228	海鲜粉	电信	2009-01-07	华北	89	305.00	0.00
100315	牛奶	迈多贸易	2009-01-06	华南	197	254.00	0.00
100256	海鲜粉	电信	2009-01-05	华北	138	311.00	1.00
100263	海鲜粉	电信	2009-01-07	华北	105	241.00	1.00

图 14.8 某企业 MIS 的报表打印输出示例

14.4.2 输入设计

输入设计必须根据输出设计的要求来确定。输入数据的收集和录入比较费时、费力且易出错。若输入数据有误，则直接影响处理的结果，所以输入设计应该确保能为信息系统提供正确的信息。输入设计的主要目标是在保证输入信息正确和满足需要的前提下，尽量使输入方法简单、迅速、经济、方便。

▶ 1. 输入设计的原则

在输入设计中，最根本的原则是提高效率和减少错误。具体来说，输入设计应遵循以下原则。

知识链接：
用户界面设计

(1) 最小输入量原则。输入量越小，出错率越低，数据准备时间越少，数据的一致性也越好。所以在输入设计中，应尽量控制输入数据总量，在保证满足处理要求的前提下尽量减少输入量。

(2) 简单原则。输入的准备及输入过程应尽量简单方便，输入界面友好，从而减少输入错误。

(3) 早检验原则。应尽早检查输入的数据，使数据检验尽量接近原数据发生点，以便及时发现并改正错误。而且输入设计中应采用多种输入校验方法和有效性验证技术，以减少输入错误。

(4) 少转换原则。输入数据应尽早、尽量记录在处理数据所需的介质上，以减少或避免数据转换介质时可能发生的错误。

(5) 简练原则。在输入设计时，应尽量避免不必要的输入步骤，当步骤不能省略时，应仔细验证现有步骤是否完备、高效。

▶ 2. 输入设计的基本内容

输入设计的基本内容包括确定输入数据的内容、选择输入数据的方式、设计输入格式、选择输入设备、检验输入数据等。

(1) 确定输入数据的内容。根据处理要求来确定输入内容，包括确定输入数据项的名称、数据类型、位数、精度、数值范围等。

(2) 选择输入数据的方式。数据输入方式主要根据数据产生的地点、时间、周期、数量及处理要求等来确定。对于数据产生时间随机，又要求立即处理的数据，应采用联机终端输入。而对于不需要立即处理的数据，则可以采用脱机输入。常用的输入方式包括键盘输入、网络数据传送、光电设备输入(如扫描仪、传感器、条码等输入)及声音输入等。

(3) 设计输入格式。采用键盘方式输入数据时，输入数据的记录格式是人机交互的界面，该格式对输入的准确性、效率等有重要影响，所以输入格式应尽量与原始单据格式类似，而且应尽量简单、符合习惯。另外，在设计数据输入格式时，应严格按照数据库设计时产生的数据字典，遵循代码设计的实际标准，统一格式。数据输入格式有录入式、选择式等，屏幕格式有简列式、表格式、窗口编辑方式等。

知识链接：
物理系统方案设计及系统设计报告

(4) 选择输入设备。由于输入数据的类型、数据输入所处的环境及应用要求不同，所以选择输入设备时应根据数据的特点、输入环境、应用要求，并结合输入设备本身的特性来决定使用哪种设备。

(5) 校验输入数据。为保证输入数据的正确性，必须对输入的数据进行校验。校验的方法很多，常用的校验方法见表 14.2。

表 14.2 输入数据的校验方法

校验方法	校验方法说明
人工校验	又称静态校验或视觉校验，是指输入的同时，由计算机打印或显示输入数据，然后与原始单据进行比较。在数据量较少时，可提高输入数据的正确性，降低计算机的处理费用，但当数据量较大时，效率太低
重复输入校验	是指同一数据输入两次，然后由系统自动对比录入结果的一致性。该方法方便、快捷，而且可用于任何类型的数据符号，但存在两次输入出同样错误的可能性，尽管这种可能性出现的概率极小
校验位校验	是指在代码最后加上校验码进行校验，利用校验码本身特性进行校验
格式校验	检验数据项位数和位置是否符合预定的格式
逻辑校验	检查输入的数据项的值是否符合逻辑性
界限校验	检查输入的数据是否位于规定范围之内
顺序校验	检查顺序排列的记录，通常在计算机中是按记录的键进行排列校验的。通过顺序校验可以发现遗漏和重复的记录
记录统计校验	通过统计记录个数，检查记录是否有遗漏和重复
控制总数校验	对所有数据项的值求和，将人工求得的结果与计算机累计的值进行对比校验
数据类型校验	检查所输入的数据是否为正确的数据类型
平衡校验	检查相反项目间是否平衡。例如，会计工作中检查借方会计科目合计与贷方会计科目合计是否一致

3. 输入设计示例

图 14.9 是某 ERP 软件中报价单的录入界面示例。

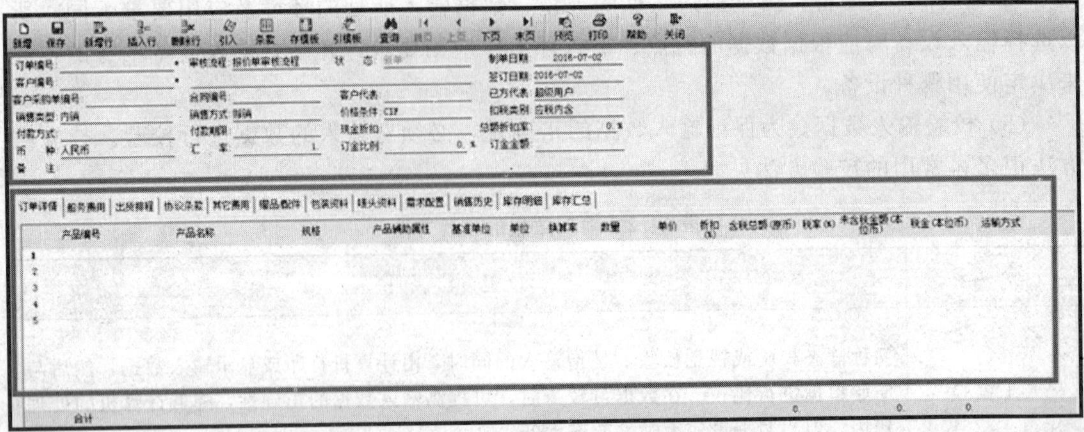

图 14.9　某 ERP 软件中报价单的录入界面

本章小结

系统设计阶段的主要工作有：①系统逻辑结构设计；②代码设计；③数据库设计；④输入/输出设计；⑤物理系统配置方案设计。

系统逻辑结构设计包括子系统划分和模块设计。子系统的划分有不同的方法。模块设计是系统设计阶段最详细地涉及具体业务处理流程的环节，也是进行下一步编程的基础。

模块设计的原则是高内聚、低耦合、高信息隐蔽性。模块设计的工具有 HIPO 图。HIPO 图包括层次模块结构图和 IPO 图两部分。层次模块结构图用于描述整个系统的设计结构及各模块之间的关系，IPO 图用于描述某个特定模块内部的处理过程和输入、输出关系。

数据库设计方法中比较著名的是新奥尔良法，该方法将数据库设计分为用户需求分析、概念结构设计、逻辑结构设计和物理结构设计 4 个阶段。

输出设计的内容主要包括确定输出的内容、输出格式的设计、输出设备及方式的选择等。输入设计的内容主要包括确定输入数据的内容、选择输入数据的方式、设计输入格式、选择输入设备、检验输入数据等。用户界面设计的方式包括菜单方式、会话方式、操作提示方式及操作权限管理方式等。

关键术语

系统设计	层次模块结构图	用户界面
子系统划分	HIPO 图	IPO 图
系统逻辑结构设计	数据库设计	模块设计
数据库逻辑结构	代码设计	数据库物理结构

思考与讨论

一、判断题

1. 一个代码应唯一标志它所代表的事物或属性。 ( )

2. 区间码的优点是信息处理比较可靠，排序、分类、检索等操作易于进行，而且易于维护。 ( )

3. 在输入设计中，提高效率和减少错误是两个最根本的原则。 ( )

4. 在信息系统设计中，模块设计应遵循的原则是低内聚、高耦合。 ( )

5. 系统设计阶段完成的功能结构图不仅描述系统结构，而且表达了各功能之间的数据传送关系。 ( )

二、选择题

1. 代码设计工作应在( )阶段就开始。

A. 系统设计　　B. 系统分析
C. 系统实施　　D. 系统规划

2. 邮政编码是一种( )。

A. 缩写码　　B. 助忆码
C. 顺序码　　D. 区间码

3. 系统的吞吐量指的是( )。

A. 每天的数据输出量　　B. 每秒执行的作业数
C. 每秒的数据处理量　　D. 每日的数据输入量

4. 输出设计应由( )。

A. 系统分析员根据用户需要完成
B. 系统设计员根据用户需要完成
C. 程序设计员根据输入数据完成
D. 系统设计员根据输入数据完成

5. 数据库的概念结构设计应在( )。

A. 系统分析阶段进行　　B. 系统设计阶段进行
C. 系统实施阶段进行　　D. 系统评价阶段进行

6. 系统设计过程中应( )。

A. 先进行输入设计，后进行输出设计
B. 先进行输出设计，后进行输入设计
C. 同时进行输入输出设计
D. 由程序员进行输入输出设计

7. 系统设计阶段的工作不包括( )。

A. 程序设计　　B. 文件设计
C. 输入输出设计　　D. 编写程序设计说明书

8. 校验位不可能发现的错误是( )。

A. 抄写错　　B. 易位错
C. 传输错　　D. 原数据错

三、填空题

1. 系统设计是在已获批准的系统分析报告的基础上进行的新系统设计。系统设计分为________和________，主要解决的是“怎么做”的问题。

2. 为了确保信息系统开发的质量，系统设计必须遵循以下原则：①________；②________；③________；④________；⑤________。

3. 数据库设计是以系统分析阶段建立的________和________为依据进行设计。

四、思考题

1. 系统设计的主要任务和目标是什么?
2. 系统设计的依据和原则是什么?
3. 系统设计阶段包括哪些工作内容?
4. 子系统划分的原则和方法是什么?
5. 编码的关键是什么？编码有哪些用途？分类编码时应遵循什么原则?
6. 输入校验方式有哪些？它们的优缺点是什么?
7. 试述代码设计、数据库设计、输入/输出设计的内容和方法。
8. 什么是模块设计？模块设计的原则是什么?
9. 什么是模块的耦合性？什么是模块的内聚性?
10. HIPO图是如何构成的？它的主要用途是什么?
11. 系统物理配置方案包括哪些内容？其设计应遵循哪些原则?
12. 试述系统设计说明书的主要内容。
13. 系统设计分为总体结构设计与详细结构设计，请分别对其功能进行简述。

第15章 自主开发模式

教学目标

- ☞ 掌握信息系统的实施内容；
- ☞ 熟悉信息系统运行控制的有关内容；
- ☞ 了解系统评价的内容、系统转换的方法；
- ☞ 了解信息系统的审计。

教学要求

知识要点	能力要求	相关知识
信息系统实施	了解物理系统实现内容，掌握程序设计的要求	计算机知识、程序设计知识
系统的转换	熟悉人员培训的计划与内容，了解系统转换方式和数据准备的内容	信息系统实施计划
信息系统的评价	了解信息系统的评价指标和评价方法	评价理论与方法
信息系统运行控制	熟悉信息系统运行控制的内容	信息系统的控制
信息系统审计	了解信息系统审计的内容和方法	信息系统的审计

导入案例

据中国质量新闻网报道，深圳检验检疫局首次自主开发的实验室管理系统工作现已全面展开，这项工作旨在满足检验检疫工作中工业品、食品、动植产品、玩具四大检测业务量不断增长的需要，提高实验室信息管理工作的效率。

实验室管理系统可以说是实验室的主要业务信息管理系统，现有的实验室信息管理系统已无法满足目前实验室业务正常运作的需求，而且进一步改造、升级已难以从根本上解决问题。深圳检验检疫局经过反复讨论并征得国家质检总局有关部门的同意后，决定结合深圳检验检疫局的工作实际，开发一套更加适合目前实验室工作需求的信息管理系统，以满足日益增长的产品检测任务。这是该局首次在信息化建设这一领域以自己的技术人员为主来组织开发工作，也是优化信息化建设方式的一次大胆尝试。

在实验室管理系统开发的整个过程中，该局的工作人员要参与到从需求分析、详细设计、代码编写、系统测试，到后期的运行维护的每一个环节。因此，自主开发模式能赢得更大的主动性。

(1) 系统根据四大检测业务需求量身定做，能更好地满足实验室的切身需要。

(2) 系统代码的所有权自主持有，为今后的系统升级、技术保障等提供了更大的便利。

(3) 业务需求和开发设计在本单位内进行，便于直接沟通协调，有利于信息系统的统一规范管理。

资料来源：中国质量新闻网.

当系统规划、系统分析、系统设计等工作都完成之后，就到了系统实施阶段，正如导入案例所述，在企业的 4 种信息系统实现方法中，自主开发模式是用户全过程参与的开发模式，尽管某些环节可能有其他软件开发公司参与，但是用户在整个开发过程中起主导作用，对整个软件拥有知识产权，是完全凭借企业自身能力实现的方法。在没有任何软件公司帮助的情况下，实现系统的实施和运行是一项艰难的工作，其工作要在项目管理的指导思想下进行，容不得半点松懈。

15.1 系统实施概述

系统实施是将系统设计阶段的结果在计算机上实现，并应用到实际管理工作之中的过程。也就是将纸面上的、类似于设计图的新的管理信息系统方案(物理模型)转成可以实际运行的管理信息系统软件，并应用到实际管理工作之中。

1. 系统实施的任务

在系统实施阶段，按工作流程细分，主要任务包括以下几个方面。

(1) 按总体设计方案购置和安装计算机(网络)系统，主要包括计算机、输入输出设备、存储设备、辅助设备(稳压电源、空调设备等)、通信设备等。购置、安装、调试这些设备要花费大量的人力、物力，持续相当长的时间。

(2) 建立数据库系统。因为软件编写及数据库框架结构的建设已经在前期完成，此时的数据库系统建设主要指基础数据的填充等工作。

(3) 系统测试与调试。

(4) 操作人员培训和基础数据准备。

(5) 系统试运行和转换。

(6) 系统维护与管理。

(7) 系统评价。

(8) 系统审计。

▶ 2. 系统实施计划

按照项目管理的要求，制订系统实施计划，安排各项工作的先后顺序，制订时间进度计划，同时确定各种专业人员在各阶段的配备数量与比例，制订人员培训计划。在资金管理方面要制订资金筹措与投入计划和方法，防止未来资金出现缺口影响系统实施。

▶ 3. 系统实施的阶段成果

系统实施的阶段成果包括以下 4 项主要内容。

(1) 新的管理信息系统投入运行。

(2) 新的管理信息系统测试报告。

(3) 为保证新的管理信息系统运行所建立的规章制度和岗位职责。

(4) 新的管理信息系统评价报告。

▶ 4. 主要参加人员

在信息系统实施阶段，为了保证信息系统技术参数的正确无误及日后的顺利运行，系统分析员、设计员、程序员、计算机专家，以及用户单位高中层管理人员、具体业务操作人员必须参加。

15.2 系统测试与调试

15.2.1 系统测试的基本概念

系统测试是指将已经确认的软件、计算机硬件、外设、网络等其他元素结合在一起，进行信息系统的各种组装测试和确认测试。系统测试是针对整个产品系统进行的测试，目的是验证系统是否满足需求规格的定义，找出与需求规格不符或与之矛盾的地方，从而提出更加完善的方案。系统测试发现问题之后要经过调试找出错误原因和位置，然后进行改正。

系统测试是管理信息系统开发周期中的一个十分漫长的阶段，其作用与重要性主要体现在它是保证系统质量与可靠性的最后关口，是对整个系统开发过程包括系统分析、系统设计和系统实现的最终审查。系统测试的工作量大约占整个软件开发工作的 40%～50%，甚至更多。

测试内容包括：

(1) 功能测试，即测试软件系统的功能是否正确，其依据是需求文档，如《产品需求规格说明书》。由于正确性是软件最重要的质量因素，所以功能测试必不可少。

(2) 健壮性测试，即测试软件系统在异常情况下能否正常运行的能力。健壮性有两层含义：一是容错能力；二是恢复能力。

▶ 1. 系统测试的对象

系统测试的对象不仅仅是源程序，而是整个系统。它把需求分析、概要设计、详细设计及程序设计各阶段的开发文档，包括规格说明、概要设计说明、详细设计说明和源程序，都作为测试的对象。

▶ 2. 系统测试的目的

系统测试的目的不是证明程序无错，而是要选取易于发生错误的测试数据，证明程序存在错误。系统测试中发现的错误可以分为以下几类。

(1) 功能错误：主要是指由于功能规格说明书不够完整或叙述不够确切，致使编码时对功能理解有误而产生的错误。

(2) 系统错误：主要是与外部接口的错误、子程序调用错误、参数调用错误、输入/输出地址错误，以及资源管理错误等。

(3) 过程错误：主要是指运算错误、初始过程错误、逻辑错误等。

(4) 数据错误：主要是指数据结构、内容、属性错误，动态数据与静态数据混淆、参数与控制数据混淆等。

(5) 编码错误：主要是指变量名错误、局部变量与全局变量混淆、语法错误、程序逻辑错误和编码书写错误等。

▶ 3. 系统测试的主要内容

(1) 功能测试。根据用户需求，通过软件测试系统能否正常运行，是否满足用户的功能需求。软件系统功能的正确性是关系该系统质量的重要因素，软件系统功能测试是必须进行的，必须认真完成，放在系统测试的第一位。

(2) 性能测试。性能测试主要测试软件系统处理指令的速度情况，检验软件的性能。

(3) 界面测试。界面测试主要测试系统在运行时是否具有良好的可操作性和友好的界面效果，界面测试的目的是测试系统能否最大程度地满足用户的使用要求，通过测试发现系统的不足，并加以改进。

▶ 4. 系统测试的基本原则

系统测试是在规定的条件下对程序进行操作，以发现程序错误、衡量软件质量，并对其是否能满足设计要求进行评估的过程。遵循系统测试的基本原则有助于测试人员进行高质量的测试，尽早且尽可能多地发现缺陷，并负责跟踪和分析软件中的问题，对存在的问题和不足提出质疑和改进，从而持续改进测试过程。

系统测试的七大基本原则。

(1) 测试显示缺陷的存在。测试可以显示缺陷的存在，但不能证明系统不存在缺陷。测试可以减少软件中存在缺陷的可能性，但即使测试没有发现任何缺陷，也不能证明软件或系统是完全正确的，或者说是不存在缺陷的。

(2) 穷尽测试是不可能的。穷尽测试是不可能的，当满足一定的测试出口准则时测试就应当终止。考虑到所有可能的输入值和它们的组合，以及结合所有不同的测试前置条件，这是一个天文数字，我们没有可能进行穷尽测试。

(3) 测试的尽早介入。根据统计表明，在软件开发生命周期早期引入的错误占软件过程中出现所有错误(包括最终的缺陷)数量的 50%～60%。此外，IBM 的一份研究结果表明，缺陷存在放大趋势。如需求阶段的一个错误可能会导致 N 个设计错误，因此，越是测试后期，为修复缺陷所付出的代价就会越大。因此，软件测试人员要尽早且不断地进行软件测试，以提高软件质量、降低软件开发成本。

(4) 缺陷集群性。Pareto 原则表明“80％的错误集中在20％的程序模块中”，实际经验也证明了这一点，通常情况下，大多数的缺陷只存在于测试对象的极小部分，缺陷并不是平均分布而是集群分布的。因此，如果在一个地方发现了很多缺陷，那么通常在这个模块中可以发现更多的缺陷。测试过程中要充分注意缺陷集群现象，对发现错误较多的程序段或者软件模块，应进行反复、深入的测试。

(5) 杀虫剂悖论。杀虫剂用得多了，害虫就有免疫力，杀虫剂就发挥不了效力。在测试中，同样的测试用例被一遍一遍地反复使用时，发现缺陷的能力就会越来越差。出现这种现象的主要原因在于测试人员没有及时更新测试用例，同时对测试用例及测试对象过于熟悉，容易形成思维定式。

为克服这种现象，测试用例需要经常评审和修改，不断增加新的不同的测试用例来测试软件或系统的不同部分，保证测试用例永远是最新的，即包含最后一次程序代码或说明文档的更新信息。

(6) 测试活动依赖于测试背景。每个软件系统的测试策略、测试技术、测试工具、测试阶段及测试出口准则等的选择都是不一样的，同时，测试活动必须与应用程序的运行环境和使用中可能存在的风险相关联。因此，没有两个系统可以以完全相同的方式进行测试。例如，对关注安全的电子商务系统进行测试，与一般的商业软件测试的重点是不一样的，它更多的是关注安全测试和性能测试。

(7) 不存在缺陷的谬论。系统的质量特征不仅仅是功能性要求，还包括很多其他方面的要求，如稳定性、可用性、兼容性等。假如系统无法使用，或者系统不能完成客户的需求和期望，那么，这个系统的研发是失败的，同时在系统中发现和修改缺陷也是没有任何意义的。

15.2.2 系统测试的方法

系统测试的方法如图 15.1 所示。

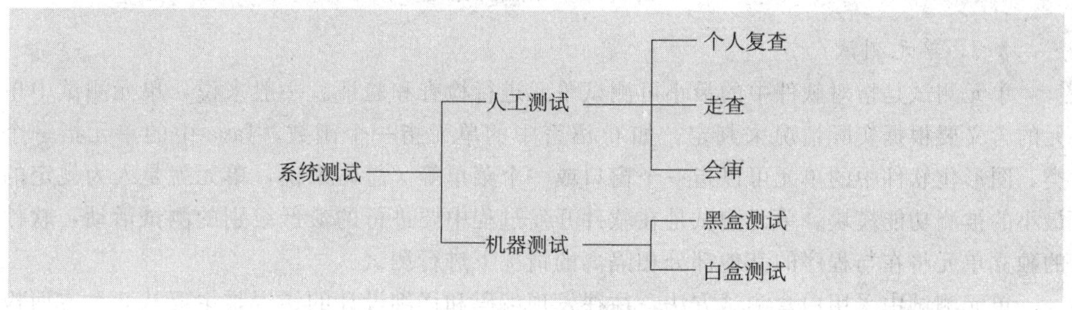

图 15.1 系统测试方法

一般程序通过编译以后，先进行人工测试，然后再进行机器测试。

人工测试又称代码复审，主要有 3 种方法。个人复查，源代码编完以后，直接由程序员自己进行检查；走查，一般由 3～5 人组成测试小组，测试小组应是从未介入该软件的设计工作且有经验的程序设计人员；会审，测试小组的成员与走查相似，要求测试人员在会审前仔细阅读软件有关资料，根据错误类型清单，填写检测表，列出根据错误类型要提问的问题。

机器测试是指通过直接在计算机上运行被测程序来发现程序中的错误，主要包括以下两种方式。

(1) 黑盒测试，又称功能测试或者数据驱动测试。黑盒测试是根据软件的规格对软件进行的测试，这类测试不考虑软件内部的运作原理，因此软件对用户来说就像一个黑盒子。软件测试人员从用户的角度，通过各种输入和观察软件的各种输出结果来发现软件存在的缺陷，而不关心程序具体如何实现。

(2) 白盒测试，又称结构测试或者逻辑驱动测试。白盒测试是把测试对象看作一个打开的盒子，利用白盒测试法进行动态测试时，需要测试软件产品的内部结构和处理过程，不需要测试软件产品的功能。白盒测试法的覆盖标准有逻辑覆盖、循环覆盖和基本路径测试，其中逻辑覆盖包括语句覆盖、判定覆盖、条件覆盖、判定/条件覆盖、条件组合覆盖和路径覆盖。白盒测试可检测产品内部动作是否按照规格说明书的规定正常进行，按照程序内部的结构测试程序，检验程序中的每条通路是否都按预定要求正确工作，而不关心它的功能。白盒测试的主要方法有逻辑驱动、基路测试等，主要用于软件验证。

15.2.3 系统测试的步骤

系统测试一般包括单元测试、组装测试、确认测试和整体测试 4 个步骤，如图 15.2所示。

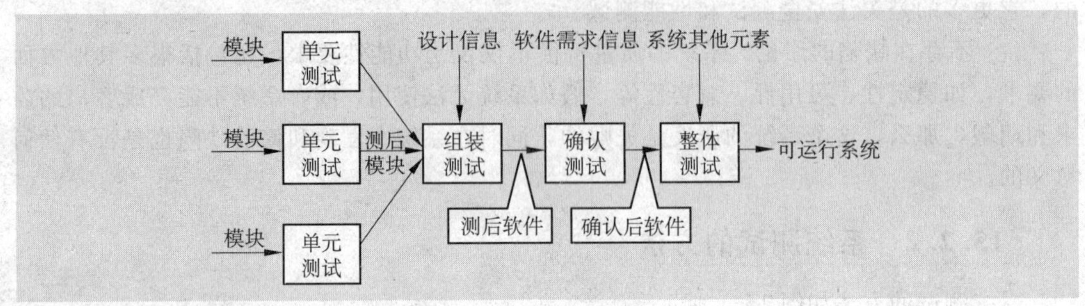

图 15.2 系统测试步骤

1. 单元测试

单元测试是指对软件中的最小可测试单元进行检查和验证。一般来说，单元测试中单元的含义要根据实际情况来判定，如 C 语言中的单元指一个函数，Java 中的单元指一个类，图形化软件中的单元可以指一个窗口或一个菜单等。总体来说，单元就是人为规定的最小的被测功能模块。单元测试是在软件开发过程中要进行的最低级别的测试活动，软件的独立单元将在与程序的其他部分相隔离的情况下进行测试。

单元测试中采用白盒测试方法，往往发现编码和详细设计的错误，主要从 5 个方面检验模块。

(1) 模块接口：测试信息能否正确无误地流入、流出模块。

(2) 模块内部的数据结构：测试内部数据的完整性，包括内容、形式和相互关系。

(3) 逻辑路径：测试应覆盖模块中关键的逻辑路径。

(4) 出错处理：测试模块中对错误及产生错误的条件的预见能力，并且检验其出错处理是否适当。

(5) 边界条件：软件往往容易在边界条件上发生问题，利用边界值分析方法，检查这类错误。

测试中可采用以下辅助模块。

(1) 驱动模块，用于模拟被测模块的上级调用模块。

(2) 桩模块，用以模拟被测模块的下级被调用模块。

▶ 2. 组装测试

组装测试也叫集成测试、联合测试，是单元测试的逻辑扩展。它的最简单的形式是两个已经测试过的单元组合成一个组件，并且测试它们之间的接口。从这一层意义上讲，组件是指多个单元的组装聚合。在现实方案中，许多单元组合成组件，而这些组件又聚合成程序的更大部分。方法是测试片段的组合，并最终扩展进程，将该模块与其他组的模块一起测试。最后，将构成进程的所有模块一起测试。此外，如果程序由多个进程组成，应该成对测试它们，而不是同时测试所有进程。

组装测试主要以系统详细设计和程序设计为依据，通常采用黑盒测试方法。组装的策略分为增式测试和非增式测试两大类。

1) 增式测试

增式测试是指把单元测试和组装测试结合起来，每次测试把下一个待测试的模块与已经测试过的模块结合起来进行。增式测试分为自顶向下、自底向上等方式。

(1) 自顶向下测试：按照程序模块结构图，从顶层模块开始自上而下地组装，每次只增加一个模块，每增加一个新模块，要加上与之接口的桩模块，去掉上次测试中本模块的替身桩模块。特点是较早地显现整个程序的轮廓，辅助模块只有桩模块，而无驱动模块，但不容易设计测试用例。

(2) 自底向上测试：先从一个最底层模块开始，从下向上逐步添加模块，组成程序的一个分支，对每一个分支重复该过程，直到所有分支组装完成。不能在测试早期显现程序轮廓，总体结构只有加上最后一个才能体现；辅助模块只有驱动模块，而无桩模块；由于每个分支的测试均从下层模块开始，所以较容易设计测试用例，数据由已测试过的真实的下级模块提供。

2) 非增式测试

在对所有模块分别进行了基于辅助模块的单元测试后，按程序结构图将所有模块连接起来，把连接后的程序作为一个整体来进行测试。

▶ 3. 确认测试

确认测试又称有效性测试，即在模拟的环境下，运用黑盒测试的方法，验证被测试软件是否满足需求规格说明书列出的需求。确认测试的任务是验证软件的功能和性能及其他特性是否与用户的需求一致。对软件的功能和性能要求在软件需求规格说明书中已经明确规定，它包含的信息就是软件确认测试的基础。

确认测试是要进一步检查软件是否满足软件需求规格说明书的全部需求，因此又称合格性测试或验收测试。

确认测试主要包括以下几个部分。

(1) 功能测试：检测软件需求规格说明书的内容是否全部实现，是否有功能遗漏。

(2) 性能测试：检查软件的可移植性、兼容性、错误恢复能力及可维护性等性能指标，以检查软件功能的实现程度。

(3) 配置审查：检查被检测软件的全部构成成分是否齐全，质量是否合乎要求，应有维护阶段所需的全部细节，并且是否编好目录。

由于确认测试是面向用户需求的，因此应让用户参与。测试采用的测试用例应以实际应用数据为基础，不再使用模拟数据。

▶ 4. 整体测试

整体测试是将已经确认的软件、计算机硬件、外设、网络等其他元素结合在一起，进行信息系统的各种组装测试和确认测试，系统测试是针对整个产品系统进行的测试，目的是验证系统是否满足了需求规格的定义，找出与需求规格不符或与之矛盾的地方，从而提出更加完善的方案。系统测试发现问题之后要经过调试找出错误原因和位置，然后进行改正。系统测试是基于系统整体需求说明书的黑盒类测试，应覆盖系统所有联合的部件。对象不仅包括需测试的软件，还要包含软件所依赖的硬件、外设，甚至包括某些数据、某些支持软件及其接口等。

比较常见的典型整体系统测试包括恢复测试、安全测试和压力测试。

1) 恢复测试

恢复测试作为一种系统测试，主要关注导致软件运行失败的各种条件，并验证其恢复过程能否正确执行。在特定情况下，系统需具备容错能力。另外，系统失效必须在规定时间段内被更正，否则将会导致严重的经济损失。

2) 安全测试

安全测试用来验证系统内部的保护机制，以防止非法侵入。在安全测试中，测试人员扮演试图侵入系统的角色，采用各种办法试图突破防线，因此系统安全设计的准则是要想方设法使侵入系统所需的代价更加昂贵。

3) 压力测试

压力测试是指在正常资源下使用异常的访问量、频率或数据量来执行系统。在压力测试中可执行以下测试。

(1) 如果平均中断数量是每秒 1～2 次，那么设计特殊的测试用例产生每秒 10 次中断。

(2) 输入数据量增加一个量级，确定输入功能将如何响应。

(3) 在虚拟操作系统环境下，产生需要最大内存量或其他资源的测试用例，或产生需要过量磁盘存储的数据。

测试对象及测试方法如图 15.3 所示。

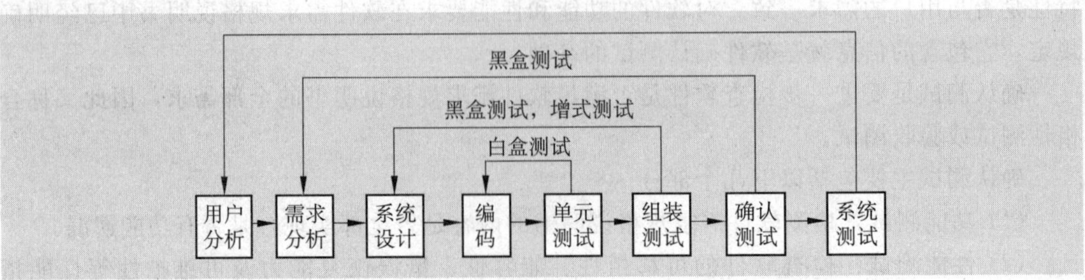

图 15.3 测试对象及测试方法

15.2.4 系统调试

如果说测试是发现系统程序中存在的错误，那么在测试之后还应该有调试(排错或纠错)，即在测试发现问题后，还必须诊断错误、改正错误。这就要求必须准确判定错误位置及具体的出错情况，继而进行改正以排除错误。

一般来说，系统调试的先后顺序是程序调试、模块调试、子系统调试、联调，如图 15.4所示。

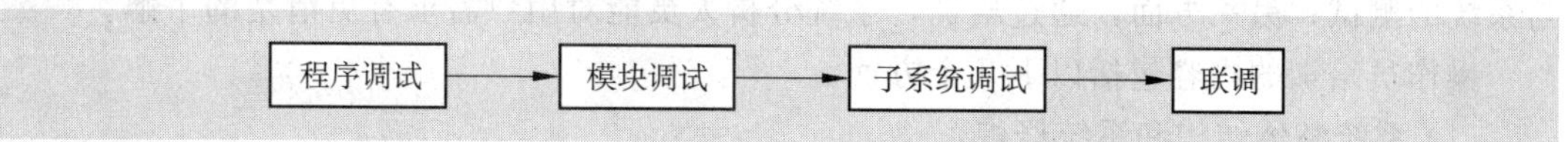

图 15.4 系统调试顺序

程序调试主要指对算法的调试，检查算法的正确性和强健性等，具体可以采用正确数据、错误数据、异常数据、非正常的操作等测试程序的正确性。内容包括运行时间和存储空间调试、使用简便性调试和程序的功能调试。

模块调试也称单调，即在单个程序都调试通过的基础上，将组成模块的各个程序放在一起进行调试，检查程序之间的调用和数据传递是否达到设计要求，整个模块是否能实现其功能。主要调试模块内部功能实现情况及程序调用和返回情况。

子系统调试也称分调，即在每个模块都调试通过的基础上，将组成子系统的各个模块放在一起进行调试，检查模块之间的关系是否正常，是否达到设计要求，子系统的功能是否能实现。主要内容包括子系统内部模块之间和子系统之间的模块调用情况，以及数据传递情况。

联调也称总调，即在每个子系统都调试通过的基础上，将组成系统的各个子系统放在一起进行调试，检查子系统之间的关系是否正常，是否达到设计要求，系统能否实现设计时提出的功能，是否达到设计要求。主要内容包括子系统之间的接口是否正确合理，是否有数据共享及冲突等，系统功能是否达到目标要求，系统遭破坏后的恢复能力等。

除此之外，还包括一些特殊调试，如峰值负载调试、容量调试、响应时间调试、恢复能力调试等。

15.3 系统转换

系统转换是由现行系统的工作方式向所开发的管理信息系统工作方式的转换过程，也是系统的设备、数据、人员等的转换过程。

15.3.1 人员培训

当系统测试工作结束，即系统出错率降到目标水平以下后，就要着手系统的转换工作了。而在系统转换之前，人员培训是最主要的工作，并影响日后系统的具体运行效果。同时，如果是软件公司的话，为系统用户培训专业的系统操作、维护和运行管理人员也是信息系统开发过程中不可缺少的环节。一般来说，人员培训工作应尽早地进行。

前面章节已经谈到，系统开发自始至终都必须有用户参加，这样做的目的是让用户尽早了解系统，做到用户参与，确保系统顺利实施。

人员培训工作主要是指对操作员的培训。操作员培训应在系统实施阶段一开始便进行，即与编程和调试工作同时进行。编程开始后，编程工作由程序员完成，系统分析人员就有时间开展用户培训，这时就应该开始培训操作员。如果编程完毕后再培训操作员，将影响整个实施计划的执行。一方面，用户受训后熟悉系统的工作方式，就能够更有效地参与系统的测试；另一方面，通过培训，系统分析人员能对用户需求有更清楚的了解。

操作员培训的内容包括以下几个方面。

（1）系统整体结构和系统概貌。

（2）系统分析设计思想和每一步的考虑。

（3）计算机系统的操作与使用。

（4）系统所用主要软件工具的使用。

（5）运行操作注意事项。

（6）系统输入方式、操作方式。

（7）可能出现的故障及故障的排除方法。

（8）系统文档资料的分类及检索方式。

（9）数据的收集渠道、统计渠道、统计口径等。

15.3.2 基础数据的准备

基础数据是指按照系统分析所规定的详细内容，组织和统计系统所需的数据。可以简单地将信息系统实施所要准备的数据分为两大类：静态数据和动态数据，也可称为基础数据和事务数据。

静态数据是指开展业务活动所需要的基础数据，如物料基本信息、客户、供应商数据、财务的科目体系等。其特点是在整个数据的生命周期中基本保持不变，是其他数据（动态数据）的基础，组织的所有业务通过调用静态数据来保持同一数据在整个系统中的唯一性。

动态数据是指每笔业务发生时产生的事务处理信息，如销售订单、采购订单、生成指令等。动态数据按照时间点来分，又可以分为期初数据和日常数据。期初数据既包括上线时点组织所有数据的状态，如物料库存的数量、金额，财务科目的余额，还包括那些未完结的业务单据，如未交货的销售订单、未付款的采购订单等。

可以将数据的分类按先后次序列表，并对每项数据设计一个收集表，下发到各部门，进行摸底调查。在所有的数据中，有些数据量多、分布广，如生产企业的物料数据，既包括原材料、半成品、产成品，也包括设备、固定资产等，所以要首先把工作重心放在这类数据的准备上。

有了基础数据就有了系统运行的基础。但系统实施上线后，系统的数据是否能够反映现实情况，就要看期初数据能否及时、准确地录入系统了。由于期初数据反映的是上线那个时间点的数据，因此过早准备是没有意义的。这些事务处理数据都是动态的，每天都在变化，因此，完成期初数据准备需要更精密的时间表。对于生产企业，需要制定以下工作安排。

(1) 根据信息系统项目的实施进度，确认上线时间，并进行项目管控。

(2) 在上线之前一个月内进行全面的库存盘点，并在财务上进行盘盈盘亏处理。

(3) 要求各业务部门在上线之前尽可能处理完未结清的订单和应收应付单据，以减少手工和系统切换的难度，同时也可以降低日后对账的工作量。

(4) 在上线之前两周，集中人力将静态数据导入或者录入系统。

(5) 在上线时间点将库存期初、科目余额和未结单据录入系统。可视数据量的多少适当提前或者滞后录入，但要保持系统中的数据与实际情况相符。

(6) 在上线后的一个月内，通过核对手工账和实物，检查系统数据是否准确，并查出差异所在，进行调整。

基础数据的准备要注意以下几个方面。

(1) 数据统计要科学化，统计方法要程序化、规范化。

(2) 计量工具、计量方法、数据采集渠道和程序都应该固定，以确保新系统运行有稳定、可靠的数据来源。

(3) 统计和数据采集报表要标准化、规范化。

15.3.3 系统的试运行与系统转换

系统实施的下一项就是新系统的试运行和新老系统的转换，它是系统调试和检测工作的延续，很容易被人忽视，但对系统最终使用的安全性、可靠性和准确性来说，它又是十分重要的工作。

1. 系统的试运行

系统联调时，使用的是系统测试数据，这些数据很难测试出系统在实际运行中可能出现的问题，所以系统交付使用之前，还要进行系统的试运行，这是对系统的进一步检验和测试。

系统试运行阶段的工作主要包括以下几个方面。

(1) 对系统进行初始化。

(2) 记录系统运行的数据和状况。

(3) 对比新系统输出和旧系统输出的结果。

(4) 考察系统的输入方式是否方便、效率如何、安全可靠性如何、是否有误操作保护等。

(5) 测试系统运行情况和响应速度，包括运算速度、传递速度、查询速度、输出速度等。

2. 系统转换

系统转换是指新系统试运行之后，新系统替代旧系统的过程，系统转换有直接转换、并行转换和分段转换 3 种方式。

1) 直接转换

直接转换是指在确定新的管理信息系统运行准确无误时，在某一时刻终止现行系统，启用新的管理信息系统，如图 15.5 所示。

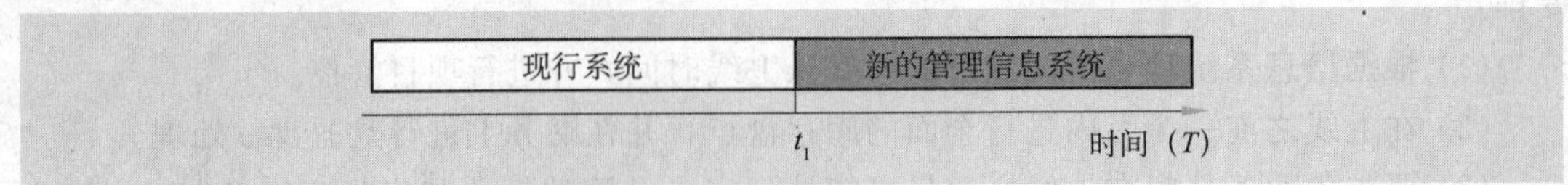

图 15.5　直接转换示意图

直接转换的优点是转换方式费用低、方法简单，但风险大，适用于处理过程不太复杂的小型简单系统。

2）并行转换

并行转换是新的管理信息系统和现行系统并行工作一段时间，在新的管理信息系统运行准确无误时，替代现行系统，如图 15.6 所示。

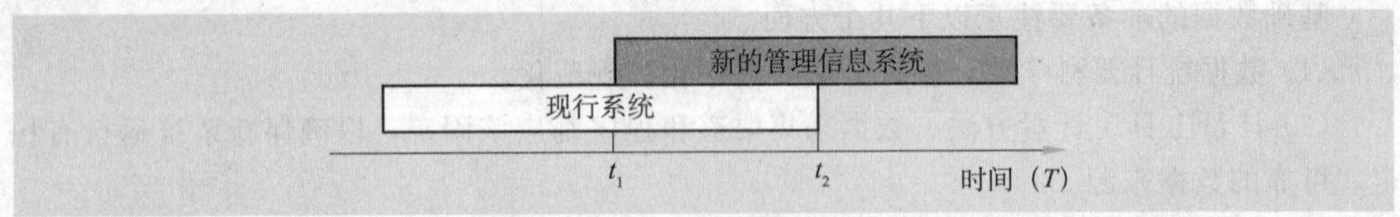

图 15.6　并行转换示意图

并行转换的优点是有利于减轻管理人员心理压力，安全性较好但费用高，两个系统的数据一般不具备可比性，适用于处理过程复杂、数据重要的系统。

3）分段转换

分段转换是直接转换和并行转换的结合，分阶段将新的管理信息系统的各个子系统替代现行系统，如图 15.7 所示。

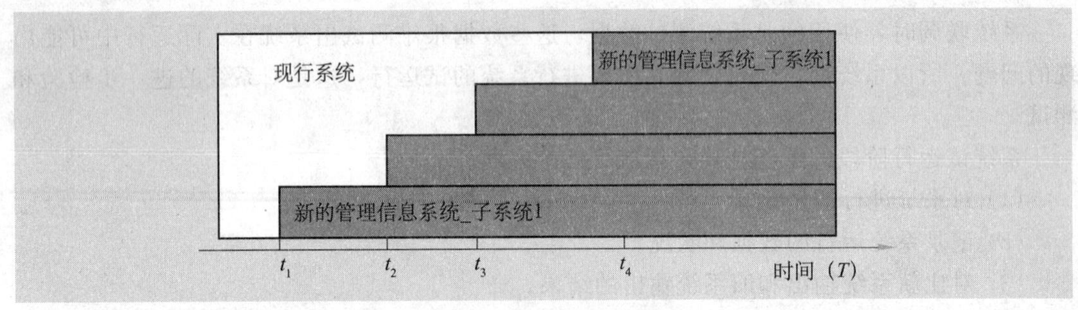

图 15.7　分段转换示意图

分段转换的优点是减轻管理人员心理压力，安全性较好但费用高，适用于处理过程复杂、数据重要的大型复杂系统。一般情况下，多采用分段转换的方式进行系统转换。

15.4　信息系统的评价

信息系统运行之后，需要在管理高层的直接领导下，由系统分析员或专门人员，以及系统开发人员和业务部门管理人员共同参与，定期对系统的运行状况进行审核和评价，为系统的改进和扩展提供依据。

定期对系统进行各方面的评价，目的是评价系统对于企业的运行是否仍处于有效的适用状态。如果结果是系统基本适用但需要做一些改进，则要做好系统的维护工作；一旦确认系统已经不能满足各项管理需求和决策需求，不能适应企业或组织的未来发展，则说明该信息系统已经结束了它的生命周期，必须提出新的开发或升级需求。

系统评价一般从以下 4 个方面考虑：①系统是否达到预期的目标；②目标是否需要做修改；③系统的适应性、安全性；④系统的社会经济效益。

15.4.1 信息系统评价指标

信息系统投入运行后，其工作质量如何？经济效益如何？资源的利用程度如何？对组织的影响如何？这是决策者关心的问题。评价一个信息系统，首先需要建立评价指标体系。

▶ 1. 信息系统质量的评价

质量是指在特定的工作环境下，系统在一定范围内提供信息的好坏。质量评价的关键是要制定评价质量的标准和指标体系。质量评价的指标如下。

(1) 用户对系统及业务需求的满意程度，是指系统是否满足了用户和管理业务对系统的需求，用户对系统的操作过程和运行结果是否满意。

(2) 系统的开发过程是否规范，是指系统开发各个阶段的工作过程及文档资料是否规范等。

(3) 系统所提供信息的质量和实用程度，包括系统采用的推理、分析及结论的有效性、准确性和被管理人员引用的比率，系统功能的先进性、有效性和完备性，系统运行结果的有效性或可行性、结果是否完整，以及提供信息(分析结果)的准确程度、精确程度、响应速度及其推理、推断、分析、结论的有效性、实用性和准确性。

(4) 对信息资源利用率的提高程度，即考察系统是否最大限度地利用了现有的信息资源并充分发挥了它们在管理决策中的作用，包括对控制库存、减少储备资金方面的贡献，对提高资金利用率、加速资金周转、分析和控制资金流动状态方面的贡献。

(5) 对管理模式、管理方法的改变和提高，包括对生产经营的影响程度，对提高组织对市场的适应能力和竞争力方面的贡献；对管理决策提供的信息支持程度，对组织管理科学化、规范化方面的作用；对组织工作效率、工作质量和劳动生产力的提高程度。

(6) 系统自身的投入产出比率，包括系统的性能、成本—效益综合比，用于综合衡量系统质量，集中反映信息系统质量的好坏。

▶ 2. 信息系统运行的评价

信息系统投入运行后，还要对运行情况不断地评价，以此作为系统维护、更新及进一步改进的依据。系统运行一般从以下几个方面进行评价。

1) 系统开发预期目标完成情况

(1) 对比系统开发目标与实现目标。

(2) 各级管理人员对系统的满意程度如何？

(3) 系统为完成任务是否多支付了成本？

(4) 系统的开发过程和开发文档是否规范、齐全？

(5) 系统功能与成本是否在预计范围内?

(6) 系统的可维护性、可扩充性和可移植性如何?

(7) 各种资源利用情况如何?

2) 系统的实用性

(1) 系统运行是否稳定可靠?

(2) 系统安全保密措施是否齐全、有效?

(3) 用户是否满意?

(4) 系统的容错能力和恢复能力如何?

(5) 系统运行结果是否支持管理活动?

3) 系统运行的效率

(1) 硬件利用率如何?

(2) 数据处理与传输是否匹配?

(3) 各工作站负荷是否均衡?

15.4.2 信息系统的评价方法

1. 多因素加权平均法

多因素加权平均法是一种比较简单易用的综合评价方法，该方法利用系统评价理论中关联矩阵法的思想，把各项评价指标列成表格，然后请专家对每个指标按其重要性设置一个权重，范围为 0～1，各权重之和为 1，再请专家分别对被评价系统的各个指标打分，分值范围为 0～100，见表 15.1。

表 15.1 多因素加权平均评价法

指标 系统	指标 1	指标 2	……	指标 n	加权平均分
权重	W_1	W_2	……	W_n	
系统 1(评分 X_1)	X_{11}	X_{12}	……	X_{1n}	
系统 2(评分 X_2)	X_{21}	X_{22}	……	X_{2n}	
……	……	……	……	……	
系统 m(评分 X_m)	X_{m1}	X_{m2}	……	X_{mn}	

专家权重是指专家的权威性，权值大小由评价者根据专家的知识面和经验丰富程度决定。根据几个专家的打分表及专家本人的权重，求得每个指标的权重值。

2. 层次分析法

层次分析法是一种适用的多准则决策方法，用于解决难以用其他定量方法进行决策的复杂系统问题。它将定量与定性相结合，充分重视决策者和专家的经验和判断，将决策者的主观判断用数量的形式表达和处理，能大大提高决策的有效性、可靠性和可行性。因此，层次分析法非常适用于信息系统的评价，尤其适用于多个系统的比较。

在运用层次分析法进行评价或决策时，大体可分为以下 4 个步骤进行。

(1) 分析评价系统中各基本要素之间的关系，建立系统的递阶层次结构。

(2) 对同一层次的各元素关于上一层次中某一准则的重要性进行两两比较，构造两两比较矩阵，并进行一致性检验。

(3) 由判断矩阵计算被比较元素对于该准则的相对权重。

(4) 计算各层要素对系统目的(总目标)的合成(总)权重，并对各备选方案排序。

3. 数据包络分析法

数据包络分析法是处理具有多个输入和多个输出的多目标决策问题的方法。

在企业管理信息系统的评价中，可以根据投资项目的输入数据和投资后管理信息系统的输出数据来评价。输入数据是指投资项目在投资过程中需要耗费的某些量，如投入项目资金总额、投入的专业人员数量及素质情况等。输出数据是指建设项目经过一定的输入后，所产生的表明该管理信息系统活动成效的某些信息量，根据输入数据和输出数据来评价信息系统规模效益的优劣，即所谓评价信息系统间的相对有效性。

4. 经济效果评价法

建立企业管理信息系统的目的在于提供完整、准确的信息，提高管理工作效率和经营决策水平，减少管理中的失误，使生产经营活动达到最佳经济效益。可以从直接经济效果和间接经济效果两个方面评价企业管理信息系统的应用效果。

(1) 直接经济效果。直接经济效果是可以计量的，它取决于应用计算机管理后，由于合理利用现有资源，使产品产量或提供的服务增长；由于劳动率提高，物资储备减少，产品或服务质量提高，非生产费用降低，使生产或服务的成本降低。

(2) 间接经济效果。间接经济效果体现在企业管理水平的提高，主要表现在：管理体制合理化，管理效果最优化，基础数据完整、统一；管理人员摆脱繁杂的事务性工作，真正把主要精力放在信息的分析和决策等创造型的工作上，提高了企业管理的现代化水平。

系统评价工作结束后，应及时完成一份完整的系统评价报告，以此作为系统进一步改进和完善的依据。系统评价报告应包括以下3个方面的内容。

(1) 信息系统的目标、结构、功能是否合理，是否满足实际工作的需要。

(2) 信息系统的各项指标及综合评价结果。

(3) 系统改进方向。

15.5 系统管理、维护与控制

15.5.1 组织机构的设置

1. 机构设置

设置组织机构是保证系统正常运转的基本条件之一。一般应设置硬件维护、软件维护、信息维护和行政管理等部门。

2. 人员配备

管理信息系统的运行管理是一项需要多方协调的系统性工作，需要多方面人员的密切配合，并牢固树立为用户服务的观点。

合理配置运行管理人员，包括系统运行管理负责人、软件维护人员、硬件维护人员、操作人员、行政管理人员。

▶ 3. 运行管理规章制度

在软件方面建立健全规章制度是必不可少的。这些规章制度包括系统安全制度、系统定期维护制度、系统运行操作规程、用户使用规程、系统信息的安全保密制度、系统修改规程、系统运行日志及填写规定。

15.5.2 系统维护

管理信息系统在完成系统实施、投入正常运行之后，就进入了系统运行与维护阶段。一般信息系统的使用寿命短则4～5年，长则可达10年以上，在信息系统的整个使用寿命中，都将伴随系统维护工作的进行。系统维护的目的是保证管理信息系统正常、可靠地运行，并使系统功能不断得到改善和提高，以充分发挥作用。因此，系统维护的任务就是要有计划、有组织地对系统进行必要的改动，以保证系统中的各个要素随着环境的变化始终处于最新的、正确的工作状态。

系统维护工作在整个系统生命周期中常常被忽视。人们往往热衷于系统开发，当开发工作完成以后，多数情况下开发队伍被解散或撤走，而在系统开始运行后并没有配置适当的系统维护人员。这样，一旦系统发生问题或环境发生变化，最终用户将无从下手，这就是为什么有些信息系统在运行环境中长期与旧系统并行运行不能转换，甚至最后被废弃的原因。随着信息系统应用的深入和使用寿命的延长，系统维护的工作量将越来越大。系统维护的费用往往占整个系统生命周期总费用的60%以上，因此有人曾以浮在海面的冰山来比喻系统开发与维护的关系，系统开发工作如同冰山露出水面的部分，容易被人看到而得到重视，而系统维护工作如同冰山浸在水下的部分，体积远比露出水面的部分大得多，但由于不易被人看到而常被忽视。另外，与具有“开创性”的系统开发相比，系统维护工作属于“继承性”工作，挑战性不强，成绩不显著，使很多技术人员不安心于系统维护工作，这也是造成人们重视开发而轻视维护的原因。系统维护是信息系统可靠运行的重要技术保障，必须给予足够的重视。

系统维护分为日常维护与适应性维护，日常维护是定时地重复对有关数据与硬件进行维护，以及对突发事件的处理等。适应性维护是指信息系统为了适应环境的变化及克服本身存在的不足，对系统做调整、修改与扩充。

▶ 1. 日常维护

(1) 数据的备份、存档、整理及初始化等。为安全考虑，每天操作完毕后，都要对变动过的或新增加的数据做备份。一般来说，工作站点上的或独享的数据由使用人员备份，服务器上的或多项功能共享的数据由专业人员备份。除正本数据外，要求至少有两个以上的备份，并以单双方式轮流制作，以防刚被损坏的正本数据冲掉上次的备份。数据正本与备份应分别存于不同的磁盘上或其他存储介质上。数据存档或归档是当工作数据积累到一定数量或经过一定时间间隔后转入档案数据库的处理操作，作为档案存储的数据成为历史数据。为防意外，档案数据也应有两份以上。数据的整理是关于数据文件或数据表的索引、记录顺序的调整等，目的是便于查询与引用，保证数据的完整和正确。

(2) 硬件维护。硬件日常维护主要有各种设备的保养与安全管理、简易故障的诊断与排除、易耗品的更换与安装等。硬件的维护应由专人负责。

(3) 软件维护。信息系统不可避免地存在一些缺陷与错误，它们会在运行过程中逐渐暴露出来，为使系统能始终正常运行，所暴露出的问题必须及时予以解决。

(4) 突发事件维护。信息系统运行中还会出现一些突发事件，导致软件运行出现问题，如操作不当、计算机病毒攻击等。这些事件的发生会影响系统正常运行，严重的会破坏数据，甚至导致整个系统的瘫痪。

突发事件应由企业信息管理机构的专业人员处理，有时需要原系统开发人员或软硬件供应商来解决。对发生的现象、造成的损失、引起的原因及解决的方法等必须进行详细的记录。

▶ 2. 适应性维护

组织环境在不断变化，信息系统需要不断地适应环境的变化，因此，系统适应性维护与系统运行始终是并存的，系统的适应性维护是一项有计划的长期性工作。系统维护所付出的代价往往要超过系统开发的代价，系统维护的好坏将显著影响系统的运行质量、系统的适应性及系统的生命周期。我国许多企业的信息系统开发完成后，不能很好地投入运行或难以维持运行，在很大程度上就是重开发轻维护所造成的。

系统适应性维护以系统运行情况记录和日常维护记录为基础，主要包括以下内容。

(1) 系统发展规划的研究、制定与调整。

(2) 系统缺陷的记录、分析与解决方案的设计。

(3) 系统结构的调整、更新与扩充。

(4) 系统功能的增设、修改。

(5) 系统数据结构的调整与扩充。

(6) 各工作站点应用系统的功能重组。

(7) 系统硬件的维修、更新与添置。

(8) 系统维护的记录及维护手册的修订等。

系统维护包括硬件维护、软件维护和数据维护。

15.5.3 系统控制

▶ 1. 对信息的控制

1) 信息处理

信息处理的控制包括数据收集、信息转换和信息服务，其中每一个环节都需要一定的控制以保证行为的正确、高效。

高质量的数据收集是信息系统有效工作的基础，数据收集工作要求迅速而准确。数据收集主要有数据的被动接收、数据主动采集(录入)和数据批量转换等形式。一般情况下，数据批量转换的数据收集由专业的信息管理人员完成；数据被动接收形式的数据收集由客户和其他人员完成；数据主动采集的数据收集由企业的业务人员完成。

数据校验是数据质量控制工作中不可缺少的。数据校验的工作应由专业的信息系统管理人员完成，或者在较大的系统中，考虑设置专门的数据控制功能模块来完成。

信息转换是按照企业或者信息系统规定的业务逻辑对收集的数据进行运算处理的过

程，处理结果将直接或间接用于信息服务。

常见的信息服务工作包括例行的数据更新、统计分析、报表生成、数据的复制及保存、与外界的定期数据交流等。这些工作都是在系统研制中已经详细规定好的，操作人员也应该经过严格的培训，清楚地了解各项操作规则，了解各种情况的处理方法。

2）文档管理

文档是记录人们思维活动及其结果的书面文字资料。信息系统的文档即描述系统从无到有整个发展与演变过程及各个状态的文字资料。信息系统实际上由系统实体及与此对应的文档两大部分组成，系统的开发要以文档的描述为依据，系统实体的运行与维护更需要文档来支持。

系统文档不是事先一次性形成的，而是在系统开发、运行与维护过程中不断地按阶段依次推进，经过编写、修改、完善与积累而形成的。可以说，如果没有系统文档或没有规范的系统文档，信息系统的开发、运行及维护会处于一种混乱状态，影响系统的质量，甚至导致系统开发或运行的失败。尤其是系统开发人员变动时，文档的作用就更加重要。

文档管理是开发与运行信息系统的必需的工作。目前，我国信息系统的文档内容与要求基本上已有了较统一的规定。根据不同的性质可将文档分为技术文档、管理文档及记录文档等若干类。

系统文档的管理工作主要包括文档标准与规范的制定，文档编写的指导与督促，文档的收存、保管与借用手续的办理等。

▶ 2. 对信息系统的控制

1）系统运行记录

从每天工作站点计算机的打开、应用系统的进入、功能项的选择与执行，到下班前的数据备份、存档、关机等，都要记录有关系统软硬件运作及数据等情况。运行情况有正常、不正常与无法运行等，后两种情况应将所见的现象、发生的时间及可能的原因做尽量详细的记录。

运行情况的记录对系统问题的分析与解决有重要的参考价值。由于该项工作较烦琐，在实际中往往流于形式，因此一般应在系统中设置自动记录功能。但作为一种责任与制度，一些重要的运行情况及所遇到的问题，例如多人共用或涉及敏感信息的计算机及功能项的使用等，仍应做书面记录。

对系统运行情况的记录应事先制定尽可能详尽的规章制度，具体工作主要由使用人员完成，无论是自动记录的还是由人工记录的系统运行情况，都应作为基本的系统文档长期保管，以备系统维护时参考。

2）系统的安全保密

信息是企业的重要资源，几乎反映了企业过去、现在与未来的所有方面。系统软硬件的损坏或信息的泄露会给企业带来不可估量的经济损失，甚至危及企业的生存与发展。因此，信息系统的安全与保密是一项必不可少的极其重要的信息系统管理工作。

信息系统的安全是为防止有意或无意地破坏系统软硬件及信息资源行为的发生，避免企业遭受损失所采取的措施；信息系统的保密是为防止有意窃取信息资源行为的发生，使企业免受损失而采取的措施。

信息系统的安全性问题主要由以下几个方面的原因造成。

（1）不可抗力引起的软硬件损坏与数据破坏。

（2）操作失误导致的数据破坏。

（3）病毒侵扰导致的软件与数据的破坏。

（4）恶意破坏系统软硬件及数据。

保障信息系统安全采取的措施如下。

（1）依照国家法规及企业的具体情况，制定严密的信息系统安全与保密制度，做深入的宣传与教育，提高每一位涉及信息系统的人员的安全与保密意识。

（2）配备齐全的安全设备，如稳压电源、电源保护装置、空调器等。

（3）设置切实可靠的系统访问控制机制，如权限的设定和用户身份的确认等。

（4）结合系统的日常运行管理与系统维护，做好数据的备份及备份的保管工作。

（5）敏感数据尽可能以隔离方式存放，由专人保管。

3. 对知识工作者的控制

信息系统本身所体现的特点是运用先进技术为管理工作服务，因此其工作中必然要涉及多方面的具有不同知识水平及技术背景的知识工作者。这些人员在系统中各负其责、相互配合，共同实现系统的功能。这些人员能否发挥各自的作用，他们之间能否相互配合、协调一致，是系统成败的关键之一。没有好的人员管理，不能实现有效的分工协作，人机系统不能实现整体优化，将阻碍信息系统功能的有效发挥。

知识工作者管理的内容包括以下 3 个方面。

（1）明确规定参与信息系统人员的任务及职权范围，尽可能确切地规定各类人员在各项业务活动中的工作内容、工作职责、工作方式和工作次序。

（2）定期进行人员岗位检查及评价。对每种工作制定评价指标，这些指标应该尽可能量化，以便检查与比较，并有明确的衡量标准。

（3）对工作人员进行培训，不断提高他们的工作能力，使其工作质量不断改善，从而提高整个系统的效率。

系统各类工作人员应承担以下责任。

（1）系统主管人员的责任是组织各方面人员协调一致地完成各自在系统中所承担的信息处理任务，掌握并控制全局，保证信息系统结构完整，确定系统改善或扩充的方向。整个应用系统在管理中发挥的作用及效益是其工作的评价标准。

（2）硬件和软件操作人员的任务是按照系统规定的工作规程进行日常的运行管理。系统是否安全、正常的运行是对他们工作的最主要的衡量指标。

（3）程序员的任务是在系统主管人员的组织下，完成系统的修改、完善及扩充，为满足信息使用者的信息需求编写相应程序。

（4）数据录入人员的任务是把数据准确地输入计算机。录入的速度及差错率是他们工作的主要衡量标准。数据校验人员的责任是保证送到录入人员手中的数据或者信息系统中的数据从逻辑上来讲是正确的，即保证输入信息系统的数据正确地反映客观事实。

知识链接：信息系统的审计

本章小结

物理系统的实现就是计算机系统、通信网络系统的购置，机房的建造准备，设备的安装调试，工具、材料、软件、人员培训的准备等一系列活动的总和。软件系统的实现主要指程序代码的设计与调试。

系统转换要首先做好人员的转换，培训工作十分重要；其次是数据准备；最后才是信息系统的交付使用。信息系统的转换方式通常有直接转换、并行转换和分段转换3种。

信息系统的控制是对信息系统运行的管理和控制，包括对信息的控制、对信息系统的控制及对知识工作者的控制；信息系统的审计是审计信息系统控制的效果，数据审计是审计的重要内容。

信息系统的评价包括对信息系统质量的评价和对信息系统运行的评价。评价方法可以采用多种数学方法和模型。

关键术语

物理系统的实现	进度计划	计算机系统的实现
通信网络系统的购置	信息系统的评价	质量管理
设备的安装调试	信息系统质量评价	信息系统的审计
程序设计	信息系统运行评价	信息控制
程序调试	信息系统控制	项目边界确定

思考与讨论

一、判断题

1. 系统测试是指对系统源程序的测试，以发现程序错误。（　）
2. 单元测试一般采用白盒测试，组装测试一般采用黑盒测试。（　）
3. 系统调试与系统测试功能基本一致，因此系统调试可以省略。（　）
4. 在系统转换过程中，人员培训主要是对操作人员的培训，其他人员无须培训。（　）
5. 系统直接转换的优点是费用低，而分段转换的缺点是费用高。（　）

二、选择题

1. 确认测试包括(　　)。

A. 功能测试　　B. 性能测试　　C. 配置审查　　D. 组装测试

2. 系统评价一般从(　　)方面考虑。

A. 系统是否达到预期的目标　　B. 目标是否需做修改

C. 系统的适应性、安全性　　D. 社会经济效益

3. 信息系统审计的出发点是(　　)。

A. 信息系统的合规性　　B. 信息系统的安全性

C. 信息系统的可靠性　　D. 信息系统的有效性

三、填空题

1. 系统控制包括对________、________和________的控制。

2. 信息系统描述的方法包括________、表格描述法和________，在使用过程中，各种描述方法可以搭配使用。

3. 信息系统审计的主要内容有________、________、________和________。

四、思考题

1. 系统实施应包括哪些内容？
2. 系统实施与系统设计之间有什么联系？
3. 系统的转换有哪几种方式？
4. 系统测试工作与系统调试工作的主要内容有哪些？
5. 什么是信息系统的控制？控制的内容是什么？
6. 什么是信息系统的审计？审计的内容是什么？

第16章 面向对象的设计方法

教学目标

- ☞ 理解面向对象的设计方法；
- ☞ 了解程序设计方法学；
- ☞ 掌握面向过程方法和面向对象方法的区别。

教学要求

知识要点	能力要求	相关知识
程序设计方法学	了解程序设计方法学的研究领域	计算机的软件知识
面向过程方法	了解面向对象方法的优势与不足	计算机的软件知识
面向对象方法	掌握面向对象方法的特点、优势与不足	计算机的软件知识

导入案例

为什么要面向对象编程？

如果把一个个程序模块拿给客户代表看，客户代表肯定看不懂。

如果把一个DEMO拿给客户代表看，客户代表只能看懂界面，背后各种各样的逻辑关系不可能通过操作一个DEMO就能看得清。

如果把例图、类关系图、状态图、时序图拿给客户代表看，客户代表就有八九成的可能看得懂系统要做的是什么，因为这些东西能清晰地表达业务逻辑。

如果编程完全依赖以类关系图为基础的设计文档的话，那么有很大的把握认为做出来的东西能符合程序开发人员和客户代表相互沟通的要求。

由于世界上的事物抽象到一定层次都有共同性，所以抽象出来的类或类关系图及相关的其他图，将来在别的项目中也很可能用得到，这时只要把整个“包”拿过去复用就可以了，所需要改变的仅仅是界面表达。

当手上有良好的数据库映射工具时，表结构就不需要设计了，只需要专心设计业务逻辑。业务逻辑中的各种关系变化了，只需要修改类关系图，完成后重新自动映射一下生成新的表结构就可以了。

对象化分析加上优良的自动映射工具，就可以使数据层、业务逻辑层、界面层变得完全独立，在任何时候都可以拿着业务逻辑设计图纸，请另一个团队帮助开发一个更漂亮的界面，但内在逻辑完全相同的东西，后台数据库也可更换成 DB2、ORECL、INTERBASE，甚至 XML 文件。不管怎么更换后台数据库类型，已经做过的设计工作完全不需要改动，也就是说分析工作是跟数据库无关的。

因此，面向对象编程具有多方面的吸引力。对管理人员而言，它实现了更快和更廉价的开发与维护过程；对分析与设计人员而言，建模处理变得更加简单，能生成清晰、易于维护的设计方案；对程序员而言，对象模型显得如此高雅和浅显。此外，面向对象工具和库的巨大威力使编程成为一项使人愉悦的任务。每个人都可从中获益，至少表面如此。

自 1946 年计算机诞生后到 20 世纪 60 年代中期，即计算机发展的早期阶段，计算机系统是以硬件为主，软件费用占总费用的 20%左右。60 年代中期到 80 年代初期，即计算机发展的中期阶段，软件费用迅速上升到总费用的 60%，软件不再只是技巧性和高度专业化的神秘机器代码。而到 1985 年以后，软件费用已上升到总费用的 80%以上，软件相对硬件的费用比例还在不断提高。事实上，60 年代中期，随着计算机技术的迅速发展和应用领域的迅速拓宽，软件需求迅速增长，软件数量急剧膨胀，软件系统空前庞大与复杂，而当时的程序设计与软件开发技术却远远落后。人们没有认识到从宏观上对程序设计方法进行研究的重要性，许多人只满足于写出可以运行的程序，因此，许多大型软件质量低劣、可靠性不高、可维护性差，却又价格昂贵、供不应求。这种情况严重阻碍了计算机和计算机应用的发展，这一系列严重的问题就是所谓的“软件危机”。

“软件危机”出现了，如何进行软件开发呢？为了解决这个问题，逐渐形成了程序设计方法学和软件工程学。

16.1 程序设计方法学

1967 年，Floyd 提出的断言方法证明流程图程序的正确性；1968 年，Dilkstra 提出 GOTO 有害论；1969 年，Hoare 在 Folyd 断言法的基础上提出程序公理方法；1971 年，Wirth 的“自顶而下逐步求精”等理论对软件工程和程序设计方法学的形成和初期的发展有着深刻的影响。1969 年，IFIP(国际信息处理协会)成立了“程序设计方法学工作组”——WG2.3，云集了当时许多著名的计算机科学家，专门研究程序设计方法学，这个国际组织对以后的程序设计方法学的发展起了很大的促进作用。

程序设计方法学是运用数学方法研究程序的性质，以及程序设计的理论和方法的一门学科。程序设计方法学的经典内容主要包括结构化程序理论、程序的正确性证明、程序形式推导、程序变换技术等。

16.1.1 软件工程

软件工程(software engineering，SE)作为一个术语，是在1968年北大西洋公约组织的一次计算机学术会议上正式提出来的，是一门研究用工程化方法构建和维护有效、实用和高质量的软件的学科。它涉及程序设计语言、数据库、软件开发工具、系统平台、标准、设计模式等方面。

1970年起，由于“软件危机”的产生，迫使人们不得不研究、改变软件开发的技术手段和管理方法，从此软件开发进入软件工程时代。此阶段的特点是：硬件已向巨型化、微型化、网络化和智能化四个方向发展，数据库技术已成熟并广泛应用。第一代软件技术：结构化程序设计在数值计算领域取得优异成绩；第二代软件技术：软件测试技术、方法、原理用于软件生产过程；第三代软件技术：处理需求定义技术用于软件需求分析和描述。

▶1. 软件工程的基本原理

提出“软件工程”这一术语以来，研究软件工程的专家学者们陆续提出了100多条关于软件工程的准则或信条。美国著名的软件工程专家巴利·玻姆(Barry Boehm)综合这些专家的意见，并总结了美国天合公司多年的软件开发经验，于1983年提出了软件工程的七条基本原理。

1）用分阶段的生命周期计划严格管理

经统计发现，在不成功的软件项目中有一半左右是由于计划不周造成的，可见把建立完善的计划作为第一条基本原理是吸取了前人的教训而提出来的。在软件开发与维护的漫长的生命周期中，需要完成许多性质各异的工作。这条基本原理意味着应该把软件生命周期划分成若干个阶段，并相应地制订切实可行的计划，然后严格按照计划对软件的开发与维护工作进行管理。Boehm认为，在软件的整个生命周期中应该制订并严格执行六类计划，即项目概要计划、里程碑计划、项目控制计划、产品控制计划、验证计划和运行维护计划。不同层次的管理人员都必须严格按照计划各尽其职地管理软件开发与维护工作，绝不能受客户或上级人员的影响而擅自背离预订计划。

2）坚持进行阶段评审

当时已经认识到，软件的质量保证工作不能等到编码阶段结束之后再进行。这样说至少有两个理由：第一，大部分错误是在编码之前造成的，例如，根据Boehm等人的统计，设计错误占软件错误的63%，编码错误仅占37%；第二，错误发现与改正得越晚，所需付出的代价也越高。因此，在每个阶段都进行严格的评审，以便尽早发现软件开发过程中所犯的错误，是一条必须遵循的重要原则。

3）实行严格的产品控制

在软件开发过程中不应随意改变需求，因为改变一项需求往往需要付出较高的代价，但是，在软件开发过程中改变需求又是难免的，由于外部环境的变化，相应地改变用户需求是一种客观需要，显然不能硬性禁止客户提出改变需求的要求，而只能依靠科学的产品控制技术来顺应这种要求。也就是说，当改变需求时，为了保持软件各个配置成分的一致性，必须实行严格的产品控制，其中主要是实行基准配置管理。基准配置又称基线配置，它们是经过阶段评审后的软件配置成分(各个阶段产生的文档或程序代码)。基准配置管理也称为变动控制，是指一切有关修改软件的建议，特别是涉及对基准配置的修改建议，都必须按照严格的规程进行评审，获得批准以后才能实施修改。绝对不能随意修改软件(包括尚在开发过程中的软件)。

4）采用现代程序设计技术

从提出软件工程的概念开始，人们一直把主要精力用于研究各种新的程序设计技术。20 世纪 60 年代末提出的结构程序设计技术，已经成为绝大多数人公认的先进的程序设计技术。以后又进一步发展出各种结构分析技术与结构设计技术。实践表明，采用先进的技术既可提高软件开发的效率，又可提高软件维护的效率。

5）结果应能清楚地审查

软件产品不同于一般的物理产品，它是看不见摸不着的逻辑产品。软件开发人员或开发小组的工作进展情况可见性差，难以准确度量，从而使软件产品的开发过程比一般产品的开发过程更难以评价和管理。为了提高软件开发过程的可见性和更好地进行管理，应根据软件开发项目的总目标及完成期限规定开发组织的责任和产品标准，从而使所得到的结果能够清楚地审查。

6）开发小组的人员应少而精

这条基本原理的含义是，软件开发小组的组成人员的素质应该比较好，而且人数不宜过多。开发小组人员的素质和数量是影响软件产品质量和开发效率的重要因素，素质高的人员的开发效率可能比素质低的人员的开发效率高几倍至几十倍，而且素质高的人员所开发的软件中的错误明显少于素质低的人员所开发的软件中的错误。此外，随着开发小组人员数量的增加，交流情况、讨论问题而造成的通信开销也急剧增加。

7）承认不断改进软件工程实践的必要性

遵循上述六条基本原理，就能够按照当代软件工程基本原理实现软件的工程化生产，但是，仅有上述六条原理并不能保证软件开发与维护的过程能赶上时代前进的步伐，能跟上技术的不断进步。因此，Boehm 提出应把承认不断改进软件工程实践的必要性作为软件工程的第七条基本原理。按照这条原理，不仅要积极、主动地采纳新的软件技术，而且要注意不断总结经验，例如，收集进度和资源耗费数据，收集出错类型和问题报告数据等。这些数据不仅可以用来评价新的软件技术的效果，而且可以用来指明必须着重开发的软件工具和应该优先研究的技术。

▶ 2. 软件工程的目标

软件工程的目标是：在给定成本、进度的前提下，开发出具有适用性、有效性、可修改性、可靠性、可理解性、可维护性、可重用性、可移植性、可追踪性、可互操作性且满足用户需求的软件产品。追求这些目标有助于提高软件产品的质量和开发效率，减少维护的困难。

1）适用性

适用性是指软件在不同的系统约束条件下，使用户需求得到满足的难易程度。

2）有效性

有效性是指软件系统能最有效地利用计算机的时间和空间资源。各种软件无不把系统的时空开销作为衡量软件质量的一项重要技术指标。很多场合中，在追求时间有效性和空间有效性时会发生矛盾，这时不得不牺牲时间有效性换取空间有效性或牺牲空间有效性换取时间有效性。时空折中是经常采用的技巧。

3）可修改性

可修改性是指允许对系统进行修改而不增加原系统的复杂性。它支持软件的调试和维护，是一个难以达到的目标。

4）可靠性

可靠性是指能防止因概念、设计和结构等方面的不完善造成的软件系统失效，具有挽回因操作不当造成软件系统失效的能力。

5）可理解性

可理解性是指系统具有清晰的结构，能直接反映问题的需求。可理解性有助于控制系统软件复杂性，并支持软件的维护、移植或重用。

6）可维护性

可维护性是指软件交付使用后，能够对它进行修改，以改正潜伏的错误，改进性能和其他属性，使软件产品适应环境的变化等。软件维护费用在软件开发费用中占很大的比重。可维护性是软件工程中一项十分重要的目标。

7）可重用性

可重用性是指把概念或功能相对独立的一个或一组相关模块定义为一个软部件，可组装在系统的任何位置，降低工作量。

8）可移植性

可移植性是指软件从一个计算机系统或环境搬到另一个计算机系统或环境的难易程度。

9）可追踪性

可追踪性是指根据软件需求对软件设计、程序进行正向追踪，或根据软件设计、程序对软件需求进行逆向追踪的能力。

10）可互操作性

可互操作性是指多个软件元素相互通信并协同完成任务的能力。

软件工程学是研究软件开发与维护的方法、工具和管理的一门计算机科学与工程学交叉的学科。

软件工程的基本出发点是以软件生命周期为基础，吸取工程的方法和技术，将软件开发和维护过程规范化、科学化。传统的软件工程技术主要以结构化思想为基础。

16.1.2 软件方法学

软件方法学是以方法为研究对象的软件学科，主要涉及指导软件设计的原理和原则，以及基于这些原理、原则的方法和技术。狭义的软件方法学是指某种特定的软件设计指导原则和方法体系。不论何种含义，其关注的中心问题是如何设计正确的软件和高效率地设计软件。

软件方法学的目的是寻求科学方法的指导，使软件开发过程“纪律化”，即要寻找一些规范的“求解过程”，把软件开发活动置于坚实的理论基础之上。软件工程与软件方法学的方法不同，软件工程侧重于借鉴传统工程学科，最终目的是把软件生产变成一门制造工程。两者之间的关系是软件工程需要软件方法学为依据和指导；方法学依赖于软件工程，特别是环境工具来发挥实际效用。

在初期，程序设计方法学和软件工程是两个从两种不同的角度并应用不同的方法，研究软件开发技术的紧密相关、相辅相成又各有侧重的学科。前者是以数学理论为基础的理论性学科；后者是以工程方法为基础的工程学科。

软件工程学和程序设计方法学都是研究软件开发和程序设计的学科，它们的研究对象、研究内容、出发点和目标都是一致的。它们的根本目标是以较低的成本开发高质量的软件和程序，主要包括：提高软件的质量与可靠性、可维护性和生产率，降低软件开发成本等。

但是，软件工程学和程序设计方法学研究的途径和侧重点有所差异，主要差异如下。

(1) 研究方法和途径不同。软件工程学应用的是工程方法；而程序设计学依据的是数学方法。软件工程学注重工程方法与工具研究，程序设计方法学则注重算法与逻辑方法研究。

(2) 研究对象有所侧重，软件工程的对象所指的软件一般是指大型程序，是一个系统；而程序设计方法学的研究对象则侧重于一些较小的具体程序模块，早期的程序设计方法学的研究重点是某个单独程序的时空效率、正确性证明等问题。

(3) 软件工程学注重宏观可用性；程序设计方法学注重微观正确性。例如，软件工程学研究软件的可靠性的方法是“软件测试”，程序设计方法学研究的方法则是程序的正确性证明。

随着软件技术的迅速发展，软件工程学和程序设计方法学的研究内容也都在不断发展，研究的内容和方法互相渗透。事实上，人们已经很少也没有必要区分软件工程学和程序设计方法学的范畴这两条研究途径的界限，在软件技术的发展过程中，其界限已经逐渐地模糊化、一体化了。

16.2 面向过程方法

面向过程方法也叫结构化方法，是最早、最传统的软件开发方法，由结构化分析、结构化设计和结构化程序设计三部分有机组合而成。它的基本思想是把一个复杂问题的求解过程分阶段进行，而且这种分解是自顶向下逐层分解，使每个阶段处理的问题都控制在人们容易理解和处理的范围内。20 世纪 60 年代初，提出了用于编写程序的面向过程的程序设计方法，而后发展到用于设计的结构化设计方法、用于分析的结构化分析方法、结构化分析与设计技术等，以及面向数据结构的 JACKSON 方法、WARNIER 方法等。

面向过程其实是最为实际的一种思考方式，就算是面向对象的方法也是含有面向过程的思想，因此可以说，面向过程是一种基础的方法。面向过程最重要的是模块化的思想，而面向对象方法主要是把事物对象化，对象包括属性与行为。由于面向过程的程序流程描述得很清楚，模块与函数的方法可以很好的组织，因此当程序规模不是很大时，面向过程的方法具有优势。

由于采用了模块分解和功能抽象，以及自顶向下、分而治之的手段，从而可以有效地将一个较复杂的系统分成若干易于控制和处理的子系统，子系统又可以分解成更小的子任务，最后的子任务都可以独立编写成子程序模块。这些模块功能相对独立、接口简明、界面清晰，使用和维护起来非常方便。所以，面向过程方法是一种非常有用的软件方法，也是其他软件方法学的基础。

但是，由于面向过程方法将过程和数据分离为相互独立的实体，程序员在编程时必须时刻考虑所要处理的数据的格式。对不同的数据格式做同样的处理或对相同的数据格式做不同的处理都需要编写不同的程序，所以面向过程程序的可重用性不好。另外，当数据与过程相互独立时，总存在错误的数据调用正确的程序模块或正确的数据调用错误的程序模块的可能性，因此，要使数据与程序始终保持相容，已成为程序员一个沉重的负担。以上这些问题，采用面向对象方法就可以很好地解决。

软件是管理信息系统的重要组成部分，面向过程方法是按功能分解组织软件系统结构的。为了实现这个功能，可能需要将其进一步分解为多个更具体的子功能，甚至是若干个功能模块，编程实现每个功能模块就是最终得到的软件系统。

很显然，这种软件结构源于用户提出来的功能需求。根据最初提出的功能需求，经过分解设计，得到的软件结构是依赖于功能需求的。如果事后发现当初的需求定义或描述不正确、需要变更的话，这种变更足以摧毁按当初提出的需求而建立起的软件结构。这就是面向过程方法的先天性缺陷。

除了上面提到的用结构化方法得到的软件结构在面对需求变更时显得束手无策的缺陷以外，另外一个先天性缺陷就是，按功能分解得到的模块是低内聚的和强耦合的，这恰恰是违背系统设计原则的。面向过程方法为了保证设计与编码工作有效，就要求对管理信息系统的需求分析做到一步到位，完整、准确的需求定义是必须的，而且分析活动结束后，需求就不能再进行变更了。只要需求有变更，就意味着按当初理解的需求而进行的设计和编码都将是徒劳的。越是到开发的后期，这种需求的变更越是致命的。出于同样的原因，系统交付使用以后，对管理信息系统的维护也是困难的。

综上所述，面向过程方法长期以来占据统治地位，实践证明是一种行之有效的分析方法，有许多成功的经验。随着软件工程的发展，对需求分析的要求也越来越高，面向过程方法逐渐暴露不足与局限性。

(1) 对问题空间的理解深度、广度不足。面向过程的方法在研究问题空间时，主要是跟踪数据的流动，但这并不是人们在研究问题空间时控制复杂性采用的基本方法，即不是阐述人类思想的基本构造方法。因此，面向过程方法对问题空间的理解常常不够清晰和透彻，或者局限于某些具体细节而没有全面、深刻地考虑问题。

(2) 通信交流困难。面向过程的方法将数据与控制分离，由于这种分离使他人很难对问题空间有一个全面的印象，而往往只能获得一方面的认识。另外，如果数据流图的层次较多，那么可能需要的数据流分层也会很多，而且复杂的界面也使数据字典问题恶化，导致数据字典的“爆炸”，产生成千上万页的字典文档。

(3) 难以适应不断变化的需求，这是面向过程方法的致命弱点。一个系统不是一成不变的，会随着实际情况不断发生变化。同一种工作，在不同时间、不同地点进行的方式很可能不完全相同。面向过程的方法显然不能适应这种变化。

16.3 面向对象方法

谈到面向对象，不得不说到“抽象”。抽象是人们认识事物的常用方法，如地图的绘制。抽象的过程就是简化、概括所观察到的现实世界，并为人们所用的过程。抽象是软件开发的基础，软件开发离不开现实环境，但需要对信息细节进行提炼、抽象，找到事物的本质和重要属性。抽象包括两个方面：过程抽象和数据抽象。过程抽象把一个系统按功能划分成若干个子系统，进行“自顶向下、逐步求精”的程序设计。数据抽象以数据为中心，把数据类型和施加在该类型对象上的操作作为一个整体(对象)来进行描述，形成抽象数据类型。

所有编程语言的最终目的都是提供一种抽象方法。一种较有争议的说法是：解决问题的复杂程度直接取决于抽象的种类及质量。其中，种类是指准备对什么进行抽象。汇编语言是对基础机器语言的少量抽象，后来的许多命令式语言(如 FORTRAN、Basic 和 C)是对汇编语言的一种抽象。与汇编语言相比，这些语言已有了较大的进步，但它们的抽象原理依然要求程序设计者着重考虑计算机的结构，而非考虑问题本身的结构。在机器模型(位于“方案空间”)与实际解决的问题模型(位于“问题空间”)之间，程序员必须建立起一种联系，这个过程要求人们付出较大的精力，由于它脱离了编程语言本身的范围，造成程序代码很难编写，而且要花较大的代价进行维护。

为机器建模的另一个方法是为要解决的问题制作模型。对一些早期语言来说，如 LISP 和 APL，它们的做法是“从不同的角度观察世界”“所有问题都归纳为列表”或“所有问题都归纳为算法”。PROLOG 则将所有问题都归纳为决策链。对于这些语言，可以认为它们一部分是面向基于“强制”的编程，另一部分则是专为处理图形符号设计的。每种方法都有自己特殊的用途，适合解决某一类的问题，但只要超出了它们力所能及的范围，就会显得非常笨拙。

面向对象的程序设计在此基础上则跨出了一大步，程序员可利用一些工具来表达问题空间内的元素。由于这种表达非常普遍，所以不必受限于特定类型的问题。人们将问题空间中的元素及它们在方案空间的表示物称作“对象”。当然，还有一些在问题空间没有对映体的其他对象。通过添加新的对象类型，程序可进行灵活的调整，以便与特定的问题配合。所以在阅读方案的描述代码时，会读到对问题进行表达的话语。与以前的方法相比，这无疑是一种更加灵活、更加强大的语言抽象方法。

面向对象(object oriented，OO)是一种软件开发方法。面向对象的概念和应用已超越了程序设计和软件开发，扩展到数据库系统、交互式界面、应用结构、应用平台、分布式系统、网络管理结构、CAD 技术、人工智能等领域。面向对象是一种对现实世界理解和抽象的方法，是计算机编程技术发展到一定阶段后的产物。

面向对象的概念和思想由来已久。有人认为，可以将 Dahl 与 Nygard 在 1967 年推出的程序设计语言 Simula-67 作为面向对象的诞生标志。Simula-67 首先在程序中引入了“对象”的概念。但是，面向对象真正的第一个里程碑应该是 1980 年 Smalltalk-80 的出现。

Smalltalk-80 发展了 Simula-67 的对象和类的概念，并引入方法、消息、元类及协议等概念，所以有人将 Smalltalk-80 称为第一个面向对象语言。但是，最后使面向对象广泛流行的则是面向对象的程序设计语言 C_{++}。

20 世纪 80 年代，面向对象的程序设计语言趋于成熟，作为一种新的程序设计模式，面向对象的程序设计模式逐渐被更多的人所理解和接受。面向对象的程序设计模式导致了软件开发的高效率、高质量和软件复用，这一成果促使研究者把一部分注意力转向更广、更深层次的研究。首先把面向对象的思想用于设计阶段，于是有了面向对象的设计，进一步又把面向对象的思想用于分析阶段，产生了面向对象的分析，因此在面向对象的系统开发方面不断取得进展时，一种新的管理信息系统开发方法——面向对象的开发方法就产生了，并逐渐成为主流的开发方法。

与面向过程方法相比，面向对象方法显现了绝对的优势，并且这种优势是先天性的。面向对象的思想尽可能按照人类认识世界的方法和思维方式来分析和解决问题。假设我们把现实系统中参与完成某项任务的多个人看作对象的话，按照面向对象的思想构造的管理信息系统中的软件结构与现实系统的结构是极其相似的。不同计算机语言之间的关系如图 16.1 所示。

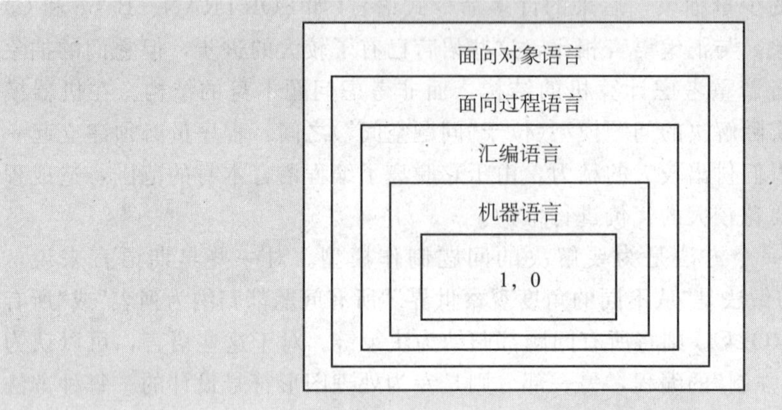

图 16.1　不同计算机语言之间的关系

面向对象的方法是以对象为核心来构造软件框架，在框架不需要变化的前提下，通过对象的协作和参与，就能够协作实现更多的系统功能。如果完成某项任务要求有特殊的对象能力，只需要增强对象的能力就可以实现。因此，这样的结构所具备的应对需求变更的能力是与生俱来的。每个对象封装起来的操作具有强内聚性。表 16.1 描述了几种程序设计方法的区别。

表 16.1　几种程序设计方法的对比

方法类型	流程表示方法	数据表示方法	与用户交往方式	过程逻辑表示方法
传统的方法	系统流图	表单、规划图、表格图	面谈	文字表述、脚本表述、程序流程图、HIPO 图
面向过程方法	数据流图	数据字典、数据结构图、E-R 图	面谈、用户考察、联合开发会谈	决策树/表、结构化语言表达、结构图、Warnier-orr 图

续表

方法类型	流程表示方法	数据表示方法	与用户交往方式	过程逻辑表示方法
数据模型化方法	业务范围分析、过程模型	业务范围分析BAA、E-R图	面谈、用户考察、联合开发会谈、启发式诱导	业务系统设计
面向对象方法	对象模型、动态建模、功能建模	对象模型属性、时序关系	面谈、用户考察、联合开发会谈、启发式诱导	对象模型服务、场景法、决策树/表、结构化语言表述

早在1982年，Rentsch就曾预言“20世纪80年代的面向对象程序设计就像70年代的面向过程程序设计一样，每个人都喜欢用它，每个软件商都开发他们的软件支持它，每个管理员都要付出代价应用它，每个程序员都要以不同的方式实践它，但是没有人能清楚地讲清楚它”。事实已经证明，20世纪80年代面向对象的研究热潮比70年代结构化研究热潮有过之而无不及，所以有人称面向对象是“80年代的面向过程”。

将面向对象程序设计和面向过程程序设计进行对比，还可以得到面向对象程序设计的其他优点。

(1) 数据抽象的概念可以在保持外部接口不变的情况下改变内部实现，从而减少甚至避免对外界的干扰。

(2) 通过继承大幅减少冗余的代码，并可以方便地扩展现有代码，提高编码效率，也降低了出错概率，降低软件维护的难度。

(3) 结合面向对象分析、面向对象设计，允许将问题域中的对象直接映射到程序中，减少软件开发过程中中间环节的转换过程。

(4) 通过对对象的辨别、划分可以将软件系统分割为若干相对独立的部分，在一定程度上更便于控制软件复杂度。

(5) 以对象为中心的设计可以帮助开发人员从静态(属性)和动态(方法)两个方面把握问题，从而更好地实现系统开发。

(6) 通过对象的聚合、联合可以在保证封装与抽象的原则下实现对象在内在结构及外在功能上的扩充，从而实现对象由低到高的升级。

16.3.1 面向对象方法的特征

面向对象方法有三大基本特点：封装、多态性和继承。

1. 封装

封装是面向对象编程的特征之一，也是类和对象的主要特征。封装将数据及加在这些数据上的操作组织在一起，成为有独立意义的构件。外部无法直接访问这些封装了的数据，从而保证了这些数据的正确性。如果这些数据发生了差错，也很容易定位错误是由哪个操作引起的。

如果外部需要访问类里面的数据，就必须通过接口进行访问。接口规定了可对一个特定的对象发出哪些请求，当然，必须通过某个地方存在的某些代码才能满足这些请求。这些代码与那些隐藏起来的数据叫作“隐藏的实现”。站在过程化程序编写的角度，整个问题并不显得复杂。一种含有与每种可能的请求关联起来的函数类型，一旦向对象发出一个特定的请求，就会调用那个函数，通常将这个过程总结为向对象“发送一条消息”(即提出一个请求)。对象的职责就是决定如何对这条消息做出反应(执行相应的代码)。

有两方面的原因促使了类的广泛使用。第一个原因是防止程序员接触他们不该接触的东西——通常是内部数据类型的设计思想。若只是为了解决特定的问题，用户只需操作接口即可，无需明白这些信息。类向用户提供的实际是一种服务，因为他们很容易就可看出哪些对自己非常重要，以及哪些可忽略不计。进行访问控制的第二个原因是允许库设计人员修改内部结构，不用担心它会对客户程序员造成什么影响。例如，编程者最开始可能设计了一个形式简单的类，以便简化开发，以后又决定进行改写，使其更快地运行。若接口与实现方法早已隔离开，并分别受到保护，就可放心做到这一点，只要求用户重新链接一下即可。

封装考虑的是内部实现，抽象考虑的是外部行为。封装符合模块化的原则，使软件的可维护性、扩充性大为改观。

▶ 2. 多态性

“多态性”一词最早用于生物学，指同一种族的生物体具有不同的特性。在面向对象的程序设计理论中，多态性的定义是：同一操作作用于不同的类的实例，将产生不同的执行结果，即不同类的对象收到相同的消息时，得到不同的结果。多态性是面向对象程序设计的重要特征之一，是扩展性在“继承”之后的又一重大表现。对象根据所接受的消息而做出动作，同样的消息被不同对象接受时可能导致完全不同的行为，这种现象称为多态性。

多态性是指允许不同类的对象对同一消息做出响应。例如，同样的加法，把两个时间加在一起和把两个整数加在一起肯定完全不同。又如，同样的“编辑”“粘贴”操作，在字处理程序和绘图程序中有不同的效果。多态性包括参数化多态性和运行时多态性。多态性语言具有灵活、抽象、行为共享、代码共享的优势，很好地解决了应用程序函数的同名问题。

多态性包含编译时的多态性、运行时的多态性两大类，即多态性分静态多态性和动态多态性两种。

1）静态多态性

静态多态性是指定义在一个类或一个函数中的同名函数，它们根据参数表(类型及个数)区别语义，并通过静态联编实现，例如，在一个类中定义的不同参数的构造函数。

2）动态多态性

动态多态性是指定义在一个类层次的不同类中的重载函数，它们一般具有相同的函数，因此要根据指针指向的对象所在类来区别语义，它通过动态联编实现。

在用户不做任何干预的环境下，类的成员函数的行为能根据调用它的对象类型自动做出适应性调整，而且调整是发生在程序运行时，这就是程序的动态多态性。即发出同样的消息被不同类型的对象接收时，有可能导致完全不同的行为。

▶ 3. 继承

继承是一种联结类的层次模型，并且允许和鼓励类的重用，它提供了一种明确表述共性的方法。对象的一个新类可以从现有的类中派生，这个过程称为类的继承。新类继承了原始类的特性，新类称为原始类的派生类(子类)，而原始类称为新类的基类(父类)。派生类可以从它的基类那里继承方法和实例变量，并且派生类可以修改或增加新的方法使之更适合特殊的需求，这也体现了大自然中一般与特殊的关系。继承性很好地解决了软件的可重用性问题。例如，所有的 Windows 应用程序都有一个窗口，它们可以看作都是从一个窗口类派生出来的。但是有的应用程序用于文字处理，有的应用程序用于绘图，这是由于派生出了不同的子类，各个子类添加了不同的特性。

对象继承是面向对象方法所提供的一种抽象机制。它可将一个复杂的问题分门别类，找出共性和解决方案。如图 16.2 所示，教师、学生、家长三个类别都可以从人的类别中进一步细化出来；反之，教师、学生、家长三个类别的更高层次的抽象是人，即这三个类继承了人的特征。

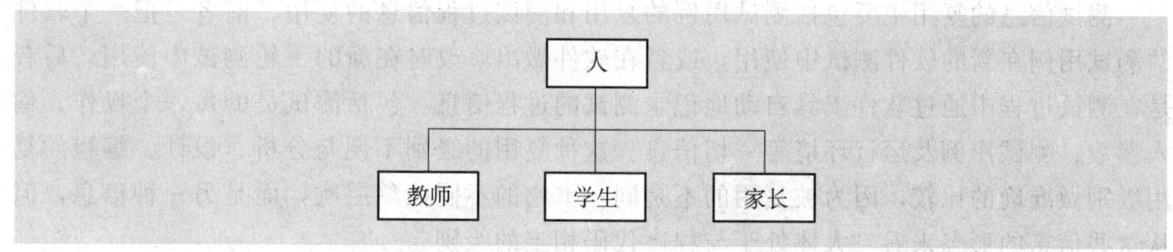

图 16.2　继承关系

什么是复用？复用是面向对象方法的根本出发点，一切为了复用！

软件复用是一种计算机软件工程方法和理论。20 世纪 60 年代的“软件危机”使程序设计人员明白维护软件的成本是极其高昂的，当软件的规模不断扩大时，这种软件的综合成本可以说是没有人能负担的，并且即使投入了高昂的资金也难以得到可靠的产品，而软件复用的思想是解决这一问题的根本方法。

软件复用的主要思想是将软件看成是由不同功能部分的“组件”所组成的有机体，每一个组件在设计编写时可以被设计成完成同类工作的通用工具，这样，如果完成各种工作的组件被建立起来以后，编写一个特定软件的工作就变成了将各种不同组件组织连接起来的简单问题，这对于软件产品的最终质量和维护工作都有本质性的改变。

复用的级别可划分为以下几个。

1）代码的复用

代码的复用包括目标代码和源代码的复用，其中目标代码的复用级别最低，历史也最久，当前大部分编程语言的运行支持系统都提供了连接、绑定等功能来支持这种复用。源代码的复用级别略高于目标代码的复用，程序员在编程时把一些想复用的代码段复制到自己的程序中，但这样往往会产生一些新旧代码不匹配的错误。如果需要大规模地实现源程序的复用只有依靠含有大量可复用构件的构件库，如“对象链接及嵌入”技术，既支持在源程序级定义构件并用以构造新的系统，又使这些构件在目标代码的级别上仍然是一些独立的可复用构件，能够在运行时被灵活组成新组合用于各种不同的应用。

2）设计的复用

设计结果比源程序的抽象级别更高，因此它的复用受实现环境的影响较少，从而使可复用构件被复用的机会更多，并且所需的修改更少。这种复用有三种途径：第一种途径是从现有系统的设计结果中提取一些可复用的设计构件，并把这些构件应用于新系统的设计；第二种途径是把一个现有系统的全部设计文档在新的软硬件平台上重新实现，也就是把一个设计运用于多个具体的实现；第三种途径是独立于任何具体的应用，有计划地开发一些可复用的设计构件。

3）分析的复用

分析的复用是比设计结果更高级别的复用，可复用的分析构件是针对问题域的某些事物或某些问题的更高程度的抽象，受设计技术及实现条件的影响很少，所以可复用的机会更大。复用的途径有三种：第一种是从现有系统的分析结果中提取可复用构件用于新系统的分析；第二种是用一份完整的分析文档作为输入，产生针对不同软硬件平台和其他实现条件的多项设计；第三种是独立于具体应用，专门开发一些可复用的分析构件。

4）测试信息的复用

测试信息的复用主要包括测试用例的复用和测试过程信息的复用。前者是把一个软件的测试用例在新的软件测试中使用，或者在软件做出修改时在新的一轮测试中使用。后者是在测试过程中通过软件工具自动地记录测试的过程信息，包括测试员的每一个操作、输入参数、测试用例及运行环境等一切信息。这种复用的级别不便与分析、设计、编程的复用级别做准确的比较，因为被复用的不是同一事物的不同抽象层次，而是另一种信息，但从这些信息的形态来看，大体处于与程序代码相当的级别。

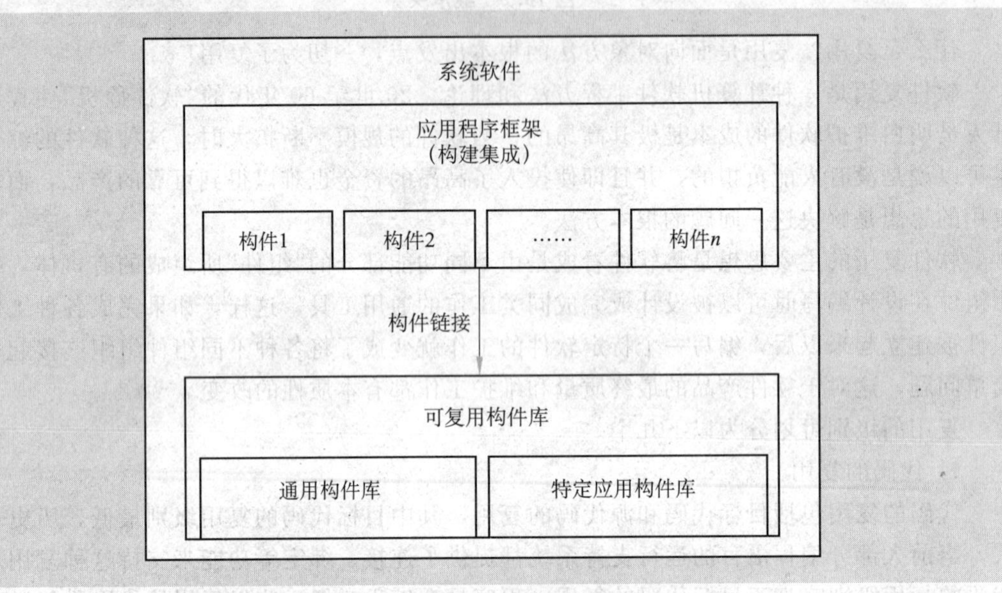

图 16.3　可复用架构的软件开发模式

由于软件生产过程主要是正向过程，即大部分软件的生产过程是使软件产品从抽象级别较高的形态向抽象级别较低的形态演化，所以较高级别的复用容易带动较低级别的复用，因而复用的级别越高，可得到的回报也越大，因此分析结果和设计结果在目前很受重视。用户可购买生产商的分析件和设计件，自己设计或编程，掌握系统的剪裁、扩充、维护、演化等活动。

16.3.2　面向对象方法的五个基本原则

1. 单一职责原则

单一职责原则是指一个类的功能要单一，不能包罗万象。如同一个人一样，分配的工作不能太多，否则一天到晚虽然忙忙碌碌的，但效率却不高。

▶ 2. 开放封闭原则

开放封闭原则是指一个模块在扩展性方面应该是开放的，而在更改性方面应该是封闭的。例如，一个网络模块，原来只有服务端功能，而现在要加入客户端功能，那么应在不用修改服务端功能代码的前提下，就能够增加客户端功能的实现代码，这要求在设计之初，就应将服务端和客户端分开，将公共部分抽象出来。

▶ 3. 替换原则

替换原则是指子类应当可以替换父类，并出现在父类能够出现的任何地方。例如，公司举办年度晚会，所有员工可以参加抽奖，那么不管是老员工还是新员工，也不管是总部员工还是外派员工，都应当可以参加抽奖。

▶ 4. 依赖原则

依赖原则是指具体依赖抽象，上层依赖下层，否则容易造成循环依赖。一个常见的问题就是编译 A 模块时需要直接包含 B 模块的 .cpp 文件，而编译 B 时同样要直接包含 A 的 .cpp文件。

▶ 5. 接口分离原则

接口分离原则是指模块间要通过抽象接口隔离开，而不是通过具体的类强耦合起来。

16.3.3 面向对象方法的优势

面向对象方法之所以能把软件开发带入一片新天地，是因为它在以下四个方面都有卓越之处。

▶ 1. 易维护

采用面向对象思想设计的结构可读性高，由于继承的存在，即使改变需求，那么也只是在局部模块进行更改，所以维护起来是非常方便的，而且成本较低。

▶ 2. 质量高

在设计时，可重用现有的程序。在以前项目的领域中，可重用已被测试过的类，使系统满足业务需求，并具有较高的质量。

▶ 3. 效率高

在软件开发时，根据设计的需要对现实世界的事物进行抽象，产生类。使用这样的方法解决问题，接近日常生活和自然思考方式，势必提高软件开发的效率和质量。

▶ 4. 易扩展

由于继承、封装、多态的特性，自然设计出高内聚、低耦合的系统结构，使系统更灵活、更容易扩展，而且成本较低。

16.3.4 面向对象方法的分析和设计

面向对象方法的分析和设计一般需要经过以下几个步骤。

▶ 1. 需求获取

根据需求写用例描述或画用例图，了解用户希望系统实现什么功能。

▶ 2. 系统分析

首先根据用例描述或用例图识别出类，其次识别出类的属性，再次是类的方法，最后是类的关系。这个过程伴随着活动图和顺序图，并且是个迭代的过程，直到各种业务实体类都被识别。

▶ 3. 界面层、业务层、服务层设计

根据不同的业务规则，再结合各种构架模式与设计模式，设计高级业务类、控制类、界面类、服务类。

▶ 4. 持久层与数据层设计

设计持久层与数据层，可以自己封装数据操作方法，也可以使用现有的。对于实例类，需要在这里进行关系数据库映射，把类都映射成数据表，并画出 E-R 图，然后通过代码工具或自己编写代码实现这些映射。

▶ 5. 补充服务层设计

补充完整服务类的具体持久层服务方法。

▶ 6. 静态工具类设计

在整个过程中，可以逐步完善此系统的静态工具类。

16.3.5 系统描述方式

▶ 1. 对象建模

对象建模是指根据实际问题确定对象与类，以及它们之间的静态关系。

▶ 2. 动态建模

动态建模是指在实际应用中，不可避免地存在时序关系和状态变化，通过构建动态模型来表示这种变化。

▶ 3. 功能建模

功能建模表示系统内部数据流的传递和处理。

16.3.6 面向对象方法的不足

在开发中，我们发现面向对象模型比以往的模型有了很大的进步，显示出种种优越性，面向对象的仿真更趋方便、逼真度高。面向对象方法虽然避免了结构化方法的缺陷，但也带来了新的问题。

(1) 对象之间的联系是一种点对点的直接联系，当系统中对象数目增加，通信链接数将以平方级激增。也就是说，抽象类时，类的数目不能过多，在构造类图时，层次不能过多，要控制好粒度。同时，类实例化时要控制好数目，以减少系统的复杂度及冗余度。

(2) 为支持通信，每个对象实体都要维护一个包含所有对象实体功能服务信息的功能服务信息库，这部分信息不但重复，而且还要保持一致性。这些开销都损害了系统的效率。

(3) 更大的问题是对象的接口没有一致的标准，造成向系统中扩充对象时的随意与不规范，不利于系统的维护及对象的复用。例如，整个系统是由一个个开发小组分别完成的，这样由于大家的编程习惯不同，将造成编码也有所不同。

(4) 面向对象方法的项目管理存在一定困难。在"逐步精化"的对象开发过程中，各开发阶段之间没有清晰的边界，而且项目文档也是连续进行的，所以对分工及任务划分带来一定麻烦。

与传统的结构化方法相比，面向对象方法具有更多的优势。当然，面向对象并不是十全十美和唯一的软件方法，面向过程思想的方法是基础，面向对象是在吸取结构化思想的优点的基础上发展起来的，是对面向过程方法的进一步发展和扩充。所以，在实际软件开发中，常常需要综合应用面向过程思想和面向对象方法。

本章小结

软件工程是一门研究用工程化方法构建和维护有效、实用和高质量的软件的学科。

面向过程的方法也叫结构化方法，是最早的、最传统的软件开发方法，由结构化分析、结构化设计和结构化程序设计三部分有机组合而成。

面向对象是一种对现实世界理解和抽象的方法，是计算机编程技术发展到一定阶段后的产物。

面向对象方法的五大特点：抽象性、封装性、继承性、多态性和复用性。

关键术语

软件工程	面向过程方法	面向对象方法	抽象
封装	继承	多态性	复用

思考与讨论

一、判断题

1. 程序设计方法学是运用数学方法研究程序性质及程序设计理论和方法的一门学科。(   )

2. 面向过程方法和面向对象方法是完全不同的方法。(   )

3. 封装考虑的是内部实现，抽象考虑的是外部行为。(   )

4. 面向过程的思想尽可能按照人类认识世界的方法和思维方式来分析和解决问题。(   )

5. 面向过程的思想和方法是基础，面向对象是在吸取结构化思想和优点的基础上发展起来的。(   )

二、选择题

1. 面向对象方法的不足有(   )。

A. 对问题空间的理解深度、广度不足　　B. 对增量型数据处理困难

C. 通信交流困难　　D. 难以适应不断变化的需求

2. 下列各项中，(   )不是面向对象的特点。

A. 抽象性　　B. 封装性　　C. 动态性　　D. 多态性

3. 复用级别可划分为(   )。

A. 代码的复用　　B. 设计的复用

C. 分析的复用　　D. 测试信息的复用

4. 下列各项中，(　　)不是描述系统方式。

A. 静态建模　　B. 对象建模　　C. 动态建模　　D. 功能建模

三、填空题

1. 面向对象方法的三个基本特点：________、________和________。

2. 面向对象方法的五个基本原则：________、________、________、________和________。

3. 多态性分为________和________两种。

四、思考题

1. 软件工程的七条基本原理是什么?

2. 软件工程的目标是什么?

3. 什么是面向过程方法? 面向过程方法的不足是什么?

4. 什么是面向对象方法? 面向对象的英文名称是什么?

5. 简述面向过程方法和面向对象方法的区别。

6. 简述面向对象方法的特点、优势及不足。

7. 简述什么是抽象性、封装性、继承性、多态性和复用性。

案例分析：
面向对象之父
Alan Kay

参考文献

[1] 李松．管理信息系统实用教程[M]. 北京：北京大学出版社，2008.
[2] [美]劳顿．管理信息系统[M]. 9版．薛华成，译.北京：高等教育出版社，2007.
[3] 薛华成．管理信息系统[M]. 北京：机械工业出版社，2008.
[4] 李雄飞，董元方，李军．数据挖掘与知识发现[M]. 2版．北京：高等教育出版社，2010.
[5] GB/T 8567-2006 计算机软件文档编制规范[S].
[6] IT 时代周刊(http://www.ittime.com.cn).
[7] 百度百科（http://baike.baidu.com).
[8] 如新公司官方网站（http://china.nuskin.com).
[9] 财富中文网（http://www.fortunechina.com).
[10] 经理世界网（http://www.ceocio.com.cn).
[11] 中国政府采购网（http://www.ccgp.gov.cn).
[12] 福布斯中文网（http://www.forbeschina.com).
[13] 网络世界（http://server.chinabyte.com/456/8160956.shtml).
[14] 中国云计算网（http://www.cloudcomputing-china.cn）.

教学支持说明

▶▶ 课件申请

尊敬的老师：

您好！感谢您选用清华大学出版社的教材！为更好地服务教学，我们为采用本书作为教材的老师提供教学辅助资源。鉴于部分资源仅提供给授课教师使用，请您直接用手机扫描下方二维码实时申请教学资源。

授课教师扫描二维码
可获取教学辅助资源

▶▶ 样书申请

为方便教师选用教材，我们为您提供免费赠送样书服务。授课教师扫描下方二维码即可获取清华大学出版社教材电子书目。在线填写个人信息，经审核认证后即可获取所选教材。我们会第一时间为您寄送样书。

授课教师扫描二维码
可获取教材电子书目

清华大学出版社

E-mail: tupfuwu@163.com
电话：8610-62770175-4506/4340
地址：北京市海淀区双清路学研大厦B座509室
网址：http://www.tup.com.cn/
传真：8610-62775511
邮编：100084